章太炎、連橫
民族文化思想之比較

孫風華◎著

章太炎、連橫的民族文化思想重要的共同來源是儒家「春秋大義」蘊涵的民族思想（包含「夷夏之辨」、「存亡繼絕」、「九世復仇」等），兩者區別在於章太炎明顯地傾向於古文經學而連橫更多吸取了今文經學的觀念。章太炎、連橫都在一定程度上繼承和運用宗法思想文化資源，但章太炎更警惕宗法性質的「小群」對於建立真正「大群」的負面影響；而連橫則更傾向於由「家族」至「國族」、由「內聖」至「外王」的民族心理-倫理養成的思路，更傾向於把儒家倫理道德（例如「仁」、「義」、「忠」、「孝」）的文化價值作為民族認同的共同符號和民族素質的共同追求。對連橫「群學」觀來說，西方的民主、民權等思想觀念雖然不無影響，但畢竟只是「外圍」因素，不敵中國儒家傳統的「合群」、「大公無私」等群體主義思想觀念根植於心的深入影響。

崧燁文化

目錄

作者簡介

序

自序

導論

第一章 「胸中自有魯春秋」——章太炎、連橫對於「春秋大義」民族思想態度之比較（上）

    第一節 對於「嚴夷夏之辨」民族思想態度之比較 30
    第二節 對於「存亡繼絕」民族思想態度之比較 47
    第三節 對於「榮復仇」民族思想態度之比較 61

第二章 「胸中自有魯春秋」——章太炎、連橫對於「春秋大義」民族思想態度之比較（下）

    第一節 章太炎、連橫對於「春秋大義」民族思想態度相似性的成因 83
    第二節 章太炎、連橫對於「春秋大義」民族思想態度差異性的成因 89

第三章 「歷史為民族之魂」——章太炎、連橫民族歷史思想之比較

    第一節 章太炎、連橫高度重視民族歷史的重大意義 109
    第二節 章太炎、連橫「正統」民族歷史觀之比較 111
    第三節 章太炎關於民族歷史演化和本質屬性的思想 113

第四章 「現代化」思潮中章太炎、連橫民族語文思想之比較

    第一節 民族語文「現代化」思潮的主要表現 133
    第二節 章太炎、連橫運用民族語文「衛國性」、「類種族」 138
    第三節 章太炎、連橫致力於建設健康、規範、統一的民族語文 150

第五章 章太炎、連橫「群學」思想之比較——基於民族共同心理倫理的探討（上）

第一節 近代「群學」的基本內涵、思想淵源和思想傾向 167

　　第二節 章太炎、連橫「群學」思想的基本特徵 175

第六章 章太炎、連橫「群學」思想之比較——基於民族共同心理倫理的探討（下）

　　第一節 章太炎、連橫「群學」思想的殊途同歸 207

　　第二節 章太炎、連橫「群學」思想差異性的影響因素 217

第七章 「用國粹激動種姓」——章太炎、連橫關於民族文化宣傳的一致思想

　　第一節 「用國粹激動種姓」輿論宣傳的時代背景 234

　　第二節 章太炎、連橫「用國粹激動種姓」輿論宣傳思想分析 240

　　第三節 《國民日日報》：章太炎、連橫「國粹」宣傳思想的重要載體 269

作者簡介

孫風華

　　湖南新化人,1972年生,南京師範大學中國文學與文化專業博士,南京政治學院新聞系教師,主要研究方向為新聞理論、文化傳播等。

序

　　我十分高興地拜讀了孫君風華撰著的《章太炎、連橫民族文化思想之比較》。這部著作給我的總的印像是：一部厚重、學術價值較高的著作，蘊涵著濃厚的歷史意識和人文氣息。論著可取之處主要表現在以下三個方面：

　　選題新巧。章太炎、連橫是中國近代史上海峽兩岸知名學者和愛國志士的典型代表，兩人生活年代大致相同，生活經歷和思想主張也有不少相似之處，並且兩人交誼深厚、彼此推重，作者從中敏銳地發現了將兩人做比較研究的重要價值。章太炎、連橫都擅長於歷史學、語言文字學、文學、古籍整理等學科，又都是當時著名的報人，兩人在學術研究上涉獵廣泛，在不少領域都頗有建樹，比較研究的角度很多。作者最終選取了兩人的華夏民族文化思想作為比較研究的主題，因為民族文化思想既是集中而充分地體現兩人「立德」、「立功」、「立言」的人生「交集」之所在，也是兩人思想體系主體和主旨之所在。章太炎、連橫在海峽兩岸都是被學界關注的，作為獨個研究對象兩者都有不少研究成果問世（其中有關章太炎的研究成果更多）。這部著作的鮮明特點則在於將兩人的華夏民族文化思想合在一起加以全面系統的比較研究，考其同異並分別闡釋其成因，剖析其時代性意義和地域性意義，這種研究方法是值得肯定的。

　　學風嚴謹。首先是材料扎實。作者千方百計地蒐集整理了大量相關文獻，占有了比較豐富的第一手資料，並對兩人幾乎所有相關作品進行了認真細緻的閱讀和梳理。章太炎的一些作品古奧艱深，解讀不易，但作者都做到了孜孜不倦、鍥而不捨，真正下了一番功夫，作者對相關材料的探尋和鑽研真正發揚了「湘學」的傳統。其次是立論有據。作者向乾嘉學派「實事求是，無徵不信」的治學精神學習，對「憑胸臆以為斷」的風氣保持警惕，注重史論結合，論從史出，力求言而有徵，不憑空下結論。在取證和審證過程中不浮躁，不「鑿空」。作者雖也追求學術創新，但知之為知之，不知為不知，注重讓證據本身說話，不刻意標新立異，不故弄玄虛。再次是結構周密。論著以兩人春秋學、歷史、語文、心理、倫理、輿論宣傳等領域豐富的民族文化思想為經，以兩人社會活動、人際交往、生活地域和家庭背景等方面複雜的

環境因素為緯，經緯結合，自成體系，並且線索清晰，層次分明，視野開闊，論著各章、各節之間的內在結構安排也具有較強的邏輯性和系統性。

主旨恰當。從歷史層面而言，作者既然感慨章太炎、連橫已成為海峽兩岸思想文化交流史上的一段傳奇和佳話，那麼作者選取兩人華夏民族文化思想做比較研究的一個重要動機即是再現和重溫這一段歷史性的傳奇和佳話。

我個人還認為，如果風華進一步從人生哲學角度分析兩位歷史人物言論和行動的思想根源，可能會取得更深層次的成果。

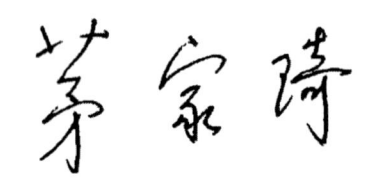

茅家琦

自序

　　章太炎（1869—1936），名炳麟，浙江餘杭人，中國近代學術文化史上著名的國學大師。連橫（1878—1936），號雅棠（或雅堂），臺灣臺南人，與鄭成功、劉銘傳、丘逢甲一起被稱譽為臺灣四大歷史文化名人。章太炎、連橫是近代中國海峽兩岸著名的學者和志士，兩人彼此之間桴鼓相應、引為知己，成為海峽兩岸思想文化交流史上的一段傳奇和佳話。

　　章太炎、連橫之間有不少相似之處：

　　章太炎一生「七被追捕，三入牢獄」，歷經磨難，數次遭遇生命危險，都與民族革命事業或民族文化事業有關；連橫則被日本殖民當局列入臺灣民族運動黑名單（即「臺胞人名簿」）首頁，與臺灣民族運動首領林獻堂、林資修、蔣渭水等人並列。日本人還曾在全臺灣地區檢舉臺灣議會期成同盟會會員及相關人士，連橫被傳訊。連橫還曾赴廈門創辦具有鮮明反清政治傾向的《福建日日新報》，引起同盟會的重視和清政府的忌恨。在清、日當局的勾結下，這份報紙終遭封禁。據載，在封禁報紙之前，清廷當局還數度派密探去拘捕連橫。有一次，連橫正在理髮，清吏派人來逮捕他，幸虧有人提前通風報信，他顧不得頭髮才理了一半，就匆忙躲開了[1]。

　　章太炎雖然在日本居住多年，但是他明確表示「鄙意必不欲入大東版籍。凡入日本籍者，多為所鄙棄」[2]；連橫則在1914年呈請中國政府恢復其中國國籍，還命其獨子連震東在日本學成後返歸中國以「效命宗邦」，並催促連震東也恢復中國國籍，連震東後來代表國民政府參加了接收臺灣的重要工作。章太炎晚年堅決要求抗日，他宣稱「對日本之侵略，唯有一戰，中國目前只此一條路可走，不戰則無路，惟坐而待亡」[3]；連橫則在臨終前給家人留下遺言說「今寇焰迫人，中日終必一戰，光復臺灣即其時也，汝其勉之」，並且他還囑咐兒子和兒媳說若生男則名「連戰」，寓有自強不息、克敵制勝之義，又有復興故國、重整家園之光明希望。

　　章太炎家族由明入清以後一直謹遵死時「無加清時章服」的「先世遺教」，即使入清已七八世，「　皆用深衣殮」；連橫家族也恪守臺灣的明朝

遺民「生降死不降」的誓約，從連家遷臺始祖至連橫的祖父、父親，「皆遺命以明服殮」。

章太炎、連橫都以民族意識顯著、民族情感深厚著稱，他們在華夏民族文化建設上的畢生努力和突出成就也是得到社會各界公認並且載入史冊的。對於章太炎而言，當時知識界的代表人物柳亞子在《有懷章太炎、鄒威丹兩先生獄中》詩中稱譽章太炎為「中原瑪志尼」。《復報》曾在「批評」欄的《生章炳麟與死鄒容》中盛讚章太炎和鄒容說，「其首以微言大義，變易一世，光祖宗之玄靈，振大漢之天聲，使有今日之影響者，舍章餘杭、鄒巴縣外，更誰屬哉！兩先生宗旨同，言論同，為言論而遭虜廷疾視，代眾生入地獄同……傳有之曰：『不有居者，誰守社稷；不有行者，誰捍牧圉。』兩先生之一生一死，亦可作如是觀矣。生者以言論救天下，死者以血肉殉同胞……然則兩先生之造福於國民，豈淺鮮哉！」檳榔嶼《光華日報》的時評《文字功》稱讚說，「章生平不應虜試，提倡民族主義，所著《訄書》，發揮透闢，於是而革命之學說，如怒芽茁生，日漸加長矣」。《民立報》在社論《歡迎鼓吹革命之文豪》中讚譽章太炎為「中國近代之大文豪，而亦革命家之巨子」，認為「留殘碑於荒野，存正朔於空山，祖國得有今日，文豪之力也」，呼籲國人將其奉之為「新中國之盧騷」（即盧梭）。對於連橫而言，國民黨元老張繼在日本正式宣布投降日（即1945年8月15日）為連橫《臺灣通史》作序稱：「且以著者抱失地之痛，抒故國之思，激發正氣，非斯人不能作也……雅堂先生平生著作豐富……無不充沛民族精神、愛國熱誠。嘗以臺灣所失者土地，而長存者精神；民族文化不滅，民族復興亦可期。」著名學者徐炳昶為《臺灣通史》作序曰：「且斯時正值日本人壓迫唆削之際，故先生對於民族之痛，懷之至深。於割地後諸英杰毫無希望，而猶艱貞力爭自由之逸事，再三致意。」武昌的釋太虛和尚在回覆連橫的書信中說，「比荷投贈《臺灣詩薈》，讀之，覺延平故國雖淪異化，而夏聲猶振。」泉州的施韻珊在回覆連橫的書信中說，「比日滬上歸來，檢閱手翰並惠《詩薈》……具見先生主持文壇，提倡風雅，使中華國土淪於異域而國粹不淪於異化者，誰實為之？賴有此爾！……先生獨能於海外振夏聲之盛，為宗邦起文運之衰，殆天下之未喪斯文歟！」

自序

　　章太炎、連橫都是著名文人，「奇文共欣賞」，並且彼此之間都感覺到「於我心有戚戚」，這正是兩人交往的典型寫照。他們在發揚「國粹」和振奮民族精神的事業中互相砥礪、聲氣相通。章太炎曾經是「臺灣旅客」，有研究者認為章太炎在《臺灣日日新報》供職時就曾與連橫結識；連橫也曾多次在大陸遊歷和辦報，最終病逝於上海。當章太炎被袁世凱軟禁於北京時，正在大陸遊歷的連橫多次前往拜會。連橫多年後回憶起當時的情景記憶猶新、歷歷在目，他生動地描繪說，「先生據案高談，如瓶瀉水，滔滔不竭。其後將歸，乃以幅素求書，先生則書其詩曰：『蓑牆葺屋小於巢，胡地平居漸二毛，松柏豈容生部婁，年年重九不登高。』」據稱章太炎的這幅親筆題字至今仍然掛在連戰家客廳的重要位置。連橫深深感慨說，「中原俶擾，大道晦冥，願先生善保玉體，俾壽而康，以發揚文運，此則不佞之所禱也。海雲千里，無任依依。」[4]可謂情意拳拳、別意依依。連橫曾表示「少讀其文，心懷私淑」[5]，他稱讚章太炎「為現代通儒，博聞強識，著述極多；而《新方言》一書尤為傑作」，並加案語說：「蓋太炎此書，作於有清之季；痛黃胄之不昌、振夏聲於未絕，光復之志見乎辭矣！」[6]章太炎對連橫的品德、才華也激賞不已，他在接到張繼轉交的連橫的《大陸詩草》後「再三翩誦」，讚歎說「此英雄有懷抱之士也！」[7]章太炎還主動提出給連橫的《臺灣通史》作序，並在《臺灣通史》序中讚歎連橫正是他在臺灣尋求的「遺民舊德」者。連橫還指出，「此書刊行之時，日本朝野購讀頗多，而中國人士則視之漠然。唯章太炎、張溥泉兩先生以為民族精神之所附，謂為必傳之作，橫亦頗以此自負」。[8]

　　臺灣學者陳昭瑛指出，「因張繼的關係，章太炎在1927年為《臺灣通史》作序，此事絕非偶然。就『種姓』、『排滿』、『光復』、『民族史學』等一系列思想，連橫與章太炎之間有驚人的相似性。以章太炎長連橫九歲，且早成名於晚清之學界政壇，章太炎可為連橫之先驅，甚至可以說章太炎之『種姓』思想為連橫『種姓』思想之來源。」[9]此外，大陸也有研究者指出，距1903年沈藎被酷刑處死不久，[10]連橫就毅然受聘主持號稱「蘇報第二」的《國民日日報》的副刊《黑暗世界》，攻擊腐敗官僚，還刊發長篇連載小說《南渡錄演義》，借宋人抗金的歷史故事，做反清宣傳，喚起讀者的民主

意識。連橫的這一系列表現以及他在《鷺江報》上的文字所表現出革命的思想傾向，都同章太炎的影響不無關係[11]。

　　章太炎與連橫一生的大部分時間原本在海峽兩岸隔海相望，可是他們身後卻以一種獨特的方式在西湖兩岸隔湖相臨——章太炎紀念館和連橫紀念館分別靠近西湖的南岸和北岸。這也許是冥冥之中天意的安排，也許是這對摯友期待已久的最終聚首……岳飛、張煌言（蒼水）、徐錫麟、秋瑾等鼎鼎有名的歷史人物都埋忠骨於西湖地區，他們都是章太炎、連橫共同景仰的英雄烈士，這很可能也是章太炎與連橫都鍾愛西湖的重要原因之一。張煌言抗清兵敗被俘後嚴拒敵人勸降，慷慨就義。章太炎、連橫都讀過張煌言詩集並且都對張煌言表達了衷心仰慕之情，章太炎稱讚張煌言說：「若公者，非獨超躍史、何諸將相，雖宋之文、李，猶愧之矣！……余不得遭公為執牧圉，猶得是編叢雜書數札，庶幾明所嚮往。」[12] 連橫也稱讚張煌言說：「精忠大義，百折不撓，而詩亦激昂慷慨、叱吒風雲，使人起舞。」[13] 尤其值得指出的是，章太炎的讀後感——「有讀公書，而猶忍與彼虜終古者，非人也」，與連橫的讀後感——「讀之而不發憤者，非人也」的辭義、語氣簡直如出一轍！浙江人張煌言曾經與「開臺聖王」鄭成功為保存和延續明朝正朔而並肩作戰，成為生死與共的戰友；幾百年以後，浙江人章太炎與「臺灣遺民」連橫又曾經為保存和延續華夏民族文化而並駕齊驅，成為志同道合的摯友。

　　章太炎希望死後埋葬在西湖邊，與民族英雄張煌言為鄰，他曾經表示「生不同辰，死當鄰穴」。1914年連橫則在寫給妻子的信中暢談遊覽西湖之樂：「謂他日苟偕隱於是，悠然物外，共樂天機，當以樂天為酒友，東坡為詩友，和靖為逸友，會稽鏡湖為俠友，蘇小小青為膩友」[14]。他還寄詩給妻子云：「一春舊夢散如煙，三月桃花撲酒船。他日移家湖上住，青山青史各千年。」[15] 這首詩流露出連橫希望安家於西湖、與西湖相伴終生的人生理想。章太炎最終實現了與民族英雄張煌言「死當鄰穴」的遺願，令人欣慰！連橫最終卻沒有實現「他日移家湖上住」的夙願，令人遺憾！雖然一者為身後事而一者為生前事，一者如願而一者未如願，但是他們兩人都是那樣地醉心杭州西湖，都樂於以西子湖畔為自己的人生歸宿。臺灣詩人余光中曾經在他著名的詩歌《鄉愁》中寫道：「現在，鄉愁是一灣淺淺的海峽。我在這頭，大陸在那頭。」

《鄉愁》詩中瀰漫著由於海峽兩岸隔絕而產生的惆悵和哀愁。今天，兩座名人紀念館之間的西湖顯然已經不同於《鄉愁》詩中那「淺淺的海峽」了，而是章太炎、連橫兩人共同欣賞、共同守護的美景佳境，不再有鄉愁，不再有無奈，有的只是兩位老人、兩位老朋友的殷殷相望、心心相印。多年以前，章太炎、連橫之間曾經遠隔海峽兩岸；今天，兩人以西湖為鄰，他們知心的千言萬語也許盡都化於杭州的湖光山色之中了……

注　釋

[1]. 丘鑄昌：《臺灣近代三大詩人評傳》，華中師範大學出版社，2011年版，第253頁。

[2]. 章太炎：《與汪康年》，《章太炎書信集》，馬勇編，河北人民出版社，2003年版，第10頁。

[3]. 湯志鈞編：《章太炎年譜長編》，中華書局，1979年版，第918頁。

[4]. 連橫：《太炎詩錄跋語》，《連雅堂先生全集·雅堂先生集外集》，臺灣省文獻委員會，1992年版，第94頁。

[5]. 章太炎：《太炎詩錄跋語》，《連雅堂先生全集·雅堂先生集外集》，第93頁。

[6]. 《連雅堂先生全集·雅言》，臺灣省文獻委員會，1992年版，第6-7頁。

[7]. 張繼：《復雅堂》，《連雅堂先生全集·臺灣詩薈雜文鈔》，臺灣省文獻委員會，1992年版，第49頁。

[8]. 連橫：《與徐旭生書》，《連雅堂先生全集·雅堂文集》，臺灣省文獻委員會，1992年版，第132頁。

[9]. 陳昭瑛：《臺灣與傳統文化》，臺灣大學出版中心，2005年版，第116頁。

[10]. 沈藎（1872—1903），祖籍江蘇吳縣（今蘇州），後遷居湖南善化縣（今長沙）。與唐才常等組織自立會，後組建自立軍，聯絡會黨，準備起兵「勒王」，遭失敗。據留日學生和革命派的宣傳，以新聞記者身分掩護的沈藎因為設法獲取《中俄密約》並發表，被慈禧下旨杖斃。

[11]. 許清茂、林念生主編：《閩南新聞事業》，福建人民出版社，2008年版，第18-19頁。

[12]. 章太炎：《〈張蒼水集〉後序》，《章太炎全集》（四），上海人民出版社，1985年版，第201頁。

[13]. 連橫：《連雅堂先生全集·臺灣詩薈》（上），臺灣省文獻委員會，1992年版，第492頁。

[14]. 連橫:《大陸遊記》,《連雅堂先生全集·雅堂先生餘集》,臺灣省文獻委員會,1992年版,第10頁。

[15]. 連橫:《西湖遊罷,以書報少雲,並繫以詩》,《連雅堂先生全集·劍花室詩集》,臺灣省文獻委員會,1992年版,第3頁。

導論

　　章太炎、連橫民族文化思想之比較屬於海峽兩岸著名學者比較研究的典型案例，具有較高的學術研究價值，然而到目前為止，兩岸對此課題綜合和系統的研究幾乎空缺，並且對該課題所涉及的章太炎、連橫的民族歷史思想、民族語文思想、民族心理倫理思想、民族文化宣傳思想等具體領域的研究也還存在不少薄弱環節，本書是對以上兩個層面研究進行開拓、補充、深化所得出的成果。

一、選題意義

　　章太炎、連橫生活的時代，是「歐（日）風美雨」（其實包括殖民化、「現代化」、全球化等思想文化浪潮）洶湧衝擊中華民族的時代，中華民族面臨前所未有的全面危機。在政治上，臺灣當時已經淪為日本殖民地而屬於「異國」，章太炎在給李鴻章的上書中形容當時中國的局勢為「瓜分之形，皦如泰山」。然而更為深刻、更為嚴重的是民族文化的危機，當時海內外瀰漫著「棄國文」、「捨國故」、「（自）恨黃種」的氣氛，中華民族正陷於「國本」、「族本」顛覆的險境，「欲將何術拯姬姜」成為華夏每個志士仁人必須面對和思考的時代課題。章太炎、連橫主要以華夏民族文化整理、重構、建設和宣傳的方式接受和迎接這個時代課題的挑戰。章太炎、連橫都有深重的「遺民」情結，都充滿為華夏民族文化「存亡繼絕」、「延國學於一線」的憂患意識和濟世情懷，都為保存和發展華夏民族文化殫精竭慮並取得了卓越成就。因此，關於章太炎、連橫民族文化思想的研究在時代性研究方面具有較高的典型意義。

　　章太炎、連橫的民族文化思想既表現出那個時代的某些共同特徵，也由於兩人所處地域、家庭和個人等諸多因素的差異而顯示出不同，尤其是海峽兩岸不同的政治、歷史、文化環境等因素全面和深入的影響使兩人民族文化思想顯示出比較明顯的地域特色，例如臺灣「遺民忠義精神」堡壘、完全殖民地社會和典型移民社會的地域文化對於連橫繼承和運用「春秋大義」民族思想有顯著的影響，臺灣尤為重宗法而越地尤為特立獨行的地域文化特徵是

導致連橫、章太炎「群學」思想差異性的重要因素。有的地域文化的差異也會直接或間接影響到家庭和個人，例如章家孤傲不群的家庭環境特徵和章太炎「狂者」的個人氣質特徵都有整個越地的地域文化影響的痕跡。由此可見，關於章太炎、連橫民族文化思想的研究在地域性研究方面也具有較高的典型意義。

章太炎與連橫民族文化思想研究的時代性意義和地域性意義的並存，是本書選題的關鍵性依據，而尋找、突出並比較分析這種時代性意義和地域性意義，則是貫穿本書始終的內在線索。

二、相關研究成果綜述

一直以來，關於章太炎、連橫民族思想的研究是兩人個案研究中十分重要的內容，相關的學術論文已經出現不少，主要包括章太炎和連橫民族思想產生淵源的研究、兩人愛國「保種」和維繫中華文化思想（連同連橫的中國文化情結、祖國情懷）的研究、兩人民族思想的整體特徵或專項特徵（例如章太炎的近代自由主義的民族主義思想、連橫的文化民族主義思想）的研究等。此外，關於章太炎各個歷史階段分期的民族思想的研究（例如辛亥革命時期章太炎的民族主義思想研究），以及他與孫中山、梁啟超、嚴復等同時代名人民族思想的比較研究較多，這方面基本上以中國大陸學人的研究為主；關於連橫的國族想像、鄉土認同、大陸遊歷的獨特體驗和民族情感等內容的研究較多，這方面基本上以臺灣學人的研究為主。

現階段關於章太炎、連橫民族思想的研究都比較關注「夷夏之辨」及其涉及的血緣（種姓）、文化等因素（例如血緣、文化對民族思想形成的影響或在兩人有關「民族」定義中的構成情況）。鑑於章太炎、連橫在民族思想建設和宣傳方面的卓越貢獻和深遠影響，兩人的民族思想研究理應在兩人個案研究中占據十分重要的地位，可是以兩人「民族（主義）思想」為題的研究專著幾乎未見，據筆者目前查閱的資料，海峽兩岸相關的學位論文也僅有兩篇：其一是趙悅的《試論章太炎的早期民族主義思想》，包括章太炎民族主義思想的形成原因、主要內容、特點等，該文指出章太炎民族主義思想的特點是具有濃郁的中國傳統學術氣息、初步的民族融合和民族平等思想、精

英民主與權威主義相結合的國家政體制度、激進的政治民族主義與保守的文化民族主義相結合[1];其二是盧修一的《連雅堂民族思想之研究》(後收入《連雅堂先生全集·連雅堂先生相關論著選輯》),包括「民族思想之淵源」、「由《臺灣通史》論連氏之民族思想」、「由《大陸詩草》暨《大陸遊記》論連氏之民族思想」、「由其他詩文暨著述論連氏之民族思想」等內容[2]。

在章太炎、連橫民族思想的研究領域中,兩人民族文化思想的研究是值得深入探討的一項重要內容,可是這方面大篇幅的研究成果較少。比較全面、集中地論述章太炎民族文化思想的專著(章節),目前筆者所見的主要有三種。其一是姜義華的《章太炎思想研究》,該書第七章《致力於民族文化近代化的巨匠》涉及「用國粹激動種姓」、封建經學、民族語文、「人的解放」的人性學說、「文學復古」等多方面內容[3]。其二是王玉華的《多元化視野與傳統的合理化——章太炎思想的闡釋》,該書提出,「多元主義、歷史主義與人文主義這三者,基本上奠定了章氏對於社會文化秩序進行重構的理論堅核,其思想在社會文化層面的展開,也無不被這三大思想核心所裹挾」。該文提出,章太炎根據「齊物哲學」,認為文化作為「空間」的存在(即東西方視角)和「時間」的存在(即古今視角)都是平等的,從而崇尚「十日並出,萬物皆照」的多元的世界文化存在格局,既反對「順進化者」的以今非古,也反對「守舊章者」的以古非今[4]。其三是陳雪虎的《「文」的再認——章太炎文論初探》,該書提出,章太炎認為界定「文」不能以文采和情韻為標準,而在抓住「文」的基本質素和規定性。章太炎的文論是一種遠比今天的文學理論意義上的文論史為寬泛的文論,其基礎是章太炎的語文現代性的文化重建思路(追求「寧為求真,不為徑便」的境界是語文現代性的核心),這對於衝破封建思想羅網、重新塑造民族文化具有革命意義[5]。目前筆者尚未見全面、集中論述連橫民族文化思想的專著,連橫民族文化思想的研究成果散見於學術著作和學位論文的相關章節或單篇學術論文中。例如:《臺灣與傳統文化》中第五章《連橫〈臺灣通史〉中的「民族」概念:舊學與新義》[6],《臺灣儒學:起源、發展與轉化》中第五章《〈臺灣通史·吳鳳列傳〉中的儒家思想》[7],《連雅堂文學研究》中第二章《連氏的文學理念》有第一節《詩論》[8],《連橫研究》第二章、第三章中的相關內容[9]。

涉及章太炎、連橫民族經學思想方面的研究成果綜述。黃翠芬的《章太炎春秋左傳學研究》是對章太炎春秋左傳學進行全面研究的代表性成果[10]，包括章太炎治《春秋左傳》之基礎、歷程（軌跡）、相關著作的撰述動機和內容特點、綜評章氏春秋左傳學的成就。作者自述其較具新意的研究成果主要表現是：辨析在今古文說的爭衡和新舊文化的矛盾癥結中章氏矢志考辨《春秋左傳》的重要意義，昌明章氏春秋左傳學與其救國運動的相互關係，彰顯章氏將《春秋左傳》轉為史料、以樸學考辨發揚客觀實證的精神，揭示章氏春秋左傳學對於傳統經學走向現代化以及民族史學的發展產生的影響和啟示作用。此外，劉巍認為，章太炎的經學立場經歷了從「援今入古、以古統今」到「專宗古文」的演變，前後變遷呈現出「從援今文義說古文經到鑄古文經學為史學」的清晰軌跡[11]。張昭軍認為，章氏的「六經皆史」說與近代啟蒙思潮、新史學思想相結合，對前人成說有質的突破；他的「徵信」論相對於當時的「疑古」之風，他治學的「求真」精神相對於前人的「求實」，都是對傳統學術思想的重要發展[12]。張昭君、胡維革的《試論章炳麟古文經學的革命情懷》闡述了章太炎的古文經學與他的革命道路、革命思想之間的密切聯繫，具體說來，古文經學是章炳麟走上革命道路的源頭活水，是其批判改良、宣傳革命的銳利武器，是其開啟五四新文化思潮的文化媒體[13]。張昭君的《章太炎的〈春秋〉〈左傳〉研究》認為，章氏對《春秋》《左傳》的研究基本上以論述《春秋》《左傳》二者之間的關係為出發點，以批駁公羊學派的《左傳》作偽說為皈依；章太炎從史學角度論證《春秋》為經史一體，《左傳》信而可考，論證《春秋》二傳的關係，論證《春秋》《左傳》筆法、體例、行文的不同之處等，從論據到論點均有精彩、可取之處，具有較高的學術價值和時代意義[14]。關於連橫的春秋學思想的研究成果，比較重要的有以下幾種：

其一是《連雅堂思想中的〈春秋〉義：以〈臺灣通史〉為中心的考察》。該文從《春秋》學的角度，考察連雅堂的《臺灣通史》是如何取法《史記》和彰顯《春秋》義的。該文認為，連雅堂強調種姓的華夷之辨，顯然是在思想上接受了王船山反清復明乃至章太炎的排滿革命的主張，在政治上推崇鄭成功建國、存正朔的忠義事功，在倫理上歌頌復仇為孝義的觀念，幾乎視復

仇為絕對道德[15]。其二是《臺灣與傳統文化》中的第四章《連橫的〈臺灣通史〉與清代公羊思想》。該文認為，晚清思想家對待傳統經典，常注重經義的發揮，以回應新時代的尖銳挑戰，連雅堂以公羊思想撰寫通史就是這樣的時代典型。龔自珍「存亡繼絕」的史觀對連雅堂的影響是決定性的，連雅堂再三致意的「史不可滅」的思想便是直接出自於龔自珍最重要的史論《古史鉤沉錄》。其三是《臺灣儒學：起源、發展與轉化》中的第六章《連雅堂的〈臺灣通史〉與儒家的春秋史學》，包括「存亡繼絕」與「復仇」之義、華夷之辨與王霸之分等兩項內容。

涉及章太炎、連橫民族史學思想方面的研究成果綜述。章太炎編纂的歷史著作雖然不多，但研究者們普遍認可章太炎在民族史學方面的成就和建樹。瞿林東提綱挈領地提出，在中國史學從傳統向近代的演變過程中，章太炎是「從理論上比較合乎理性地闡明上述問題的第一人」[16]。陳其泰認為，章太炎在傳統學術研究上有很高的造詣，他接觸西方新學理後，能「以新知附益舊學」，曾提出修撰《中國通史》的計劃。章太炎總結清代學術史，對於中國學術史、制度史提出諸多創見，對史學近代化作出了貢獻[17]。熊巍昱從三個方面總結章太炎史學思想的歷史貢獻：一是客觀評價中國傳統史學，不同於梁啟超「新史學」對於中國舊史持完全否定的態度；二是提倡新的史學研究方法，例如與將史學看作行褒貶、正名分的工具的傳統觀念不同，章太炎認為史學研究的主要任務在於考察「社會政法盛衰之所原」、「知古今進化之軌」，強調治史必須「始卒不逾期驗之域」；三是新的史書編撰體例，例如慎重處理「義法」與「事蹟」的關係[18]。王繼嵐認為，章太炎有對中國古代「正史」肯定的一面，主張新史學應該運用西方的社會學、心理學、宗教學、考古學等學科的材料和方法，治史必須貫徹「始卒不逾期驗之域」的原則；章太炎在 20 世紀初「史界革命」的號召下，與康、梁的維新派不同，形成自己獨具特色的民族史學[19]。關於連橫民族史學思想的研究成果，劉妮玲提出，連橫的民族意識和愛國熱情影響了對於臺灣民變問題論斷的客觀性，這是特定環境和時代因素導致的，不能因此貶低或否定連橫的民族史觀的價值，但是仍然還是要正視連橫民族史觀受到的限制：連橫的民族史觀使後人不易把握清代臺灣民變的真相和本質——這些民變所含民族文化層面的意味者絕

少，社會問題才是民變根源所在；連橫的民族史觀由築基於狹義的民族主義而產生，其普遍性與妥當性容易受到時間的限制[20]。葉濤提出連橫的進步史觀表現之一是重視人民群眾在歷史活動中的地位和作用[21]。鄧孔昭所論述的連橫關於民眾締造歷史的思想也有這樣類似的涵義（此外還充分肯定漢族先民開發臺灣的歷史功績）[22]。鄧孔昭否定了一省不能有「通史」、只有國史才能稱「通史」的錯誤說法，並就如何理解《臺灣通史》中「建國紀」的體例安排、如何理解連橫把臺灣當做一「國」的具體內涵，進行了深入詳細的闡釋論證[23]。

涉及章太炎、連橫民族語文思想方面的研究成果綜述。章太炎是語文學大家，其語文學思想和成就較多地被海內外學界所關注。比較全面、細緻地研究章太炎語文學的是海內外四種博士碩士學位論文，限於條件，臺灣、香港的三種論文筆者至今還不能得見其全貌，深為可惜，但從論文的內容提要和目錄等訊息中可窺其梗概。彭春凌的《以「一返方言」抵抗「漢字統一」與「萬國新語——章太炎關於語言文字問題的論爭（1906—1911）》力求回到章太炎與日本的「漢字統一會」、法國巴黎的《新世紀》雜誌之間語言文字問題論爭的「歷史現場」，梳理參與論爭各方的思路與資源，探索學術史背後之思想史，闡明章太炎如何立足於漢語方言，抵抗新時期仿日與崇歐的代表——「漢字統一」論和「萬國新語」說[24]。臺灣陳梅香的《章太炎的語言文字學研究》論述章太炎提出語言文字學的名稱、章太炎的文字理論、聲韻理論、訓詁理論、章氏語言文字學的成就和影響，該論文基本上圍繞中國傳統「小學」的內涵展開論述[25]。臺灣黃錦樹的《章太炎語言之學的知識（精神）譜系》則脫離了中國傳統「小學」的線索，認為章太炎將傳統「小學」命名為「語言文字之學」，卻又戛然止步，在回頭的路上歷經乾嘉樸學，回到漢代古文經學的知識（精神）譜系中去，藉以理解古老中華文化是如何透過它的「基本單位」（語言文字）返本溯源，體現出文化上的戀母情結[26]。香港陳學然的《章太炎經世思想下語言文字的主張與運用》認為，在史學定位下，本是「發端至小」的語言文字學，它的價值卻是「所證明者至大」的，徑被視為「國故之本」和「國粹」。於是，保護國粹不亡乃至發揮國粹以激發種姓，成為章氏經世之學的重要內容。作者發現章太炎在清末民初的文字

改革浪潮中，從語言文字研究乃至書寫文體的取捨過程中，所抱持的立場觀感無不反映濃厚民族意識與歷史情感[27]。此外，陳雪虎認為，現代文學在語言形象層面上的重大變革，其實更主要是一個由封閉的古典語文體制（主要是以「文言」為主導的古典語文等級體系，和「語」「文」分流、「雅」「俗」並行的古典文學運行機制），向現代語文體制（主要是以所謂「白話文」為主導的大眾語文體系，和現代社會文化生產機制）艱難轉換的歷史過程[28]。趙黎明認為，章太炎是一位極力強調語言文字重要性的民族主義者，是一位「積極」文化民族主義者。在文字音韻研究方面，他堅持語音至上原則，以音韻統攝形體、故訓；在方言研究方面，他從聲音入手，側重考據語根，尋求本字，注重以古音證今音，以探求「夏聲之原」。他的這些研究不能簡單地理解為純粹的方法論問題，而應與其民族主義的文化思想聯繫起來[29]。萬獻初指出，成系統而尚變通，天人合一而陰陽互轉，這是中國哲學的總體精神，也是漢語漢字的總體文化精神，章太炎揭示了這種體現在語音、詞義、文字諸方面中的漢文化總體精神。章太炎認識到語言文字之學應作普遍聯繫的比合研究，作系統的文化闡釋，這是繼承了經學和小學的傳統方法並發揚光大了的[30]。關於連橫的語文學研究比較重要的學術論文，據筆者目前所見，臺灣有兩篇，中國大陸有三篇。宋鼎宗認為，臺灣的語言文字淵源於中國大陸，歷史悠久流長，只是在時空變遷的過程中，有許多音義在中國大陸已經流失或隱晦不用者，卻在臺灣不僅獨存，而且能音義不爽。尤其在特殊時空的需求下，臺灣語文以漳、泉方言為基礎，進而吸納地區性方言、外來語、臺灣少數民族語，甚至有為開疆拓土、為寓民族精神的需要而自我創新的語言，終於成就了內容豐富多元、高尚典語的「臺灣語言」[31]。賴麗娟認為，諺語是一種美的語言，臺灣的俚　對於人生啟示取用最宏，堪稱「臺灣語學上之人生哲學」。《雅言》從內容上涵類多方，可知連橫的儒家人生哲學、時代感慨、胸襟識見及對當時社會現況的批判，也對我們瞭解傳統臺灣的風土民情裨益甚多[32]。汪毅夫指出，連橫的《雅言》論證臺灣語之高尚典雅、反駁臺灣方言「有音無字」的說法。作為嚴肅的歷史學家，連橫在《雅言》中據實描述了臺灣文化同中原文化、福建文化的歷史淵源，並且仗義譴責日據當局的同化主義政策[33]。郭錦飆認為，連橫的方言研究，愛國保種目的明確，對臺灣語的應用範圍、來源、語音分布的認識和調查是應該肯定的，

對字詞的考證，廣徵博引，尋源探微，博學卓識，也是應該肯定的[34]。陳炳昭概括連橫《臺灣語典》的思想和價值為：愛國保種，造福子孫；旁徵博引，深入淺出；探源釋微，考證源流；喜聞樂見，世代相傳；口語交際，婦孺共識[35]。

　　涉及章太炎、連橫「群學」思想方面的研究成果綜述。關於章太炎、連橫基於民族心理倫理課題的「群學」思想的研究成果相對較少，其中直接有關連橫的則幾乎未見。汪暉對章太炎個體、自性的探討較多，他以《無我之我與公理的解構》的專章篇幅對此展開論述，並在題記中引用章太炎對於「公理」的批判：「其所謂公，非以眾所同認為公。然則天理之束縛人，甚於法律；而公理之束縛人，又幾甚於天理矣。」作者剖析了「個體問題為什麼是臨時性的和沒有內在深度的」、「反現代性的個體概念為什麼又以普遍性為歸宿」、「在個體／國家的二元論式中為什麼省略了社會」等問題[36]。張家成認為，章太炎的自由人格觀突出地體現在他提出的「依自不依他」學說上，是因為批判傳統儒學自由（人格）觀和西方近代理性主義而建立起來的。章太炎所主張的「依自不依他」學說，其「自」不是指主體的肉身或感官需要，而是指「自心」、「真我」，即自由意志和道德人格[37]。胡建認為，章太炎在中國近代化價值的建構中占有獨特的歷史地位。章太炎對「至上的集體價值」進行解構並反向確立「個性」的絕對意義所依據的理路是：「集體」價值無限膨脹的底奧是對進化論的盲目崇拜，「個性」價值確立的依據是存在先於本質，「依自不依他」信仰的意義是用宗教建立革命道德[38]。張春香認為，「大獨必群，群必以獨成」，是章太炎道德人格論的主要觀點。這一「大獨」人格觀，既強調個體的特立獨行，又強調要為群而獨行，以造福於民眾和社會。在個體與群體的關係中，這一理論突顯人的個性解放與個性自由，而這正是孕育新的「大群」的母體[39]。

　　涉及章太炎、連橫新聞宣傳思想方面的研究成果綜述。現有研究成果主要集中於章太炎的新聞編輯經歷和新聞理念[40]，有關連橫的新聞宣傳領域的研究目前所見成果很少[41]。

　　章太炎、連橫民族文化思想比較研究的成果目前還很少，筆者所見的有兩處。其一是陳昭瑛提出「遍數晚清人物，就對『種性』、『排滿』、『光復』

等系列思想的主張,與連橫最接近的當屬章太炎」,她將章太炎、連橫的「種性」思想進行了比較研究[42]。其二是蔣小波對章太炎、連橫語文思想的比較。蔣小波認為,作為社會轉型時期的二位大儒,兩人豐富與複雜的思想似很難用「傳統」與「現代」簡單二分法來加以劃定,在章太炎與連雅堂兩人身上,傳統與現代的、民族的與世界的東西並非水火不容地互相排斥,而是構成一種積極的互動。該文分別以「『以國粹激動種姓』:章太炎的『國粹』思想與文化民族主義」、「『發揚種姓』與『繼絕存亡』:連雅堂『漢詩』及『語文』思想的文化語境」為題對章太炎、連橫的語文思想加以概括,比較章太炎、連橫民族主義語文觀的共同點有:兩人將語文看做是民族精神的載體;兩人都意識到漢語改革的必要,提出漢語表現力的豐富與創新問題,並設計具體的解決方案;兩人都捍衛漢語的純潔性[43]。此外,章念馳介紹了章太炎、連橫的交往和情誼的相關史料,即「他們的兩代之誼,續了三世之好」的家族歷史[44]。

由以上相關研究成果的整理和分析可知,到目前為止,關於章太炎、連橫民族文化思想及其比較的學術研究,從整體上來看未知空間比較大,並且其中民族歷史、民族語文、民族心理倫理、民族文化宣傳等具體領域,從深度、廣度繼續拓展的餘地也較為充足。

三、全書篇章結構

全書導論以外共分為七章。第一章、第二章《「胸中自有魯春秋」——章太炎、連橫對於「春秋大義」民族思想態度之比較》(上、下)主要是揭示兩人民族思想「傳統性格」最典型、最集中和最全面的體現——鮮明的儒家「春秋大義」色彩,這是兩人整個民族文化思想所謂「傳統性格」的「底色」,也是兩人整個民族文化的核心價值以及思想淵源之所在,在全篇論文中處於基礎的、關鍵的地位。其中第一章闡釋兩人繼承和運用「春秋大義」民族思想的主要內容,第二章則比較分析影響兩人繼承和運用「春秋大義」民族思想的主要因素,第一章、第二章之間大致存在因果的邏輯聯繫。第三章《「歷史為民族之魂」——章太炎、連橫民族歷史思想之比較》所探討的,是民族歷史對整個民族的重要意義、兩人「正統」的民族歷史觀以及章太炎關於民族歷史演化和本性的認識。章太炎、連橫都是史學大家,因為在他們

看來，歷史是「國粹」十分重要的組成部分之一，甚至是「國粹」的主體部分，所以章太炎、連橫關於民族歷史的思想認識也在相當程度上反映了他們關於整個華夏民族文化的思想認識。第四章《「現代化」思潮中章太炎、連橫民族語文思想之比較》所探討的，是兩人在民族語文領域內如何應對「現代化」浪潮衝擊，如何充分運用民族語文「衛國性」、「類種族」以及建設和宣傳健康、規範和統一的民族語文的問題，兩人的這些民族語文思想除了某些具體細節的差別之外基本上是一致的，但章太炎「以文字為準」文學文化思想與連橫相關思想之間存在明顯差異，所以有必要單獨列出來重點探討，然而「以文字為準」的思想不僅侷限於語文學領域，還延伸到整個文學文化領域，所以作為論文的「附論」部分，與主論部分一起成為一個完整的整體。第五章、第六章《章太炎、連橫「群學」思想之比較——基於民族共同心理倫理的探討》（上、下）所探討的主要是近代中華民族共同心理倫理素質這個課題，這是近代中國整個民族文化建構過程中十分關鍵並且令人關注的一個環節，因而這個課題本身具有十分重要的研究價值。此外，在這個問題上，章太炎、連橫的思想認識論述豐富、個性鮮明，並且典型地反映出了兩人民族文化思想的時代特徵和地域特徵，更增加了本章的研究價值。第七章《「用國粹激動種姓」——章太炎、連橫有關近代中國民族文化宣傳的一致思想》所論證的，是章太炎、連橫關於民族文化宣傳的內容、途徑、技巧都與「國粹」密切相關，都以「激動種姓」為宣傳的目標。章太炎、連橫都強烈地意識到，要想真正有效地改變「國粹」的危亡命運並振作民族精神，不但要整理和建設「國粹」，而且要大力宣揚「國粹」，使之「深入於四萬萬國民之腦髓中」，所以對於民族文化宣傳的理論和實踐也就成為整個民族文化建設事業不可或缺的一部分。本章還是以語文、歷史領域為例展開論述，但力求更換為輿論宣傳的視角。本書的正文部分內在邏輯關係可以這樣理解：導論主要從本書的選題緣由、已有研究成果、內在邏輯結構等方面做整體的、大致背景性質的介紹，第一章與第二章（上、下部分）主要從儒家「春秋大義」的視角比較章太炎、連橫民族文化思想的重要淵源和基本主旨，第三章、第四章、第五章與第六章（上、下部分）分別比較兩人有關民族歷史、民族語文和民族心理倫理領域的思想認識。從整體上看，論文第一章至第六章是章太炎、連

橫民族文化思想本身基本內容的闡述，而第七章則主要闡釋兩人如何傳播和宣傳這些民族文化思想。全書力求構成一個完整的、邏輯的研究體系。

注　釋

[1]. 趙悅：《試論章太炎的早期民族主義思想》，天津師範大學，2008 屆碩士學位論文。

[2]. （臺灣）盧修一：《連雅堂民族思想之研究》，中國文化學院，1966 屆碩士論文。

[3]. 姜義華：《章太炎思想研究》，中國人民大學出版社，2009 年版。

[4]. 王玉華：《多元化視野與傳統的合理化——章太炎思想的闡釋》，中國社會科學出版社，2004 年版。

[5]. 陳雪虎：《「文」的再認——章太炎文論初探》，北京大學出版社，2008 年版。

[6]. （臺灣）陳昭瑛：《臺灣與傳統文化》，臺灣大學出版中心，2005 年增訂再版。

[7]. （臺灣）陳昭瑛：《臺灣儒學：起源、發展與轉化》，臺灣大學出版中心，2008 年版。

[8]. （臺灣）黃美玲：《連雅堂文學研究》，文津出版社，2000 年版。

[9]. 張寧：《連橫研究》，福建師範大學，2001 屆碩士學位論文。

[10]. （臺灣）黃翠芬：《章太炎春秋左傳學研究》，東海大學，2005 屆博士學位論文。

[11]. 劉巍：《從援今文義說古文經到鑄古文經學為史學——對章太炎早期經學思想發展軌跡的探討》，《近代史研究》，2004 年第 3 期。

[12]. 張昭軍：《論章太炎的經史觀》，《史學史研究》，2004 年第 2 期。

[13]. 張昭君、胡維革：《試論章炳麟古文經學的革命情懷》，《史學集刊》，1998 年第 1 期。

[14]. 張昭君：《章太炎的〈春秋〉〈左傳〉研究》，《史學史研究》，2000 年第 1 期。

[15]. （臺灣）林義正：《連雅堂思想中的〈春秋〉義：以〈臺灣通史〉為中心的考察》，《臺灣東亞文明研究季刊》，2004 年 12 月，第 1 卷第 2 期。

[16]. 瞿林東：《繼承傳統與走向近代：章太炎史學思想的時代意義》，《學術研究》，2003 年第 4 期。

[17]. 陳其泰：《章太炎與近代史》，《中國社會科學院研究生院學報》，1999 年第 1 期。

[18]. 熊巍昱：《論章太炎史學思想的歷史貢獻》，《宜賓學院學報》，2006 年第 5 期。

[19]. 王繼嵐：《章太炎歷史觀之「新」》，《黑龍江史志》，2010 年第 1 期。

[20]. （臺灣）劉妮玲：《連橫民族史觀的價值與限制——以清代臺灣民變為例說明》，《臺北文獻》，出版年月和期（卷）數不詳。

[21]. 葉濤：《從〈臺灣通史〉朱一貴、藍鼎元列傳看連橫的進步史觀》，《連橫學術思想暨學術成就研討會論文選》，海峽文藝出版社，1994年版。

[22]. 鄧孔昭：《連橫民眾締造歷史思想述評》，《連橫學術思想暨學術成就研討會論文選》。

[23]. 鄧孔昭：《連橫有「臺獨」意識嗎？——評陳其南對〈臺灣通史〉的錯誤解讀》，《連橫研究論文選》，汪毅夫主編，廈門大學出版社，2006年版。

[24]. 彭春凌：《以「一返方言」抵抗「漢字統一」與「萬國新語」——章太炎關於語言文字問題的論爭（1906—1911）》，北京大學，2008屆博士學位論文。

[25]. （臺灣）陳梅香：《章太炎的語言文字學研究》，中山大學，2005屆博士學位論文。

[26]. （臺灣）黃錦樹：《章太炎語言之學的知識（精神）譜系》，淡江大學，1994屆碩士學位論文。

[27]. （香港）陳學然：《章太炎經世思想下語言文字的主張與運用》，香港城市大學，2008屆博士學位論文。

[28]. 陳雪虎：《章太炎與清末民初漢語形象諸問題》，《福建論壇》（人文社會科學版），2001年第6期。

[29]. 趙黎明 試論章太炎語言學術活動的民族主義文化取向湖北大學學報 哲學社會科學版），2006年第2期。

[30]. 萬獻初：《章太炎的說文講授筆記及其文化闡釋》，《中國典籍與文化》，2001年第1期。

[31]. （臺灣）宋鼎宗：《連雅堂與臺語研究》，《高苑學報》，2006年第7期。

[32]. （臺灣）賴麗娟：《〈雅言〉之臺灣俚諺探析》，《立德學報》，出版年月和期（卷）數不詳。

[33]. 汪毅夫：《雅言與臺灣文化》，《連橫研究論文選》，汪毅夫主編，廈門大學出版社，2006年版。

[34]. 郭錦颷：《略論連橫的方言研究》，《連橫研究論文選》。

[35]. 陳炳昭：《〈臺灣語典〉的「愛國保種」思想及其學術意義》，《連橫研究論文選》。

[36]. 汪暉：《現代中國思想的興起》（下卷第一部），生活・讀書・新知三聯書店，2008年版。

[37]. 張家成：《試析章太炎的自由人格觀念》，《先哲精神——章太炎逝世六十週年紀念文集》，張振常主編，杭州出版社，1996年版。

[38]. 胡建：《中國近代「個性」價值的奠基者——析章太炎價值觀中的近代意蘊》，《浙江社會科學》，2004年第5期。

[39]. 張春香：《章太炎「大獨」觀解析》，《江漢論壇》，2006年第4期。

[40]. 這方面主要的學術論文例如：方漢奇：《章太炎與近代中國報業》，《社會科學戰線》2010年第9期；王麗娜、周列：《論章太炎的新聞思想》，《湖北廣播電視大學學報》2007年第6期；盧家銀：《章太炎的出版自由觀考察》，《華中科技大學學報》（社會科學版）2010年第2期。

[41]. 筆者目前所見的僅有許清茂、邵凡軒：《連橫在廈門的辦報活動及其思想立場》，《閩江學刊》，2010年第1期。

[42]. （臺灣）陳昭瑛：《臺灣與傳統文化》，臺灣大學出版中心2005年增訂再版，相關論述見該書第109頁、第116-124頁。

[43]. 蔣小波：《「國粹」與「種姓」：章太炎與連雅堂「語文」思想之比較》，《臺灣研究集刊》，2005 3。

[44]. 章念馳：《章太炎與連雅堂》，見章念馳：《我的祖父章太炎》，上海人民出版社，2011年版。該文又發表於《人民政協報》2005年7月21日。

第一章 「胸中自有魯春秋」——章太炎、連橫對於「春秋大義」民族思想態度之比較（上）

　　章太炎、連橫「兩人之民族思想都兼具傳統性格與現代內涵。章太炎有明顯的排滿立場，連橫則暗藏反日的動機。就理論建構的層次而言，兩人都歸結於以『語言』、『歷史』、『風俗』來界定『民族』。這也使得兩人之所謂『民族主義史觀』具有一定的現代性格。」[1] 與章太炎、連橫「民族主義史觀」現代性格相對應的是「傳統性格」，而「傳統性格」最典型、最集中和最全面的體現就是兩人民族思想所體現出的鮮明的儒家「春秋大義」色彩。章太炎、連橫兩人都是國學大家，都十分熟悉儒家「春秋學」。章太炎宣稱「余講《春秋》歷四十年」[2]，連橫則宣稱「胸中自有魯春秋」[3]，而章太炎的「我志在春秋，推鋒屬建州」、連橫的「劫殘國粹相謀保，尼父春秋痛獲麟」則是兩人民族思想的儒家「春秋學」色彩的真實寫照[4]。1905年《復報》第四號「批評」欄載《生章炳麟與死鄒容》：「首以微言大義，變易一世，光祖宗之玄靈，振大漢之天聲，使有今日之影響者，舍章餘杭、鄒巴縣外，更誰屬哉！」[5] 海峽兩岸眾多讀者也談到連橫《臺灣詩薈》在宣揚春秋大義方面的影響，例如，「國學弛放，淪於亡紀；端賴扶輪，綿茲一線……中原文獻，足資維繫；至可感也！」[6]

　　儒家「春秋大義」是儒家歷代學者根據特定需要經過各自闡釋、引申、發揮以後累積而成的結果，所以對於「春秋大義」的理解，可謂見仁見智，眾說紛紜，司馬遷《太史公自序》中說「《春秋》文成數萬，其指數千」，並且有研究者指出，「所謂春秋大義，其實多是公羊大義、穀梁大義或者左氏大義，和《春秋》本身的關係不是很大。」[7] 然而，「春秋大義」不可能完全脫離《春秋》原經，而總是要在《春秋》原經中尋找意義依據，並且「春秋大義」長期以來也形成了相對穩定的、公認的專指概念和意義框架。章太炎的摯友烏目山僧（黃宗仰）曾經對於章太炎創辦學會之事稱頌為「先生起壇坫，大義繼《春秋》」[8]，而連橫則在陳述「功自邀天種自屠」的曾國藩

等人的史實時沉痛而憤慨地質問「試問羅山諸講學，春秋大義果明乎？」[9]作為兩人民族思想的話語體系和價值體系的核心符號之一，作為兩人現代民族國家建構理論重要的歷史文化背景和學術思想淵源，作為兩人民族文化認同所映射出的恆久而穩定的歷史鏡像，尤其作為兩人「保國、保種、保教」的民族宣傳教育事業和民族自由解放事業的強大思想武器，儒家「春秋大義」成為定位、審視、比較章太炎與連橫民族文化思想的一項重要內容和一種有效視角。

　　章太炎、連橫繼承和運用儒家「春秋大義」中民族思想主要在「嚴夷夏之辨（防）」、「存亡繼絕」、「復九世之仇」等三個方面得到重點體現。在這三項春秋大義中，「嚴夷夏之辨」是後兩項「春秋大義」的理論基礎和邏輯起點。後兩項「春秋大義」相比較而言，「存亡繼絕」春秋大義所激勵的民族事業更為任重道遠，而「榮復仇」春秋大義所表現的民族鬥爭則更為慷慨悲壯。

　　這裡需要說明的是，章太炎、連橫對於儒家「春秋大義」民族思想的繼承和運用不一定是對傳統思想的墨守和照搬，而可能經過了兩人一定程度的選擇、改造和創新，即是所謂「承異」（「傳承」與「異見」的結合交融）的結果[10]，有的甚至可能只是借「舊瓶」裝「新酒」而已，體現所謂「六經注我」一般的智慧和勇氣。

第一節　對於「嚴夷夏之辨」民族思想態度之比較

　　「夷夏之辨」在兩個層次上展開：廣義的「夷夏之辨」，是現實生活中華夏民族與異姓部落在種族和文化上的差異，以及由這些差異引發出來的族際衝突；而狹義的「夷夏之辨」，則指思想界對夷夏文化的認同別異以及對夷夏關係的明確定位[11]。本文的「夷夏之辨」兼有以上廣義、狹義兩個層次的含義，以狹義層次為主。「嚴夷夏之辨」春秋大義往往與「嚴夷夏之防」聯繫在一起，甚至有時可以等同於「嚴夷夏之防」。它主要包含有「《春秋》內其國而外諸夏，內諸夏而外夷狄……言自近者始也」（《春秋公羊傳·成公十五年》）、「不正其（指晉——筆者註）與夷狄交伐中國，故狄稱之（指晉——筆者註）也」（《春秋穀梁傳·昭公十二年》）、「不與夷狄之主中國」

(《春秋公羊傳‧哀公十三年》)、「不與夷狄之執中國」(《春秋公羊傳‧隱公七年》)、「不與夷狄之獲中國」(《春秋公羊傳‧莊公十年》)等方面的思想內容。

一、「嚴夷夏之辨」界定標準之比較

(一)章太炎的夷夏界定標準以血統、文化、地域「綜合界定論」為主

章太炎關於「夷夏之辨」的界定標準以血統、文化、地域「綜合界定論」為主,即分別依據「辨部族」、「秩民獸」和「重土斷」三個相輔相成的界定標準共同完成。相對而言,章太炎界定夷夏的三個標準雖然依據不同情況而各有側重,但使用較多的是「辨部族」、「秩民獸」兩個標準結合在一起的事例,而「重土斷」標準的獨立界定功能較低,在三項界定標準中具有一定程度的過渡性質:在運用時既直接或間接地體現了「辨部族」、「秩民獸」的界定標準,又往往是伴隨、依附於這兩項標準而加以使用的。

所謂「辨部族」,就是辨別華夏族與「異族」,基本上依據血統方面的界定標準。「部族」在這裡主要指「種族」,章太炎所謂「戎部」也主要是從種族、血緣的意義上說的,例如「大人不悲故姓之凋,而悲夫戎部代起以滑吾宗室者!」[12]這可能由「部落曰部,氏族曰族」的語義引申而來[13]。章太炎雖然提出「種姓非文,九趎不曰人。種姓文,雖以罪辜磔,亦人」,看似特別強調「文」在「秩民獸」中的界定標準價值,但他在此觀點下的註釋則指出:戎狄如果奉行華夏的禮教,其種類自然就會進化,然而即使比以往進化了,它的「部族」與「中國」(華夏)依然根本不同[14]。此外,他還堅持認為:「凡虜姓,今雖進化,然猶當辨其部族,無令紛糅。」[15]可見章太炎「辨部族」始終強調的是血緣的界定標準而非文教的界定標準。章太炎指出,關於種族的確定以及種族之間的同化的判定在血統方面受到嚴格的條件限制:「夫言一種族者,雖非銖兩衡校於血統之間,而必以多數之同一血統者為主體。何者?文化相同自同一血統而起,於此復有殊族之民受我撫治,乃得轉移而翕受之;若兩血統立於對峙之地者,雖欲同化莫由。」[16]

所謂「秩民獸」是將華夏(「中國」)與夷狄(「四裔」)的秩序確定為「民」與「獸」的關係,基本上依據文化方面的界定標準。章太炎認為「中

國自漢以上，視蠻閩貉狄諸族不比於人，故夷狄無稱人之例」[17]，因此貶稱滿族為「東胡群獸」、「豺狼之族」[18]，譏諷「滿洲全部之蠢如鹿豕」，這是沿用儒家春秋學所謂「戎狄豺狼」的傳統說法，也是章太炎在當時特定歷史背景下為「排滿」民族思想宣傳而擬定的暫時的冠名策略。章太炎認為，「民」與「獸」、華夏與夷狄之間的本質區別之一在於「文」與「野」的區別，即文化和文明程度上的區別。如果不能「秩民獸」，就會出現「位蟲獸於屏扆之前」、「虎而冠之，猿狙而衣之」那樣的「以獸代人」可怕又可悲的情形[19]，進一步惡化的結果則是「率獸食人」而「亡天下」，是比「亡國」更加嚴重的中華文明倫理道德之亡[20]。

以上關於「夷夏之辨」血統和文化兩方面的綜合界定標準，章太炎概括為「化有早晚而部族殊，性有文野而戎夏殊」[21]。正是因為「狄」、「貉」、「蠻」、「羌」等數族「其化皆晚，其性皆獷」（「化晚」、「性獷」分別與血統、文化界定標準對應），所以章太炎將他們界定為戎狄之族，並推斷他們「雖合九共之辯有口者，而不能予之華夏之名。」[22] 具體到滿族（滿洲）和蒙古民族身分的界定問題，章太炎也是根據他們血統、文化與華夏迥異並且至今不相融合的實際情況（即「猶自為妃耦，不問名於華夏」），而「視之若日本之視蝦夷，則可也」[23]。

所謂「土斷」，也就是英國人甄克思撰著、嚴復翻譯的《社會通詮》中所說的「地著」[24]。章太炎將「土斷」定義為「就地著籍」，基本上依據生長地域環境方面的界定標準：「《傳》稱有分土，無分民，此謂自甲國移於乙國者，即與乙國之民無異，而大宗不能加呵責。其在乙國，亦豈於種族舊居有所問者？」[25] 這是因為「宙合皆含血，生於其洲而人偶其洲，生於其國而人偶其國，人之性然也。惟吾赤縣，權輿風、姜以來，近者五千祀，沐浴膏澤淪浹精味久矣」[26]。章太炎認為物以類聚、人以群分是人類的本性，故土和祖先的恩澤能夠深入肌膚和骨髓，一個種族的行為習慣和文化模式的形成，深受其生活的地域環境的限制和影響。關於民族形成的這種地域環境影響論反映在「夷夏之辨」的界定上，就是以「土斷」為重（即「重土斷」）的界定標準論。關於「重土斷」的界定標準論，章太炎舉例說：「春秋時，狐突、舅犯皆為犬戎之族，而著籍晉國，稱為名臣，則因而晉人之矣。……

反之,吳出於周,越出於夏,皆帝王神聖之冑,而以遠竄蠻方,世用夷俗,《春秋》之書夫差、句踐也,曾不得比於士伍,削其人之稱,而謂之吳與於越而已。」[27] 原本的犬戎之族獲得「晉人」的名分,而原本華夏神聖之後裔則淪落到「削其人之稱」,可見地域環境確實能夠改造人、甚至能夠改變種族的屬性,產生「夷—夏」身分地位之間的轉換,從而體現和驗證了「重土斷」的界定標準。但是,這種因為地域環境的變化而轉換「夷—夏」身分地位的情形也未必一定成立,例如,章太炎指出:五帝之子孫身處蠻閩所在的廣東、福建地帶,卻依然始終頑強地保留華夏的血統和文化(「其民有世系,其風俗同九州」),他們與北方夷狄「異族」是完全不同的[28],這就是顧炎武所倡導的「處夷狄之邦而失不吾中國之道,是之謂素夷狄行乎夷狄也。」[29]可見在章太炎的心目中,關於夷夏之辨」的界定標準,「辨部族」體現的「血統論」在整體上終歸優先於「重土斷」的「地域環境論」。

(二)連橫的夷夏界定標準以「文化界定論」為主

南宋以來,學者在面對《春秋》夷夏論時,傾向於以文化差異來界定夷夏,且目的多為「用夏變夷」,即以漢文化同化異族文化。如南宋胡安國《春秋胡氏傳‧述綱領》引用程頤觀點:「《春秋》之法極嚴,中國而用夷禮則夷之。」引用韓愈觀點:「孔子之作《春秋》也,諸侯用夷禮則夷之,進於中國則中國之。」隱公二年八月《春秋胡傳》云:「韓愈氏言《春秋》謹嚴,君子以為深得其旨。所謂謹嚴者,何謹乎?莫謹乎華夷之辨矣。中國而夷狄則夷之,夷狄華夏則膺之。此《春秋》之旨也。」胡《傳》對華夷之間的分際,以「禮」為區隔,這種文化審識觀影響南宋、元、明三朝《春秋》學甚巨[30]。其實,隨著「大一統」的多民族中央集權封建王朝和儒學「天下觀」的建立和鞏固,以及「華夏一體」、「天下一家」的中華認同意識的加強,以「禮」、文化辨別夷夏的標準逐漸成為中國思想文化界的主流認識,連橫就是這樣一位以文化標準為主來界定「夷夏之辨」的學者。

與章太炎一樣,連橫在界定「夷夏之辨」時也常常根據文化標準「秩民獸」。連橫在說解「它」字本義時評述說:「古者部落分立,人相猜忌,視異族為非種,故呼以它。比如周代之稱外族為狄、為貊、為羌、為蠻,而不以人視之。」[31] 此外,連橫常常將臺灣未開化的原著民族(「生番」)視為

異於人類的野獸一類，表現為「番」—「人」對舉而「番」—「獸」並列，這也是連橫界定「夷夏之辨」根據文化標準「秩民獸」的表現，例如，「若夫丹番、巒番、木瓜等番，散伏深山，素不與人來往」[32]。又如，「（我先民）篳路藍縷，涉履艱危，與天氣戰，與野番戰，與猛獸戰，瀕於死者數矣」[33]。

章太炎強調血統的界定標準，希望實現「同種自主」的民族獨立自強的目標，反對歐化主義者以「文明」、「進步」為由而大肆侵略、殖民中國；連橫強調文化的界定標準，堅持華夏中心主義，津津樂道、孜孜以求於「以夏變夷」，並且奮力抵禦帝國主義和殖民主義的文化侵略，展望「夷狄進至於爵，天下遠近大小若一」的天下大同的美好遠景。章太炎、連橫關於「夷夏之辨」的兩種界定標準分別側重於從血統上和文化上類聚和團結漢族／華夏族，從而從不同角度維護民族尊嚴、民族利益和民族統一。

（三）章太炎、連橫關於「夷夏之辨」文化界定標準的差別

與章太炎相比較，連橫關於「夷夏之辨」的文化界定標準更加「純粹」，更加符合儒家春秋學思想傳統，這表現在以下兩個方面：

其一，章太炎在界定了「夷狄」—「華夏」兩大類的基礎上，又將「方夏之族」的「比鄰諸部落」的夷狄系統內部界定，區分為「文（夷）」、「野（狄）」兩小類：「有禮俗章服食味異者，文謂之夷，野謂之狄，貉、羌、蠻、閩，擬以蟲獸，明其所出非人。」[34] 章太炎分析「文夷」的特性是這樣的：「蓋種類之辨，夷字從大而為人。……夷俗仁，故就稱其種為人，以就人聲，而命德曰仁。」[35] 根據章太炎的文化界定標準，所謂「文夷」是最有仁德、最像「人」的非華夏種族，或者也可以說是最接近於華夏族的夷狄，「分於楚、越」的「巴、僰、賨、蜑弔詭之族」和西南矮人「焦僥」就是這樣的「文夷」[36]，其中西南焦僥「從人，長三尺」，與衛藏、西域三十六國，「皆猶有順理之性，則黃帝、神農所不能外。亦其種類相似，與震旦比，猶艾之與蒿，猶橘之與枳。」[37]

連橫則在界定臺灣土著民族「番」時，雖然也遵循臺灣歷史的習慣說法，根據「番」文教進化的程度大體上區分為「熟番」和「生番」，但是對於夷狄內部並未再有詳細的類別劃分。

其二，在「夷夏之辨」的文化界定標準以外，章太炎還根據血統、地域的界定標準，認為夷夏之間只能完成單向轉換——「《春秋》有貶諸夏以同夷狄者，未有進夷狄以同諸夏者」[38]，明確斷定「滿洲豈有可進之律」[39]。連橫則主要根據文化的界定標準，認為夷夏之間可能實現雙向轉換，即華夏可能退為夷狄，夷狄也可能進為華夏。

章太炎認為，根據地域界定標準，「吳楚封域不出荊揚，固禹貢九州之地」[40]，吳楚與東北邊陲的滿洲以及「大去華夏，永滯不毛」的匈奴明顯不同[41]。更為關鍵的是章太炎根據血統界定標準，認為雖然匈奴始祖淳維據稱是夏后氏的後裔，但是「匈奴之犬種，先淳維生矣」，而淳維「娶胡牝以為婦」，「其胄非人也，豈直淳維」[42]，導致淳維原有的華夏純正血統混雜甚至中斷，而「滿洲種族，是曰東胡，西方謂之通古斯種，固與匈奴殊類」[43]。可知滿洲的血統比匈奴更屬於純粹的「異種」。章太炎綜合地域、血統等界定標準判定吳楚「本非夷狄」[44]，而滿洲、匈奴原本就是地地道道的夷狄。所以，章太炎認為只有在判定吳楚「本非夷狄」血統身分的前提下，才有可能「進之同於齊晉」，才有可能再根據吳楚在文化禮教方面自「外」於華夏或自「內」於華夏的表現而相應地界定吳楚是「退」為夷狄還是「進」為華夏，即「向日自外則退之，今日自內則進之」[45]。並且，章太炎認為，「《春秋》以吳越從狄」僅僅是因為吳越在一段時期以來文教退化而被貶損（所謂「左衽同浴，不自別於異類，故因是以貶損之」），而「本非夷狄」的吳越被貶稱為夷狄只是暫時的，「不謂其素非人」[46]，但是真正的夷狄滿洲、匈奴卻不能進為華夏，其夷狄的貶稱也將是長久的。

與章太炎相比，連橫同樣認為吳楚可以進為華夏，只是連橫不再認為吳楚「本非夷狄」，而是將「進化」以前的吳楚當做真正的夷狄，當做夷狄「進」為華夏的典型例證。連橫關於吳楚「夷夏之辨」的界定（或者說夷夏身分的轉換）主要根據文化標準，而沒有考慮血統、地域等因素，比章太炎的界定簡單得多[47]。

二、「嚴夷夏之辨」含義闡釋之比較

（一）「嚴夷夏之辨」第一層含義——「嚴格辨別夷夏民族身分」

章太炎、連橫透過給「夷夏之辨」核心價值觀的一些關鍵性名稱加以「正名」，使這些名稱在兩人民族思想的相關闡釋中真正名副其實、名正言順，並從各個角度表達了「嚴格辨別夷夏民族身分」的含義。

　　第一種角度是透過給「華（夏）夷（狄）」系列「釋名」加以表達。章太炎為了真正透徹地解釋「華（夏）夷（狄）」系列的含義，對它們名稱及其意義的由來進行了一番追根溯源的詳細考證。由於章太炎一度相信當時盛行的華夏始祖率領族人從西亞遷徙而來的學說，所以在「神靈之胄自西方來，以雍梁二州為根本」的理論基礎上，他推斷出「諸華之名，因其民族初至之地而為言。……雍州之地東南至於華陰而止，梁州之地東北至於華陽而止，就華山以定限，名其國土曰華，則緣起如是也。其後人及所至，遍及九州」[48]，判定「華」是因為華夏民族初至之地「華山」而得名。

　　此外，章太炎還完成了「華（夏）夷（狄）」系列中的其它「釋名」，指出該系列中「華」、「夏」、「漢」之間的密切聯繫。他解釋說，「中國之名，別於四裔而為言」[49]。這裡的「裔」由衣服的邊緣之義引申出地域和政治意義上的邊遠地區之義，而如果與「中國」或「夏」形成對立關係時，「裔」專指處於邊遠地區的民族，其實就是「戎狄蠻夷」，因此，這種意義上的「四裔」也可以用「四夷」互換。章太炎還解釋說：

　　夏之為名，實因夏水而得，是水或謂之夏，或謂之漢，或謂之漾，或謂之沔，凡皆小別互名，本出武都，至漢中始盛，地在雍梁之際……漢家建國，自受封漢中始，於夏水則為同地，於華陽則為同州，用為通辭，適與本名符會。是故華雲、夏雲、漢雲，隨舉一名，互攝三義。[50]

　　連橫對於「華（夏）夷（狄）」系列名稱的解釋和考證，主要是針對有關滿（族）、清（朝）的一些閩南語詞彙，而這樣的「釋名」實際上也是臺灣歷史文化約定俗成的結果，是臺灣民眾獨特心態和情感在語言學上的記錄和反映，因而具有鮮明的臺灣地域文化色彩，例如：

　　覺羅——犬曰覺羅、豕曰胡亞。聞之故老：覺羅氏以東胡之族入主中國，我延平郡王起而逐之，視如犬豕；民族精神於是乎在。

第一章 「胸中自有魯春秋」——章太炎、連橫對於「春秋大義」民族思想態度之比較（上）

淨生——清生則畜生，鄭氏時語；今呼淨生。蓋自滿人猾夏，穢德彰聞，忠義之士，憤其無道，至以禽獸比之，所謂不與同中國也。[51]

章太炎指出，在「夷夏之辨」界定問題上堅持文化標準的學者往往從「華為花之原字」立論而將「華」解釋為華美、文明，從而「以之形容文化之美，而非以之狀態血統之奇」。這裡需要引起注意的是，連橫雖然也堅持「夷夏之辨」的文化界定標準論，卻沒有章太炎所批評的「忘其語原，望文生訓」的錯誤[52]。連橫對於「華」的釋義與章太炎基本相同：「夫我民族原居華胥，為今帕米爾之地。黃帝入處中土，戡定群苗，肇造大國，故仍以華為族號。」[53] 所不同的是，連橫將「華」釋為族號，而章太炎則認為「華本國名……正言種族，宜就夏稱。」[54]

這裡還需補充說明的是，即使不經過以上考證的功夫，而僅僅是「華（夏）夷（狄）」系列的組合式、對舉式運用形式本身（例如「夫屏之裔土者，懼其傳疾以敗吾華夏之種，故麋麋焉淘汰之也」中的「華夏—裔土」、「清人以外族入主中夏，太平之役，宗祚斬矣；曾胡自賊，保厥餘灰」中的「中夏—清人」等）[55]，也在一定程度上表達了「嚴夷夏之辨」所具有的「嚴格辨別夷夏民族身分」的含義。章太炎、連橫此類名稱的組合對舉運用形式還有「華夏—胡虜」、「中夏—戎狄」、「華夏—不毛」（以上為章太炎運用）、「中原—夷狄」、「大漢—夷獠」、「夏—滿人」（以上為連橫運用）等[56]。

第二種角度是透過給「奸（賊）」與「盜（竊）」系列「冠名」加以表達。章太炎、連橫對於「媚骨者反顏事敵」的漢族人冠名為「奸」或「賊」[57]，斥責他們「不念祖宗同氣之好」、「操戈起同室」[58]；對於夷狄異族侵占漢族或華夏土地、政權的行為冠名為「盜」或「竊」，斥責他們「盜居吾膏腴」、「盜食吾菽粟」、「盜我九鼎」等無恥行徑[59]。章太炎、連橫的這兩種冠名都是貶稱、蔑稱，都表達了站在華夏（漢族）的嚴正立場、嚴格辨明夷夏民族身分的含義。無論是「奸（賊）」還是「盜（竊）」，都是章太炎、連橫所深惡痛絕的，是與章太炎、連橫正面宣揚的「嚴格辨別夷夏民族身分」背道而馳的，所以這種「冠名」表義是透過批判反面典型、撥亂反正的途徑得以實現的。這裡可以說明的是，章太炎所冠名的「盜（竊）」系列名稱涉及了「盜夷」、「僭盜」、「攘竊」、「竊據」、「盜我中華」、「盜帝位」、

「盜我田廬」、「竊我息壤」、「盜其政權」、「盜竊其政柄」、「盜吾漢土」等，比連橫運用的豐富得多。

章太炎、連橫由於生活和活動的地域不同，兩人所冠名的漢奸名錄也有所不同：章太炎以洪承疇、曾國藩等為重點對象，連橫則以施琅、姚啟聖等為重點對象。然而，章太炎、連橫對於「漢奸」、「漢賊」口誅筆伐態度之嚴厲、文辭之表述，卻頗為接近，有的甚至如出一轍。例如，章太炎指出：

曾滌笙文學政事，雖有可稱，然為胡清效力，畢竟為漢族罪人。……曾在金陵，將《船山遺書》發刊，人謂曾氏悔過之舉，此與錢謙、益龔鼎孳輩晚年事蹟正同，罪狀滔天，雖孝子慈孫，百世莫改。[60]

連橫也指出：

夫琅為鄭氏部將，得罪歸清；遂藉滿人，以覆明社，其罪大矣！昔宋張宏範為元滅宋，刻石崖山，大書「張宏範滅宋於此」。至明陳白沙先生過其地，為加一字，曰「宋張宏範滅宋於此」。一字之貶，嚴於斧鉞；雖有孝子慈孫，百世不能改也。[61]

既然章太炎、連橫將夷狄異族侵占漢族或華夏的土地、政權的行為冠名為「盜」或「竊」，那就是將之視為一種不道德、不光彩的強盜行為、偷竊行為，視為一種嚴重僭越名分的行為。傳統的「春秋大義」認為華夏比夷狄更文明、更先進，其中「中國」與「四裔（夷）」名稱的對比就能說明：不僅在地理概念上而且在心理概念上，「中國」明顯地擁有中心地位和優越品性。對於舊史書中關於漢族起兵反抗夷狄者被誣衊為「盜賊」或「賊寇」的描述，章太炎、連橫都認為恰恰顛倒和歪曲了由華夏長期歷史文化發展所確定下來的夷夏民族本來的身分，也違背了「嚴夷夏之辨」的微言大義，因為漢族才是華夏土地和政權的真正主人。以朱一貴起兵臺灣為例，章太炎將朱一貴定性為「義師」，並充分肯定其起兵動機具有「豺狼之族，不可不除，腥羶之氣，不可不滌」的必然性和正義性[62]，此外，章太炎還將朱一貴視為辛亥革命功勳人員，他在《稽勳意見書二》中將朱一貴列入洪秀全、楊秀清等「倡議起義功烈卓著者」一類[63]。連橫則在《朱一貴列傳》的議論中明確表示對中國舊史志「每蔑延平大義，而以一貴為盜賊」的評述深為不滿，認

為這是中國史家「原無定見，成則王而敗則寇」的迂陋史筆所致[64]，連橫在自己的歷史著作《臺灣通史》中為清朝統治時期「吳劉朱林，舊志所目為亂賊者」平反[65]，申明了「嚴夷夏之辨」的春秋大義。

第三種角度是透過給「客帝」「借名」（「仿名」）加以表達。章太炎、連橫都曾將「滿洲之主中夏」稱為「客帝」，這可能是章太炎新創而被連橫引用的一個名詞。從章太炎關於「客帝」得名由來的交代（「自古以用異國之材為客卿，而今始有客帝」）可以看出[66]，「客帝」之名是章太炎借用或仿用「客卿」之名而來，即「客帝」是「客卿」的「借名」或「仿名」。

章太炎、連橫的所謂「客帝」，是視滿族（滿洲）為華夏（中華／中國）的異族，認為現今滿族人名義上雖貴居華夏帝王之位，但根據「內諸夏而外夷狄」的春秋大義，章太炎、連橫仍然將漢族的客人——滿族（滿洲）排除在華夏（中華／中國）的範疇之外，這在他們的多處論述中得到驗證。在這些論述中，章太炎、連橫都認為華夏（中華／中國）是在統治區域上大於滿族（滿洲）、在政治文化地位上高於滿族（滿洲）、在心理感受上優越於滿族（滿洲）的名稱概念，即華夏（中華／中國）並不包括滿族（滿洲）在內，兩者往往是在彼此歧異、對立、甚至敵視的語境中共同出現的，例如章太炎指出滿洲「不問名於華夏」的現狀以及「中國民伯叔兄弟，亦既燭其奸慝，弗為惑亂，以胡寇孔棘之故，惟奮起逐北，摧其巢穴，以為中華種族請命（此處「胡寇」專指滿族）」。[67] 又如連橫指出滿人「不與同中國」以及「滿人猾夏，禹域淪亡……而王獨保正朔於束都……滅之後二百二十有八年，而我中華民族乃逐滿人而建民國」[68]。隨著國內外社會形勢的發展，章太炎的政治思想傾向由「革政」轉變為「革命」，章太炎在《訄書》重訂本中鄭重其事地撰述《客帝匡謬》，並附錄《訄書》初刻本中的《客帝》篇，「箸之以自劾錄，而刪是篇」[69]，誠懇地表示悔改之心。此外，既然以「客帝」為名，而主、客根本上畢竟不同，「客」在主人家裡畢竟不可久留，更不可反客為主，尤其是那些「不速之客」更應該被驅逐，所以「逐滿」、「排滿」的民族革命也就勢在必行了。

（二）「嚴夷夏之辨」第二層含義——堅決維護華夏民族屬性

章太炎、連橫「嚴夷夏之辨」第二個層次的含義——堅決維護華夏民族屬性，是透過「以夏攘夷」與「以夏變夷」兩方面意義的結合共同構成的。比較而言，「攘夷」致力於透過「掃除其故家汙俗」而「望禹域之自完」[70]；「變夷」則致力於透過「並包殊族」而使「種姓和齊」[71]。「攘夷」偏重於鐵馬金戈的迅疾武功的意義，所謂「鋤非種」、「除敗群」是也[72]；「變夷」偏重於春風化雨的長期文治的意義，所謂「漸染華風」、「向化歸仁」是也[73]。「攘夷」傾向於強制執行的意義，「攘夷」行動的「升級」表現可能就是當時有人提出的「亡夷」、「滅夷」的激烈主張；「變夷」傾向於自覺自願的意義，「變夷」行為總是意味著「番人服教」、夷狄「樂慕上國」的歸化結果[74]。儘管章太炎、連橫「攘夷」和「變夷」意義具有以上諸多差別，甚至在一定程度上還彼此對立，但是兩者都表達出維護華夏種姓的「完整」和「純粹」、增強華夏民族的主體意識和獨立意識的含義，從而「攘夷」和「變夷」也經過涵攝、溶解而成「堅決維護華夏民族屬性」共同的、整體的含義。

　　在章太炎、連橫「嚴夷夏之辨」意義闡釋系統中，第二個層次的含義是在第一個層次含義基礎上進一步發展而成的，其意義內涵相對來說顯得間接和深層一些。第一層次與第二層次含義的關鍵差異在於：前者意義著重在於「別」（夷夏之間的區別、辨別），後者意義著重在於「同」（夷夏之間的齊同、混同）。雖然「嚴夷夏之辨」具有的這兩個方面的含義在特定的某段歷史時期內此消彼長或者互為主次，甚至在一定程度上彼此對立，但無論是夷夏之「別」還是夷夏之「同」，都是強化華夏民族意識、鞏固華夏民族本性、維護華夏民族利益、促進華夏民族統一的體現，是「嚴夷夏之辨」的題中應有之義，整體來說兩者之間是相反相成、彼此交融的關係，所以這兩個層次的含義使「嚴夷夏之辨」整合成辯證統一的、邏輯嚴密的意義闡釋系統，正如有研究者指出的那樣：「發生在歷史表層上的這一『別』一『同』，再『別』再『同』，『同』中有『別』，『別』中有『同』，為意識形態領域內的夷夏之辨平添了許多斑斕色彩。」[75] 在章太炎、連橫「嚴夷夏之辨」的意義闡釋系統中，只有兩個層次含義的統一體才能真正表達「嚴夷夏之辨」完整而準確的意義，如果我們以其中任何單一層次的意義來理解章太炎、連橫的「嚴夷夏之辨」，那將都是有失偏頗和有所缺失的。

（三）「以夏攘夷」、「以夏變夷」含義闡釋的差別

章太炎、連橫關於「以夏攘夷」含義闡釋的差別是，章太炎認為所謂「以夏攘夷」受到一定條件限制，而連橫則沒有提及限制條件。第一個限制條件是，章太炎認為，只有確認華夏族先於夷狄到達中國並在中國定居，而夷狄被確認是後來的侵略者，華夏族才有資格「攘夷」。章太炎認為，從公平、道義的普遍原則上看，無論是「以夏攘夷」還是「以夷攘夏」都是可以的，這是由中國的「土著」民族的歷史歸屬的事實決定的——無論是「夏」還是「夷」，只要歷史上確實是中國的「土著」民族，那它就是中國土地和政權真正的主人翁，就有權力去「攘（除）」其他民族。據此，章太炎認為：

假令苗族先來此土，而漢族從後侵略之，苗人視漢人誠在當排之數；其或同時焱至，互爭邑落，是猶滇閩間之爭火井，海濱種吉貝者之爭沙洲，兩無曲直，得之則是。……若漢族先來此土更千百年，苗人隨而東下，以盜我田廬，竊我息壤，漢族復從後攘除之。是則漢族之驅苗族為光復也，非侵略也。[76]

隨後，章太炎徵引《尚書》、《逸周書》、《漢書》等中國著名典籍，根據豐富而詳實的「歷史成證」以及蚩尤的種族淵源和「地望」等旁證材料得出確鑿可靠的結論——「苗族未來而漢族已先見於史傳，即明漢族之宅居此土先於苗族」、「要皆九州舊服非取自苗人」[77]，從而推翻了苗族「排漢」謬論的立論根基，也為漢族「排滿」的民族革命思想消除了質疑的社會輿論，掃清了宣傳的障礙，避免了陷入理論困境的被動局面。這是章太炎對他早年「中國華夏人種西來說」的修正，他曾經回顧說：

法國人有句話，說中國人種，原是從巴比倫來。又說中國地方，本來都是苗人，後來被漢人驅逐了。以前我也頗信這句話，近來細細考證，曉得實在不然。[78]

到了晚年，章太炎再次將華夏人種起源說修正為：

中國人種本起於秦嶺以南隴西、蜀、滇之邊，比於北者本西羌之種，比於南者本髳濮之種，合種而為夏人。[79]

與章太炎形成鮮明對照的是，連橫雖然十分清楚「臺灣固土番之地，其田皆番之田」的歷史事實並明確指出以大肚山為典型代表的「土番處之……閱今二百年前，而始為我族攘焉」的例證[80]，但他還是從來沒有懷疑過「以夏攘夷」的合理性和可行性，沒有像章太炎那樣站在夷狄的立場去做設身處地的思索，也難以像章太炎那樣以公正平和的態度去審視夷夏疆域問題，而只是宣稱臺灣是「我宗啟之，我族居之」[81]。

　　第二個限制條件是，章太炎認為，「以夏攘夷」的地域範圍要受到夷夏原居地和各自劃分的活動地域（章太炎所謂「分地」）的限制，只能「收復吾故有」而不能貪得無厭或得寸進尺。例如，章太炎認為，「自渝關而外，東三省者，為滿洲之分地；自渝關而內，十九行省者，為漢人之分地。滿洲嘗盜吾漢土以為己有，而吾漢人於滿洲之土未嘗有所侵攘焉。今日逐滿，亦猶田園居宅為他人所割據，而據舊時之契約界碑，以收復吾故有而已。而彼東三省者，猶得為滿洲自治之地，故曰逐滿而不曰殲殺滿人。」[82] 1907 年章太炎《致肅親王書》所陳述的「二策」之一就是「為清室計者，當旋始束歸，……而以中國歸我漢」[83]。連橫理解的「以夏攘夷」沒有提及章太炎論述的夷夏之間疆域範圍——「分地」的限制。

　　章太炎、連橫關於「以夏變夷」含義闡釋的差別是，章太炎強調的是近代民族主義的政教之道，突出的是作為國家主權（政權）的「中國」、華夏，例如：「若三荒服而去其一，餘二者固未必自離；若三荒服而一切同化於吾，則民族主義所行益廣。」[84] 而對於「滿洲人亦居少數而已，稍稍同化於我矣，奚不可與同中國」的質疑，章太炎以國家主權（政權）的歸屬作為回答的關鍵依據：「所以容異族之同化者，以其主權在我，而足以弇受彼也，滿洲之同化，非以受我撫治而得之，乃以陵轢顛覆我而得之。二者之不可相比，猶婚媾與寇之例。……吾向者固云所為排滿洲者，亦曰覆中國家，攘我主權之故。」[85] 與章太炎不同的是，連橫關於「以夏變夷」釋義強調的則是「懷柔四夷」、「修德來遠」等儒家文教之道，突出的是作為「文化」的「中國」、華夏，彰顯了華夏（漢族）教化「番黎」的民族使命感以及俯視「番黎」的民族優越感，例如，「苟勤撫字以化之，徠人民以墾之，闢水利以溉之，刊道路以通之，開物成務，教養並行，不數十年而炎風瘴雨之地，皆稱樂土矣。」

又如,「語言習俗,漸從漢風,則亦同化於我而已。嗚呼!優勝劣敗之機,可不惕哉?」[86]

三、「嚴夷夏之辨」現代課題之比較

(一)華僑(華人)——章太炎、連橫「嚴夷夏之辨」共同的現代課題[87]

章太炎、連橫所理解的「嚴夷夏之辨」的適用範圍不僅僅侷限於中國境內的華夏與夷狄各民族,或者可以說「嚴夷夏之辨」中的「夷」和「夏」都超越了中國疆域的範圍。

從「夷」的角度看,章太炎一方面認為「如歐美者,則越海而皆為中國」,因為歐美與華夏族都是「有德慧術知之氓」[88];章太炎另一方面又嚴正駁斥中國一部分歐化主義者因此而「必絀亞洲之戎狄,而襃進歐美之人,入而握吾之璽」的崇洋媚外的行為[89]。因為在他看來,既要正視歐美與中國相比就文明而言「其貴同」、甚至某些方面超越中國的事實,更要銘記歐美與中國相比就種族血緣而言「其部族不同」的嚴格分界。可見「如歐美者,則越海而皆為中國」中的「中國」只有一種非完全、非本質的意義,章太炎所理解的「嚴夷夏之辨」,種族血緣比文明教化更加具有決定性、關鍵性的區分和標誌功用。因此,章太炎認為,即使是「文明」的歐美,在華夏面前仍然不能掩飾或改變其屬於華夏「異種」、「夷狄」的身分,並且以長遠眼光看來,所謂「異域之貴族」(指歐美「文明」民族)與中國之夷狄相比更應該成為「嚴夷夏之辨」的甄別對象[90]。此外,從章太炎「通商之岸,戎夏相捽,有賊殺,則華人必論死,而歐美多生」的論述中[91],我們可以得知章太炎所指的「戎」就是歐美的民眾。連橫「嚴夷夏之辨」中「夷」隨著歷史時代環境的變化而變化,這在《臺灣通史》中可以得到清楚反映:

(《臺灣通史》)著重在於明鄭以降,所以書中華夷之辨的對象就因臺灣歷史各種變遷而包含幾種人:明鄭時代之「夷」有滿人、荷人、「番」人;清代之「夷」有滿人、「番」人,後期更有東西列強之日人、英人、法人等等;而日據時代之「夷」則集中於日人。相對於這些異族,《臺灣通史》中的歷史主體與寫史者立場皆為漢族,亦即華夏族、中國人。[92]

從「夏」的角度看，章太炎、連橫認為海外（含臺灣）的華僑（華人）可以被視為華夏族的意義延伸和概念拓展，因而華僑（華人）與海內外「異族」／「夷狄」的分界、鬥爭其實也是一種不同尋常的「嚴夷夏之辨」，是現代國際社會中中國觀念、國籍觀念、僑民觀念等諸多觀念在傳統的「春秋大義」中的反映。

　　章太炎、連橫都提及中國的華僑（華人）不幸遭到住在國的異族——例如荷蘭等西方人的苛待甚至任意殺戮時，當時華僑（華人）的祖宗之國——中國的清朝政府不但置之不理、不予保護，「且以為叛民，任其殺虐」（或「且云寇盜之徒，任爾殄滅」），使海外僑民淪落到「破家蕩產，莫可籲訴」的悲慘處境，導致「自是白人始快其意，遂令南洋僑民，死亡無日」的嚴重後果[93]，由此可以反映華僑（華人）與國內的清朝統治者、與國外的西方殖民統治者之間都存在涇渭分明的種族界限、觸目驚心的種族仇恨，章太炎、連橫借此提醒海內外的華夏子孫這也是慘酷的「夷夏之辨」。此外，連橫還列舉了臺灣鄭氏對於這些困境中華僑（華人）實施保護、關愛以及準備報復施暴的西方人的歷史事實，例如「延平有征伐呂宋之舉，而經亦有經略南洋之議」[94]，又如「皆撫拊之，給其田疇，樂其生業」[95]，《臺灣通史》還引用中書舍人鄭德瀟的話說：「諸島之中，惟呂宋待中國人最無禮。先王在日，每欲征之，以雪我中國人之恨。」[96] 透過這種鮮明對比，更加凸顯了連橫「撫我華僑，用張國力」的鮮明意向[97]。

　　章太炎充分肯定華僑（華人）具有「欣戴宗國，同仇敵愾」的民族秉性[98]，連橫描述鄭成功派遣羅馬神父李科羅至呂宋，「陰檄華僑起事，將以舟師馳援也」，「華人聞者勃勃欲動，蓋久遭西人殘暴，思殲滅之以報夙怨」。但不幸起義事情洩露，「凡華人商工之地皆毀城破砦」，華人「鏖戰數日，終不敵，死者數萬，多乘小舟入臺，半溺死。成功撫之」[99]。連橫還沉痛地描述了臺灣漢族人郭懷一領導的反抗荷蘭殖民統治者而慘遭鎮壓的悲壯場景：「舊志謂郭懷一謀逐荷人，事敗，華人多戮於此。每逢陰雨，鬼聲啾啾。嗚呼！此則漢族流血之地也！」[100] 總之，章太炎、連橫都高度讚揚了華僑（華人）為反抗海內外異族的殘酷統治而奮勇鬥爭甚至不惜犧牲生命的民族精神，

這仍然沒有離開「嚴夷夏之辨」的基本主旨，只是增加了一些時代特色，可以當成「嚴夷夏之辨」的現代課題。

（二）「革命—光復」——章太炎「嚴夷夏之辨」的現代課題

章太炎自命為「光復中夏之舊人」[101]，他探討的「光復」問題總是與「革命」問題聯繫在一起。章太炎比較了「革命」與「光復」兩個概念之間的本質區別。「革命」與「光復」都有某種程度的改變現狀的共同含義，但是兩者相比較，「革命」強調限於同一民族內部的改變和歷史的跨越性、斷裂性，「光復」則強調涉及不同民族之間的改變和歷史的回溯性、接續性。章太炎「以為革命、光復，名實大異」[102]，並揭示出「革命—光復」之間的本質區別在於「同族—異族」因素的對立：「改制同族，謂之革命；驅除異族，謂之光復。」[103]

此外，章太炎還多處論述、比較這種包含「同族—異族」對立因素的相關概念，例如「同族相代，謂之革命；異族攘竊，謂之滅亡」[104]，又如，「墨子曰：『買鬻，易也；霄盡，蕩矣。』同族迭主謂之『易』，異族入主謂之『蕩』。」[105]章太炎引用顧炎武「易姓改號」導致的「亡國」（即政權之亡）與「東胡僭亂，神州陸沈」導致的「亡天下」（即「道德之亡」）的著名論題，其實這兩者之間的本質區別也與「同族—異族」對立因素直接關聯。「革命—滅亡」、「易—蕩」、「亡國—亡天下」的兩相對比，都共同彰顯了夷狄「異族」從外部入主華夏引起引起的民族矛盾、民族鬥爭、民族危機，對於華夏社會危害的深度和廣度都遠遠超過了華夏「同族」在內部的朝代更迭和鬥爭，章太炎甚至誇張地說，「重器授受，適在同胤，無益損於中夏豪髮」[106]，所謂「同在禹域，則各為其主，無傷也」。[107]與此相對應的是，「盡瘁為一王，其隕躬為一姓，於黃、農遺胄之興替，勿與焉」，比起「捍吾種族」來，「其功實殆相縣」[108]。

章太炎對於「革命—光復」的名號還鄭重其事地進行了一番「正名」工作。他指出時人在「革命—光復」的概念使用上是名不副實的，只是將錯就錯而已：「吾所謂革命者，非革命也，曰光復也。光復中國之種族也，光復中國之州郡也，光復中國之政權也。以此光復之實，而被以革命之名。」[109]鄒容著作面臨「今中國既滅亡於逆胡，所當謀者，光復也，非革命云爾」的

歷史背景和歷史任務,卻署名「革命軍」,章太炎從兩個角度加以解釋以消除疑惑、避免誤會:其一是鄒容在著作《革命軍》中所規畫的「不僅驅除異族而已,雖政教、學術、禮俗、材性,猶當有所革者焉,故大言之曰『革命』也」。[110] 其二是「從俗言之,則曰革命;從吾輩之主義言之,則曰光復」[111]。這裡需要補充說明的是,在章太炎看來,「民族革命」或「種族革命」概念大致相當於「光復」概念。

以上章太炎關於「光復」問題的探討,幫助華夏民眾認識「祀夏配天,光復舊物」與「維新革命,錙銖相較」之間差別巨大,就像「大勇小怯,秒忽相衡,斥　井蛙,安足與知　鵬之志」[112],促使華夏民眾產生「所為攘除異族者,為同種自主」的清醒而明確的民族意識[113],激發華夏民眾「易代小變,猶憯淒不忍視,況挈圻甸而傳之異族者乎」、「蕩與易,孰悲?宜戶知之」等深沉而強烈的民族情感[114],從而彰顯出「虜之能盜我中華」的嚴重後果以及「嚴夷夏之辨」以光復中華的必然性和必要性[115],很有說服力和感染力。(三)「殖民—移民」——連橫「嚴夷夏之辨」的現代課題

連橫論述的「殖民」與「移民」兩個概念有接近、交融之處。「殖民」包括兩個方面含義:一是東西方列強如日本、荷蘭等對臺灣的統治、剝削和強制移民,例如「今荷人之有臺灣也,肆其橫暴,剪食我土地,侮虐我人民,剝奪我權利。而世之論者曰,是殖民之策也,嗚呼痛哉!」[116] 又如「茫茫大地猶嫌小,勺水丸泥占領頻。別有挾天抒妙術,欲將星界殖斯民。」[117] 二是華夏族(主要指漢族)在海外(含臺灣)的擴張、開拓和自由移民,其意義大致相當於臺灣歷史上延續至今的「理番」,即連橫指出的「臺灣固土番之地,我先民入而拓之,以長育子姓」,「臺灣之番非可羈縻而已也;得其地可以耕,得其人可以用」[118],(臺灣之番)「負嶼跋扈,則移兵以討之,望風來歸,則施政以輯之,此固理番之策也」[119]。「我先民」指中國早期移民者和拓墾者(以閩粵籍為主),即「臺灣之人,中國之人也,而又閩粵之族也」[120],連橫論述的「殖民—移民」可以視為「嚴夷夏之辨」春秋大義的獨特表現形式,也是連橫「嚴夷夏之辨」探討的現代課題(「殖民」、「移民」名稱在章太炎論著中似乎未見)。

連橫對於華夏族海外「殖民—移民」的歷史做了一番撫今追昔的感慨，他對於「殖民—移民」的先驅者「凌厲而前」的「堅強果毅之氣」，對於先驅者「涉波濤，冒瘴癘，戰士蠻而服之，篳路藍縷，以處山林」的「艱難締造之功」，都充滿著崇敬和緬懷之情，而對於「子孫不武，俛仰由人，碩德光勛，文獻莫考，甚且數典而忘其祖，以為異族羞」的「殖民—移民」現狀則滿懷悲哀、憤　和遺憾[121]。連橫作為歷史學家，特別關注中國「殖民—移民」歷史的撰述，認為它能夠「揚大漢之天聲」，是「我民族之豪舉而歷史之光輝者」，[122] 可見連橫充分認識到華夏（漢族）海外「殖民—移民」對於在海外宣揚民族聲威、樹立中國的大國形象的重要作用，將它推舉到值得全民族自豪並名垂史冊的華夏偉業的高度。

在連橫的筆下，吳鳳、吳沙就是這樣一些華夏（漢族）海外「殖民家」傑出代表，吳鳳「沒而為神，威加醜類，蠻俗為馴」，吳沙「奮其遠大之志，率其堅忍之氓，以深入狉榛荒穢之域，與天氣戰，與猛獸戰，與野蠻戰。勇往直進，不屈不撓，用能達其壯志，以張大國家之版圖」[123]，連橫評價他們是臺灣歷史上的「偉人」。連橫全面讚頌吳鳳「仁」、「義」、「智」、「武」諸德兼備的純粹優良的品性，還繪聲繪色、濃墨重彩地描繪了他甘願為漢族在臺灣的「殖民—移民」大業而殺身成仁、慷慨赴死的儒士和俠士風采，讚頌如吳鳳那樣的仁人志士「漢族豈可少哉？頂禮而祝之，範金而祀之，而後可以報我先民之德也」[124]，帶有濃重的儒家傳統價值觀色彩。

第二節 對於「存亡繼絕」民族思想態度之比較

有研究者指出，「國亡、世絕是指群體組織的消滅，種族命脈的斷絕，不管是自絕或他絕，都是大不仁、大不義之事。敝廢是起於荒廢不知治理，也就是失禮。《春秋》所表揚的王道，以『存亡國，繼絕世，補敝起廢』為大，正是因為王道乃合乎生生不息的天道！」[125] 司馬遷《太史公自序》概括的《春秋》學精神中十分重要的一項內容為「明王道」，而「存亡國，繼絕世，補敝起廢，王道之大者也」。章太炎聲稱「興滅國，繼絕世，聖王之高致」[126]，連橫也借記載寧靖王赴難前遺言表達出「興滅繼絕，事固有重於死者」

的春秋大義[127]。「存亡繼絕」民族思想極大地影響了面臨民族生死存亡危機的章太炎和連橫，最集中的反映就是「遺民」心態和情感。

　　章太炎、連橫都有深重的「遺民」情結，平生樂意以「遺民」自稱並被他人稱為「遺民」（「遺民」或稱為「遺老」或「逸民」）。章太炎曾經自述「太炎遺老者，二百五十年之彭鏗也」、「身為皇漢之逸民」[128]。1902年農曆三月，章太炎和秦力山等人為鼓吹種族革命、振起歷史觀念起見，定於農曆三月十九日明崇禎帝殉國日，在日本上野精養軒舉行「支那亡國二百四十二年紀念會」。可是在開會前一天章太炎等發起人被通知到警察署報到，警長首先問章太炎等為清國何省人，章答曰：「余等皆支那人，非清國人。」警長大為驚訝，繼續問他們屬何階級，士族還是平民？章太炎回答說「遺民」[129]。當朋友笑言章太炎「君以一儒生，欲覆滿洲三百年帝業，云何不量力至此，得非明室遺老魂魄憑身」時，章太炎亦笑[130]。為了最大可能地減少清廷「焚書」、文字獄等文化滅絕和文化摧殘政策給華夏文化造成的損失，章太炎收集、整理、研究、宣傳明朝滅亡以及明末遺民史料。正如1905年《訄書》重訂本扉頁所說的那樣：「（章太炎）素雄於文，博治經史百家，而尤注意於明季文史。深維漢族亡國之痛，力倡光復主義，作《訄書》以見志，文淵奧古，俗吏未之奈也。」章太炎看到現存的明季史料作於文網森嚴之際，作者不敢以死奮筆，故隱藏、遮蔽、粉飾的也有不少，所以準備親自編著《後明史》。章太炎還大力宣傳已經刊行的明季文史典籍資料。田桐將明遺老所記佚事、清時嚴禁各書，結集為《亡國慘記》，章大炎題詞曰：「沾襟何所為，悵然懷古意。秦俗猶未除，漢道將何冀。」而「是書出版，風行東京、南洋、香港及美洲等處，不及一年，告逾三萬。上海及內地有禁令，無敢代售者，持往者則有之，可見人心復清之心，是時至為激昂也」[131]。連橫也沉痛地自稱為「臺灣遺民」或「棄地遺民」[132]，自嘲曰「一代頭銜署逸民，千秋事業未沉淪」[133]。連橫還熱心地給諸多明代遺民作傳，讚頌遺民具有「不降其志，不辱其身」、「汙泥不滓，抱璞守貞」的高潔品質。不但如此，章太炎、連橫之間也互相視對方為遺民，例如，章太炎在給連橫《臺灣通史》作序時稱「遺民連雅堂」並稱連橫正是他至臺灣追尋到的「遺民舊德者」[134]，

而連橫則在評價章太炎著作《新方言》時稱章太炎「臨瞻故國，其惻愴可知」、「痛黃胄之不昌、振夏聲於未絕」，言辭之中也暗寓章太炎遺民身分之義。

一、亡國之痛、故國之戀和復國之望——「國統」之存繼方面

章太炎、連橫心目中的華夏民族（包括初始的華夏族群和後來的漢族）建立、主導並延續的民族國家——所謂「支那」或「中夏之國」，都是以清朝取代明朝、明朔斬斷為其最終覆亡的標誌。章太炎在《中夏亡國二百四十二年紀念會書》中稱：「自永曆建元，窮於辛丑，明祚既移，則炎黃姬漢之邦族，亦因以漸滅。……支那之亡，既二百四十二年矣。民今方殆，寐而占夢，非我族類，而憂其不祀。」[135] 1907年秋，陶成章與龔光聯絡印度、安南.緬甸諸志士，在日本東京設立東亞亡國同盟會，以章太炎為會長[136]。永曆是中國南明政權永曆帝（桂王朱由榔）的年號，辛丑即永曆十五年（1661年）。連橫作為臺灣人，根據永曆三十七年（1683年）鄭克塽降清起臺灣停止使用永曆年號的歷史，將該年作為「華夏正朔」的終止。

章太炎、連橫自認為處於「滅國新潮昔昔多」和「華夏正朔」已經漸滅的時代[137]，他們作為華夏「遺民」都懷有慘烈的亡國之痛、深沉的故國之戀和熱切的復國之望，所有這些豐富真摯的情感都可以透過華夏「禮樂衣冠」的文化象徵符號集中表達出來——他們對於亡失華夏「禮樂衣冠」之痛惜即是他們亡國之痛的象徵符號[138]，他們對於華夏故國「禮樂衣冠」之眷戀即是他們故國之戀的象徵符號，他們對於恢復華夏「禮樂衣冠」之期望即是他們復國之望的象徵符號。在章太炎、連橫的心目中，華夏「禮樂衣冠」簡直獲得了幾乎與華夏正朔同等重要的地位，他們都以短語「衣冠正朔」（「衣冠」與「正朔」相提並論）來表示這一點[139]。這也並不奇怪，因為從小的環境來看，章太炎、連橫兩家都有「遺命以明服殮」的「先世遺教」，而從大的環境來看，包括章太炎、連橫在內的華夏傳統知識分子乃至整個華夏民眾都已將「左衽」（前襟向左的衣服裝束）作為華夏族遭受異族統治的象徵，這也已經成為一種民族歷史共同記憶和民族文化共同心理的深層積澱。

同為華夏遺民，與章太炎相比，連橫身處完全淪為異國之地（日本殖民地）的臺灣，成為名副其實的「亡國奴」，其亡國之痛、故國之戀和復國之

望的遺民情感往往更激烈，遺民心態往往更峻急，主要有以下三個方面的體現：一是連橫反覆描繪故國及其破碎（半壁）山河的形象，例如「故國淒涼叢菊淚」和「故國淒涼聞鶴唳」[140]，又如「破碎河山可奈何」和「半壁江山歷劫腥」[141]；二是連橫反覆描繪黍離麥秀之情，字裡行間充滿遺民的哀怨、悲憤、淒涼，例如「無端感黍離」和「古淚滂沱哭海桑」[142]，又如「殘山剩水更悲傷」和「念家山破恨何如」[143]；三是連橫多次刻畫自己淒苦無根的遺民形象，或自擬為無根流離的蘭花（「一卷畫蘭憔悴甚，傷心忍對舊山河」）[144]，或自比於遭受家亡國破之難的杜甫（「家亡國破兵戈裡，憔悴詩人杜少陵」）[145]，或自喻為覆巢、身瘦、口瘖的寒鴉（「汝巢既覆汝身瘦，羽毛未滿天又陰。徹彼桑土計非晚，汝手拮据汝口瘖。我生以來多憂患，劬勞筋骨苦志心」）[146]。

二、「延國學於一線」——「學統」之存繼方面

（一）「延國學於一線」蘊涵的深重憂患意識

《春秋公羊傳·僖公四年》說：「南夷與北狄交，中國不絕若線。桓公救中國而攘夷狄，卒帖荊，以此為王者之事也。」章太炎、連橫作為志向高遠、飽讀詩書的華夏遺民，立志以「延國學於一線」來完成救中國而攘夷狄的「王者之事」。

章太炎 1932 年 10 月 6 日致函馬宗霍訴說自己的心願：「春日避寇北行，歸後，仍以說經自遣。……僕老，不及見河清，唯有惇誨學人，保國學於一線而已。」[147] 他又在《致國粹學報社書》中諄諄告誡說：「貴報宜力圖增進，以為光大國學之原。（肉食者不可望，文科、經科之設，恐只為具文，非在下者誰與任此。）延此一線，弗以自沮，幸甚。」[148] 章太炎眼見「國故衰微，大雅不作」，因此對於扶微繼絕、振興文運的孫仲容、皮錫瑞等國學大師特別敬重和依賴。連橫也在《致臺灣各詩社書》中感嘆說：「臺灣詩學於今為盛，文運之延賴此一線，而眷顧前途，且欣且戚。爰是發刊詩會，藉資鼓吹，扶弊起衰，詎無小補？」[149]「余，臺灣人也。臺灣民族之衰落雖至如此，而前途一線之光明，尚有望於今日文學家之指導也。」[150] 這裡所謂的「臺灣民族」實際上是指稱臺灣的漢族／華夏族（區別於臺灣的日本殖民者、土番）。可

見章太炎、連橫作為華夏「遺民」都清醒地覺察到「延國學於一線」的憂患意識和危機意識。這種憂患意識和危機意識的一個重要表現是他們認識到了異族文化勢力對於華夏文化的巨大破壞和危害，這種巨大破壞和危害既包括東西方列強文化殖民主義和文化帝國主義的入侵和同化也包括少數民族政權（例如清朝）對於華夏文化「焚書」、文字獄等文化滅絕、文化摧殘政策和行為。

（二）「延國學於一線」體現的神聖使命感

有研究者指出，「禮樂制度，代有增刪，其中遞相沿承者，文化學統也。天所不能喪者，亦即國家民族所以立於天地者，所為默運維持者，文化命脈所繫之核心力量也。孔子的十足信心正在於此，而其道在己身的黽勉自任本身則已是文化學統的張力凸現了」[151]。章太炎、連橫正是這樣以「文化命脈所繫之核心力量」來「黽勉自任」的。章太炎、連橫作為華夏「遺民」，都以中華歷史文化挽救者和維繫者自我期許，正如章太炎引用溫睿臨的話那樣，「後之君子，續而傳之，此亦後死者之責也」[152]。作為文人，章太炎、連橫的這種使命感和責任感都具有「立言不朽」文人傳統和歷史文化淵源，也是中國傳統士大夫以天下為己任的社會責任感和道德責任感的體現，也都與他們「狂者」兼「罪者」的身分定位有關。兩人的區別在於：章太炎的「狂者」身分定位更明顯而連橫的「罪者」身分定位更明顯。

章太炎1903年因為「蘇報案」被囚禁於上海工部局監獄，他在獄中寫就一篇豪氣沖天的「自記」：

上天以國粹付余，自炳麟之初生，迄於今茲，三十有六歲。鳳鳥不至，河不出圖，惟余亦不任宅其位，繄素王素臣之跡是踐，豈直抱殘守闕而已，又將官其財物，恢明而光大之！懷未得遂，累於仇國，惟金火相革歟？則猶有繼述者。至於支那閎碩壯美之學，而遂斬其統緒，國故民紀，絕於余手，是則余之罪也！[153]

此外，1914年章太炎被袁世凱軟禁於北京時，曾經以絕食抗議，在寫給夫人湯國梨的訣別家書中再次表明類似觀點：「吾死之後，中夏文化亦亡矣。」[154]此時，章太炎對生死已置之度外，唯獨對自己「身後」華夏學術的傳承

縈繞於心、不能忘懷。章太炎還指出，「近觀羅馬隕祀，國人復求上世文學數百歲，然後義大利興。諸夏覆亦三百歲，自顧炎武、王夫之、全祖望、戴望、孫詒讓之倫，先後述作，迄於余，然後得返舊物。」[155] 1913年6月章太炎在《致黎元洪書》中自稱「以一身為先覺」[156]。此外，章太炎還自任為引領全世界弱小民族反抗帝國主義和殖民主義的先覺者，他聲稱，「他日吾二國扶將而起，在使百姓得職，無以蹂躪他國、相殺毀傷為事，使帝國主義之群盜，厚自慚悔，亦寬假其屬地赤黑諸族，一切以等夷相視，是吾二國先覺之責已！」[157] 1913年11月章太炎在《致袁世凱書》中談到成立「考文苑」一事，「獨考文苑一事，經緯國常，著書傳世，其職在民而不在官……國華日消，民不知本，實願有以拯濟之……若大總統不忘宗國，不欲國性與政治俱衰，炳麟雖狂簡，敢不從命。」[158]章太炎宣稱「寧作民國遺老」[159]，並在《致陸建章書》中說：「余本光復前驅，中華民國由我創造，不忍其覆亡，故來相視耳。」[160]因為章太炎心目中的民國應該是一個延續和保持華夏「絕學」的民國，所以他1912年1月在《大共和日報》刊出的《求劉申叔通信》中殷殷期待：「今者，民國維新，所望國學深湛之士提倡素風，任持絕學。」[161]

在章太炎心目中，激烈的政治革命（「金火相革」）肯定有它的「繼述者」，這並不是他理想和事業的重心，他孜孜以求的是「恢明而光大」他所認定的「支那閎碩壯美之學」。章太炎終其一生，將自己一身與整個華夏文明置於同舟共濟、休戚與共乃至生死相依的緊密聯繫之中，自命為華夏文明命脈的維繫者和華夏文明命運的擔當者，自命為拯濟「國華」和「國本」乃至拯濟世界上一切被壓迫被殖民的弱小民族的先知先覺者。在重構中國社會文化秩序和再生中國文化「新命」的宏偉事業中，章太炎不但當仁不讓、頗為自信，而且自視甚高，甚至不乏睥睨天地之間的自負，堪稱「狂簡」，是不折不扣的「狂者」。

連橫認為撰述《臺灣通史》、《臺語考釋》並「從此而整理之、演繹之、發揚之」可以達到「民族精神賴以不墜」的巨大功效[162]。連橫還認為自己發刊《臺灣詩薈》是因為「臺灣今日之漢文廢墜已極，非藉高尚之文字鼓舞活潑之精神，民族前途何堪設想？」他甚至宣稱，「諸君子為臺灣計、為漢文計，如承定購之時，祈將報資先為惠下，俾得周轉，以免滯停，豈惟鄙人

之幸,臺灣民族之文明亦有賴焉!」[163] 在連橫看來,一份文學期刊事關民族前途,其正常運轉是臺灣民族之文明的依賴——這也體現了連橫的一些「狂者」之氣,但連橫「罪者」的身分定位更為突出。

連橫認為,如果不能完整、真實、詳細、嚴謹地整理和記載民族歷史文化,那就是身為「史氏」的罪過。連橫將自己視為整理和記載民族歷史文化的「史氏」,那麼,既然責怪「舊史之罪」、「(舊)史氏之罪(咎)」,他也就毫不留情、一視同仁地自我責怪「橫之罪」、「我輩之罪」,這正體現了連橫自覺地作為民族歷史文化記錄者、挽救者和維繫者所表現出的使命感和責任感。連橫指出:

吾聞延平入臺後,士大夫之東渡者蓋八百餘人,而姓氏遺落,碩德無聞;此則史氏之罪也。[164]

以吾所聞黃蘗寺僧之事,尤其著者。而事多隱滅,莫獲示後,則舊史之罪也。今舉其知者,著於篇。[165]

中國殖民之事,前史不載。元、明二代,語焉未詳。惝恍迷離,錯訾八九。豈非史氏之咎歟?[166]

以國內既乏考據之書,而華僑又不能自述其史,以介紹國人。又豈非史氏之咎歟?[167]

若再經十年、二十年而後修之,則真有難為者。是臺灣三百年來之史,將無以昭示後人,又豈非今日我輩之罪乎?[168]

舊志誤謬,文采不彰,其所記載,僅隸有清一朝,荷人、鄭氏之事闕而弗錄,竟以島夷、海寇視之。嗚呼!此非舊史氏之罪歟?[169]

連橫十三歲時其父親鄭重地告誡他要知臺灣事和修臺灣史的情景深深銘刻在他心中:

橫年十三時,就傅讀書。先君以兩金購《臺灣府志》授橫曰:「女為臺灣人,不可不知臺灣事。」橫受而誦之,頗病其疏。故自玄黃以來,發誓述作,冀補舊志之缺。今吾書將成,先君音容如在其上,乃以學殖淺陋,不能追識十一,以告我後人,是橫之罪也夫![170]

這幅情景容易使我們聯想起司馬遷的「自罪」表述——「且余嘗掌其官，廢明聖德不載，滅功臣世家大夫之業不述，墮先人所言，罪莫大焉」（司馬遷與上大夫壺遂的對話），以及「是余之罪也夫！是余之罪也夫！身毀不用矣」（司馬遷因李陵之禍而遭腐刑並幽於縲紲之中的感嘆）。此情此景成為他日後修撰《臺灣通史》的重要精神動力，而連橫父親告誡和授書的一幕也像徵了臺灣乃至華夏歷史文化的代代賡續、薪火相傳。

（三）「延國學於一線」恪守的師法傳承學術傳統

如何才能有效地「延國學於一線」呢？章太炎認為，恪守師法傳承的學術傳統十分必要。章太炎強調「古書籍，非師莫得」[171]，稱讚周、秦諸子「推跡古初，承認師法，各為獨立，無援引攀附之事」的可貴學風[172]，提出「制度變遷，推其沿革；學術異化，求其本師；風俗殊尚，尋其作始」的主張[173]。

章太炎追溯《左傳》師法授受源流，認定「授受之不妄」[174]，「在章太炎的心目中，自左丘明、曾申以至賈嘉、貫公的師法傳授系統是不辨自明的」[175]，「這一傳承系統並非由章太炎最早提出，如劉向在《別錄》等書中就已提及，但章太炎是博引上古文獻系統論證左傳源流的第一人……雖然在章氏看來，《左傳》的傳授系統是不言自明的，但他為了反駁公羊學說，不惜在故訓舊說中痛下功夫，所得結論基本上是令人信服的。從章太炎不厭其煩的考證中我們可以看到，《左傳》經師的早期著作雖早亡佚，但其間授受的軌跡依然可尋，《左傳》為劉歆偽造說難以成立。」[176] 章太炎爬梳整理後詳細列舉的《左傳》師法授受系統是這樣的：

> 曾申者，首受《春秋傳》於左氏者也，依《檀弓》記，曾申下及魯穆公時，其受《春秋》，當在悼、元之世。曾申又以授吳起，《呂氏·當染》篇及太史公書皆稱吳起學於曾子，是也。（原註：《檀弓》亦稱曾申曰曾子）起母死不葬，曾子薄之而與起絕，後歸魏文侯為將，亦在魯之元、穆間，晚又相楚，與悼王同死，則在魯穆公二十七年，去獲麟百歲矣。起以《春秋》授子期，期授鐸椒，椒為楚威王傅，威王元年，上距悼王卒四十二歲，去獲麟百四十二年，去魯悼公卒九十年，而《鐸氏微》始作，逾二年，秦始稱王。自楚威王元年下至楚考烈王六年，凡八十二歲，而虞卿欲以信陵君之存邯為平原君請封，則卿不得直受《春秋》於椒，《別錄》所稱鐸椒傳虞卿者，

中間尚有闕奪也。荀卿趙人,虞卿相趙,荀卿得見之,其後荀卿客春申君,為蘭陵令,春申君死而荀卿廢,在邯解圍後十九年,固得受《春秋》於虞卿。自荀卿之廢,又十八年,秦並天下,時張蒼為御史,主柱下方書,計蒼以漢孝景五年薨,年百餘歲,秦並天下時,蒼已三十餘矣,而時荀卿尚在,《鹽鐵論》稱李斯為相,荀卿為之不食,故蒼得從受《春秋》,且其身在柱下,無所不觀,所見方書,當在始皇三十四年焚書以前,故其譜牒時有出《左氏》外者。此其授受可知者也。[177]

章太炎以《左傳》為例,從師法授受入手,證明華夏學術源流是可以考證的,是可徵信的,是歷百世而可知的,這是章太炎終其一生為華夏學術「存亡繼絕」而不畏艱苦、孜孜以求的一個縮影,也是他為華夏學術「存亡繼絕」的重要依據和動力之所在。章太炎還詳細梳理出乾嘉「小學」的發展主線,從顧炎武發端,自吳、皖兩派始成系統,戴震為皖派開創者,然後依次是戴震→王念孫→俞樾、孫詒讓→章太炎的師法傳承順序:

始故明職方郎崑山顧炎武,為《唐韻正》、《易詩本音》,古韻始明,其後言聲音訓詁者稟焉……震生休寧,受學婺源江永。治小學、禮經、算術、輿地,皆深通……震又教於京師……弟子最知名者,金壇段玉裁,高郵王念孫……(念孫)小學訓詁,自魏晉以來,未嘗有也。近世德清俞越、瑞安孫詒讓,皆承念孫之學。樾為《古書疑義舉例》,辨古人稱名牴牾者,各從條列,使人無所疑眩,尤微至。[178]

根據以上乾嘉「小學」發展主線,「太炎先生師事俞樾七年,又直接問學於孫詒讓,這種經歷已經從學術淵源上確立了他乾嘉學派殿軍的地位」[179]。不僅如此,更重要的是,章太炎還從師法傳承脈絡系統上將自己確立為整個華夏學術統系一脈相承而來的殿軍的地位,因為他自認為只有他才是整個華夏學術統系從未間斷的幾乎唯一的「繼述」者,因而將一己的安危等同於整個民族學術的安危,發出「支那閎碩壯美之學,而遂斬其統緒,國故民紀,絕於余手」的「狂言」。

三、提倡和傳承儒家道義——「道統」之存繼方面

儒家傳統思想認為，堯、舜、禹、湯、文王、武王、周公、孔子、孟子之間存在儒家道義的一脈相承的統系，即道統。朱子雖然最早將「道」與「統」合在一起講「道統」，但道統說的創造人卻並非朱子，而是唐代的儒家學者韓愈。韓愈明確提出儒家有一個始終一貫的有異於佛、老、楊、墨的「道」。韓愈說：「斯吾所謂道也，非向所謂老與佛之道也。」韓愈所說的儒家之道指的是「先王之教」、「明先王之道」，即「博愛之謂仁，行而宜之之謂義，由是而之焉之謂道，足乎己無待於外之謂德。」[180]「道」大致就是作為儒家思想核心的「道義」。根據司馬遷對春秋大義的概括，在儒家「五經」中，《春秋》宗旨在於「道義」（此處為動賓短語），且《春秋》為「禮義之大宗」。對於「撥亂世，反諸正，莫近乎春秋」的意義，有學者在引用典籍「王也者，天下之往也」和「王者，民之所歸往也」等論述後得出結論說，「在都顯示得萬民之心而歸往者就是王，這樣的王者必是禮義的化身，所以，撥亂反正必是撥反禮義以歸於禮義」[181]。可見儒家春秋學本身標舉了禮義「王道」，這種禮義「王道」也是儒家「道統」之「道」，主要指仁義禮智信等所謂「五常」的儒家道義。

章太炎、連橫都以不同程度和不同方式提倡和傳承儒家道義，其實也就都參與到了維繫儒家道統的「傳道者」行列中來，而在相當程度上講，儒家道統大致相當於華夏道統，至少是一般意義上的華夏道統的主流或「正宗」。

章太炎認識到了儒家道義對於國家民族存亡興衰的重要意義，他對五代史馮道傳論提出的「禮義廉恥，國之四維，四維不張，國乃滅亡」之論深表贊同，他說，「善乎管生之能言也。禮義治人之大法，廉恥立人之大節，不廉不恥，則禍敗亂亡，無所不至。」[182]章太炎還引用顧炎武《日知錄》「亡國」與「亡天下」之論，認為對於民族國家的生存發展而言，「亡國」（易姓改號的政權之亡）遠遠不如「亡天下」（人倫道德乃至整個華夏文化之亡）那麼嚴重。章太炎還指出「齊州之種」「賦質具五常」是「人之性然」，也是華夏地域文化孕育的結果，而如果不能「仁種類」、不能「固蕭牆」則是君子之大恥。他說：

權輿生民以來,遠者八千祀,惟吾齊州之種,於宙合為最古,其賦質具五常。古《中庸》之說曰:「木神則仁,金神則義,火神則禮,水神則智,土神則信。」人之性然也。生於其洲而人偶其洲,生於其國而人偶其國,亦人之性然也。是故君子不恥不能御外侮,而恥不能仁種類;不恥海濱之不靖,而恥蕭牆之無以自固。[183]

章太炎還指出,根據荀子學說,因為萬物具有「同宇而異體」的特徵,自然地就提出了「知分」的要求(因為萬物有「同」、「異」的兩面),而「知分」決定了「愛類」(因為正如荀子所言,「以異體,故必自親親始;以同宇,故必以仁民愛物終」,其中「親親」、「仁民愛物」即「愛類」),「愛類」決定了「不言鬼神,而能使人致死」(致死即赴死、投死之義)。「愛類」既然決定於「知分」,而「知分」與「合群」是相反相成的,那麼「愛類」在一定程度上也決定於「合群」,或者與「合群」息息相關。「今知不合群致死以自禦侮,後世將返為蠻獠狙獲」[184]。章太炎還認為,「是故合群明分,則足以御他族之侮;渙志離德,則帥天下而路」,並且中國「惟無鬼神,而胤嗣之念,乃獨切於他國」[185]。可見章太炎深刻地認識到「親親」、「仁民愛物」的「愛類」的志向和情感在抵禦外侮、維繫種族生存發展、倡導勇敢精進的民族精神方面的重大意義。

章太炎的禮義觀是比較複雜和矛盾的。一方面他認為:「去其(指「妄」)太甚,而以『仁義』礫栝矯之。然後人得合群相安。斯途徑之必出於此者也。……夫妄性雖成,化以禮義,則自入進步。」[186]章太炎承認仁義、禮義能夠去除人類「妄性」、促進社會進步,另一方面,章太炎認為「仁義即由嗜欲而起」,「非利亦無所謂義」,「制為禮義,所以養欲給求,而為之度量分界」[187],章太炎承認禮義起源於人的嗜欲,只是人逐利養欲本質屬性的反映而已,是不可能真正做到「舍妄」的。章太炎的禮義觀很大程度上直接繼承於《荀子》有關因人性惡而必需「隆禮」、「明分」的理論。章太炎的禮義觀還有一個重要的理論淵源,那就是《莊子》所謂「大盜盜國,竊取聖法,諸侯之門,而仁義存焉」,章太炎又將《莊子》的禮義觀與他的帝國主義(殖民主義)觀、「文野觀」結合起來,憤慨地指出英國等帝國主義者和殖民主義者「既取我子,又毀我室,而以慈善小補為仁,以寬待囚虜為德」,

英國的所謂仁義只是「文明之國以偽道德塗人耳目」而已[188]，白人並沒有真正的「大同之志，博施濟眾之仁」[189]。在章太炎看來，「智勇」與「仁義」一起成為大盜竊國的工具，成為決定萬物之勝負、成為一種「駕人」的壓迫性的可怕力量[190]，「堯伐三子」的寓言揭示出白人「以己之憫，奪人之陋，殺人劫賄」，他們幹的是「封豨」般的勾當，卻「反崇飾徽音，辭有枝葉」，打出冠冕堂皇的旗號並巧言善辯，狡辯說這就是「聖智尚文」，其實這只是「小智自私橫欲」而已[191]。

與章太炎相比，連橫的禮義觀單一和明確得多。雖然連橫也意識到「塵濁昏墊之世，矯詐仁義，競知長力」的現實[192]，但他並不由此而絲毫地貶低禮義。連橫不但與章太炎一樣認為人「懷五常之性」[193]，而且也深刻認識到「成仁就義」對於振興民族精神、「喚起國魂」、綿延華夏正朔的重大意義，認識到仁智勇等道義人倫對於教民、養民、治民的民族事業的重大意義，他在這方面與章太炎的認識也是一致的，例如連橫稱頌「成仁就義之士」，將革命刺客視為「國魂不死」的象徵[194]，並將緬懷像吳鳳那樣殺身成仁的「先哲」與「喚起國魂」相提並論[195]。連橫稱頌「義不食周粟」的遺民伯夷、叔齊為「求仁得仁者」，並將其與「伸大義」的延平郡王「綿明朔」的民族功業聯繫在一起[196]。此外，連橫認為「挽世道以繫人心，智仁並用」[197]，提出「修其人倫」是聖王治民的要術[198]，讚許孔子「以智仁勇為教育之本」[199]。

連橫在傳統道義的認識方面與章太炎不同的是：其一，連橫將「仁心」標舉到「人之所以為人」的價值高度，並將由仁愛衍化的「孝義之行」視為「天下之大本」，他指出：

人之所以為人者，以其有德慧術智，尤貴其有仁心；仁者何？愛也。能愛其親者謂之孝，能愛其群者謂之義。孝義之行，天下之大本也；是故朝廷旌之，里黨式之，亦欲以為人範而已。[200]

與此相一致的是，連橫認為「不智不忠，非人也」[201]，連橫敬佩「七雄爭戰世」中的孟子「獨行仁義」[202]，主張「我輩對今之人不可無此眼孔」[203]。連橫視仁義智勇兼備的吳鳳為偉人[204]，且視「至德」的孔子、「能仁」的釋迦、「博愛」的耶穌為三聖人[205]。

其二，連橫充分肯定「節婦」因其操持亦可為君子，讚賞其「貞烈之氣，足勵綱常」為「求仁得仁者」。他為此專門在《臺灣通史》中著有《列女列傳》，並指出：

夫夫婦之道，人之大倫。男子治外，女子治內，古有明訓。臺灣三百年來，旌表節婦，多至千數百人，雖屬庸德之行，而茹苦含辛，任重致遠，固大有足取焉者。夫人至不幸而寡，家貧子幼，何以為生？而乃躬身縫紉，心凜冰霜，日居月諸，照臨下土。卒之老者有依，少者有養，以長以教，門祚復興。其功豈不偉歟？又或變起倉卒，不事二夫，慷慨相從，甘心一殉，貞烈之氣，足勵綱常，斯又求仁得仁者矣。昔子輿氏謂：「可以托六尺之孤，可以寄百里之命，臨大節而不可奪者，是為君子。」余觀節婦所為，其操持豈有異是？惜乎其不為男子，而男子之無恥者且愧死矣。[206]

連橫在《臺灣通史》中記載了鄭氏政權的監國世子遇害後，其夫人拒絕眾多家人勸阻，「縊於柩旁，與監國合葬洲仔尾」。連橫對此評價為可以媲美於為國捐軀的英雄烈士，他讚歎說：「是又從容就義，百折不移，可以貫金石而泣鬼神者矣！」[207] 連橫關於監國世子夫人事蹟的記載置於《列女列傳》篇首，明顯地給《列女列傳》全篇定下基調，《列女列傳》中類似的「子為父死，妻為夫亡」、「未亡人唯知從一而終而已」、「生為吳氏之人，死為吳氏之鬼。何嫁為？」等節婦不絕於書[208]。

其三，連橫一方面立志「追翻前案」，對舊史志「以一貴為盜賊」的史書筆法予以奮力駁斥[209]，並且《臺灣通史》記載朱一貴布告中外的檄文（據臺灣學者考證實際上為連橫親自撰寫）中反覆聲明這次起事為「忠義」之行，起事隊伍是全國「義師」的一部分（章太炎也稱朱一貴起事隊伍為「義師」）[210]，是對「延平郡王精忠大義」的民族事業的繼承[211]。另一方面卻記載了勇於鎮壓朱一貴起事的清朝軍官林亮「大丈夫死忠義」的精神，在澎湖諸守將決意撤歸廈門並登舟將行的危急時刻，林亮是這樣表現的：

亮力排眾議，按劍厲聲曰：「朝廷封疆，尺寸不可棄。我等享昇平，食祿　，捐軀報國，正在今日。焉有鋒刃未血，而相率委去耶？大丈夫死忠義耳，寧能騈首市曹，為法吏所辱？請整兵配船，守禦要害，決一死戰。戰不捷而亮死，公等歸亦未遲。」皆曰：「諾，願死守。」[212]

總之，連橫將忠孝節義等儒家道義視為「發揚種姓」的必然要求[213]，視為華夏種族道德養成的不可或缺的素質，甚至視為一種超越時代和階級的、抽象的、「純粹」的倫理道德，而章太炎的觀點則明顯不同。

四、整理和修撰華夏民族的姓氏譜系——「族統」之存繼方面

與連橫相比，章太炎更加重視整理和修撰華夏民族的姓氏譜系。章太炎認為，華夏國祚的存亡與華夏種族的存亡息息相關，他指出，「自永曆建元，窮於辛丑，明祚既移，則炎黃姬漢之邦族，亦因以漸滅。」[214]亡國與滅種往往是相隨相伴的，從這個意義上說，種族血緣的存亡繼絕與華夏政權正統（「國統」）的存亡繼絕往往也是一體兩面的關係。章太炎重視整理和修撰華夏民族的姓氏譜系的原因主要是：

其一，章太炎認為種族的血統和遺傳基因深刻而直接地影響到種族的存亡和興衰（即「核絲之遠近，蕃萎系焉。遺傳之優劣，惷智系焉；血液之袷雜，強弱系焉。細胞之繁簡，死生系焉。民之有統也，固勿能斥外其姎矣」）[215]，而姓氏譜系與血統、遺傳基因聯繫緊密，有時甚至成為血統、遺傳基因的象徵或替換物。章太炎稱引了《左傳》「男女同姓，其生不蕃」的例子，他在探討「文化」概念而比較「同一血統」與「兩血統立於對峙之地」兩種情況時，也引入姓氏譜系這個衡量標準，他說，「中國魏晉以來異族和會者數矣。稽之譜牒，則代北金元之姓，視漢族不及百一。」[216]

其二，章太炎認為姓氏譜系與種族（種姓）之間存在著十分密切的關係（《訄書》初刻本附錄的「補佚」篇目《辨氏》在《訄書》重訂本中成為《序種姓》的下篇，足以說明這一點），章太炎認為姓氏譜系往往成為產生、界定、認同種族（種姓）乃至類聚、鞏固、恢複種族（種姓）的十分關鍵的因素，在華夏民族形成和發展史上功不可沒，而如果對姓氏譜缺乏應有的尊重甚至加以惡意抹殺、篡改也就犯下對民族不恭、不忠的罪行。章太炎指出：

姜，姓也，逝子為氏、羌。馬，氏也，援之潰卒為馬留，其種族又因姓氏起云。[217]

甄別華夷之說，自金、元至今，尤為切要。氏族作志，非以品定清濁，乃以區分種類。斯固流俗所能知也。[218]

自《世本》以後，晉有賈弼《姓氏簿狀》，梁有王僧孺《百家譜》，在唐《元和姓纂》，宋而《姓氏書辨證》，皆整具有期驗。唯《廣韻》猶箸錄漢虜諸姓，其重種族如是。元泰定刻《廣韻》，始一切刊去之，亦足以見九能之士，不貴其種而甘為降虜者，眾也……虜姓則得與至九命，而不與握圖籍，以示藝極。國之本干，所以胙胤百世而不易矣[219]。

生民之紀，必貞於一統，然後妖妄塞，地天絕。故《世本·帝系》、《氏姓》之錄，賢於《中候》、《苗興》無訾程計數矣。[220]

其三，章太炎認為自從晉朝和南北朝以來，因為統治者「變戎姓，與漢合符」、「革虜姓，令就漢族」等任意變亂姓氏譜系的不良政策致使「系諜凌雜，不可勘理」[221]，甚至導致「戎部代起以滑吾宗室」。總之，章太炎覺得，「譜學不紹，曠六百年。故王道日替，民以風波，悲夫！」[222]「譜學不紹」給華夏民族帶來災難性的後果，而與此相對立的是，章太炎認為姓氏譜系是姓氏問題上「慕本返始」的依據，章太炎認為「氏有返始，其或返而稱姓，宜矣」[223]。

章太炎因為充分地認識到了整理和修撰華夏民族姓氏譜系的重大意義，所以對於華夏歷史上整理、修撰姓氏譜系作出貢獻的先賢深表緬懷和景仰之情，例如，顧炎武作《姓氏書》（僅列凡目而未就）「條貫度齊至明」，章太炎謙卑地表示「余於顧氏，未能執鞭也，亦欲因其凡目，第次種別」，並且身體力行，「建姓本氏及番族亂氏者，為《序種姓篇》」[224]。

第三節 對於「榮復仇」民族思想態度之比較

一、將「榮復仇」民族思想用於輿論宣傳

對於《春秋·莊公四年》「紀侯大去其國」，《春秋公羊傳》是這樣闡釋的：

大去者何？滅也。孰滅之？齊滅之。曷為不言齊滅之？為襄公諱也。《春秋》為賢者諱。諱何賢乎襄公？復仇也。何仇爾？遠祖也。哀公亨乎周，紀侯譖之。以襄公之為於此焉者，事祖禰之心盡矣。盡者何？襄公將復仇乎紀，卜之曰：「師喪分焉。寡人死之，不為不吉也。」遠祖者，幾世乎？九世矣。

九世猶可以復仇乎？雖百世可也。家亦可乎？曰：「不可。」國何以可？國君一體也。先君之恥猶今君之恥也，今君之恥猶先君之恥也。國君何以為一體？國君以國為體，諸侯世，故國君為一體也。

《春秋繁露‧竹林篇》曰：「《春秋》之書戰伐也……恥伐喪而榮復仇。」[225]「復仇」作為中國文學與文化的一個重要「母題」得到了豐富而持久的反映，千百年來被不斷地描述和重複。「榮復仇」的春秋大義表現在多個方面，例如「復國仇者賢之」、「與仇為禮則譏」、「復仇者，滅其可滅，葬其可葬」等[226]。

拉法格在《思想起源論》中指出，「部落的成員都自認為同一祖先的後裔……流一個野蠻人的血等於流全氏族的血；氏族的所有成員都負有為侮辱者復仇的責任；復仇帶有像結婚和財產那樣的集體的性質」[227]。復國仇不同於原始人的復仇，「榮復仇」的春秋大義原本推崇的是復國仇而不是復家仇，因而更加必然地「帶有集體的性質」，更加具有凝聚國家（民族）群體、增進內部團結的功能。章太炎、連橫繼承和運用「榮復仇」春秋大義中民族思想用於輿論宣傳，也正是利用了這種凝聚國家（民族）群體、增進內部團結的功能。

章太炎在《復報》發表《逐滿歌》，勸誡漢人勿忘國仇、勿作漢奸，通俗易懂，朗朗上口，易於傳唱，利於增強宣傳效果。《逐滿歌》唱道：

人人多道做官好，早把仇讎忘記了。地獄沉沉二百年，忽遇天王洪秀全。滿人逃往熱河邊，曾國藩來做漢奸。洪家殺盡漢家亡，依舊猢猻作帝王。我今苦口勸兄弟，要把死仇心裡記。……莫聽康梁誑爾言，第一仇人在眼前，光緒皇帝名載湉。[228]

章太炎還大力抨擊和譴責了康有為、「湖南王翁」等人「廢九世復仇之義」是「無人心」、「敗績失據」的惡行[229]，在社會上營造了「廢九世復仇之義」者（往往也就是「華人之耽於媚虜」者和「介恃寇仇」者）為大逆不道、華夏種族人人可得而誅之、亦使之人人自危的輿論氛圍[230]。

連橫也聲明他的「烈烈丹心」永遠銘記「滅國仇」[231]，深知「十年宿志償非易，九世深仇報豈輕」而自覺任重道遠[232]，他「慷慨報國仇」的志向

至死不渝——「國仇今未報，男兒死不休」[233]。連橫宣揚的「慷慨報國仇」既是他自勵的誓言書，也是他激勵國人「願君學大俠，慷慨報國仇」、「戮力同仇，效命宗國」的宣言書、勸諭書[234]。中國辛亥革命成功後不久，連橫「誠惶誠恐，頓首載拜」，撰文祭拜延平郡王。在這篇祭文中，連橫特別宣揚「春秋之義，九世猶仇」和「楚國之殘，三戶可復」的民族之魂是「中華民族乃逐滿人而建民國」的精神之源、成功之道，同時也暗寓了他關於臺灣民眾和華夏兒女繼承和發揚這「九世復仇」和「三戶復楚」的民族精神以光復臺灣的拳拳之心和殷殷之望[235]。連橫以「臺灣遺民」的身分撰寫的這篇祭文，可見他泣血錐心之情，可見他薄雲漢而光日月之志，為連橫民族思想宣傳的名篇佳作。

此外，因為「復九世之仇」在意義上與「夷夏之辨」（其中包括「攘夷」）聯繫密切，章太炎、連橫在相關論述中喜歡將兩者放在一起以增大輿論宣傳的聲勢、強化輿論宣傳的效果。章太炎在張煌言文集的序言中指出，「余生後於公二百四十歲，公所撻伐者益衰，然戎夏之辨，九世之仇，愛類之念，猶湮鬱於中國」[236]。連橫也指出，「覺羅氏以東胡之族入主諸夏，我延平郡王起而逐之，雖天厭明德，北伐無功，而義憤之倫，咸懷斥攘，至今猶存其語，亦足以志九世之仇，而洩一時之恨也。」[237]

二、章太炎對「仇滿」、「逐滿」的論述

（一）揭示漢族「仇滿」與「逐滿」之間的關係

對於《春秋·莊公四年》「齊侯葬紀伯姬」，《春秋公羊傳》是這樣闡釋的：

外夫人不書葬，此何以書？隱之也。何隱爾？其國亡矣，徒葬於齊爾。此復仇也，曷為葬之？滅其可滅，葬其可葬。此其為可葬奈何？復仇者非將殺之，逐之也。以為雖遇紀侯之殯，亦將葬之也。

由此可見，「榮復仇」的春秋大義原本除了崇尚復仇、貶斥「介恃寇仇」的精神以外，還包含「滅其可滅，葬其可葬」、「復仇者非將殺之，逐之也」的精神，章太炎提出的「曰逐滿而不曰殲殺滿人」、「今一切不計，而徒曰逐滿而已」[238]，正反映出他的「仇滿論」真正繼承了「榮復仇」的這種原初精神，也揭示出章太炎所理解的「仇滿」與「逐滿」之間的關係——「仇滿」

的時代內容和追求目標應該是「逐滿」（而非「滅滿」）。這與《穀梁傳・襄公二十年》「澶淵之會，中國不侵伐夷狄，夷狄不入中國，無侵伐八年，善之也」的主張也是一致的。有研究者關於「尊王攘夷」中「攘」字的字義和文化內涵的分析也有助於我們更加深入地理解「仇滿」與「逐滿」之間的聯繫：

> 當我們仔細分析「尊王攘夷」的主張時，發現這個「攘」字很值得咀嚼。「攘」字從本義上講應該是「卻」、「排斥」；所以，「攘夷」不等於「滅夷」、「亡夷」，而只是一種防禦性的應對措施。我們認為包括《穀梁傳》在內的典籍在討論華夷關係時選用「攘夷」而非「滅夷」、「亡夷」，並不能用諸夏已弱、無力滅夷的所謂現實力量對比來解釋。因為即使是在華夏十分強大的時候也沒有想到過去征服戎狄、消滅蠻夷，而最多是主張「修政以服人」、「敬德以來人」。[239]

（二）闡明漢族「逐滿」及「仇滿」的正義性

章太炎所理解的「逐滿」，就是「克敵致果，而滿洲之汗，大去宛平，以適黃龍之府」，其實質是志在「復我民族之國家與主權」[240]，這是依據「滿洲嘗盜吾漢土以為己有，而吾漢人於滿洲之土未嘗有所侵攘焉」的歷史事實而做出的評判[241]。章太炎還將「逐滿」比作「田園居宅為他人所割據，而據舊時之契約界碑，以收復吾故有而已」[242]。就「逐滿」而言，無論是依據領土曾被侵占的歷史事實收復民族主權（從大的方面講），還是依據舊時契約界碑收復固有田園居宅（從小的方面講），道理都是一樣的，都是合理合法的，都是具有相當正義性的。章太炎還指出，即使漢人效仿當年滿人屠戮漢人的「揚州十日」、「嘉定三屠」，那也是「合於九世復仇之義」的，「誰得而非之？」何況現在只是「逐滿而已」，漢人對待滿人「可謂至公至仁」[243]，章太炎就這樣進一步論證了「逐滿」的正義性和合理性。

要論證漢族「逐滿」的正義性，則必須駁倒由於漢族西遷說導致的「漢族排滿非正義」的謬論。章太炎所在時代普遍流行漢族從西方帕米爾高原遷移而來的學說以及漢族強行驅逐中國「土著民族」——苗族（即「蚩尤之徒」）而霸為華夏之主的學說，有人別有用心地利用這些學說，論證漢族沒有資格因而也不能「排滿」（包括「仇滿」和「逐滿」）。章太炎在《排滿平議》

等文章中廣徵博引，以確鑿可信的歷史典籍相關記載為證據反駁了以上謬論。他綜合各種詳細考證後得出的結論是：

滿洲自寧古塔來，歷史之明文然也；漢族自帕米爾高原來，特以冢書神話之微文展轉考索比度而得之，而歷史未嘗有其明證。苗人之族當時果普遍於中國以否，蚩尤之徒當時果即苗人以否，皆無左契證書，獨據上世流傳之書支離牴觸者，摘其類似之點以為言，烏有若滿漢之章章者乎！[244]

正面論證之外，章太炎又從反面假設的角度（即「假令苗族先來此土，而漢族從而侵略之」）加以補充論證「仇滿」和「逐滿」的正義性[245]，以顯示論證的公正性和全面性，增強論證的力度和可信度，章太炎提出：

若苗人自有史書記其成事，確然無疑，因是以興復仇之旅，余豈敢逆其顏行，有伏就斧鑕而已矣。雖然漢人所仇則滿爾，縱令苗人排漢，漢人亦不得不先排滿。[246]

章太炎對於漢族「仇滿」正義性的論證，始終貫穿相輔相成的主線和副線兩條線索。論證的主線借用春秋《公羊傳·定公四年》所闡述的「父不受誅，子復仇可也；父受誅，子復仇，推刃之道也」的春秋大義，依據「不受誅」還是「受誅」（即有罪還是無罪）來決定復仇主體——漢人的復仇（「仇滿」）是「可」還是「推刃之道」，即決定是否應該復仇，或者說決定復仇的正義性與否。

其一，漢人「仇滿」是抵抗強權和強暴：

今滿洲以強暴侵略漢族，殘其民庶，盜其政權，以漢族反抗滿人，則滿人為受誅，漢人為仗義。[247]

其二，為種族復仇「以復父仇者為決事比」，因而是「古之大義」：

為父復仇者，非特不得反殺，雖以縣令枉法殺之，猶在當誅之域也。[248]

其三，反駁「復仇於滿人子孫為無義說」：

所侵略者，必有其器其事。今國土與政權，自滿人之祖父侵略之，而滿人之子孫繼有之。繼有其所侵略者，則與本為侵略者同。[249]

其四,反駁「復仇違法說」:

法律者,則以公群代私人復仇爾。既其相代,則私人之復仇者自可禁遮;然至於法律所窮,則復仇即無得而非議。[250]

吾土自周漢以來,常寬復仇之律,惟過當者必誅,雖儒家亦以復仇為是。[251]

其五,反駁「復仇為野蠻說」:

以復仇為野蠻者,乃國家所以自為文過耳。平議是非者,安取是為?又塗飾之,則謂復仇雖是,而國家之秩序不可侵,是以有禁。若然,則國家之秩序為重,而個人之損害為輕,斯國家者即以眾暴寡之國家矣。[252]

其六,反駁「復仇為謀利說」:

人苟純以復仇為心,其潔白終遠勝於謀利。……今之種族革命,若人人期於顛覆清廷而止,其後利害存亡悉所不論,吾則頂禮膜拜於斯人矣。[253]

其七,反駁「有愛國心者未有仇視滿人者說」:

夫今之人人切齒於滿洲,而思順天以革命者,非仇視之謂也。……就觀今日之滿人,則固制漢不足亡漢有餘,載其呰窳,無一事不足以喪吾大陸。……雖無入關以來屠劊焚掠、鉗束聚斂之事,而革命固不得不行,奈何徒以仇視之見狹小漢人乎![254]

論證的副線是透過對於復仇程度、範圍的把握來判斷復仇的正義性,例如:

已復仇者,以正義反抗之名,非展轉相殺謂之復仇。[255]

豈曰非我族類,必不與同活於衣冠之國,雖於主權之既復,而猶當劙面倳刃,尋仇無已,以效河湟羌族之所為乎?[256]

夫苟奮然切齒於前日屠劊焚掠、鉗束聚斂之怨,則將犁其廷、掃其閭、鞭其墓、 其宮,積骴成阜,喋血為渠,如去歲西人之仇殺義和團者,比於揚州十日、嘉定三屠,尚為未減而未有增也,此則合於九世復仇之義,夫誰

得而非之。今一切不計,而徒曰逐滿而已,宅而宅,畋而田,各營生計,特不得於吾漢土。[257]

三、連橫對「復家仇」、「復國仇」的論述

(一)揭示「復家仇」與「復國仇」之間的關係

連橫關於「復家仇」與「復國仇」之間關係的揭示,大概可以用「兄弟鬩牆,外禦其侮,急公義而棄私仇」來加以概括[258]。即「復國仇」在倫理道義上應該優越於「復家仇」,在執行順序上應該優先於「復家仇」。連橫運用了三類人物,典型地體現這兩種復仇之間關係。

第一類人物是「俠」。連橫對比了兩種層次的俠,較低層次的是「匹夫負勇氣,義俠報人仇。提劍衝階上,呼聲斬相頭」的聶政[259],較高層次的是像信奉「尊王攘夷」思想的日本武士以及俄羅斯虛無黨那樣的「飲刃殪民賊,流血求自由」的大俠[260],所謂「俠之大者,為國為民」,指的就是這類「大俠」。

第二類人物是施琅。施琅是涉及臺灣歷史十分重要的人物,也是連橫在《臺灣通史》中單獨列傳以及在其他文史著作中多次提及的歷史人物。施琅「恃才而倨」,因為違犯鄭成功命令,其父被鄭成功殺死,施琅後來降清並統帥清軍水師攻破臺灣鄭氏後,曾經刑牲奉幣,告於鄭成功之廟曰:

「今琅賴天子之靈、將帥之力,克有茲土。不辭滅國之罪,所以忠朝廷而報父兄之職分也。但琅起卒伍,於賜姓有魚水之歡,中間微嫌,釀成人戾。琅於賜姓,剪為仇敵,情猶臣主。蘆中窮士,義所不為。公義私恩,如是則已。」言畢淚下。臺人聞之,為嗟嘆曰:「父仇一也,鄖公辛賢於伍員矣。」[261]

臺人的嗟嘆其實也是連橫的嗟嘆,連橫認為施琅之咎恰恰就是施琅沒有如他自我標榜的那樣明辨「公義私恩」,而是將「私恩」(報家仇)凌駕於「公義」(報國仇)之上,成為不同於鄖公辛的一個反面典型。鄖公辛阻止了其弟報父仇,其理由是,「自敵以下則有仇,非是不仇。下虐上為弒,上虐下為討,而況君乎!君而討臣,何仇之為?若皆仇君,則何上下之有乎?」(見《國語‧楚語下》)伍員(字子胥)是楚國人,伍子胥之父伍奢為楚平王子

建太傅，因受費無忌讒害，與其長子伍尚一同被楚平王殺害。伍子胥逃到吳國，成為吳王闔閭重臣。公元前506年，伍子胥帶兵攻入楚都，掘楚平王墓，鞭屍三百，以報父兄之仇。連橫認為鄖公辛「禮於君」，不因家仇而仇君、仇國（君為國的象徵），伍員卻為報家仇而危害自己的祖國，所以鄖公辛賢於伍員。基於這個評價標準，連橫對於施琅雖然也有一定程度的同情和諒解（「琅有伍員之怨，而為滅楚之謀，吾又何誅？」[262]），但整體上還是將施琅與姚啟聖、李光地等一起視作為滿人效力的「漢奸」[263]，認為施琅罪不可赦，遺臭萬年。

第三類人物是延平郡王鄭成功。連橫將鄭成功視作「移孝作忠」（即「存君臣之大義，割父子之厚恩」）的典範[264]，鄭成功在「忠孝未能全」（鄭成功父親鄭芝龍嚴令他投降清朝，鄭成功也深知父親處境危險）的兩難情景下，毅然選擇了「報君仇」而不「報父命」（即「父命雖當報，君仇詎可捐」[265]）後來清廷對鄭成功講和、封爵，但鄭成功堅決不從。清廷於是「置芝龍於高坻，戍芝豹於寧古塔」，可是「成功不顧」[266]。清廷殺鄭芝龍及其在北京的子孫，鄭成功「聞之大慟」，「令諸部舉喪設位以祭」[267]，但並未直接因此興兵復仇。

（二）闡明「復家仇」與「復國仇」的正義性

連橫在《臺灣通史》中多次表示對「復家仇」的事蹟心馳神往、歡欣鼓舞，毫不掩飾自己對於「復家仇」鮮明的贊同態度。連橫是這樣論述的：

連橫曰：吾居臺中，聞林剛愍公復仇事，神為之王。既又聞林全簪者，手刃奸人，以報父怨，未嘗不為之起舞。夫復仇大事也，孝子仁人始能為之，而懦夫多以忍死，亦天下之無勇者。禮君父之仇，不共戴天，是不願與同履此土也。若乃反顏事敵，以獵富貴，而猥曰智伯以國士待我，噫！是誠犬豕之不如矣！[268]

連橫還記載了一位劉氏女復仇的故事：劉氏女是臺灣鎮總兵劉廷斌之女，父親死於任上，買舟內渡，至海遇強盜，眷屬十七人盡被殺，女以麗免。強盜擄掠她為妻，十餘年後生四子。劉氏女一直隱忍未發，後來設法告知官府，「遣役捕之，盡得。一鞠而服，悉誅之，並縶四子。問何以處之。女曰：『吾

第一章 「胸中自有魯春秋」——章太炎、連橫對於「春秋大義」民族思想態度之比較（上）

忍辱十數年，為仇未報爾。若豈子哉？」遂手刃之，而後自經。有司以聞，奉旨旌表。」連橫對劉氏女為復家仇而手刃親生「孽子」的做法不是視為無情無義甚至殘忍無人道，而是稱讚為「能智、能勇」的烈女、振作儒夫的社會典範，連橫評價說：

連橫曰：吾讀史，每至復仇之事，未嘗不慷慨起舞。……若劉女者，可謂能智、能勇者矣。身陷盜穴，從容不驚，卒能親報大讎，而刃其孽，何其烈耶！世之儒夫，可以立矣。[269]

「復家仇」的正義性主要來源於傳統儒家關於血親復仇的倫理道德觀，「血親復仇是傳統儒家禮學思想大力提倡的，儒家的倫理道德對復仇造成了重要的推進作用……儒家是本著『親親』、『尊尊』的基本精神，提倡透過個人的行為對仇人加以報復，來完成其對君主、父母、兄弟和朋友應盡的責任，從而維護『禮』，實現『仁』，達到個人修養的最高境界」[270]。傳統儒學不像佛學神學那樣主張怨親平等，以德報怨，而是主張「以直報怨」。《春秋公羊傳‧隱公十一年》稱「子不復仇，非子也」，將為父復仇視作子女義不容辭的責任。當子夏問孔子「居父母之仇，如之何」時，孔子的態度是十分明確的，他回答說：「寢苫枕干，不仕，弗與共天下也。遇諸市朝，不反兵而鬥。」（《禮記‧檀弓上》）由此可以想見與父仇「不共戴天」成語的意味。

「親親」、「尊尊」即為孝義之道，孝義是「復家仇」的精神動力和思想淵源，連橫正是將諸多家族、家人復仇之人物事蹟列於《臺灣通史》的《孝義列傳》，並視之為「孝子仁人始能為之」的大事。因此，以傳統儒家的眼光看來，在沒有與「復國仇」衝突的情況下，奉行孝義之道的「復家仇」具有無可辯駁的正義性。但是中國社會具有「家國一體」的社會文化和政治結構（家為「小國」，國為「大家」），而儒家傳統以社會、國家為本位，連橫完全認可這種儒家文化規範下的中國社會結構，他指出，「夫天下大器也，集眾人而成家，集眾家而成國。國之利害，猶家之利害也。故知愛家者必知愛國。夫無家則不可以住，無國且不可以立」[271]。既然「國」是「家」的自然擴展和放大，那麼「復國仇」也是「復家仇」的自然擴展和放大，應該也具有無可辯駁的正義性。又因為中國具有「家國一體」的社會結構並且以社

會、國家為本位，那麼，當「復國仇」與「復家仇」衝突時，當然應該以「復國仇」為先、為重、為主。相比之下，連橫將「士趣公仇，恥私鬥，故人多尚武，以捍衛國家」者看做勇士，認為他們具有高尚的情操，而將「眷懷私利，懸賞殺人」者降格為「正義之賊」，認為他們只能淪落到「君子誅之」的可悲境地[272]。

注　釋

[1].（臺灣）陳昭瑛：《連橫的〈臺灣通史〉與清代公羊思想》，《臺灣與傳統文化》，臺灣大學出版中心，2005 年版，第 109 頁。

[2]. 章太炎：《春秋三傳之起源及其得失》，晁岳佩選編：《春秋學研究》，國家圖書館出版社，2009 年版，第 779 頁。

[3]. 連橫：《城南雜詩》，《連雅堂先生全集‧劍花室詩集》，第 33 頁。

[4]. 章太炎：《題瞿太保及孫簡討像》，《章太炎全集》（五），上海人民出版社，1985 年版，第 375 頁；連橫：《柬林痴仙，並視臺中諸友》，《連雅堂先生全集‧劍花室詩集》，第 96 頁。

[5].《生章炳麟與死鄒容》，1905 年《復報》第四號「批評」欄刊載，轉引自《章太炎年譜長編》，第 202 頁。

[6]. 盛魯：《復雅堂》，《連雅堂先生全集‧臺灣詩薈雜文鈔》，第 61 頁。

[7]. 熊逸：《春秋大義 2：隱公元年》，廣西師範大學出版社，2009 年版，第 90 頁。

[8]. 烏目山僧（黃宗仰）：《太炎先生將開學會，得觀雲先生贊成之，賦呈誌喜》，載於 1913 年 7 月 21 日《大共和日報》「文苑」，轉引自《章太炎年譜長編》，第 444 頁。

[9]. 連橫：《冬夜讀史有感》，《連雅堂先生全集‧劍花室詩集》，第 116 頁。

[10].《從民族國家拯救歷史：民族主義話語與中國現代史研究》中說：「當群體界限的觀念被改造，即當柔性的界限變成剛性的界限時，新的民族已經開始形成。當一個群體成功地將一種傳承（descent）與／或異見（dissent）的歷史敘述結構施加於他樣的和相關的文化實際之上的時候，此種情況便會發生。我斗膽自造承異（discent）這樣一個解構性的概念，來強調傳承和異見兩詞的互通性。它揭示了對歷史的淵源是如何常常和自我與『他者』的區分聯繫在一起的。」〔美〕杜贊奇著、王憲明等譯，江蘇人民出版社，2008 年版，第 65 頁。

[11]. 姜建設：《夷夏之辨發生問題的歷史考察》，《史學月刊》，1998 年第 5 期，第 19 頁。

[12].章太炎:《訄書(重訂本)·序種姓下》,《章太炎全集》(三),上海人民出版社,1984年版,第186頁。

[13].《遼史·營衛志中·部族上》:「部落曰部,氏族曰族。契丹故俗,分地而居,合族而處。有族而部者……有部而族者……有部而不族者……有族而不部者……」〔元〕脫脫等著,中華書局,1974年版,第376頁。

[14].章太炎:《訄書(重訂本)·原人》,《章太炎全集》(三),第168頁。

[15].章太炎:《訄書(重訂本)·原人》,《章太炎全集》(三),第169頁。

[16].章太炎:《中華民國解》,《章太炎全集》(四),第255頁。

[17].章太炎:《駁康有為論革命書》,《章太炎全集》(四),第173頁;章太炎:《討滿洲檄》,《章太炎全集》(四),第192頁。

[18].章太炎:《駁康有為論革命書》,《章太炎全集》(四),第173頁;章太炎:《討滿洲檄》,《章太炎全集》(四),第192頁。

[19].章太炎:《訄書(重訂本)·原人》,《章太炎全集》(三),第167頁。

[20].章太炎在《革命道德說》中宣稱:「昔顧寧人以東胡僭亂,神州陸沈,慨然於道德之亡,而著之《日知錄》曰:易姓改號謂之亡國,仁義充塞,而至於率獸食人,人將相食,謂之亡天下。」見《章太炎全集》(四),第284頁。

[21].章太炎:《訄書(重訂本)·原人》,《章太炎全集》(三),第166頁。

[22].章太炎:《訄書(重訂本)·原人》,《章太炎全集》(三),第166-167頁。

[23].章太炎:《訄書(重訂本)·序種姓下》,《章太炎全集》(三),第190頁。

[24].章太炎《〈社會通詮〉商兌》按語說:「地著與土斷,其義各異。地著謂城郭宮室之民,居有定地,異於游牧者。土斷謂就地著籍耳。此甄氏所言地著,其義當為土斷。或嚴氏譯文未審。今姑從之。」見《章太炎全集》(四),第327頁。

[25].章太炎:《〈社會通詮〉商兌》,《章太炎全集》(四),第326頁。

[26].章太炎:《艾如張、董逃歌序》,《章太炎全集》(四),第240頁。

[27].章太炎:《〈社會通詮〉商兌》,《章太炎全集》(四),第327頁。

[28].章太炎:《訄書重訂本·原人》,《章太炎全集》(三),第169頁。

[29].顧炎武:《素夷狄行乎夷狄》,《日知錄集釋》卷六,〔清〕顧炎武著,黃汝成集釋,欒保群等校點,上海古籍出版社,2006年版,第382頁。原註:「失不」二字疑倒。

[30].(臺灣)蕭敏之:《清初遺民春秋學中的民族意識——以王夫之、顧炎武為主的考察》,《臺北大學中文學報》,2008年第5期,第196頁。

[31]. 連橫：《中國文字學上之古代社會》，《連雅堂先生全集‧雅堂先生餘集》，第165頁。

[32]. 連橫：《疆域志》，《連雅堂先生全集‧臺灣通史》，第142頁。

[33]. 連橫：《疆域志》，《連雅堂先生全集‧臺灣通史》，第141-142頁。

[34]. 章太炎：《訄書（重訂本）‧序種姓下》，《章太炎全集》（三），第170頁。

[35]. 章太炎：《正名雜議》（《訄書（重訂本）‧訂文》附錄），《章太炎全集》（三），第213頁。

[36]. 章太炎：《訄書（重訂本）‧序種姓下》，《章太炎全集》（三），第190頁。

[37]. 章太炎：《訄書（重訂本）‧原人》，《章太炎全集》（三），第167頁。

[38]. 章太炎：《中華民國解》，《章太炎全集》（四），第255頁。

[39]. 章太炎：《中華民國解》，《章太炎全集》（四），第255頁。

[40]. 章太炎：《中華民國解》，《章太炎全集》（四），第255頁。

[41]. 章太炎：《駁康有為論革命書》，《章太炎全集》（四），第173頁。

[42]. 章太炎：《訄書（重訂本）‧原人》，《章太炎全集》（三），第169頁。

[43]. 章太炎：《駁康有為論革命書》，《章太炎全集》（四），第173頁。

[44]. 章太炎：《中華民國解》，《章太炎全集》（四），第255頁。

[45]. 章太炎：《中華民國解》，《章太炎全集》（四），第254-255頁。

[46]. 章太炎：《訄書（重訂本）‧原人》，《章太炎全集》（三），第169頁。

[47]. 例如，連橫指出，「在昔楚為荒服，若敖、蚡冒篳路藍縷，以啟山林，而楚為上國。吳亦東海之夷，泰伯、虞仲被以德化，而吳乃日進。」見《紀軍大王》，《連雅堂先生全集‧雅堂文集》，第105-106頁。

[48]. 章太炎：《中華民國解》，《章太炎全集》（四），第252頁。

[49]. 章太炎：《中華民國解》，《章太炎全集》（四），第252頁。

[50]. 章太炎：《中華民國解》，《章太炎全集》（四），第253頁。

[51]. 連橫：《連雅堂先生全集‧臺灣語典》，第75頁。

[52]. 章太炎：《中華民國解》，《章太炎全集》（四），第253頁。

[53]. 連橫：《佛教東來考》，《連雅堂先生全集‧雅堂文集》，第15-16頁。

[54]. 章太炎：《中華民國解》，《章太炎全集》（四），第252頁。

[55]. 章太炎 訄書 重訂本 族制章太炎全集 三 第頁 連橫 大陸遊記連雅堂先生全集‧雅堂先生餘集》，第44頁。

[56]. 章太炎：《訄書（重訂本）·原人》，《章太炎全集》（三），第168頁；章太炎：《排滿平議》，《章太炎全集》（四），第264頁；章太炎：《駁康有為論革命書》《章太炎全集》（四），第173頁；連橫：《震東自西安寄至漢驃騎將軍霍去病墳前石馬照相，其下所踏者匈奴也，為題長句，以念武勳（壬申九月十八日）》，《連雅堂先生全集·劍花室詩集》，第82頁；連橫：《閒散石虎墓記》，《連雅堂先生全集·雅堂文集》，第77頁；連橫：《大陸遊記》，《連雅堂先生全集·雅堂先生餘集》，第7頁。

[57]. 連橫：《祭閒散石虎文》，《連雅堂先生全集·雅堂文集》，第116頁。

[58]. 章太炎：《討滿洲檄》，《章太炎全集》（四），第193頁；連橫：《吾生一首次文訪韻》，《連雅堂先生全集·劍花室詩集》，第70頁。

[59]. 章太炎：《訄書（重訂本）·原人》，《章太炎全集》（三），第168頁；章太炎：《訄書重訂本·雜誌》，《章太炎全集》（三），第335頁。

[60]. 章太炎：《復湖南船山學社書》，《章太炎年譜長編》，第757頁。

[61]. 連橫：《連雅堂先生全集·雅言》，第69頁。

[62]. 章太炎：《討滿洲檄》，《章太炎全集》（四），第192頁。

[63]. 姜泣群：《朝野新譚》（又名《民國野史》），丙編，1914年3月光華編譯社，轉引自《章太炎年譜長編》，第430頁。

[64]. 連橫：《朱一貴列傳》，《連雅堂先生全集·臺灣通史》，第878頁。

[65]. 連橫：《大陸遊記》，《連雅堂先生全集·雅堂先生餘集》，第111頁。

[66]. 章太炎：《訄書（重訂本）·客帝匡謬》，《章太炎全集》（三），第116頁。

[67]. 章太炎：《討滿洲檄》，《章太炎全集》（四），第193頁。

[68]. 連橫：《告延平郡王文》，《連雅堂先生全集·雅堂文集》，第115頁。

[69]. 章太炎：《訄書（重訂本）·客帝匡謬》，《章太炎全集》（三），第120頁。

[70]. 章太炎：《駁康有為論革命書》，《章太炎全集》（四），第182頁。

[71]. 章太炎：《訄書（重訂本）·序種姓》，《章太炎全集》（三），第172頁。

[72]. 章太炎：《駁康有為論革命書》，《章太炎全集》（四），第182頁。

[73]. 章太炎：《正仇滿論》，張枬、王忍之編：《辛亥革命前十年間時論選集》（第一卷），生活·讀書·新知三聯書店，1960年版，第98頁；連橫：《撫墾志》，《連雅堂先生全集·臺灣通史》，第517頁。

[74]. 連橫：《臺灣史蹟志·日月潭》，《連雅堂先生全集·雅堂文集》，第216頁；章太炎：《正仇滿論》，張枬、王忍之主編：《辛亥革命前十年間時論選集》第一卷，生活·讀書·新知三聯書店，1960年版，第98頁。

[75]. 姜建設：《夷夏之辨發生問題的歷史考察》，《史學月刊》，1998年第5期，第17頁。

[76]. 章太炎：《排滿平議》，《章太炎全集》（四），第263-264頁。

[77]. 章太炎：《排滿平議》，《章太炎全集》（四），第264-265頁。

[78]. 章太炎：《教育的根本要從自國自心發出來》，《章太炎的白話文》，貴州教育出版社，2001年版，第97頁。

[79]. 章太炎：《西南屬夷小記》，《章太炎全集》（四），第334頁。

[80]. 連橫：《臺灣通史‧田賦志》，《連雅堂先生全集》，第220頁；連橫：《峰詩草序》，《連雅堂先生全集‧雅堂文集》，第44-45頁。

[81]. 連橫：《流寓列傳／文苑列傳》，《連雅堂先生全集‧臺灣通史》，第1074頁。

[82]. 章太炎：《正仇滿論》，張枬、王忍之主編：《辛亥革命前十年間時論選集》（第一卷），生活‧讀書‧新知三聯書店，1960年版，第97頁。

[83]. 《章太炎年譜長編》，第254頁。

[84]. 章太炎：《中華民國解》，《章太炎全集》（四），第262頁。

[85]. 章太炎：《中華民國解》，《章太炎全集》（四），第255頁。

[86]. 連橫：《疆域志》，《連雅堂先生全集‧臺灣通史》，第128頁、第140-141頁。

[87]. 章太炎、連橫談論的「華人」、「華僑」與我們當今公認的同名概念的含義差別很大：他們所謂「華人」兼指海內外的中國人，有的特指漢族人；他們所謂「華僑」有的也包括「華人」。本文糅合章太炎、連橫運用的「華人」「華僑」概念名稱及其意義，以「華僑（華人）」為本文論述的統一概念名稱，專指海外的中國人，尤其特指海外的漢族人，其中連橫在敘述與荷蘭殖民者戰鬥的臺灣漢族人時，也使用「華人」概念，這與當代公認的用法不相一致，需要特別指出。

[88]. 章太炎：《訄書（重訂本）‧原人》，《章太炎全集》（三），第166頁。

[89]. 章太炎：《訄書（重訂本）‧原人》，《章太炎全集》（三），第169頁。

[90]. 章太炎：《訄書（重訂本）‧播種》，《章太炎全集》（三），第58頁。

[91]. 章太炎：《訄書（重訂本）‧定律》，《章太炎全集》（三），第86頁。

[92]. （臺灣）陳昭　：《〈臺灣通史〉與儒家的春秋史學》，《海峽評論》，1998年5月，第89期。

[93]. 連橫：《商務志》，《連雅堂先生全集‧臺灣通史》，第706頁；章太炎：《討滿洲檄》，《章太炎全集》（四），第191頁。

[94]. 連橫：《商務志》，《連雅堂先生全集‧臺灣通史》，第706頁。

[95]. 連橫：《戶役志》，《連雅堂先生全集‧臺灣通史》，第181-182頁。

第一章「胸中自有魯春秋」——章太炎、連橫對於「春秋大義」民族思想態度之比較（上）

[96]. 連橫：《外交志》，《連雅堂先生全集·臺灣通史》，第454頁。

[97]. 連橫：《臺灣史蹟志·承天故府》，《連雅堂先生全集·雅堂文集》，第197頁。

[98].《章太炎先生致臨時大總統書》，1912年1月28日《大共和日報》，轉引自《章太炎年譜長編》，第383頁。

[99]. 連橫：《外交志》，《連雅堂先生全集·臺灣通史》，第454頁。

[100]. 連橫：《臺灣史蹟志·　洪》，《連雅堂先生全集·雅堂文集》，第201頁。

[101]. 章太炎：《與上海國民黨函》，《章太炎年譜長編》，第440頁。

[102]. 章太炎：《獄中答新聞報》，1903年7月6日《蘇報》，轉引自《章太炎年譜長編》，第171頁。

[103]. 章太炎：《〈革命軍〉序》，武繼山譯註：《章太炎詩文選譯》，巴蜀書社，1997年版，第64頁。

[104]. 章太炎：《〈革命軍〉序》，武繼山譯註：《章太炎詩文選譯》，巴蜀書社，1997年版，第64頁。

[105]. 章太炎：《訄書（重訂本）·別錄甲》，《章太炎全集》（三），第340頁。

[106]. 章太炎：《訄書重訂本·別錄甲》，《章太炎全集》（三），第337頁。

[107]. 章太炎：《訄書重訂本·別錄甲》，《章太炎全集》（三），第338頁。

[108]. 章太炎：《〈張蒼水集〉後序》，《章太炎全集》（四），第200-201頁。

[109]. 章太炎：《革命道德說》，《章太炎全集》（四），第276頁。

[110]. 章太炎：《〈革命軍〉序》，武繼山譯註：《章太炎詩文選譯》，第64頁。

[111]. 章太炎：《獄中答〈新聞報〉》，1903年7月6日《蘇報》，轉引自《章太炎年譜長編》，第172頁。

[112]. 章太炎：《獄中答〈新聞報〉》，《章太炎年譜長編》，第171頁。

[113]. 章太炎：《訄書（重訂本）·別錄甲》，《章太炎全集》（三），第340頁。

[114]. 章太炎：《訄書（重訂本）·別錄甲》，《章太炎全集》（三），第337頁；章太炎：《訄書（重訂本）·別錄甲》，《章太炎全集》（三），第340頁。

[115]. 章太炎：《討滿洲檄》，《章太炎全集》（四），第190頁。

[116]. 連橫：《關征志》，《連雅堂先生全集·臺灣通史》，第550頁。

[117]. 連橫：《讀西史有感》，《連雅堂先生全集·劍花室詩集》，第126頁。

[118]. 連橫：《外交志》，《連雅堂先生全集·臺灣通史》，第475頁。

[119]. 連橫：《撫墾志》，《連雅堂先生全集·臺灣通史》，第475頁。

[120]. 連橫：《風俗志》，《連雅堂先生全集·臺灣通史》，第675頁。

[121]. 連橫：《上清史館書》，《連雅堂先生全集·雅堂文集》，第 125 頁。

[122]. 連橫：《徵求中國殖民史材料啟》，《連雅堂先生全集·雅堂文集》，第 129 頁。

[123]. 連橫：《吳沙列傳》，《連雅堂先生全集·臺灣通史》，第 954 頁。

[124]. 連橫：《吳鳳列傳》，《連雅堂先生全集·臺灣通史》，第 898 頁。

[125]. （臺灣）林義正：《連雅堂思想中的〈春秋〉義：以〈臺灣通史〉》為中心的考察》，《臺灣東亞文明研究季刊》2004 年 12 月，第 1 卷第 2 期，第 10 頁。

[126]. 章太炎：《春秋左氏疑義答問》，《章太炎全集》（六），上海人民出版社，1986 年版，第 297 頁。

[127]. 連橫：《列女列傳》，《連雅堂先生全集·臺灣通史》，第 1121 頁。

[128]. 章太炎：《致吳君遂書八》，轉引自《章太炎年譜長編》，第 141 頁；章太炎：《題所撰初本〈新方言〉予黃侃》，《雅言》，1914 年 3 月朔日，第六期，轉引自《章太炎年譜長編》，第 473 頁。

[129]. 馮自由：《壬寅支那亡國紀念會》，《中華民國開國前革命史》，廣西師範大學出版社，2011 年版，第 78-80 頁。

[130]. 章太炎：《自定年譜》，光緒二十七年辛丑（1901 年），《章太炎年譜長編》，第 115 頁。

[131]. 江介閒人：《革命閒話》，見《太平雜誌》第一號，1919 年 10 月 1 日發行，轉引自《章太炎年譜長編》，第 235 頁。

[132]. 連橫：《告延平郡王文》，《連雅堂先生全集·雅堂文集》第 115 頁；《與徐旭生書》，《連雅堂先生全集·雅堂文集》第 132 頁。

[133]. 連橫：《臺灣通史刊成，自題卷末》，《連雅堂先生全集·劍花室詩集》，第 54 頁。

[134]. 連橫：《臺灣通史》，臺灣省文獻委員會，1994 年 6 月再版。

[135]. 章太炎：《中夏亡國二百四十二年紀念會書》，《章太炎全集》（四），第 188 頁。

[136]. 魏蘭：《陶煥卿行述》（油印本），陶本生舊藏，轉引自《章太炎年譜長編》，第 248 頁。

[137]. 連橫：《讀西史有感》，《連雅堂先生全集·劍花室詩集》，第 127 頁。

[138]. 章太炎：《討滿洲檄》，《章太炎全集》（四），第 192 頁；連橫：《東寧三子詩錄序》，《連雅堂先生全集·雅堂文集》，第 41 頁。

[139]. 章太炎：《訄書重訂本·雜誌》，《章太炎全集》（三），第 334 頁；連橫：《臺南古蹟志-國姓港》，《連雅堂先生全集·雅堂文集》，第 242 頁。

[140]. 連橫:《次韻和林菽莊先生九日登太倉山》,《連雅堂先生全集・劍花室詩集》第 68 頁;連橫:《次韻和志圓法師》,《連雅堂先生全集・劍花室詩集》,第 62 頁。

[141]. 連橫:《贈歌者雲霞》,《連雅堂先生全集・劍花室詩集》,第 62 頁;連橫:《立春日郊行》,《連雅堂先生全集・劍花室詩集》,第 79 頁。

[142]. 連橫 南社小集連雅堂先生全集 劍花室詩集 第頁 連橫 臺南連雅堂先生全集・劍花室詩集》,第 77 頁。

[143]. 連橫:《法華寺畔有閒散石虎之墓,余以為明之遺民也;將遭毀掘,乃為移葬夢蝶園中,為文祭之,復繫一詩》,《連雅堂先生全集・劍花室詩集》,第 39 頁;連橫:《題桃花源圖》,《連雅堂先生全集・劍花室詩集》,第 87 頁。

[144]. 連橫:《題洪逸雅畫蘭帖》,《連雅堂先生全集・劍花室詩集》,第 97 頁。

[145]. 連橫:《驪山吊秦始皇》,《連雅堂先生全集・劍花室詩集》,第 149 頁。

[146]. 連橫:《寒鴉嘆》,《連雅堂先生全集・劍花室詩集》,第 40 頁。

[147]. 湯志鈞編:《章太炎年譜長編》,第 924 頁。

[148]. 湯志鈞編:《章太炎年譜長編》,第 306 頁。

[149]. 連橫:《致臺灣各詩社書》,《連雅堂先生全集・雅堂先生集外集》,第 116 頁。

[150]. 連橫:《連雅堂先生全集・雅言》,第 38 頁。

[151]. 郭萬金:《「上天以國粹付余」——章太炎先生學術精神的文化詮解》,《山西大學學報》(哲學社會科學版)2006 年第 6 期。

[152]. 章太炎:《〈張蒼水集〉後序》,《章太炎全集》(四),第 202 頁。

[153]. 章太炎:《癸卯獄中自記》,《章太炎全集》(四),第 144 頁。

[154]. 湯志鈞編:《章太炎年譜長編》(上),第 474 頁。

[155]. 章太炎:《檢論・易論》,《章太炎全集》(三),第 385 頁。

[156].《章太炎年譜長編》,第 435 頁。

[157]. 章太炎:《送印度鉢邏罕保什二君序》,《章太炎全集》(四),第 360 頁。

[158].《章太炎年譜長編》,第 454-455 頁。

[159]. 章太炎:《致李根源書七一》,《章太炎年譜長編》,第 890 頁。

[160].《章太炎年譜長編》,第 452 頁。

[161].《章太炎年譜長編》,第 381 頁。

[162]. 連橫:《臺語考釋・序二》,《連雅堂先生全集・雅堂文集》,第 38 頁。

[163]. 連橫:《致〈臺灣詩薈〉讀者書》,《連雅堂先生全集・雅堂先生集外集》,第 117 頁。

[164]. 連橫：《諸老列傳》，《連雅堂先生全集・臺灣通史》，第835-836頁。
[165]. 連橫：《孝義列傳・勇士列傳》，《連雅堂先生全集・臺灣通史》，第1109頁。
[166]. 連橫：《上清史館書》，《連雅堂先生全集・雅堂文集》，第125頁。
[167]. 連橫：《上清史館書》，《連雅堂先生全集・雅堂文集》，第126頁。
[168]. 連橫：《臺灣通史・自序》，《連雅堂先生全集・雅堂文集》，第31頁。
[169]. 連橫：《臺灣通史・自序》，《連雅堂先生全集・雅堂文集》，第31頁。
[170]. 連橫：《孝義列傳》，《連雅堂先生全集・臺灣通史》，第1096頁。
[171]. 章太炎：《春秋左傳讀敘錄》，《章太炎全集》（二），章太炎著，上海人民出版社編，上海人民出版社，1982年版，第813頁。
[172]. 章太炎：《論諸子學》，《章太炎選集》（註釋本），朱維錚、姜義華編註，第355頁。
[173]. 章太炎：《徵信論》（下），《章太炎全集》（四），第60頁。
[174]. 章太炎：《駁箴膏盲評・敘》，《章太炎全集》（二），第900頁。
[175]. 李學勤：《章太炎論〈左傳〉的授受源流》，《先哲精神——章太炎逝世六十週年紀念文集》，杭州出版社，1996年版，第141頁。
[176]. 張昭君：《章太炎的〈春秋〉〈左傳〉研究》，《史學史研究》，2000年第1期，第17頁。
[177]. 章太炎：《春秋左氏疑義答問》，《章太炎全集》（六），第253頁。
[178]. 章太炎：《訄書重訂本・清儒》，《章太炎全集》（三），第156-157頁。
[179]. 王寧：《章太炎說文解字授課筆記・前言》，中華書局，2010年1月第1版，第4頁。
[180]. 韓愈：《原道》，《韓愈集》，卞孝萱及張清華編選，鳳凰出版社（原江蘇古籍出版社），2006年版，第272-273頁。
[181]. （臺灣）林義正：《連雅堂思想中的〈春秋〉義：以〈臺灣通史〉為中心的考察》，《臺灣東亞文明研究季刊》，2004年12月，第10頁。
[182]. 章太炎：《革命道德說》，《章太炎全集》（四），第285頁。
[183]. 章太炎：《正學報緣起》，《章太炎年譜長編》，第68頁。引文標點、語詞有改動。
[184]. 章太炎：《菌說》，《章太炎選集》，姜義華、朱維錚編，第79-80頁。
[185]. 章太炎：《菌說》，《章太炎選集》，姜義華、朱維錚編，第77、79頁。
[186]. 章太炎：《菌說》，《章太炎選集》，姜義華、朱維錚編，第65頁。

[187]. 章太炎：《菌說》，《章太炎選集》，姜義華、朱維錚編，第 70-71 頁。
[188]. 章太炎：《記印度西婆耆王紀念會事》，《章太炎全集》（四），第 357 頁。
[189]. 章太炎：《菌說》，《章太炎選集》，姜義華、朱維錚編，第 80-81 頁。
[190]. 章太炎：《菌說》，《章太炎選集》，姜義華、朱維錚編，第 80-81 頁。
[191]. 章太炎：《齊物論釋定本》，《章太炎全集》（六），第 64 頁。
[192]. 連橫：《萬梅崦記》，《連雅堂先生全集·雅堂文集》，第 85-86 頁。
[193]. 連橫：《刑法志》，《連雅堂先生全集·臺灣通史》，第 326 頁。
[194]. 連橫：《大陸遊記》，《連雅堂先生全集·雅堂先生餘集》，第 95 頁。
[195]. 連橫：《詩薈餘墨》，《連雅堂先生全集·雅堂文集》，第 282 頁。
[196]. 連橫：《諸老列傳》，《連雅堂先生全集·臺灣通史》，第 835 頁。
[197]. 連橫：《募建觀音山凌雲禪寺啟》，《連雅堂先生全集·雅堂文集》，第 125 頁。
[198]. 連橫：《刑法志》，《連雅堂先生全集·臺灣通史》，第 326 頁。
[199]. 連橫：《思想創造論》，《連雅堂先生全集·雅堂先生集外集》，第 75 頁。
[200]. 連橫：《孝義列傳》，《連雅堂先生全集·臺灣通史》，第 1095 頁。
[201]. 連橫：《謝、鄭列傳》，《連雅堂先生全集·臺灣通史》，第 949 頁。
[202]. 連橫：《詠史》，《連雅堂先生全集·劍花室詩集》，第 133
[203]. 連橫：《詩薈餘墨》，《連雅堂先生全集·雅堂先生集外集》，第 145 頁。
[204]. 連橫：《黃蘊軒先生諱》，《連雅堂先生全集·雅堂文集》，第 122 頁。
[205]. 連橫：《詩薈餘墨》，《連雅堂先生全集·雅堂文集》，第 274-275 頁。
[206]. 連橫：《列女列傳》，《連雅堂先生全集·臺灣通史》，第 1120 頁。
[207]. 連橫：《列女列傳》，《連雅堂先生全集·臺灣通史》，第 1120 頁。
[208]. 連橫：《列女列傳》，《連雅堂先生全集·臺灣通史》，第 1122 頁、第 1128 頁。
[209]. 連橫：《朱一貴列傳》，《連雅堂先生全集·臺灣通史》，第 878 頁。
[210]. 章太炎：《討滿洲檄》，《章太炎全集》（四），第 192 頁。
[211]. 連橫：《朱一貴列傳》，《連雅堂先生全集·臺灣通史》，第 871-872 頁。
[212]. 連橫：《藍廷珍列傳》，《連雅堂先生全集·臺灣通史》，第 885-886 頁。
[213]. 連橫：《臺灣通史序》，《連雅堂先生全集·雅堂文集》，第 31 頁。
[214]. 章太炎：《中夏亡國二百四十二年紀念會書》，《章太炎全集》（四），第 188 頁。
[215]. 章太炎：《訄書（重訂本）·族制》，《章太炎全集》（三），第 194 頁。

[216]. 章太炎：《中華民國解》，《章太炎全集》（四），第 255 頁。

[217]. 章太炎：《訄書（重訂本）· 序種姓上》，《章太炎全集》（三），第 178 頁。

[218]. 章太炎：《檢論· 尊史》，《章太炎全集》（三），第 415 頁。

[219]. 章太炎：《訄書（重訂本）· 序種姓》，《章太炎全集》（三），第 172-190 頁。

[220]. 章太炎：《檢論· 尊史》，章太炎全集》（三），第 413 頁。

[221]. 章太炎：《訄書（重訂本）· 序種姓》，《章太炎全集》（三），第 171 頁。

[222]. 章太炎：《訄書（重訂本）· 序種姓》，《章太炎全集》（三），第 189-190 頁。

[223]. 章太炎：《訄書（重訂本）· 序種姓》，《章太炎全集》（三），第 181 頁。

[224]. 章太炎：《訄書（重訂本）· 序種姓》，《章太炎全集》（三），第 172 頁。

[225].〔漢〕 董仲舒撰、〔清〕 凌曙註：《春秋繁露》，中華書局，1975 年版，第 48 頁。

[226]. 楊樹達：《春秋大義述》，上海古籍出版社，2007 年版，第 1-5 頁。

[227].〔法〕拉法格：《思想起源論》（王子野譯），生活· 讀書· 新知三聯書店，1963 年版，第 70-71 頁。

[228].1906 年 10 月 12 日（農曆八月二十五日）《復報》第五期「歌謠」欄，《章太炎年譜長編》第 222 頁。

[229]. 章太炎：《駁康有為論革命書》，《章太炎全集》（四），第 175 頁；章太炎：《與劉揆一書》，《章太炎全集》（四），第 187 頁。

[230]. 章太炎：《討滿洲檄》，《章太炎全集》（四），第 190 頁。

[231]. 連橫：《讀西史有感》，《連雅堂先生全集· 劍花室詩集》，第 128 頁。

[232]. 連橫：《此行》，《連雅堂先生全集· 劍花室詩集》，第 83 頁。

[233]. 連橫：《招俠》，《連雅堂先生全集· 劍花室詩集》，第 119-120 頁。

[234]. 連橫：《招俠》，《連雅堂先生全集· 劍花室詩集》，第 119-120 頁；連橫：《朱一貴列傳》，《連雅堂先生全集· 臺灣通史》，第 871 頁。

[235]. 連橫：《告延平郡王文》，《連雅堂先生全集· 雅堂文集》，第 115 頁。

[236]. 章太炎：《〈張蒼水集〉後序》，《章太炎全集》（四），第 201 頁。

[237]. 連橫：《臺灣漫錄· 覺羅》，《連雅堂先生全集· 雅堂文集》，第 177 頁。

[238]. 章太炎：《正仇滿論》，《辛亥革命前十年間時論選集》（第一卷），張枬、王忍之主編，生活· 讀書· 新知三聯書店，1960 年版。

[239]. 秦平：《〈春秋穀梁傳〉華夷思想初探》，《齊魯學刊》，2010 年第 1 期，第 15-16 頁。

[240]. 章太炎：《〈社會通銓〉商兌》，《章太炎全集》（四），第332頁。
[241]. 章太炎：《正仇滿論》，《辛亥革命前十年間時論選集》（第一卷），第97頁。
[242]. 章太炎：《正仇滿論》，《辛亥革命前十年間時論選集》（第一卷），第97頁。
[243]. 章太炎：《正仇滿論》，《辛亥革命前十年間時論選集》（第一卷），第97-98頁。
[244]. 章太炎：《復仇是非論》，《章太炎全集》（四），第275頁。
[245]. 章太炎：《排滿平議》，《章太炎全集》（四），第263頁。
[246]. 章太炎：《〈社會通銓〉商兌》，《章太炎全集》（四），第332頁。
[247]. 章太炎：《排滿平議》，《章太炎全集》（四），第268頁
[248]. 章太炎：《排滿平議》，《章太炎全集》（四），第268頁。
[249]. 章太炎：《排滿平議》，《章太炎全集》（四），第268頁。
[250]. 章太炎：《復仇是非論》，《章太炎全集》（四），第270頁。
[251]. 章太炎：《復仇是非論》，《章太炎全集》（四），第271頁。
[252]. 章太炎：《復仇是非論》，《章太炎全集》（四），第271頁。引文標點有改動。
[253]. 章太炎：《復仇是非論》，《章太炎全集》（四），第272頁。
[254]. 章太炎：《正仇滿論》，《辛亥革命前十年間時論選集》（第一卷），第94-95頁。
[255]. 章太炎：《排滿平議》，《章太炎全集》（四）第267頁。
[256]. 章太炎：《〈社會通銓〉商兌》，《章太炎全集》（四），第332頁。
[257]. 章太炎：《正仇滿論》，《辛亥革命前十年間時論選集》（第一卷），第97-98。
[258]. 連橫：《疆域志》，《連雅堂先生全集·臺灣通史》，第127頁。
[259]. 連橫：《詠史》，《連雅堂先生全集·劍花室詩集》，第133頁。
[260]. 連橫：《招俠》，《連雅堂先生全集·劍花室詩集》，第120頁。
[261]. 連橫：《施琅列傳》，《連雅堂先生全集·臺灣通史》，第863頁。
[262]. 連橫：《施琅列傳》，《連雅堂先生全集·臺灣通史》，第863頁。
[263]. 連橫：《連雅堂先生全集·臺灣詩乘》，第18頁。
[264]. 連橫：《延平祠記》，《連雅堂先生全集·雅堂文集》，第140頁。
[265]. 連橫：《春日謁延平郡王祠》，《連雅堂先生全集·劍花室詩集》，第30頁。
[266]. 連橫：《建國紀》，《連雅堂先生全集·臺灣通史》，第33頁。
[267]. 連橫：《顏鄭列傳》，《連雅堂先生全集·臺灣通史》，第820頁。
[268]. 連橫：《孝義列傳》，《連雅堂先生全集·臺灣通史》，第1109頁。

[269]. 連橫：《列女列傳‧劉氏女》，《連雅堂先生全集‧臺灣通史》，第 1137 頁。

[270]. 李曉一：《試論儒家文化對原始復仇觀念的強化》，《遼寧工程技術大學學報》（社會科學版），2009 年第 3 期，第 296 頁。

[271]. 連橫：《疆域志‧坊裡》，《連雅堂先生全集‧臺灣通史》，第 155 頁。

[272]. 連橫：《勇士列傳》，《連雅堂先生全集‧臺灣通史》，第 1109 頁。

第二章 「胸中自有魯春秋」——章太炎、連橫對於「春秋大義」民族思想態度之比較（下）

　　章太炎、連橫繼承和運用儒家「春秋大義」民族思想既有相似性，也有相異性，整體而言，這是由於章太炎與連橫的家庭環境、兩人的成長所在地——浙江和臺灣的歷史和地域文化環境、兩人的歷史文化哲學傾向、兩人的經學研究派別、兩人的個性特徵等多種因素綜合影響造成的。當然，對於章太炎、連橫繼承和運用儒家「春秋大義」民族思想的不同方面，無論是相似性的，還是相異性的，都可能分別有不同的重點影響因素。

第一節 章太炎、連橫對於「春秋大義」民族思想態度相似性的成因

一、家族因素

　　（一）章家、連家都具有悠久的抗清的「先世遺教」

　　章家、連家都具有悠久的抗清的「先世遺教」，昇華為兩人終生堅持民族主義事業的強大持久的精神動力。

　　章太炎的外祖父和父親是章太炎民族思想的重要啟蒙者，是他抗清民族思想的重要播種者。外祖父在給幼年的章太炎授課時，向他灌輸「夷夏之防同於君臣之義」的道理，還向他傳授王船山「歷代亡國，無足輕重；惟南宋之亡，則衣冠文物亦與之俱亡」的思想，並肯定章太炎「明亡於清，反不如亡於李闖」的觀點。章太炎認識到「余之革命思想即伏根於此」[1]。章太炎後來在蘇州東吳大學執教時，以《李自成胡林翼論》為命題作文，並且在闡述和倡導「國粹」時對「衣冠禮樂」十分看重，想必與他少年時代的這些思想教育有關。章太炎父親對他民族思想的影響也是十分深刻和深遠的。章太炎曾經深情地回憶說：「炳麟幼時聞先人余論，讀書欲光復漢績，先考亦不

禁也。嘗從容言：『吾家入清已七八世， 皆用深衣殮。吾雖得職事官，未嘗詣吏部。吾即死，不敢違家教，無加清時章服。』 炳麟聞之，尤感動。及免喪，清政衰矣。始從事光復，遭累絏，遇狙擊，未嘗敢挫，幸而有功，此皆先世遺教之所漸成也。」[2]

在民族思想的家學淵源方面，連橫與章太炎十分相似。連橫敘述他的家世說，「我始祖興位公生於永曆三十有五年。越二載，而明朔亡矣。少遭憫凶，長懷隱遯，遂去龍溪，遠移　海，處於鄭氏故壘。迨余已七世矣。守璞抱貞，代有潛德。稽古讀書，不應科試。蓋猶有左袵之痛也。」[3] 連橫的前輩是以明朝遺民的身分，隱姓埋名橫渡大海來投奔臺灣鄭成功的，故而連家亡國喪家之悲痛歷代不衰，民族大義之「潛德」經久不息。連家與章家一樣恪守著明朝遺民「生降死不降」的誓約：「自興位公以至我祖我父，皆遺命以明服殮。」這與章家家規入殮時「無加清時章服」何其相似！原因就是「故國之思，悠然遠矣！」與章太炎感動於「先世遺教」一樣，連橫「懼隕先人之懿德，兢兢業業，覃思文史，以褒揚國光，亦唯種性之昏庸是做。緬懷高蹈，淑慎其身，無以慚於君子焉。」[4] 可見連家悠久的民族主義思想的家學淵源對連橫巨大而深遠的影響。

（二）章家、連家都具有濃厚的濟困救貧的優良家風

章太炎曾祖「身為德鄉里」，出巨資建書院，又置田千畝建家塾助宗族貧者習業。章太炎祖父「以家富不受人餉糈，時時為貧者治療」，「晚遭兵亂……猶數為貧民下藥，賴以全者千數」。章太炎父親幫助流民恢復湘軍所占義莊田地數百畝[5]，章太炎的伯兄「於鄉邑利病持之至堅」[6]。

與章家這種家風類似的是，連橫「先伯父沒，遺孤僅數歲」，連橫父親將其「撫之成人，為授室。而諸姑之寡者，贍其家，視甥如子，衣之食之。戚黨之貧乏者，靡不周之。顧自奉甚薄，而扶危濟困，殫巨金不稍惜」。災年時連橫父親「窮者日以兩升恤之，耗財數千金。越年凶，又如之」。連橫父親還「糜千金為營救」被陷害入獄的佃農，曾經見拾遺穗的貧民而嘆曰：「是無告之人也！」日以千錢頒之。[7]

84

第二章 「胸中自有魯春秋」——章太炎、連橫對於「春秋大義」民族思想態度之比較（下）

這種樂善好施、濟困救貧、急公好義的家風有利於養成章太炎、連橫「愛類」、「合群」的儒家道義思想以及體恤民眾的民本主義思想。章太炎在《明獨》中雖然呼籲「大獨」的精神，但是同時強調要「群於無告者」，始終特別關注「中人以下」各階層的命運。連橫繼承先輩「為任恤類」的家風，曾經寫詩說：「哀哀無告人，亦我同胞耳。一夫有不獲，聖人以為恥。王政固無私，仁恩及犬豕。如何貪痴人，但知利一己。」[8]

二、地域因素

（一）浙江、臺灣都承載著國家淪喪之痛特別深重的歷史記憶

與中國其他地區比較而言，浙江、臺灣這兩個地區因為朝代更替、國家淪喪而遭受的痛苦特別深重，給章太炎、連橫留下了深重的「遺民意識」。

浙江人在明朝覆亡後被清廷殘殺、迫害的歷史悲劇是使章太炎產生強烈的仇清意識的重要原因。章太炎在《興浙會序》中沉痛地指出：「當是時，金華屠，嘉興殘，二郡之間，殭屍蔽野，流血頃畝。嗟我浙人，蓋無罪於天，而王師一至，芟夷斬艾，如草木焉。」這種歷史創傷雖然發生在幾百年前，但是留給章太炎心中的「隱痛」卻長久難以消除。清廷曾經斥責浙江「風俗澆漓，人懷不逞」而特設「觀風整俗使」加以監察[9]。

臺灣曾經先後遭受過兩次國家淪亡的傷痛（明鄭統治下的臺灣淪亡於清朝、清朝統治下的臺灣淪亡於日本），這種不幸的歷史遭遇深深地傷害了臺灣的開拓者和繼承者，積澱成為無法忘卻的慘痛的歷史記憶，給臺灣民眾留下永遠的心靈傷痕。這種歷史傷痛總是與臺灣民眾奮勇反抗異族和恢復正朔的民族大義結合在一起，典型地反映連橫這種複雜深厚情感的有詩歌「痛哭淪亡禍，同胞仗義爭」[10]。這種民族情感不僅體現在臺灣的領袖人物身上，例如「延平郡王以故國淪亡之痛，一成一旅，志切中興」[11]，而且也成為臺灣民眾的共同情感，例如「臺為延平肇造，又多忠義之後，故抱左衽之痛」[12]。又如，「吳球、劉卻以編戶之細民，抱宗邦之隱痛，奮身而起，前後就屠。人笑其愚，我欽其勇」[13]。在兩次淪亡於異族的歷史中，臺灣被迫割讓給日本的歷史慘劇尤其刺痛和傷害了包括連橫在內的臺灣民眾。連橫在《臺灣通史》中引用的歷史文獻表現了臺灣民眾由震驚、無奈、失望轉向自信、

堅毅、抗爭的情感歷程,而沉痛、悲憤之情貫穿始終。《臺灣通史》記載「臺灣民主國」政府致中外文告云:「日本要索臺灣,竟有割臺之款。事出意外,聞信之日,紳民憤恨,哭聲震天!……內外臣工,俱抱不平,爭者甚眾。」「臺灣民主國」公告還指出,臺灣民眾原本「豈甘俯首事仇」,可是殘酷的現實是「今已無天可籲,無人肯援」,最終落得一個「未戰而割全省,為中外千古未有之奇變」的悲慘結局!「臺民不幸至此」,在悲嘆「嗚呼慘矣」的同時懷抱「敷天之恨」[14]!作為臺灣人的連橫也不例外,他沉痛感慨:「固知棄地遺民,別有難言之隱痛也!」[15] 正因為連橫「以孑民躬逢此厄」[16],連橫與「艱難扶社稷,破碎痛山河」的文天祥產生了強烈的情感共鳴![17] 連橫自稱為「臺灣遺民」[18],在臺灣這個民族精神的聖地成長,仰慕鄭成功的民族大義,親身見證臺灣民眾的英勇抗日,切身感受國家淪亡之痛,自然產生深沉而悠遠的歷史興亡之感,激盪起悲壯而豪邁的民族主義激情。充分體現連橫民族主義史觀的歷史巨著《臺灣通史》的完成也與此緊密相關,因為時人認為「且以著者抱失地之痛,抒故國之思,激發正氣,非斯人不能作也」[19]。

(二)浙江、臺灣都有報仇復國之志特別強烈的歷史傳統

與中國其他地區比較而言,浙江、臺灣這兩個地區的民眾報仇復國之志歷來特別強烈,成為章太炎、連橫「復九世之仇」的重要思想淵源。

章太炎的家鄉浙江屬於古越國,章太炎自稱「越之賤氓」[20],以越國精神文化的傳人自居。「儘管他活動繁忙,但親情、鄉情之戀,使他在公務活動之餘,總能抽空回浙江老家看看。據統計,從 1897 年 12 月離開杭州到 1936 年 6 月 14 日在蘇州病逝時止,太炎先生先後返回故里與杭州大約有十幾次之多。」[21] 章太炎曾經毅然解辮髮以表示與清朝徹底決裂,他認為這樣做的一個重要依據就是「《春秋穀梁傳》曰:吳祝發。《漢書·嚴助傳》曰:「越劗發。余故吳、越間民,去之,亦猶行古之道也」[22]。1897 年章太炎等人發起成立「興浙會」,章太炎親自撰寫的《興浙會序》表彰了浙江歷史上五位楷模,大都是民族革命鬥爭的著名英雄,章太炎讚頌他們奮勇驅逐異族統治或者誓死抵抗異族入侵,使「華夏故鼎,反於磨室」[23],為民族的獨立和富強立下不可磨滅的歷史功勳。抗清失敗後以自殺殉國的浙江紹興人王思任曾

經說過:「吾越乃報仇雪恥之國,非藏垢納汙之區也。」[24]這一名言典型地反映了越國獨特的地域文化特徵。在顧炎武、張煌言等志士領導下,浙江成為反清武裝鬥爭程度最激烈、持續時間最長的地區之一。清朝政權建立後,浙江知識分子不惜殺身滅族,用著書立說的方式與清朝統治者繼續英勇抗爭,這可以從清朝前期浙江幾起震驚全國的文字獄反映出來。清初幾起著名的文字獄如莊廷鑨「明史案」、呂留良「選文獄」、查嗣庭「試題獄」、汪景棋「作詩獄」、齊周華「刻書獄」等,當事者都是浙江籍士人。章太炎認為「民族革命,光復舊物之義,自船山晚村以來,彰彰在人耳目」[25]。其中呂留良(晚村)是浙江人。1913年,章太炎作為民國政府臨時稽勛局名譽審議,開列授勛名單,其中「耆儒碩學著書騰說提倡光復者」共五人,章太炎把呂留良與顧炎武、王夫之、戴名世等並列,可見其推崇之高。章太炎在《光復軍志序》中說:「余年十三四,始讀蔣氏《東華錄》,見呂留良、曾靜事,悵然不怡,輒言有清代明,寧與張、李也。弱冠,睹全祖望文,所述南田、臺灣諸事甚詳,益奮然欲為浙父老雪恥。」[26]章太炎的得意門生黃侃曾論及江浙地區的「全民抗清情結」:「浙自晚村、紹衣以來,明夷夏之防,志不帝清者,世未嘗絕。晚近如戴子高、譚仲修,猶有微言,載於集錄,傳於鄉之後進。先生受之,播諸國人,發聾振聵。」[27]可見章太炎「復九世之仇」的春秋大義深受浙江「全民抗清情結」的影響。章太炎緬懷、讚頌浙江籍的反清英烈,認為他們繼承了古越志士矢志復仇並且勇於赴死之風:「惟我東越,昔有莫邪。麾劍城上,白頭盈閭。」[28]他還宣稱,「浙雖海濱,實興項楚。其亡其亡,繫於三戶。」[29]章太炎認為浙江同樣具有「楚雖三戶,亡秦必楚」的精神,這是一種為報仇復國而自強不息、雖九死而不悔的執著、頑強的精神。章太炎還指出吳越遺老「文化保種」的精神——超越於恢復一家一姓之國而立志恢復中華文化傳統的精神。他說,「南田畫江之師,皆吾吳越遺老知保種者為之,所以存禮樂,絕腥羶,非獨為明氏之宗稷而已也。」[30]章太炎濃烈的民族意識還與浙東學術傳統尤其是浙東民族主義史學的薰染有關。梁啟超指出章太炎「固浙東人也,受全祖望、章學誠影響頗深,大究心明清間掌故,排滿之信念日烈」[31]。在古越國的土地上成長起來的章太炎,延續著越地的精神血脈,他的一生洋溢著越地的文化氣息。越地臥薪嘗膽、報仇雪恥故事所蘊涵

的剛毅、勇猛、倔強的地域文化精神砥礪著章太炎的氣節,陶鑄著他的品行,也融入了他的民族思想之中。

連橫出生於臺灣,他一生的絕大部分時間都是在臺灣度過的,他的生命和思想都與臺灣這塊土地血脈相連、息息相關。與章太炎一樣,連橫的民族主義思想,尤其是他的反滿抗清意識的醞釀發酵,也是與他的家鄉——臺灣報仇復國之志特別強烈的地域文化傳統直接相關。臺灣作為反清復明的軍事、政治、文化基地,強烈的民族反抗意識經過幾百年的延續和世代累積,已經溶入臺灣民眾的血液,體現在臺灣的日常語言中,例如:「臺人呼『犬』為『覺羅』;『豬』為『胡亞』;亞,助辭也。覺羅氏以胡人之族,盜主諸夏,我延平郡王起而逐之,雖天厭明德,日落虞淵,而奔走疏附者,皆蹈忠赴義之士,而不忍為之賊隸也。心痛異族,目為狗豕,至今猶存此言。然非余為索其隱,則先民之微意或終不得白也。」[32] 連橫在《朱一貴列傳》中認為藍鼎元《平臺紀略》關於「臺人平居好亂,既平復起」的觀點是「誣衊臺人也」,其實這恰恰能從另一個角度證明臺灣民眾堅持民族大義和富於反抗精神的地域文化傳統。連橫對舊史志「每蔑延平大義,而以一貴為盜賊」表示強烈不滿,他指出,延平郡王創立的天地會「其義以光復為歸」的會章「數傳之後,遍及南北,且橫渡大陸,浸淫於禹域人心」[33]。連橫認為臺灣正是全中國天地會的創始之地和反清民族大義至關重要的推進之地,對此充滿自豪。臺灣不但在清朝統治時期多次爆發反清起義,而且在日治時期與日本殖民者展開了頑強不屈、可歌可泣的抗爭。連橫在《臺灣通史》中記載了割讓臺灣後臺灣紳民的電奏稿,表明了臺灣民眾誓死抵禦日寇、捍衛家鄉的堅定決心,其稿曰:「臣桑梓之地,義與存亡,願與撫臣誓死守禦。若戰而不勝,待臣等死後再言割地。」《臺灣通史》中還記載了「臺灣民主國」政府致中外文告云:「惟臺灣土地政令非他人所能干預。設以干戈從事,臺民惟集萬眾禦之。願人人戰死而失臺,決不願拱手而讓臺。」[34] 連橫就是在汲取著臺灣這塊土地給予他的誓死反抗異族的精神養料、沐浴在臺灣慷慨悲壯的歷史文化氣氛中成長起來的。

第二節 章太炎、連橫對於「春秋大義」民族思想態度差異性的成因

一、家族因素

（一）連橫家族擁有「奉旨建坊，入祀孝悌祠」的歷史殊榮

根據中國傳統的「家國一體」的社會政治結構和儒家傳統的思想觀念，「忠」於民族（國家）與「孝」於家族（宗親）總是難以分開的，「忠」「孝」往往並行不悖、相輔相成，例如「秉世之綱，孝思維則。既作孝思，以御家國」[35]。在這裡，「孝」成為「御家國」的基礎和武器。連家的忠義與孝悌傳統對於連橫繼承和運用儒家「春秋大義」民族思想具有深刻影響，也是相輔相成、並行不悖的。

> 先君好讀《春秋》、《戰國書》及《三國演義》，所言多古忠義事，故余得之家教者甚大。[36]

> 先君少純孝……先君善色養，侍奉殷勤……光緒十九年，全臺採訪孝友，鄉人士列狀以聞。巡撫邵友濂題請旌表，奉旨建坊，入祀孝悌祠。[37]

在這樣的家庭環境中成長，連橫耳濡目染先輩忠義、孝悌之言行，繼承發揚先輩忠義、孝悌之遺風，潛移默化之中忠義、孝悌成為他自覺的思想理念和奮鬥目標。

（二）連橫獲取「由孝於家人而孝於種族、國家」的家教理念

當連橫十三歲時，他父親把《臺灣府志》鄭重地交給他說：「汝為臺灣人，不可不知臺灣事」。連橫「受而誦之」，「今吾書將成，先君音容如在其上」[38]。這幅情景令我們聯想起司馬遷父親臨終對他「紹明世，正《易傳》，繼《春秋》，本《詩》《書》《禮》《樂》之際」的關乎生命和事業的鄭重託付，連橫把整部《臺灣通史》的創作緣起這樣至關重要的章節安排在《孝義列傳》之中，表明他不辜負父親的深切期望和對父親盡「孝道」是他「發誓述作」《臺灣通史》的一個深層原因和重要精神動力。更重要的是，這是連橫對於「孝」適用範圍的擴張（由孝於家人而孝於種族、國家）和本質屬性的重新界定（孝即忠）的反映，因而極富象徵意味。有臺灣學者這樣評價連橫：「雅堂不僅

能秉承『家風』，且是家庭之孝子。雅堂所以能成為國家民族之孝子，實因他同時亦為家庭父母之孝子。」[39]「顯然，他已將對親人的孝道推廣到對先人的『種姓』之孝了。」[40] 這裡所說的「國家民族之孝子」、「對先人的『種姓』之孝」實質上也就相當於「忠」（於種族、國家）。由此，忠義、孝義的精神浸染於整部《臺灣通史》之中，它是整部《臺灣通史》中歷史評判的一個重要標準，是貫穿整部《臺灣通史》的一條重要思想主線。其實豈止是《臺灣通史》，連橫的整個文史著作乃至他豐富的人生思想又何嘗不是如此呢？

章太炎家庭中忠義、孝悌的教育氛圍不如連橫的家庭，而孤傲獨立、不同流俗乃至叛逆儒學傳統的家風熏陶則很明顯，例如，章太炎的父親在《家訓》中寫道：「妄自卑賤，足恭諂笑，為人類中最傭下者。吾自受業親教師外，未嘗拜謁他人門牆。汝曹當知之……然果專心一藝，亦足自立，若脫易為之，以眩俗子，斯即謂斗方名士，慎勿墮入。」[41] 詳見本書中相關論述。

二、地域因素

（一）臺灣是「遺民忠義精神」的重要堡壘

閩臺位於東南海疆，歷史上長期被視為蠻夷落後之地，也具有獨特的地域歷史文化傳統，集中體現在「遺民氣節」，或稱為「遺民忠義精神」：

帝國由盛轉衰，新興中原勢力崛起帶動了改朝換代的旋風，殘餘宗室流竄於廣東、福建和臺灣等地，另立中心以延續香火，過去如此過程幾乎每隔兩三百年即在閩臺重複一次，長期累積塑造了閩臺極為特殊的地域文化。[42]

在改朝換代的時候，它又常成為不甘屈服的前朝遺臣和遺民延續故祚的最後根據地，甚至形成與「中央」對抗的小朝廷。……這種「遺民忠義精神」其實已不再是對某一特定朝代、特定皇帝的「愚忠」，而是一種具有普泛意義的民族精神、愛國主義精神。……這種精神似乎已內化為閩臺人民的一種深層的「文化心理結構」或「集體潛意識」。[43]

臺灣的「遺民忠義精神」是孕育連橫以忠義為基調的民族主義激情的重要因素。明鄭時期「反清復明」的民族精神是臺灣「遺民忠義精神」的第一

次集中體現。「臺為延平肇造,又多忠義之後,故抱左衽之痛。」[44]「余居承天,延平郡王之東都也。緬懷忠義,冀鼓英風,憑弔山河,慨然隕淚。」[45]臺灣是「遺民忠義精神」的重要堡壘,明鄭時期是自古以來中國遺民忠義精神傳承的重要時段,連橫的家鄉承天府馬兵營無論在臺灣歷史上還是連橫家族歷史上都是具有濃重的民族主義象徵意義的地方,因為「馬兵營在寧南坊,為鄭氏駐軍之地……自吾始祖興位公卜居於此,迨余已七世矣」[46]。連橫十分仰慕鄭成功,讚頌他「肇造東都,保持明朔,精忠大義,震曜坤輿」[47]。《臺灣通史》「尊延平於本紀,稱曰建國,所以存正朔於滄溟,振天聲於大漢也」[48]。連橫的良苦用心在於表明:鄭成功是臺灣民眾傳承並光大的「存正朔」的民族大義的精神像徵,是激發並振奮臺灣民眾「大漢」意識和民族自豪感的力量泉源。連橫在長詩《延平王祠古梅歌》中想像:「擲筆大笑眼矇矓,醉臥梅下魂何從,夢見延平對我拍手驚相逢。」此詩中連橫對於鄭成功充滿緬懷和景仰之情,自認為與鄭成功神交已久,對於與鄭成功心靈契合充滿殷切期待,甚至達到了魂牽夢繞的程度。在《臺灣通史》全書刊印完成之時,連橫「一杯差喜酹延平」,不忘告慰鄭成功的英靈。割臺以後臺灣民眾的英勇抗日精神是臺灣遺民忠義精神的第二次集中體現。抗日英烈為了民族大義而殺身成仁的壯舉深深地震撼了連橫,連橫以慷慨激昂的筆觸描述和歌頌他們,認為抗日義士的事蹟氣壯山河、輝映日月、永垂不朽,例如,「如彭年者,豈非所謂義士也哉?見危授命,誓死不移,其志固可以薄雲漢而光日月……吾望八卦山上,猶見短衣匹馬之少年,提刀向天而笑也。嗚呼壯矣!」[49] 又如,「血濺草萊君不朽,胸羅經濟鬼猶雄。」[50] 多年以後,連橫還在《臺灣詩薈》中輯錄抗日英烈的詩歌,並表明自己的崇敬和感動之意,這在文網嚴密的日本殖民地臺灣是需要相當膽識的,同時也證明了臺灣抗日英烈的遺民忠義精神對連橫深遠的影響。

臺灣地區的「遺民忠義精神」是形成連橫忠義孝悌家風的大環境、大氣候,對連橫忠義孝悌等儒家道義的養成造成長期穩固和強化的作用。與浙江相比,臺灣更富有這種「遺民忠義精神」,促進了連橫忠義孝悌等儒家道義思想的養成。

(二)臺灣是完全殖民地社會

臺灣完全殖民地社會的屬性影響了有關「以夏攘夷」、「以夏變夷」釋義的理解。這裡需要說明的是，章太炎、連橫所謂的「以夏攘夷」、「以夏變夷」除了包括了「以漢攘滿」、「以漢變滿」的共同含義之外，連橫所謂的「攘夷」、「變夷」主要指漢族在臺灣地區開疆拓土以及處理漢族與臺灣土著「番族」關係的「攘番」、「變番」。與章太炎相比，連橫對於「攘夷」、「變夷」展示了更堅定的決心、更強硬的態度、更大幅的力度，或者說對於「攘夷」和「變夷」表現出幾乎不假思索、不容置疑的民族正義感以及不加掩飾、甚至是有些渲染的民族自豪感，展示了連橫更加顯著的華夏中心主義色彩。例如，連橫認為「金廣福受開疆重大之權，以攘除蠻族，而肇造田功」的功績即使「比之西人」也是不必謙讓的，並豪邁地宣稱從中可以印證臺人確實擁有「堅毅遠大之志」[51]。又如，連橫對於經過漢族慘淡經營而使「昔日跋扈之番，竟降伏於我族之下」一事感嘆說，「日月也由我而光明，山川也由我而亨毒，草木也由我而發揚」[52]，觀其辭氣，簡直就是輝映日月、氣壯山河、潤澤生靈的蓋世偉業了。

臺灣完全殖民地社會的屬性影響了有關異族文化對華夏文化破壞和危害的認識和感受。章太炎、連橫都認識到了異族文化勢力對於華夏文化的巨大破壞和危害，但存在認識和感受上的差異，這也與連橫所處日本殖民地的特殊地域環境有關。

異族文化勢力對於華夏文化的巨大破壞和危害的第一個表現是東西方列強文化殖民主義和文化帝國主義的入侵。連橫因為身處日本殖民地臺灣，對此體會更加直接和強烈，這是日本殖民當局對臺灣漢文化的壓迫和禁制政策（例如壓制漢文、取締書房和破壞孔廟等）直接造成的。以壓制漢文為例，1918年日本殖民當局透過公學校規則的修改，力求加強學童的日語能力，並嘗試廢除漢文。後來，在社會輿論的壓力下，才暫時將漢文科每週上課時數改為兩小時。這一年，臺南楊建在崇文社第九期徵文《維持漢學策》中論及這種現象：

嗚呼！時至今日，廢漢學之聲，喧傳遐迩……（於漢學）不特無以振興之，且欲從而廢之。以漢學為深奧，視為具文……今日學校之漢文科，經多

廢止矣。所未廢之處,亦僅為隨意科而已。隨意科云者,教授與否,悉聽教師之意也。[53]

連橫所見與楊建相同,他說:「臺灣漢文,日趨日下。私塾之設,復加制限……當局者不獨無振興之心,且有任其消滅之意。」[54]所以連橫詠詩「廿年舊淚傷鋤蕙,千古高風繼采薇。裙屐漸欣鄉國盛,文章足起劫塵衰」[55],表達他對於日本殖民主義和帝國主義文化清洗(即「鋤蕙」)和文化滲透(即「裙屐漸欣鄉國盛」)飽含血淚的傷心,也表達他保持中華文化傳統和高尚民族氣節的決心,還表達他以「文章」拯救和振興逐漸衰落的臺灣漢文化的信心。

在中國大陸,章太炎沒有像連橫那樣面臨直接消滅漢文化的政治和文化體制,他關於這方面憂患意識和危機意識的內容也有明顯差別。章太炎不擔心西方教會在中國的胡作非為,因為他認為這反而會激起全國民眾的怨恨,並由反抗教會而反抗列強政府,所以在這個意義上,章太炎認為教會及其文化實際上成為西方列強東進侵略中國的障礙。章太炎深深憂慮的是西方列強取法中國歷史上北魏、遼、金、元、滿洲等少數民族政權,不改變華夏原有的傳統,並遵從華夏法式,使他們在中國的統治根基穩固。章太炎指出,西方列強設法使西方文化巧妙地依附於中國文化之上,「勿易其士,勿變其帖經」,就像螳螂卵附著在桑樹上那樣自然,「又令西士之習於華者,籀讀吾經、緯以號於眾曰:『吾有仲尼之遺計籍焉!』」如果真的達到了那樣的效果,那麼,西方文化直接教化的色彩看似越來越不明顯,但經過長期不露聲色的「文化寄生」和「文化蠶食」,終於鵲巢鳩占,「中國自是終於左袵矣」[56]。章太炎擔心西方列強所運用的這種看似「道中夏」而實則「憲泰西」的詭計演化為同化和統治中國的真正利器(「舜之齊斧」),其危害達到「可薦食我」的程度[57]。

異族文化勢力對於華夏文化的巨大破壞和危害的第二個表現是少數民族政權對於華夏文化「焚書」、文字獄等文化滅絕及文化摧殘政策和行為。章太炎、連橫對此都有論及,例如,連橫指出,「若在雍、乾之際,芟夷民志,大獄頻興,火烈水深,何敢稍存故國之念?」[58]但連橫在這方面的論述遠不及章太炎那樣內容豐富、情感激越。此外,在章太炎看來,清廷開四庫館,

打著整理和保存文化典籍的旗號而實則大肆摧毀、刪節、篡改所有「觸忌諱者」書籍，給華夏文化帶來無可估量的巨大損失，也是御用文人獻媚、助紂為虐的渠道，而連橫則對《四庫全書》整體評價甚高，他將其視為清人值得稱道的「文事」：「乾隆三十八年，開四庫全書館，編纂舊籍，擷其精華，至今傳為國寶。」[59] 對於「焚書」、文字獄，章太炎在認識和情感上與連橫的有差異，與其家鄉浙江曾經深受清朝「文字獄」摧殘的歷史經歷有關。清朝前期最大的幾起文字獄幾乎都與浙人直接有關（章太炎在集中聲討滿洲的檄文文中，列舉莊廷鑨、戴名世、呂留良、查嗣庭、陸生楠、汪景祺、齊周華、王錫侯、胡中藻等因文字之獄被清廷處以極刑和「誅及種嗣，展轉相牽，斷頭千數」的歷史慘劇）[60]。清廷迫害、排斥浙江人以及在浙江大興文字獄，章太炎對此耿耿於懷。杭州求是書院教員沈瓞民回憶與章太炎初次見面時，「太炎言浙省文字之獄，如南潯莊氏，塘棲勞氏、汪查之獄、齊召華之獄，如數家珍。次詢余家之獄，余曰：『……惟是案罪及全浙士子，雍正五年上諭浙人停止會試。』太炎謂此浙人一時之不幸，日後當以此為榮也。」[61]

（三）臺灣是典型的移民社會

連橫所處的臺灣既是日本殖民地，也是一個典型的移民社會，移民的身分和眼光使連橫對於「以夏攘夷」釋義的理解不同於章太炎。連橫指出：

臺灣者，中國之土地也。[62]

臺灣之人，中國之人也，而又閩粵之族也。[63]

臺灣之人，漳、泉為多，約占十之六七；粵籍次之，多為惠、嘉之民。[64]

我先民以堅強果毅之氣，凌厲而前，涉波濤，冒瘴癘，戰土蠻而服之，篳路藍縷，以處山林，用能光大其族。[65]

臺灣固海上荒服，我民族入而拓之，以長育子孫，遙望故鄉，稱為唐山。而號新來者為唐山客。[66]

洪維我祖宗，渡大海，入荒陬，以拓殖斯土，為子孫萬年之業者，其功偉矣。追懷先德，眷顧前途，若涉深淵，彌自儆惕。[67]

有臺灣學者指出，在整個《臺灣通史》中，「連橫歷史寫作的重點，就是『我族』渡海移民至臺灣進行開拓、並建立移民社會的這一個共同的經驗；而這個『我族』的範疇，依不同的歷史情境，由小而大，連橫用了『漳、泉之人』、『閩、粵之人』、『漢人』及『華人』等詞彙來涵括。」[68]

連橫追溯連家的身世淵源，自稱是從中國大陸龍溪渡海來臺灣的第七世移民：

連橫曰：我始祖興位公生於永曆三十有五年。越二載，而明朔亡矣。少遭憫凶，長懷隱遁，遂去龍溪，遠移　海，處於鄭氏故壘。迨余已七世矣。[69]

連橫自身的移民家世以及他所處臺灣的移民社會性質與章太炎不同，這影響到了章太炎、連橫有關「以夏擴夷」、「以夏變夷」釋義：「以夏擴夷」涉及漢族移民與番族土著之間的相處，而兩者之間的相處尤其關鍵的是兩者疆域的領屬、劃分，其本質是相對於臺灣土番而言漢族移民的合法性、正義性問題。章太炎認為所謂「以夏擴夷」受到一定條件限制，而連橫則沒有提及限制條件；在「以夏變夷」方面，與章太炎相比，連橫彰顯了華夏（漢族）教化「番黎」的民族使命感以及俯視「番黎」的民族優越感。

章太炎在列舉歷史上華夏的正統政權系列時，將臺灣鄭氏政權、太平天國政權都包括在內。連橫與章太炎　樣都是視鄭成功為華夏「政統」之　，不同之處在於：連橫「尊延平於本紀，稱曰建國」[70]，而章太炎則認為南明三帝當著本紀，「魯監國、鄭成功宜作世家」[71]。這很可能受到連橫的完全殖民地遺民和臺灣移民雙重身分等因素的影響。

三、經學派別因素

章太炎是古文經學大家，對屬於今文經學的公羊學派多有批判，其民族史學思想也同樣遵循堅守古文經學的學術立場。章太炎指出今文經學的特點是信奉齊《詩》等經典而排斥《左氏春秋》等經典，「皆以公羊為宗」[72]。章太炎雖然「初治《左氏》，偏重漢師，亦旁采《公羊》」[73]，但是終究還是堅定地回歸到古文經學的學術立場。

（一）章太炎「性好《春秋》古文之學」

古文經學與今文經學的區別，可以列表比較如下：[74]

今文學	古文學
1. 崇奉孔子。	1. 崇奉周公。
2. 尊孔子為素王。	2. 尊孔子為先師。
3. 認孔子為哲學家、政治家、教育家。	3. 認孔子為史學家。
4. 以孔子為托古改制。	4. 以為孔子「信而好古，述而不作」。
5. 以六經為孔子作。	5. 以六經為孔子以前的史料。
6. 以《春秋公羊傳》為主。	6. 以《周禮》為主。

續表

今文學	古文學
7. 為經學。	7. 為史學。
8. 經的傳授多可考。	8. 經的傳授不大可考。
9. 西漢都立於學官。	9. 西漢多行於民間。
10. 盛行於西漢。	10. 盛行於東漢。
11. 斥古文經是劉歆偽作。	11. 斥今文經是秦火之餘。
12. 信緯書，以為孔子微言大義，間有所存。	12. 斥緯書為誣妄。

「由上表可知，『經今古文』幾乎在所有方面都是針鋒相對的。然其最重要的差異，應是解經方式或者思維模式的差異。『今文經學』基本上可視為一種政治哲學，它基本上是從幾個『虛擬的原理』出發，打著闡發孔子『微言大義』的旗幟來進行解經的。而『古文經學』則史學色彩濃厚，它主張『實事求是』，在解經時注重『證據』，主張『無證不信』。」[75] 章太炎對於古文經學與今文經學的整體區分是：「古文是歷史，今文是議論。古文家治經，於當時典章制度，很明白的確；今文家治理，往往不合古時的典章制度。」[76] 章太炎在遭逢「天下多故，四裔之侵」的時代感念「生民之凋」而期望能抱持「古之道術振之」，以繼絕保種[77]，這裡的「古道術」應該主要是指古文經學。章太炎反覆宣稱自己的古文經學立場：

余性好《春秋》古文之學。[78]

余治經專尚古文,非獨不主齊、魯,雖景伯、康成亦不能阿好也。……余以為經即古文,孔子即史家宗主。[79]

鄙人少年本治樸學,亦唯專信古文經典,與長素輩為道背馳。……中年以後,古文經典篤信如故。[80]

鄙意……經術則專主古文,無取齊學。[81]

儀征劉生江淮之令,素治古文《春秋》,與麟同術。[82]

(二)章太炎論證「孔、左同時作述」

章太炎在論及「古文家異於今文家之點」時,列舉了「左氏多古文古言」[83]。章太炎自稱「繫素王素臣之跡是踐」(這裡「素王」、「素臣」分別指孔子和左丘明)[84],從史學的角度來說,就是踐行孔子的春秋學和左丘明的(春秋)左傳學的學術軌跡,因為「孔氏之教,本以歷史為宗」,而孔氏歷史學則以春秋學為首要。章太炎既然以「素王素臣」比喻孔子與左丘明之間的關係,也就意味著章太炎認為孔子與左丘明在學術上既彼此為君臣又相提並論、相輔相成。章太炎還不止一次提到《春秋》與《左傳》之間「經傳相依」的關係[85],並且以此當做《春秋》與《左傳》「可為百世史官宗主」的關鍵原因之一[86],而與「經傳相依論」傳統觀點密切相關且轉進一層的觀點——經傳「孔、左同時作述論」(即「是知孔左經傳同時述作,經亦有君子之新意,傳非無聖人所斟酌。」[87]),則是章太炎春秋左氏學的理論基石之一,也是他民族史學的古文經學屬性的重要體現之一,還是他春秋左氏學的理論創新的亮點,其主要觀點包括:

第一,「孔、左同時作述論」的緣起,「(左丘明與孔子)偕觀史記,助成一經,造膝密談,自知其義。」[88]「列國之史皆藏周室,故云天子之事。然孔子所修者,魯之《春秋》也。……太史公稱孔子西觀周室,論史記舊聞,即為魯春秋有乖事實者,故必與左丘明如周室觀書於周史而修《春秋》之經,丘明因孔子所錄周之史記而為之傳。」[89]第二,「孔、左同時作述論」成立的推斷依據,從內容上看,「夫筆削之事,游、夏不能贊一辭,而丘明佐書焉。《經》有丘明所作者也……(《傳》文)諸事不見於《經》者,而稱聖論定其是非。明諸所錄事狀,獲麟以上,皆造膝受意焉。故《傳》亦兼仲尼

作也。」[90]從作者的氣質性情上看,「左氏與孔子同氣相求——《論語》曰『左丘明恥之,丘亦恥之』——則左氏以修史之事屬孔子,故理勢所可也。」[91]從作者年代的考證上看,「昔人所以致疑於左氏者,以《左傳》稱魯悼公之諡。魯悼之卒,後於獲麟五十年。……如左氏與孔子同時,不至於如此老壽。」然而章太炎指出「考仲尼弟子,老壽者多」,他舉例說子夏壽命超過百歲,而「假令左氏之年與子夏相若,所舉諡號在魯元初年,其時不過八十餘年,未為篤老也。」[92]第三,「孔、左同時作述論」所概括的(《春秋》)經、(《左氏春秋》)傳系統內在的結構體例特徵,其一是「衣之表裡」特徵:「此其為書,猶談、遷之記,彪、固之書,父子戮力,丸揉不分。故桓譚曰:《左氏傳》於《經》,猶衣之表裡,相持而成;《經》而無傳,使聖人閉門思之,十年不能知也。」[93]這種「衣之表裡」特徵也體現為「二者相需」和「異能一體」,即「他經皆起於數百年之上,其《傳》成於數百年之下,獨《春秋》經、傳為同時觀周論史者所錄,《經》無《傳》,則寶而非用,《經》合於《傳》,則備而非名,故知二者相需,有不能誇舉者也。」[94]「夫名分不可越,故仍其舊記;事狀不可誣,故以付之丘明。……未知《經》、《傳》異能,其實一體,《經》據魯以守官,《傳》依周以閱實。」[95]其二是「事(指事實、是非之真)義(指所謂「春秋書法」)俱備」特徵:「其(指《左氏春秋傳》——筆者註)真者事雖不合於《經》,益可以見《經》之義。……其(指《左氏春秋傳》——筆者註)偽者,文雖似比於《經》,斷不足以亂《經》之義例。」[96]但是當經傳的「事義」不能俱備時,有兩種應對措施,或者當「經即有違於本事,屈於時君」時,「得傳不患無匡救證明之道」[97],或者「雖有赴告不具於《經》,與其改官、定賦、制軍諸大典法,足以法戒後王而不可越書於魯史」時,「則無嫌於闕文,然後無害於凡例」[98]。第四,「孔、左同時作述論」長期遭到反對的原因,「齊學之徒,盜憎主人,惡言孔、左同時作述,曷足怪焉!」[99]

在章太炎看來,只有左丘明的春秋左傳學得了孔子的春秋學真傳。章太炎贊同太史公司馬遷的看法——孔子「以《公羊》為《春秋》雜說,其以《左氏》為《春秋》正義明矣。」[100]由此我們可以確定,章太炎在論述民族歷史的本質屬性時往往以《春秋》和《左傳》作為「歷史」(國史)的典範,

作為「歷史」(國史)的代名詞,作為民族歷史的本質屬性論思想的有力證據。章太炎指出,「今國學所以不振者三:一曰毗陵之學反對古文傳記也;二曰南海康氏之徒以史書為帳簿也;三曰新學之徒以一切舊籍為不足觀也。」[101] 根據章太炎的理解,在《春秋》三傳中,應該是《左氏春秋傳》代表的史學才是防止和撥正以上三個方面問題的有效途徑,而《穀梁》《公羊》二家「不能知國史之根原,因文褒貶,往往失之刻深」[102],不能堪此大任,其中關鍵在於《左氏春秋傳》所具有的「古良史」屬性和功效(集中體現為「歷譜」的屬性和功效),因此即使「千載運往,遊魂已寂」,然而「賴此歷譜,轉相證明,遺文未亡,析符復合」[103],就能夠幫助實現「追踵法塵,從君子後,以存絕學」的目標[104]。

(三)章太炎反對公羊學派的「三統說」、「三世說」

何休在《公羊傳‧隱公元年》註中說,孔子修《春秋》,「於所傳聞之世,見治起於衰亂之中,用心尚粗觕,故內其國而外諸夏,先詳內而後治外。……於所聞之世,見治昇平,內諸夏而外夷狄。……至所見之世,著治太平,夷狄進至於爵,天下遠近大小若一,用心尤深而詳。」[105] 章太炎批判公羊學派的人「說什麼三世就是進化,九旨就是進夷狄為中國」,目的只是「去仰攀歐洲最淺最陋的學說」[106],而通三統者實質是「王者繼絕之政」,其價值可形容為「說經之秕稗」。[107]

章太炎反對的理據主要有:其一,章太炎關於民族歷史演化的基本規律(趨勢)的觀點是「俱分進化論」,他認為人類社會善—惡、苦—樂、智—愚等相反相成的因素都是同時並進的,認為人類的終極前景「必達於盡善醇美之區」只是一個永遠遙不可及的美好理想而已。其二,章太炎認為「聖人固不能測未來」[108],「《春秋》三統三世之說,無慮陳其概略,天倪定分,固不周知。豈有百世之前,發凡起例,以待後人遵其格令者?」[109] 由此可知孔子《春秋》預先「為漢世立法」之說也只是後人根據當時政治的需要所作的臆測和曲解。其三,章太炎認為「今日固為民族主義之時代,而可混淆滿、漢以同薰獲於一器哉?」[110] 故而強調「別生類以箴大同,察種源以簡蒙古」,特別警惕康有為等人以所謂「大同公理」的宏大敘事或遮蔽、或混淆、或取代、或沖淡「別生類」、「察種源」的「夷夏之辨」[111]。因為根據公羊

學的「三世說」,「太平世」一般指的就是「大同世」,在這個「太平世」裡,「夷狄進至於爵」(春秋對夷狄的稱呼分為七等,稱「爵」是最高的一等),也就是說夷狄高度進化,與華夏已經無法辨別也無需辨別了,言下之意,「嚴夷夏之辨」也將成為無意義的歷史陳跡了。

四、歷史文化哲學思想因素

與連橫的單元主義和章太炎的多元主義歷史文化哲學思想傾向的影響相關的是:連橫秉持「單線直進型」的「三世進化論」,章太炎則秉持多元主義、相對主義的「俱分進化論」和「兩行論」。

章太炎、連橫所處的時代,是民族矛盾激化、民族危機深重的時代,所以西方「進化論」和「社會達爾文主義」很快盛行於中國思想文化界,中國近代社會一度熱衷於信奉「人道進化,皆有定位……驗之萬國,莫不同風」的歷史演化規律及其相應的「優勝劣汰,適者生存」的社會生存法則[112],章太炎、連橫的民族思想和歷史演化觀對此不能不有所反映——既有直接的反映,也有間接的反映;既有接受吸收,也有改造甚至顛覆。

連橫的民族歷史演化觀以公羊學派的「三世說」為基礎[113],部分地結合了儒家傳統的「天下大同」的終極社會理想以及西方傳入的「進化論」和「社會達爾文主義」,形成一種「世界入大同,進化循其軌」的歷史演化觀[114],比較接近於康有為的「三世進化論」,即「將人類社會看成是一個井然有序、不能躐等的從據亂→昇平(小康)→太平(大同)三個級次層累發展的歷史演化過程。」[115]連橫感嘆說,「夫孔子為時中之聖,春秋三世,由據亂而昇平,而太平;此世界進化之公理也。故其學說,始於小康,終於大同。」[116]稱讚大同之道「為世界之光,何其偉耶!」。因此,在關於社會歷史演化基本進程的認識上,公羊「三世說」與西方「進化論」是大體一致的,其核心要義在於秉持一種「單線直進型」的社會歷史演化模式觀,本質上是一種單元主義的文化觀。

章太炎起初相信「變易論」歷史演化觀,他說,「道本無常,與世變易」[117],「盛衰文野之變,無有一成而不可變者」[118],「變至於人,遂止不變乎?」[119]他後來獨創性地提出了「俱分進化論」的民族歷史演化觀,認為「進

化之所以為進化者，非由一方直進，而必由雙方並進」，包括「善惡並進」、「苦樂並進」等，「如影之隨形，如魍之逐影」，不能分離[120]。這與他的「兩行論」思想是相輔相成的。所謂「兩行」指的是「因果同時」、「成毀同時」[121]，即「世界萬事萬物的變化發展是事物及其對立面的同時俱演」[122]。章太炎的「俱分進化論」和「兩行論」思想本質上反映了一種相對主義的、多元主義的文化觀。

　　章太炎對於「進化論」的看法可以概括為「進化之實不可非，進化之用無所取」。章太炎反對單線直進的「進化論」，將它列為「四惑」之一，宣稱「望進化者，其迷與求神仙無異」[123]，提醒人類眾生「毋沾沾焉以進化為可欣」[124]。章太炎對於人類社會的遠景展望也不樂觀，不相信「進化終極，必能達於盡美醇善之區」[125]，也就意味著他不相信社會能「進化」至大同的理想世界。章太炎反對公羊學家的「三統、三世說」，他指出「三統迭起，不能如循環；三世漸進，不能如推轂」，「三統、三世說」只是一種「成型」——為中國社會文化發展預設一套固定的、甚至僵化的發展模式，但是「以成型定之」的結果是「殆以終身，弊之至也」[126]。章太炎因此認為：「若居於《公羊》取義之說，徒以三世、三統大言相扇，而視一切歷史為芻狗，則違於孔氏遠矣。」[127] 即「三世說」是非歷史、甚至是反歷史的，是違背孔子春秋史學精神傳統的。章太炎之所以對《左氏春秋傳》讚譽有加，是因為《左氏春秋傳》一方面「於開物成務之世，特為錯互，或舉其始，或揚其中，或述其季」[128]，完整地敘述了民族在開物成務之世「始→中→季」的完整的歷史演化過程，另一方面左氏《作篇》之學「足以遠監宙合，存雄獨照，不言金火之相革，而文化進退已明昭矣。」[129] 其獨特之處在於《左氏春秋傳》闡明了民族歷史文化演化是一個進與退「兩行」的過程，體現了「俱分進化論」的規律。由此可見，章太炎全面地、根本地否定「三世進化論」的民族歷史演化基本進程的觀點。

注　釋

[1].朱希祖：《本師章太炎先生口授少年事蹟筆記》，蘇州章氏國學講習會編：《制言》第二十五期（太炎先生紀念專號），廣陵書社，2009年5月第1版（合訂影印本），第2709頁。

[2]. 章太炎：《先曾祖訓導君先祖國子君先考知縣君事略》，《章太炎全集》（五），第 196 頁。

[3]. 連橫：《諸老列傳》，《連雅堂先生全集‧臺灣通史》，第 844 頁。

[4]. 連橫：《諸老列傳》，《連雅堂先生全集‧臺灣通史》，第 844 頁。

[5]. 章太炎：《先曾祖訓導君先祖國子君先考知縣君事略》，章太炎全集（五），第 194-195 頁。

[6]. 章太炎：《先曾祖訓導君先祖國子君先考知縣君事略》，章太炎全集（五），第 197 頁。

[7]. 連橫：《孝義列傳》，《連雅堂先生全集‧臺灣通史》，第 1096 頁。

[8]. 連橫：《贈施乾》，《連雅堂先生全集‧劍花室詩集》，第 65 頁。

[9]. 郭成康、林鐵鈞：《清朝文字獄》，群眾出版社，1990 年版，第 158 頁。

[10]. 連橫：《吊林義士崑岡》，《連雅堂先生全集‧劍花室詩集》，第 103 頁。

[11]. 連橫：《臺灣詩薈發刊序》，《連雅堂先生全集‧雅堂文集》，第 39 頁。

[12]. 連橫：《連雅堂先生全集‧雅言》，第 77 頁。

[13]. 連橫：《吳球、劉卻列傳》，《連雅堂先生全集‧臺灣通史》，第 868 頁。

[14]. 連橫：《過渡紀》，《連雅堂先生全集‧臺灣通史》，第 107 頁。

[15]. 連橫：《與徐旭生書》，《連雅堂先生全集‧雅堂文集》，第 132 頁。

[16]. 連橫：《連雅堂先生全集‧臺灣語典‧自序》。

[17]. 連橫：《柴市謁文信國公祠》，《連雅堂先生全集‧劍花室詩集》，第 22 頁。

[18]. 連橫：《告延平郡王文》，《連雅堂先生全集‧雅堂文集》，第 115 頁。

[19]. 張繼：《臺灣通史‧張繼序》，臺灣省文獻委員會編印，1994 年再版。

[20]. 章太炎：《明獨》，《章太炎先生全集》（三），第 240 頁。

[21]. 陳智為：《章太炎與浙江》，《浙江檔案》2000 年第 3 期。

[22]. 章太炎：《訄書（重訂本）‧解辮髮》，《章太炎全集》（三），第 347 頁。

[23]. 章太炎：《興浙會序》，《章太炎選集》（註釋本），朱維錚、姜義華編註，上海人民出版社，1981 年版，第 13 頁。

[24]. 〔清〕計六奇撰，任道斌等點校：《明季南略》，中華書局，1984 年版，第 286 頁。

[25]. 章太炎：《再復吳敬恆函》，《章太炎年譜長編》，第 270 頁。

[26]. 章太炎：《光復軍志序》，章太炎著、湯志鈞編：《章太炎政論選集》，中華書局，1977 年版，第 681 頁。

第二章 「胸中自有魯春秋」——章太炎、連橫對於「春秋大義」民族思想態度之比較（下）

[27]. 秦燕春：《〈東京留學生歡迎會演說辭〉考釋》，陳平原主編、秦燕春考釋：《歷史的重要：章太炎卷》，山東文藝出版社，2006 年版，第 15 頁。

[28]. 章太炎：《徐錫麟陳伯平馬宗漢秋瑾哀辭》，《章太炎全集》（四），第 227 頁。

[29]. 章太炎：《徐錫麟陳伯平馬宗漢秋瑾哀辭》，《章太炎全集》（四），第 228 頁。

[30]. 章太炎：《〈張蒼水集〉後序》，《章太炎全集》（四），第 200 頁。

[31]. 梁啟超：《清代學術概論》（朱維錚導讀本），上海古籍出版社，1998 年版，第 95 頁。

[32]. 連橫：《大陸遊記》，《連雅堂先生全集·雅堂先生餘集》，第 110-111 頁。

[33]. 連橫：《朱一貴列傳》，《連雅堂先生全集·臺灣通史》，第 877-878 頁。

[34]. 連橫：《過渡紀》，《連雅堂先生全集·臺灣通史》，第 106-107 頁。

[35]. 連橫：《賴斐卿先生墓誌銘》，《連雅堂先生全集·雅堂文集》，第 82 頁。

[36]. 連橫：《過故居記》，《連雅堂先生全集·雅堂文集》，第 87 頁。

[37]. 連橫：《孝義列傳》，《連雅堂先生全集·臺灣通史》，第 1096 頁。

[38]. 連橫：《孝義列傳》，《連雅堂先生全集·臺灣通史》，第 1096 頁。

[39]. （臺灣）盧修一：《連雅堂民族思想之研究》，《連雅堂先生全集·連雅堂先生相關論著選輯》（上），第 116 頁。

[40]. （臺灣）林義正：《連雅堂思想中的〈春秋〉義：以〈臺灣通史〉為中心的考察》，第 8 頁。

[41]. 湯志鈞：《章太炎年譜長編》（上），第 3-4 頁。

[42]. （臺灣）徐宗懋：《臺灣人論》，時報文化出版企業有限公司，1993 年版，第 13 頁。

[43]. 朱雙一：《文學視野中的鄭成功——「遺民忠義精神」及其在日據時代的臺灣的傳衍》，《臺灣研究集刊》，2002 年第 3 期，第 2 頁。

[44]. 連橫：《連雅堂先生全集·雅言》，第 77 頁。

[45]. 連橫：《閩海紀要序》，《連雅堂先生全集·雅堂文集》，第 41 頁。

[46]. 連橫：《臺灣贅談》，《連雅堂先生全集·雅堂先生餘集》，第 109 頁。

[47]. 連橫：《臺南鄭氏家廟安座告文》（代作），《連雅堂先生全集·雅堂文集》，第 115 頁。

[48]. 連橫：《閩海紀要序》，《連雅堂先生全集·雅堂文集》，第 42 頁。

[49]. 連橫：《吳彭年列傳》，《連雅堂先生全集·臺灣通史》，第 1148 頁。

[50]. 連橫：《送吳季籛遺骨歸粵東》，《連雅堂先生全集·劍花室詩集》，第 115 頁。

[51]. 連橫：《姜、周列傳》，《連雅堂先生全集‧臺灣通史》，第 956 頁。
[52]. 連橫：《林圯、林鳳列傳》，《連雅堂先生全集‧臺灣通史》，第 847-848 頁。
[53]. （臺灣）施懿琳：《日治中晚期臺灣漢儒所面臨的危機及其因應之道——以彰化「崇文社」為例》，《第一屆臺灣儒學研究國際學術研討會論文集》，成功大學中國文學系主編，1997 年 6 月，第 370 頁。
[54]. 連橫：《詩薈餘墨》，《連雅堂先生全集‧雅堂文集》，第 297 頁。
[55]. 連橫：《櫟社大會，示同社諸子》，《連雅堂先生全集‧劍花室詩集》，第 55 頁。
[56]. 章太炎：《訄書（重訂本）‧憂教》，《章太炎全集》（三），第 292 頁。
[57]. 章太炎：《訄書（重訂本）‧憂教》，《章太炎全集》（三），第 291 頁。
[58]. 連橫：《宗教志》，《連雅堂先生全集‧臺灣通史》，第 649 頁。
[59]. 連橫：《清宮玉版記》，《連雅堂先生全集‧雅堂文集》，第 97 頁。
[60]. 章太炎：《討滿洲檄》，《章太炎全集》（四），第 191 頁。
[61]. 沈瓞民：《記鳳凰山館論學》，《制言》第 25 期，第 2681 頁。
[62]. 連橫：《開闢紀》，《連雅堂先生全集‧臺灣通史》，第 25 頁。
[63]. 連橫：《風俗志》，《連雅堂先生全集‧臺灣通史》，第 675 頁。
[64]. 連橫：《戶役志》，《連雅堂先生全集‧臺灣通史》，第 188 頁。
[65]. 連橫：《上清史館書》，《連雅堂先生全集‧雅堂文集》，第 12 頁。
[66]. 連橫：《臺灣漫錄‧唐山客》，《連雅堂先生全集‧雅堂文集》，第 176 頁。
[67]. 連橫：《臺灣通史‧序》，《連雅堂先生全集‧雅堂文集》，第 31 頁。
[68]. （臺灣）倪仲俊：《連橫〈臺灣通史〉中的國族想像》，《通識研究集刊》，2003 年第 4 期，第 16 頁。
[69]. 連橫：《諸老列傳》，《連雅堂先生全集‧臺灣通史》，第 844 頁。
[70]. 連橫：《閩海紀要序》，《連雅堂先生全集‧雅堂文集》，第 41-42 頁。
[71]. 章太炎：《〈南疆逸史〉序》，《章太炎全集》（四），第 202 頁。
[72]. 章太炎：《訄書（重訂本）‧清儒第十二》，《章太炎全集》（三），第 158 頁。
[73]. 章太炎：《自述學術次第》，《菿漢三言》附錄，虞雲國標點整理，遼寧教育出版社，2000 年版，第 166 頁。
[74]. 姜廣輝主編：《經學今詮初編》，《中國哲學》第 22 輯，遼寧教育出版社，2000 年版，第 314-315 頁。
[75]. 王玉華：《多元視野與傳統的合理化——章太炎思想的闡釋》，第 100-101 頁。
[76]. 章太炎：《說新文化與舊文化》，《章太炎：歷史之重要》，第 50 頁。

第二章「胸中自有魯春秋」——章太炎、連橫對於「春秋大義」民族思想態度之比較（下）

[77]. 章太炎《上李鴻章書》，姚奠中、董國炎：《章太炎學術年譜》，山西古籍出版社，1996 年版，第 20 頁。

[78]. 章太炎：《七略別錄佚文征序》，《章太炎全集》（一），章太炎著，上海人民出版社編，上海人民出版社，1982 年版，第 360 頁。

[79]. 章太炎：《自述學術次第》，《制言》第 25 期，廣陵書社影印本，第 2645 頁。

[80]. 章太炎：《致柳翼謀書》，《章太炎政論選集》（下），《章太炎書信集》，第 741 頁。

[81]. 章太炎：《與劉光漢書三》，《章太炎年譜長編》，第 233 頁。

[82]. 章太炎：《與孫仲容書》，《章太炎年譜長編》第 261 頁。

[83]. 章太炎：《國學的派別·經學的派別》，《國學概論》，上海古籍出版社，1997 年版，第 21-22 頁。

[84]. 章太炎：《癸卯獄中自記》，《章太炎全集》（四），第 144 頁。

[85]. 章太炎：《檢論 春秋故言》《章太炎全集》（三）《春秋左傳讀敍錄章太炎全集》（二），第 818 頁。

[86]. 章太炎：《檢論·春秋故言》，《章太炎全集》（三），第 411 頁。

[87]. 章太炎：《春秋三傳之起源及其得失》，《制言》第五十六期，《制言》（合訂影印本），第 6179 頁。

[88]. 章太炎：《春秋左傳讀敍錄》，《章太炎全集》（二），第 829-830 頁。

[89]. 章太炎：《春秋三傳之起源及其得失》，原載《制言》第五十六期，《制言》（合訂影印本），廣陵書社，2009 年版，第 6178-6179 頁。

[90]. 章太炎：《檢論·春秋故言》，《章太炎全集》（三），第 410 頁。

[91]. 《章太炎先生講春秋》，盧景純記，無錫《國專季刊》1933 年卷 1。見《春秋學研究》，晁岳佩選編，國家圖書館出版社，2009 年版，第 362 頁。

[92]. 章太炎：《經學略說》，《國學講演錄》，華東師範大學出版社，1995 年 12 月第 1 版，第 113-114 頁。

[93]. 章太炎：《檢論·春秋故言》，章太炎全集》（三），第 411 頁。

[94]. 章太炎：《春秋左傳疑義答問》，《章太炎全集》（六），第 262 頁。

[95]. 章太炎：《春秋左傳疑義答問》，《章太炎全集》（六），第 262 頁。

[96]. 章太炎：《駁箴膏肓評·敍》，《章太炎全集》（二），第 897 頁。

[97]. 黃季剛：《書春秋左氏疑義答問後》，摘自《越風》1935 年 3 期，。見《春秋學研究》，晁岳佩選編，國家圖書館出版社，2009 年版，第 527 頁。

[98]. 章太炎：《檢論·春秋故言》，《章太炎全集》（三），第 411-412 頁。

[99]. 章太炎：《檢論·春秋故言》，《章太炎全集》（三），第412頁。

[100]. 章太炎：《春秋左傳讀敘錄》，《章太炎全集》（二），第815頁。

[101]. 章太炎：《制言發刊宣言》，《章太炎全集》（五），第159頁。

[102]. 章太炎：《論公羊學》，《春秋學研究》，第547頁。

[103]. 章太炎：《春秋左傳讀敘錄》，《章太炎全集》（二），第815頁。

[104]. 章太炎：《駁箴膏肓評·敘》，《章太炎全集》（二），第900頁。

[105]. 阮元：《春秋公羊傳註疏》卷一，《十三經註疏》（附校勘記），中華書局，1980年版，第2200頁。

[106]. 章太炎：《東京留學生歡迎會演說辭》，《歷史的重要：章太炎卷》，第9頁。

[107]. 章太炎：《春秋左氏疑義答問》，《章太炎全集》（六），第269頁。

[108]. 章太炎：《信史上》，《章太炎全集》（四），第62頁。

[109]. 章太炎：《與人論樸學報書》，《章太炎全集》（四），第154頁。

[110]. 章太炎：《駁康有為論革命書》《章太炎全集》（四），第174頁

[111]. 章太炎：《中夏亡國二百四十二年紀念會書》，《章太炎全集》（四），第189頁。

[112]. 康有為著，樓宇烈整理：《論語註》卷二，中華書局，1984年版，第38頁。

[113]. 湯志鈞對公羊學「三世說」的評述認為，「假使以古代為『衰亂』，近代為『昇平』，現代為『太平』的話，那麼，社會歷史是向前發展的：『亂世』之後，進以『昇平』；『昇平』之後，進以『太平』，『愈改而愈進也』。所以，『三世說』的實質，實際是一種歷史進化論（庸俗進化論），它和『三統說』相結合，就成為要救國，要『太平』，就須『因革』、『改制』，只有『因革』、『改制』，才能達到『太平』的願望。」見湯志鈞：《康有為與戊戌變法》，中華書局，1984年版，第38頁。

[114]. 連橫：《遣懷》，《連雅堂先生全集·劍花室詩集》，第140頁。

[115]. 王玉華：《多元視野與傳統的合理化——章太炎思想的闡釋》，第163頁。

[116]. 連橫：《與嘉義人士書論籌建孔廟》，《連雅堂先生全集·雅堂先生集外集》，第118頁。

[117]. 章太炎：《齊物論釋定本》，《章太炎全集》（六），第75頁。

[118]. 章太炎：《論黃種之將來》，1899年《五洲時事彙編》第三冊「論說」，轉引自《章太炎年譜長編》，第89頁。

[119]. 章太炎：《訄書（初刻本）·原變》，《章太炎全集》（三），第27頁。

[120]. 章太炎：《俱分進化論》，《章太炎全集》（四），第386頁。

[121]. 章太炎：《齊物論釋》，《章太炎全集》（六），第17頁，24頁。

[122]. 王玉華：《多元視野與傳統的合理化——章太炎思想的闡釋》，第211頁。
[123]. 章太炎：《五無論》，《章太炎全集》（四），第442頁。
[124]. 章太炎：《五無論》，《章太炎全集》（四），第443頁。
[125]. 章太炎：《俱分進化論》，《章太炎全集》（四），第386頁。
[126]. 章太炎：《徵信論下》，《章太炎全集》（四），第59頁
[127]. 章太炎：《答鐵錚》，《章太炎全集》（四），第371頁。
[128]. 章太炎：《檢論·尊史》，《章太炎全集》（三），第419頁。
[129]. 章太炎：《檢論·春秋故言》，《章太炎全集》（三），第420頁。

第三章 「歷史為民族之魂」——章太炎、連橫民族歷史思想之比較

　　章太炎、連橫在史學上都頗有建樹，其史學也都具有鮮明的民族色彩。章太炎編纂的歷史著作雖然不多（基本完成的只有《清建國別記》，此外還曾準備撰寫《中國通史》和《後明史》等），但他在民族史學方面有豐富和精闢的思想，例如他的《〈中國通史〉略例》預先創立了完備嚴謹的義例，並且對《春秋》和《左傳》等史籍也有精深的研究。連橫則因《臺灣通史》而聞名，甚至因此而被譽為「臺灣太史公」，章太炎也欣然為《臺灣通史》作序，並在序言中熱情讚頌連橫是臺灣的「遺民舊德」者，「以為民族精神之所附，謂為必傳之作」。

第一節 章太炎、連橫高度重視民族歷史的重大意義

　　章太炎、連橫都提出，在民族的存亡興廢中歷史具有十分重要的價值。章太炎指出，「曠觀海外通達之國，國無經而興者有矣，國無史，未有不淪胥以盡者也。復中國之夔絕復續者，亦國史持之耳」[1]。章太炎在這裡指出的事實是，一個國家如果沒有歷史，必然不能逃脫徹底淪陷的悲慘結局，正是中國「尚稍完具」的歷史才能使中國的國運在多次斷絕以後還能重新接續起來[2]。章太炎還指出，「仲尼所以為《春秋》，徒為其足以留遠耳」[3]，「自秦氏以迄今茲，四夷交侵，王道中絕者數矣。然拊者不敢毀棄舊章，反正又易。藉不獲濟，而憒心時時見於行事，足以待後」[4]。正是《春秋》、「舊章」等歷史典籍發揮了「留遠」、「待後」的淵遠而流長的功效，使中華文明得到延續、傳承和保存，使多次中絕的華夏王道得以「反正」。

　　章太炎還指出，「人類所以殊於鳥獸者，惟其能識往事，有過去之念耳。國粹盡亡，不知百年以前事，人與犬馬當何異哉？人無自覺，即為他人陵轢，無以自生；民族無自覺，即為他民族陵轢，無以自存。」[5] 歷史使人類產生自覺意識而區別於鳥獸，國粹（章太炎認為「國粹以歷史為主」）的滅亡也就意味著民族自覺意識的喪失，也直接導致民族「無以自存」。章太炎由此

將清廷「焚燬舊籍八千餘通，自明季諸臣奏議、文集而外，上及宋末之書，靡不燒滅，欲令民心忘舊，習為降虜」列為滿洲重大罪狀之一[6]。章太炎指出，「滿洲滅支那而毀其歷史。自歷史滅毀，明之遺緒，滿洲之穢德，後世不聞」。滅絕歷史就是滅絕民族的記憶，滅絕民族的懷舊之心，滅絕民族奮勇抗爭以求光復的意志，以達到愚民進而治民的目的，用意是極為陰險的，足以驗證「夷德之戾」，「夫帝王南面之術，故鷙於秦哉」[7]。

連橫也從正反兩方面驗證了這個事實，正面為「進化之族則歷史愈全」[8]，反面為「余聞之先哲矣，滅人之國，必先去其史；墮人之枋、敗人之綱紀，必先去其史；絕人之材、湮塞人之教，必先去其史」[9]。這種民族主義歷史價值論思想在一定程度上也意味著「國可滅而史不可滅」。連橫作為「臺灣遺民」，對於「滅國滅史之痛」、臺灣「無史之痛」感觸尤其深切[10]。

章太炎還提醒國人注意，中國由於「史傳連蕆，百姓與知，以為記事不足重輕」，而對於歷史及其典籍熟視無睹，埋沒、輕視歷史和歷史學家的功勞，但是在「建國長久，文教浸淫」、類似於中國的印度和波斯，他們的國民卻因為「故記不傳，無以褒大前哲」而只得「發憤於寶書，哀思於國命」，印度人「言其舊無國史，今欲蒐集為書，求雜史短書以為之質，亦不可得。語輒扼腕。」[11]此外，章太炎還特別強調一種因為矇蔽性的而更具危險性的思想傾向，即博大的中國雖然不至於像以往的西域三十六國那樣因為無史而「泯焉無聞」，但是「墮入印度則易」——印度因為「玄學之深，科學亦優」的歷史文化方面的一些優越性而使「其史則不可考」的嚴重缺陷被淡化、甚至被忽略[12]。章太炎希望透過中國與印度、波斯國史狀況的對比，使中國人更加懂得珍惜中國的歷史，更加懂得歷史對於民族存亡興廢的重要價值。

為什麼歷史具有這樣重要的價值呢？章太炎、連橫的解釋也大體一致。章太炎、連橫都認為國史是國家、民族的根本，「國無史則離其本」[13]，國史是保衛國性、類聚種族最重要的保障之一[14]，並且國史與國性、民族性（包括民族意識、民族精神、民族魂等）往往是相伴相隨的，章太炎指出：

孔子不布《春秋》，前人往，不能語後人，後人亦無以識前。乍被侵略，則相安於興臺之分。《詩》云：「宛其死矣，他人是媮。」此可為流涕長潸者也。然則繼魏而後，民且世世左衽，而為羯胡鞭撻，其憯甚於一朝之溺。[15]

孟子曾謂孔子成《春秋》而亂臣賊子懼，將其功勞比作大禹抑洪水、周公膺戎狄、驅猛獸，而在章太炎看來，《春秋》溝通「前人」與「後人」，激發民族自覺意識和反抗精神，避免了被異族奴役而永世沉淪的悲慘結局，所以他評判為「《春秋》之績，其什佰於禹耶」[16]。章太炎聲稱「無歷史即不見民族意識所在」[17]，連橫則聲稱「歷史為民族之精神」、「歷史乃民族之魂」[18]。所以「史亡則國性滅，人無宗主，淪為裔夷」[19]，「無歷史是無民族也。搶攘昏墊，靡所適從，亦相率而為異種奴隸爾」[20]，總之，歷史的存亡興廢必然直接影響國性、民族性的存亡興廢，而國性、民族性的存亡興廢則必然導致國家、民族命運和命脈的存亡興廢。

第二節 章太炎、連橫「正統」民族歷史觀之比較

維繫正統為春秋大義，且正統之說亦起於《春秋》。有學者指出：「治史之務，原本《春秋》，以事繫年，主賓旳分，而正閏之論遂起。歐公謂『正統之說始於《春秋》之作』是矣。正統之確定，為編年之先務，故正統之義，與編年之書，息息相關，其故即在此也。」[21]

一、章太炎的「正統」民族歷史觀

在章太炎心目中，存在一個華夏（漢族）「正統」的政權系列，那是一個完整、嚴格、延續尤其是「純粹」（不摻雜金、元等「夷狄」政權）的系統，即「皇祖軒轅、烈祖金天、高陽、高辛、陶唐、有虞、夏、商、周、秦、漢、新、魏、晉、宋、齊、梁、陳、隋、唐、梁、周、宋、明、延平、太平」[22]。章太炎在評析南北朝孰為正統時指出，「北人以北朝為正統，唐初尚爾。而《隋志》則南北朝史併入正史。蓋南北朝究竟以何方為正統，未易定也。若依夷夏之辨立論，自當以南朝為正。北朝非華人也。」[23] 與此相應的是，章太炎在評價司馬光《資治通鑑》和朱熹《綱目》時分別給予褒貶、揚抑的不同看法，也是依據「夷夏之義」評判得出的，章太炎指出，「（《資治通鑑》）取宋、齊、梁、陳年號以紀諸國之事，自宋至陳，主國者皆漢人，自宜以正統予之。而朱晦庵作《綱目》，不分主從，並列南北朝年號。晦庵生當南宋，不過不知何以昧於夷夏之義如此？」[24] 章太炎還從「夷夏之義」的正統觀出發，嚴

正批駁乾隆特論（所謂「元人北去，在漠北稱汗，其裔至清初始盡。設國滅統存，則元祚不當盡於至正」）說，「此不知史為中國之史，胡元非我族類，驅出境外，寧有再系其年號之理？」[25] 章太炎還指出，「天佑以後，建隆以前，謂之戰國焉允矣。何取於偏據速亡之盜夷為共主乎？」[26]

章太炎認為，只有依據夷夏之辨和血緣的標準來評判正統地位，才能真正體現存亡繼絕的春秋大義，他指出在陳　的《通鑑續編》中，「宋益王衛王昺在瀛國公降元之後，播遷海島，《續編》亦皆記之，以存宋統。（元修《宋史》附恭宗《本紀》後）清代君主對於此事，深惡痛絕，其不願福、桂、唐三王得稱正統，觀御批《通鑑輯覽》可知。」章太炎由此讚許「　書頗有存亡繼絕之意」[27]。他對比《宋史》與《明史》的「義法條貫」說：

若其（指《宋史》——筆者註）以益、衛二王，附瀛國公本紀，猶存義法。而《明史》以聖安、思文及永曆帝，雜在宗室諸王。夫本紀猶經，而諸臣列傳猶傳記，此史官之大律也。明末三帝，不列於紀，而其臣史可法、何騰蛟、瞿式耜，及三朝將相四十餘人，皆有列傳，此其所事者何主？所立者誰之朝邪？去本干而存枝葉，首尾橫決，遂至於此，於義為不通矣！縱存忌諱，不當　繆若是甚也……是故以義法條貫言之，《宋史》有統，而《明史》失通也。[28]

對於同為漢族政權的魏蜀正統之爭，章太炎有「溫公《通鑑》於三國則正魏閏蜀，《綱目》反之，以蜀為正統，此晦庵長於溫公處」的對比評價[29]，其依據依然是「血胤說」，即「南渡之宋與江東之晉同病，朱子之主血胤說也，正蜀也，凡亦以正宋也」。

二、連橫的「正統」民族歷史觀

連橫的「正統」觀主要透過有關臺灣的明清更替的歷史記載集中反映出來。連橫在《臺灣通史》和文史雜記中，一直使用明朔紀年，直至永曆三十七年（清康熙二十二年，公元1683年）鄭氏降清之後才採用清紀年。「可見，在清統一臺灣之前連橫仍視明為正統，之後他才認為政權正統性隨鄭氏降清而轉移到了滿清手中」[30]，「清初兩個政權並立，連橫堅持華夷之辨，這當然使他把政權的正統性許之以被當時人們視作華夏正脈的明政權而非清

政權。連橫也認可統一臺灣後的清王朝的正統性，但那是基於漢族建立的明王朝已經徹底傾覆，而清政權又具有『正』和『統』兩方面特徵這樣的情形，所做出的判斷。」[31] 這裡的「正」和「統」結合的「正統」觀，是歐陽修提出來的，他說，「正者，所以正天下之不正也；統者，所以合天下之不一也。」即道德仁政與天下統一事功的結合。從「正」的標準看，連橫《臺灣通史》談到清初政權的乖張無信、不施仁義之行，例如《顏鄭列傳》記載鄭成功泣諫其父鄭芝龍說：「北朝何信之有？」後來清朝果然背信棄義，雖然與鄭芝龍「折矢為誓」，但最終還是「棄芝龍於柴市，子孫在北京者皆被殺。」清統一臺灣後，連橫《臺灣通史》記載了清對臺統治在各個領域都遵循中國傳統政治理想模式有效有序地展開，他還在《循吏列傳》中塑造了二十五名恤民、愛民、教民的良吏形象，這些人物包括了統一初期調派赴臺的大部分高級文官，他們以德施治。連橫在《循吏列傳》及其它章節大力頌揚這些清政府的政治代表，體現善政和清政權已有「正天下」的一面[32]。

三、章太炎、連橫「正統」民族歷史觀之區別

從根本上說，章太炎、連橫都主張維護華夏（漢族）政權的「正統」地位，兩人區別在於：章太炎幾乎只以夷夏之辨、種族血緣為評判政權正統地位的唯一依據，而連橫雖然也堅持華夷之辨，但又兼顧到「正」（道德要求）和「統」（政治地理要求）兩個方面相統一的評判標準[33]。與連橫不同的是，章太炎始終不認可清朝的正統地位，他在自定年譜的首條（自己出生的年份）即特意標註為「偽清同治七年一歲」，表明自定年譜的所有清朝紀年都視同此例，視清朝為僭盜中夏的「偽朝」，表明「寧為桂家役，不作建夷民」之意[34]。

第三節 章太炎關於民族歷史演化和本質屬性的思想

章太炎關於民族歷史的演化和特性的思想是他民族歷史思想的重要內容，它其實是與章太炎整個民族文化演化觀和特性觀是一致的。

一、章太炎關於民族歷史演化的思想

（一）民族歷史演化的基本進程

關於民族歷史演化的基本進程方面的典型問題是：章太炎、連橫如何看待人種和某個種族在一定條件下體質、智力、文明等可能「退化」？

章太炎指出，「人之怠用其智力者，萎廢而為豦蛆。人迫之使入於幽谷，夭閼天明，令其官骸不得用其智力者，亦萎廢而為豦蛆。」[35] 連橫也列舉了這種類似種族「退化」的例證，「今記中乃有唐碑，是唐人已至臺東而傳其胤，故能識字讀書；但作菩薩誦，則以僻陋在夷，與外不通，文化漸退，遂復其朔。此固環境之變遷，有不期然而然者。」[36] 雖然章太炎、連橫都承認種族可能「退化」，但兩者的理論淵源和現實目的側重點還是存在顯著的區別。

就理論淵源而言，章太炎承認種族可能「退化」，其實是側重於與「進化」相「配對」，從而凸顯和驗證「俱分進化論」和「兩行論」思想，這在「吾嘗謂文明之民，其初生番也，一旦皆為臺隸，浸被逼遁逃入山，食異而血氣改，衣異而形儀殊，則未有不反其故」的說法中表現得更明顯[37]。章太炎在這個例子裡展現了「生番→文明之民→生番」的演化歷史，尤其是後半階段「反其故」的歷程，透過種族「進化」與「退化」兩個對立因素的轉換、接續表現「進化」與「退化」之間對立統一的辯證關係。根據連橫關於民族歷史演化基本進程的觀點，種族「進化」是主流和基本趨勢，「退化」是支流和例外，至多只是「進化」的一種補充。連橫雖然也質疑過「天演」規律[38]，但基本上認定「優勝劣敗」是民族歷史演化的常態和必然趨勢。

就現實目的而言，章太炎、連橫承認種族可能「退化」都有一個共同目的，那就是在「和戎鑄約金錢涸，滅國新潮鐵血寒」的殘酷世界裡[39]，提醒我們民族要真正領悟到「塵塵世界無公理，民族生存日競爭」的道理[40]，激發「免於天演之淘汰」的民族自強自立精神[41]。除此之外，章太炎承認種族可能「退化」還與他「化有進退，時有險易，其世不同者，其法未可以一」的變法思路有關[42]，即避免高歌猛「進」、刻意求「新」可能導致的激進主義思想和行動的誤區，而連橫則由種族可能「退化」的事實而加深「弱肉強

食我心恫」的民族憂患和危機意識[43]，強化期望民族更快「進化」以至於「先鞭快逐聽雞聲」的緊迫感[44]。

章太炎批判了「古今之見」而連橫鮮有論及。章太炎對《莊子‧外物篇》「雖相與為君臣，時也，易世而無以相賤」的闡釋側重於「易世而無以相賤」，即「順進化者，以今非古，則誣言也」。當然，從另一個角度講，「守舊章者以古非今，是亦一孔之見」[45]。章太炎認為，從長遠的時間範圍和區間來看，古今的歷史和文化具有同等的價值，應該一視同仁，兩者的兼顧和平等才是真正曉諭「兩行」之旨。

(二) 民族歷史演化的「蛻故成新」

新舊交替是民族歷史演化中不可避免的環節，章太炎認為「其變之物」的精要之處在於「蛻其故用而成其新用」[46]，「蛻故成新」的歷史演化觀就是章太炎關於民族歷史演化新舊交替觀點的概括。這種「蛻故成新」的歷史演化特徵與「人心本念念生滅，如長渠水，相續流注，能憶念其已謝滅，而渴望其未萌芽者」的人類心理特徵是相吻合的，也與「愛國者愛此歷史」的淵源和原理相一致，因為「所愛者亦非現在之正有，而在過去、未來之無有」[47]。

強調「葆愛舊貫，無忘故常」。時間的前後推移、歷史文化新陳代謝的固有特性表明了在一定條件下「故」與「新」之間畢竟具有「相與為君臣」的天然關係的一面（「故」與「新」之間的「君臣」關係在一定意義上也意味著「父子」關係即上下輩分的關係、本源與分流的關係）。章太炎十分重視歷史發展中的「水原木本」[48]，強調「窮原反本」，由「窮原反本」而「葆愛舊貫，無忘故常」，這是為什麼呢？因為從正面說，章太炎認為「反古復始，人心所同」[49]，「源清而流始潔」[50]；從反面說，章太炎認為「不知原始，不能反終」，「無源之水，得盛雨為潢潦，其不可恃甚明」[51]。此外，這還與章太炎關於歷史演化新舊交替的「變復論」觀點有關，例如「姓有興廢，政有盛衰」等歷史演化的「回覆相易」，又如，「上觀皇漢，智慧已劣於晚周，必魏、晉乃稍復。遠西中世，民之齊敏，愈不逮於大秦。時越千載，然後反始。差校之節，亦甚遠矣。徒侷促於十世以內，以為後必愈前，亦短於視聽者也！」[52]還如「九變復貫，若是曰通三統。」[53]歷史演化「變復論」

是章太炎對於公羊學說中「三統說」的適當改造和重新運用。基於以上原因，章太炎一再強調要「慕本返始」[54]，要「慎始敬終」，要深切體察萬物「樂歸其本」的歷史歸屬特徵並由此推斷出「思古之情馳，合群恩國之念亦儳儳益衰」的結論[55]，這也是在警醒國人：在民族歷史演化中「窮原反本」和「葆愛舊貫，無忘故常」關係到民族「存亡繼絕」的大業——它在一定程度上是「存亡繼絕」的邏輯前提和情感基礎。

關於「葆愛舊貫，無忘故常」的重要意義，章太炎指出：

相見道故，發懷舊之蓄念，於以輯和民族，攘斥羯胡，其庸多矣。[56]

令民葆愛舊貫，無忘故常，國雖零落，必有與立。[57]

以冠代之民，拔棄雅素，舉文史學術之章章者，悉委而從他族，皮之不存，毛將焉附？[58]

章太炎還以義大利與中國類似的歷史命運和歷史契機相對照，以義大利之中興為效仿的榜樣——近代義大利與中國都覆亡幾百年，義大利之中興（即「文藝復興」）關鍵在於「以文學復古為之前導」[59]，那麼，「漢學亦然」，中國亦然，中國之中興關鍵必然也在於「復求上世文學數百歲」以達到「返舊物」的成效[60]，可見章太炎強調「葆愛舊貫」、「懷舊」、「復古」、反對「拔棄雅素」等都展現出了抗擊異族侵略、復興民族文化、鞏固民族根本、挽救國家危亡的重要意義。

關於「葆愛舊貫，無忘故常」的主要原因。章太炎從哲學原理上分析說，「蛻故成新」歷史演化中「葆愛舊貫，無忘故常」其實就是「隨俗雅化」，而「俗詮有定，則亦隨順故言，斯為照之於天，不因己制」[61]，就是說「俗詮」一旦產生，便逐漸形成「貫習」和「故言」，不能隨意更改，不能刻意求新求變，這是順其自然、隨其天性的，是任何個人的一己之力都無法控制的，何況「從俗則無爭論，私意變更，是非即又蜂起」。這都是「有德司契，本之約定俗成」的社會原理所決定的[62]，也是貫習的特性——「是非所印，宙合不同，悉由人心順違以成貫習」所決定的[63]。章太炎指出，「欲引用殊文，自移舊貫」就意味著沒有領悟「等無是非，何問彼我」的相對論原理，如果「不曉習俗可成，而起是非之見」就會「醉心於小成榮華」[64]。據章太炎的理解，

第三章 「歷史為民族之魂」——章太炎、連橫民族歷史思想之比較

「『小成』與『榮華』,指的是『有真偽之道』,『有是非之言』,乃是一種局部性的智慧,局部性的成就。莊子思想的一個重要特色是追求所謂的『全道』。」[65] 從情感心理上說,章太炎不止一次地表示對莊子「舊國舊都,望之暢然」的懷舊之情感同身受,他覺得這種懷舊之情對於令他「腐心流涕」的「焚巢餘痛」(亡國之痛)造成了「撫摩」、安慰、釋放的作用[66],他不僅於此,還將這種對於「舊物」的緬懷之情擴展到緬懷古人之情——所謂「不見古人,我心鬱結」[67]。這是章太炎對於整個中國古代歷史的「懷舊」,對於那個曾經輝煌、而今逐漸逝去的華夏文明的深沉「鄉愁」。

章太炎「葆愛舊貫,無忘故常」的歷史演化觀支持他「內省素心,惟能堅守舊文,不惑時論」[68],「素志已定,願自署為守舊黨、頑固黨」,並決不畏懼「新黨驚名之士,騰其絕無根據之謗辭」[69],「雖並世目為頑固,所不辭矣」[70]。中國歷史和當今的實際情況,正如章太炎在中華民國聯合會第一次大會上發表演說時所稱的:「中國本因舊之國,非新辟之國,其良法美俗,應保存者則存留之,不能事事更張也。」[71] 章太炎贊成「順人情因舊常以為政」,反對「新民」的時代潮流,他認為所謂「新法」是從王安石開端的,因為不真正瞭解和掌握中國的歷史文化、「失於文義」而「妄者藉以為柄」,所以延禍至今[72]。章太炎指出,「自清之末,諸無藉者始言新法,未幾,有云新道德新文化者,專己自是,以拂民之舊貫,新法行二十餘年,如削足適履,民不稱便,而政亦日紊」,章太炎甚至由此憤激地宣稱「新文化新道德者,有使人淫縱敗常而已」[73]。在這一點上,連橫也深有同感,他說:「里諺曰:『嫁護雞,隸雞飛;嫁護狗,隸狗走。嫁護乞食,棺旰注斗』。蓋以女子從一而終,雖遭困陋,不忍離異。自戀愛之說興,朝為求鳳,暮賦離鸞,而伉儷之情薄矣。他日有研究臺灣道德之變化者,當就里諺而求之。」[74]

強調「傃古—傃新」之辨。章太炎的「傃古—傃新」之辨是在兩種「古」——近古與太古對比基礎之上得出的。其一,「古」為近古,近古才是「可因者」,如「漢因於秦,唐因於周、隋,宋因於周,因之曰以其法為金錫,而已形範之,或益而宜,或損而宜。損益曰變,因之曰不變。仲尼、荀卿之於周法,視此也矣。」其結果是「其傃古也,禔以便新也」[75]。其二,「古」為夏時的大古,大古「名不爾雅,政不樂易,其所謂新者,民無與為

新也」,例如墨翟「師禹誓」以及李斯「法泰皇」(即「滌盪周舊」、「畔周世之隨俗雅化,而以殊瑰臨民」),其結果只能是「其傺古也,其傺新也。其傺新也,禔以害新也」[76]。章太炎關於「蛻故成新」歷史演化中「傺古傺新論」由以上對比得出三點結論:

一、民族歷史文化的演化和發展要兼顧「傺古」與「傺新」這一對矛盾因素的對立統一,必須要兼顧「變」(包括「益」和「損」)和「因」(實質為「不變」)這一對矛盾因素的對立統一,尤其要強調其中「因」(近古)的因素。二、民族歷史文化的演化和發展要「法後王」、因近古,即使「作新法」也不能「變古易常」,所謂「近古曰古,大古曰新。綦文理於新,不能無因近古。曰後王。」[77] 因為「遠古之事,或不盡適用於今。事愈近者,愈切實用,荀子所謂法後王也。」[78] 所謂「隨俗雅化」中的「俗」也是近古以來之俗。在這一觀點上,連橫與章太炎明顯不同。連橫因為反對近代文明的弊病轉而嚮往「純樸之初」的太古社會,他對《番社采風圖考》評價很高,說「此書所言番俗,饒有太古之風。因念今人號稱文明,而物質相炫,才智相爭,詐偽相欺,強弱相噬,搶攘昏墊,日夜不休,反不若睢盱渾噩之徒,猶有純樸之初也。讀竟為之太息!」[79] 三、民族歷史文化的演化和發展要注意「積漸行之」,不能像「畫丹之與墨」或「大山之與深壑」那樣的「驟變」,只能是「變不鬥絕」[80],只能作適當的、必要的變動和更新,正如章太炎指出的,「歷史著進化之跡,進化必以漸,無一步登天之理」。[81]

如果不注意以上三點,就會人為阻礙甚至割裂民族歷史文化演化和發展的內在邏輯、自然節奏和悠長血脈,就會動搖民族、國家之根本。因此,「他對於康有為式的『盡革舊俗,一意維新』 的激進主義的社會文化變革主張,便給予了激烈的批評,謚之為『猝暴』,稱之為『妄人』。」[82]

總之,章太炎關於「蛻故成新」歷史演化觀著眼於「不是教人舍舊謀新,只是教人溫故知新」[83],當然,「溫故知新」不是墨守陳說、因循守舊,章太炎對國粹學報社批評說,「國粹學報社者,本以存亡繼絕為宗,然篤守舊說,弗能使光輝日新,則覽者不無思倦,略有學術者,自謂已知之矣。其思想卓絕,不循故常者,又不使之就範,此蓋吾黨所深憂者也。」[84]

(三)民族歷史演化的「儀刑─因仍(任)之辨」

章太炎指出，「世之言學，有儀刑他國者，有因仍舊貫得之者。細征乎一人，其巨征乎邦域。」[85] 章太炎將世界各國分為兩大類：一類是「通達之國，中國、印度、希臘，皆能自恢廣者也」，另一類是「其餘因舊而益短拙，故走他國以求儀刑」，例如日耳曼、日本、大食等[86]。章太炎認為這兩大類國家的前途命運註定也是不同的——「儀刑他國者，惟不能自恢，故老死不出譯胥鈔撮。能自恢，其不亟於儀刑，性也，然世所以侮易宗國者。」[87] 為了深入、形象地說明「儀刑—因仍（任）」之辨，章太炎使用了四個十分精彩的比喻，其中一個直接以「施鏤」的「散木」、「不以青赤雕鏤」的「文木」分別比喻「儀型者」、「因任者」，說明「贍於己者，無輕效人」，這也是世人「以不類遠西為恥」而章太炎「以不類方更為榮」的關鍵原因[88]。另外三個比喻間接與「儀型者」、「因任者」有關：其一，以「飴豉酒酪，其味不同，而皆可於口」比喻「今日中國不可委心遠西，猶遠西不可委心中國也」以及「四裔誠可效，然不足一切穎畫以自輕鄙。」[89] 說明世界各國歷史文化都有獨特的個性，彼此不能替代，中國不能妄自菲薄，不能盲目模仿和遷就「異方」、「遠西」；其二，以「貸金尊於市，不如己之有蒼璧小璣，況自有九曲珠，足以照夜」比喻「中國、印度自理其業，今雖衰，猶自恢，其高下可識矣。」[90] 說明中國擁有屬於自己的光彩照人的、也足以傲視世界的歷史文化財富，即使當今暫時處於衰微期，但她恢弘的氣度和耀眼的光芒還是不可辯駁地證明了她的不朽價值和崇高地位。其三，以「古所謂削趾適履者」比喻「獨欲屈中國之人情習俗以就異方」，說明「人情習俗，方國相殊，他國之法，未嘗盡從一概」[91]。

二、章太炎關於民族歷史本質屬性的思想

首先需要說明的是，在章太炎看來，《春秋》與「歷史」（國史）之間意義十分接近，《春秋》可以視為廣義的歷史（國史），甚至在一定條件下兩者可以互換，章太炎提出「固知《春秋》之書猶夫史耳。稱之為史，無害麟筆之尊嚴」[92]，「余意凡史皆《春秋》，凡許書所載及後世新添之字，足表語言者皆小學」[93]。

民族歷史具有什麼樣的本質屬性？或者應該具有什麼樣的本質屬性？章太炎的民族史學思想對此有明確的界定和設想。章太炎相信，國人只有披露、

瞭解、相信和維護民族歷史的這些本質屬性,民族歷史文化才能承前啟後,民族傳統學術才能振衰起敝,民族性(國性)才能生生不息,民族命脈才能綿延不絕,熱愛民族和國家的情感才能堅定持久,但是如果否定或輕視歷史的本質屬性,對於「存亡繼絕、補敝起廢」的民族事業危害極大。

(一)「記事之書」的本質屬性

章太炎將民族歷史看作是本民族的「先王陳跡(舊記)」[94],比喻為「一國的家譜」[95],或比喻為本民族的「帳簿」和「檔案」[96],這些都體現了民族歷史的實錄性、承續性、系統性等諸多屬性(其中的實錄性更為關鍵),但這些都可歸結於民族歷史的「記事之書」的本質屬性[97],「《春秋》之作,凡為述行事以存國性」[98]。與「記事之書」的本質屬性表現為三方面的特徵。

其一是強調民族歷史內在的、原初的、核心的涵義是「記事」尤其是「事」。章太炎反覆運用詞義訓詁的方法,列舉並解釋「史」、「事」、「志(職)」等詞義之間的緊密聯繫,闡明「史所以記事,可知事即史」:

《慎子》曰:「《詩》,往志也;《書》,往誥也;《春秋》,往事也。」莊生亦言《春秋》經世,先王之志。志者,古文識字。其字詁曰:史,記事者也;事,職也;職,記微也,識常也。微為　號。(原註:古文本無「　」字,　字但作「微」……)常為旗志。(原註:古文無「幟」,只作「志」。)故志者,史官所記當世徽號,謂書契圖像之屬也。事亦從史,而義為記徽。[99]

《說文》事從史之省聲,史所以記事,可知事即史也。《春秋》天子之事者,猶云《春秋》天子之史記耳。[100]

又曰《春秋》天子之事者,《說文》事字從史,職也。職,記微也。微即字,職即幟字。故事有記志之義,是謂《春秋》為天子之史記也。[101]

其二是強調民族歷史必須在「採集事實」前提之上才能「考同異、明義法」[102]。章太炎認為,左氏春秋學所體現的民族歷史關鍵的本質屬性——實錄性,透過與它與公羊春秋學的比較而更加集中地體現出來,即:「實錄之與虛言,乃大殊耳。」[103] 章太炎指出「義有是非,取是舍非者,主觀之分;事有細大,舉大而不遺細者,客觀之分」,國粹(章太炎認為「國粹以歷史為主」)的特徵是「記載故言,情狀具在,舍是非而徵事蹟」[104],而公羊學

第三章 「歷史為民族之魂」——章太炎、連橫民族歷史思想之比較

被章太炎嚴厲批判的癥結就是以妄語掩蔽史實，即在於「以文掩實，其失則巫……變為猖狂無驗之辭，以相詑耀」[105]，在於「重微言輕實事」[106]，在於「剽竊《左氏》而失其真」[107]。章太炎感慨說，「舊國舊都，望之暢然！不見古人，我心鬱結。則故書雜記之所以當治，非謂是非之論，盡於斯也」[108]。即民族歷史的原初價值在於保存、緬懷民族的故人故物，在於與之感通並得到啟發，而不在於「是非之論」或「善惡之論」。章太炎的這種認識不僅僅限於民族史學思想，他整個國粹領域內這方面的認識也是如此[109]，這還與他「提倡國學，在樸說而不在華辭」的「無取齊學」的整體思想傾向是一致的[110]。章太炎由此得出「作史而存《春秋》筆削之意，本非所宜」以及「夫《春秋》者，夫子之文章，非性與天道也……安得所謂微言」的結論[111]，例如，他認為「《春秋》以日月為例，亦後世之謬說也。」[112]又如「謂《春秋》以一字定褒貶，是尤可笑」[113]。

其三是強調民族歷史「年事相繫」體現出來的重要性和優越性。章太炎指出，「《春秋》備紀年、時、月、日，《尚書》往往有年有月有日而無時（惟「秋大獲」一句紀時，其餘不見），其紀年月日又無定例。」[114]章太炎將「年事相繫」當做《春秋》「可為百世史官宗主」的前提條件之一[115]，將《春秋》「十二公始有敘次，事盡首尾，以年月相銜」而體現出來「歸之櫽括，而文無殆疑」的功效冠之以「經世」之名[116]，將周宣王「易紀事以編年」視為當時「發明絕大者」（與「改古文為籀文」一樣）和文化「遠邁前古」的光輝業績[117]。章太炎據此對比、批評國內外的史書，例如「《尚書》五家，年月闊絕，周魯舊記，棼雜失倫」[118]，自豪地指出「氏族之譜，紀年之書，世無失名，歲無失事」是「遠西闊略之史弗能為」[119]。章太炎甚至認為「《春秋》始有編年之法」的史法之改變影響到了《春秋》的歷史地位、歷史評價——《春秋》因此「不可謂《春秋》之作專為撥亂反正」之作了[120]。

其四是強調《春秋》的「史道」不同於「郊社之禮，禘嘗之義」那樣的「偏於神道，不邇人事」[121]，其淵源可追溯到作為儒家先導的道家老子，因為老子「本是史官，知成敗禍福之事悉在人謀，故能排斥鬼神」[122]。

章太炎認為「南海康氏之徒以史書為帳簿」（即輕視史書的帳簿性質和功用）是造成「禍幾於秦皇焚書」嚴重後果的原因之一[123]。章太炎指出，「或

謂歷史有似帳簿,米鹽瑣屑,閱之無謂。此不知一家有一家之產業,一國有一國之產業,無帳簿則產業何從稽考?……學生又不便以講誦家譜、帳簿,束置高閣,四萬萬人都不知國家之根本何在,失地千萬里,亦不甚惜,無怪其然也。日本外交官在國際聯盟會稱東三省本是滿洲之地,中國外交官竟無以駁正,此豈非不看家譜、帳簿,而不知舊有之產業乎?」[124] 又如,隗禧認為《左傳》僅為記事之書而將《左傳》貶低為「有如簿領以細事相研核者」,章太炎認為這就像王安石將《春秋》蔑稱為「斷爛朝報」那樣,結果「宋後儒人多喜其說,顧欲以斷義勝之,其禍甚於秦皇之燒史。」[125] 王安石「不好讀史,且復劫持人以不必讀史,目《春秋》為斷爛朝報,其流弊卒至京、惇之誤國。」[126]

(二)「信而可徵」的本質屬性

章太炎所處時代《公羊》學「餘毒遺蠹」導致疑古之說盛行,「信神教之款言,疑五史之實錄,貴無定之琦辭,賤可徵之文獻」,以至於「不能保我子孫黎民」[127]。這些疑古論者「謂堯、舜、禹、湯皆儒家偽託。如此惑失本原,必將維繫民族之國史全部推翻。國亡而後,人人忘其本來,永無興復之望。」以至於章太炎不得不「專明左氏以斥之」[128]。章太炎明確提出「經史實錄不應無故懷疑」的觀點,認為「經史所載,除今文雜史而外,大抵實錄,後人無容置喙」[129],他指出歷史實錄的幾種來源,力求從史料根源上論證其可靠和可貴:

一為官吏之奏報,二為史臣所目擊,三為萬民所共聞,事之最可信者也。其有傳聞異辭而記載歧異,經後人之考定者(如司馬溫公通鑑考異之類),取捨有準,情偽自明,歧異之說,遂成定案,斯亦實錄之次也。……後此宋祁《唐書》,好采小說,時吳　已　其謬矣。舍此以外,雖有曲筆,十約八九可信,斯實錄之所以可貴也。[130]

章太炎認為疑古者的明顯錯誤在於不願閱讀和研究中國歷史文化典籍(包括已經整理好的典籍),而是「掩卷妄談」,並且「不假思索,隨他人之妄見,推波助瀾,沿流而不知返」[131],以至於「信謬作真……妄談堯、禹之偽」[132]。章太炎批評疑古的國人身為神明之後,可是「史籍昭彰,反棄之

不信」,自甘與那些在開化過程中落後的不信堯舜的異族為伍,「迷其本來,數典忘祖」,真是悲哀![133]

章太炎批判疑古論的前提和依據,一是對於歷史及其典籍應該具備的審慎態度。章太炎認為必須避免「率爾之言,將相保以為實錄」[134],強調治史志與諸學之間的本質區別在於對待「期驗」和「名理」的不同,即「諸學莫不始於期驗,轉求其原。視聽所不能至,以名理刻之。獨治史志者為異。始卒不逾期驗之域,而名理卻焉」[135]。提倡治史「當審諦如法吏,證不悉具,則不敢成獄」[136],即「以獄法治史」,保證歷史記載(典籍)本身「信而可徵」。章太炎的古史「徵信論」有一個特點,就是對於「石史」(田野考古史)、「以古器訂古史」的諸多懷疑和限定。二是關於歷史及其典籍「殘遺」等侷限性的清醒認識。章太炎指出,《春秋》與《尚書》相比而言,雖然「質言以紀事」,「紀傳臚言,其道行事始悉」,但是「猶多所殘遺」[137]。從歷史記載「事蹟」的巨細的角度看,「或記其著,不能推本於其微者」,或與此相反,存在「意有所隨」的缺陷[138]。從歷史記載「事實」的範圍的角度看,「史之所記,盡於一區,其旁子不具見」[139],存在片面性的缺陷。章太炎所指出的歷史及其典籍「殘遺」等侷限性,看似會損害歷史實錄性和可徵信性,但事實卻恰恰與此相反:正是由於「知其有略,不敢妄意其事」的態度[140],在一定程度上能防止「因疏陋而疑偽造」的史學弊端[141],增強了歷史及其典籍的客觀性、真實性,並相應地增強了其可信度,它與「以獄法治史」的審慎態度成為相反相成的一個整體,共同構成駁斥「疑古論」者的有力證據。三是偽造歷史本身也不容易,即「要知凡後人偽造之書,只能偽造虛文,不能偽造事實,關於天官地理,更難偽造。」[142]

(三)「大歷史」概念的本質屬性

章太炎心目中的「民族歷史」,是廣義的而非狹義的,是一個「大歷史」概念,它的外延擴展到其他的學術文化領域。

其一是民族歷史向經學領域的延伸,章太炎指出:

魑鬼、象緯、五行、占卦之術，以宗教蔽六藝，怪妄！孰與斷之人道，夷六藝於古史，徒料簡事類，不曰吐言為律，則上世社會汙隆之跡，猶大略可知。以此綜貫，則可以明進化；以此裂分，則可以審因革。[143]

《春秋》而上，則有六經，固孔氏歷史之學也。《春秋》而下，則有《史記》、《漢書》以至歷代書志、紀傳，亦孔氏歷史之學也。[144]

經者古史，史即新經。[145]

人言六經皆史，未知古史皆經也。[146]

經典明白者，若《周禮》、《左氏內外傳》，又可移冠史部，以見大原（原註：昔段若膺欲移《史記》、《漢書》、《通鑑》為經，今移周禮左氏為史，其義一也）。[147]

杜、賈、馬、鄭之倫作，即知「摶國不在敦古」，博其別記，稽其法度，核其名實，論其社會以觀拾，而六藝復返於史。[148]

「夷六藝於古史」，還六藝（含《春秋》）的本來面目，反對用六藝為後世「製法」，是給六藝「祛魅」、「驅神」之舉，是對「吐言為律」式傳統「宗經」、「徵聖」之反動，是知「上世社會汙隆之跡」、「明進化」、「審因革」之必需。「六經皆史」說肇始於章學誠，章太炎在此基礎上又將其進一步發展。

其二是民族歷史向新聞領域的延伸。章太炎扎實、深厚的國學（含史學）功底，對他形成新聞宣傳「文人辦報」、「史家辦報」的辦報宗旨產生影響，他提出「馳騁百家，捃摭子史，旁及西史，近在百年，引古鑑今，推見至隱」[149]，而報刊「誠史官之支與余裔」就是這種辦報宗旨的思想基礎[150]。新聞（記者）與歷史（史家）之間具有諸多一致性，具體而言，「日報之錄，近承乎邸抄，遠乃與史官編年系日者等，今史官既廢不行，代有日報」——日報與「史官編年系日」之間的產生淵源一致；新聞「以事實為本」——新聞與歷史之間的「實錄」精神一致；「報章之作，所以上同國政，旁達民情，有所彈正，比於工商傳言。粵當擾攘之世，法律未頒，議員未選，托之空言，亦以救世。是故不侮鰥寡，不畏強禦，是新聞記者之職也。」[151]——新聞從業者與史家之間的本職任務及獨特人格要求一致；「與記者約，事不可誣，

第三章 「歷史為民族之魂」——章太炎、連橫民族歷史思想之比較

論不可宥,近婦言者不可聽,長亂略者不可從,毋以膚表形相而昧內情,毋以法理虛言而蔽事實,毋以眾情踴動而失鑑裁,以是革末流之弊,則庶幾有瘳乎!」[152]——記者與史家不能誣妄、不能放縱、不能盲從、不能膚淺、不能衝動等專業素養一致;「定、哀微辭,言者無罪。」[153]——新聞與史家之間的言論自由思想一致。

其三是民族歷史向族譜學領域的延伸。章太炎指出,「有《帝系》、《世本》,掌之史官,所以辨章氏族,旁羅爵裡,且使椎髻鳥言之族,無敢干紀,以亂大從。」[154] 章太炎將家族的譜系融入民族的譜系,將姓氏的歷史融入民族的歷史,使史官成為維繫民族純正血統的見證者和監護者。章太炎表示十分敬佩顧炎武「綜理姓氏」的壯舉,決心追隨他完成其未竟的事業,並且身體力行,「就建姓本氏及番族亂氏者,為《序種姓篇》,以俟後王之五史。」[155]

章太炎心目中的民族歷史,一方面向其他領域滲透、擴張,但是另一方面卻又始終堅持為自己「正名」的獨特要求,將「史官之籍」視為「學說」範疇而「與文辭異職」[156],與大多數的文學(特指狹義的而非章太炎意指的「文學」概念)之間界限森嚴[157]。章太炎認為史籍具有「訓辭深厚,數典翔博」的文體特徵[158],反對「盡飾之至,素以為絢」[159],與質實的「小學」相當接近。

注 釋

[1]. 章太炎:《論公羊學》,《春秋學研究》,第 548 頁。
[2]. 章太炎:《印度中興之望》,《章太炎全集》(四),第 362 頁。
[3]. 章太炎:《檢論‧春秋故言》,《章太炎全集》(三),第 412 頁。
[4]. 章太炎:《國故論衡》,上海古籍出版社,2003 年版,第 63-64 頁。
[5]. 章太炎:《印度人之論國粹》,《章太炎全集》(四),第 366 頁。
[6]. 章太炎:《討滿洲檄》,《章太炎全集》(四),第 191-192 頁。
[7]. 章太炎:《訄書(重訂本)‧哀焚書》,《章太炎全集》(三),第 323-324 頁。
[8]. 連橫:《詩薈餘墨》,《連雅堂先生全集‧雅堂文集》,第 271 頁。
[9]. 連橫:《臺語考釋‧自序》,《連雅堂先生全集‧雅堂文集》(二),第 37 頁。

[10]. 連橫:《明定國將軍墓記》,《連雅堂先生全集·雅堂文集》,第 76 頁;連橫:《臺灣通史自序》,《連雅堂先生全集·雅堂文集》,第 33 頁。

[11]. 連橫:《國故論衡》,上海古籍出版社,2003 年版,第 63 頁。

[12]. 章太炎:《經學略說》,《國學講演錄》,華東師範大學出版社,1995 年 12 月第 1 版,第 113-114 頁。

[13]. 連橫:《檢論·春秋故言》,章太炎全集》(三),第 412 頁。

[14].「國於天地,必有與立,非獨政教飭治而已,所以衛國性、類種族者,惟語言歷史為亟。」見《重刊〈古韻標準〉序》,《章太炎全集》(四),第 203 頁。

[15]. 章太炎:《國故論衡》,上海古籍出版社,2003 年 4 月第 1 版,第 63-64 頁。

[16]. 章太炎:《國故論衡》,上海古籍出版社,2003 年 4 月第 1 版,第 63-64 頁。

[17]. 章太炎:《論經史儒之分合》,《國風月刊》第 8 卷第 5 期,第 193 頁,轉引自汪榮祖:《康章合論》,第 23 頁。

[18]. 連橫:《上清史館書》,《連雅堂先生全集·雅堂文集》,第 125 頁;連橫:《詩薈餘墨》,《連雅堂先生全集·雅堂文集》,第 271 頁。

[19]. 章太炎:《檢論·春秋故言》,《章太炎全集》(三),第 412 頁。

[20]. 連橫:《上清史館書》,《連雅堂先生全集·雅堂文集》,第 126 頁。

[21]. 饒宗頤:《中國史學上之正統論》,上海遠東出版社,1996 年第 1 版,第 1 頁。

[22]. 章太炎:《〈民報〉紀念會祝辭》,《章太炎全集》(四),第 209 頁。

[23]. 章太炎:《國學略說·論朱子綱目》,饒宗頤:《中國史學上之正統論》附錄,上海遠東出版社,1996 年第 1 版,第 249 頁。

[24]. 章炳麟《國學略說·論朱子綱目》,饒宗頤:《中國史學上之正統論》附錄,第 249 頁。

[25]. 章炳麟《國學略說·論朱子綱目》,饒宗頤:《中國史學上之正統論》附錄,第 249 頁。

[26]. 章太炎:《國學略說·論朱子綱目》,饒宗頤:《中國史學上之正統論》附錄,第 250 頁。

[27]. 章太炎:《國學略說·論朱子綱目》,饒宗頤:《中國史學上之正統論》附錄,第 251 頁。

[28]. 章太炎:《檢論·哀清史》所附《近史商略》,《章太炎全集》(三),第 590 頁。

[29]. 章太炎:《論朱子綱目》,饒宗頤:《中國史學上之正統論》附錄,第 251 頁。

[30]. 蕭仕平:《連橫的正統意識——兼以正統論視角論〈臺灣通史〉無「臺獨」理念》,《漳州師範學院學報》(哲學社會科學版),2007 年第 3 期,第 113 頁。

第三章 「歷史為民族之魂」——章太炎、連橫民族歷史思想之比較

[31]. 蕭仕平：《連橫的正統意識——兼以正統論視角論〈臺灣通史〉無「臺獨」理念》，《漳州師範學院學報》（哲學社會科學版），2007年第3期，第115頁。

[32]. 本段引見蕭仕平：《連橫的正統意識——兼以正統論視角論〈臺灣通史〉無「臺獨」理念》，《漳州師範學院學報》（哲學社會科學版），2007年第3期，第113-114頁。

[33]. 蕭仕平：《連橫的正統意識——兼以正統論視角論〈臺灣通史〉無「臺獨」理念》，《漳州師範學院學報》（哲學社會科學版），2007年第3期，第113頁。

[34]. 章太炎：《詠史》，《章太炎全集》（五），第377頁。

[35]. 章太炎：《訄書（初刻本）·原變》，《章太炎全集》（三），第28頁。

[36]. 連橫：《臺灣遊記書後》，《連雅堂先生全集·雅堂文集》，第52頁。

[37]. 章太炎：《菌說》，《章太炎選集》（註釋本），第76頁。

[38]. 連橫《遣懷》詩云：「我心頗懷疑，天演大奇詭。」見《連雅堂先生全集·劍花室詩集》，第140頁。

[39]. 連橫：《冬夜讀史有感》，《連雅堂先生全集·劍花室詩集》，第117頁。

[40]. 連橫：《作客鷺江，次莊仲漁旅次題壁》，《連雅堂先生全集·劍花室詩集》，第94頁。

[41]. 連橫：《連雅堂先生全集·臺灣詩乘》，第95頁。

[42]. 章太炎：《藩鎮論》，《章太炎政論選集》，章太炎著、湯志鈞編，第99頁。

[43]. 連橫：《送蔡鐵生之榕垣》，《連雅堂先生全集·劍花室詩集》，第73頁。

[44]. 連橫：《作客鷺江，次莊仲漁旅次題壁》，《連雅堂先生全集·劍花室詩集》，第94頁。

[45]. 章太炎：《齊物論釋定本》，《章太炎全集》（八），第75-76頁。

[46]. 章太炎：《訄書重訂本·序種姓下》，《章太炎全集》（三），第192頁。

[47]. 章太炎：《國家論》，《章太炎全集》（四），第463頁。

[48]. 章太炎：《復湖南船山學社書》，轉引自《章太炎年譜長編》，第757頁。

[49]. 章太炎：《革命道德說》，《章太炎全集》（四），第277頁。

[50]. 章太炎：《駁箴膏肓評一敘》，《章太炎全集》（二），第899頁。

[51]. 章太炎：《救學弊論》，《章太炎全集》（五），第96頁。

[52]. 章太炎：《信史下》，《章太炎全集》（四），第68頁。

[53]. 章太炎：《論學會有益於黃人宜保護》，《章太炎政論選集》，第8頁。

[54]. 章太炎：《訄書（重訂本）·序種姓上》，《章太炎全集》（三），第181頁。

[55]. 章太炎：《訄書（重訂本）·序種姓下》，《章太炎全集》（三），第189頁。
[56]. 章太炎：《印度人之論國粹》，《章太炎全集》（四），第366頁
[57]. 章太炎：《與鐘正懋論學書》，《章太炎書信集》，第250頁。
[58]. 章太炎：《規新世紀》，《民報》第24號，第3782頁。
[59]. 章太炎：《革命道德說》，《章太炎全集》（四），第277頁。
[60]. 章太炎：《檢論·易論》，《章太炎全集》（三），384頁。
[61]. 章太炎：《中夏亡國二百四十二年紀念會書》，《章太炎全集》（四），第189頁。
[62]. 章太炎：《齊物論釋定本》，《章太炎全集》（六），第77-78頁。
[63]. 章太炎：《齊物論釋》，《章太炎全集》（六），第15頁。
[64]. 章太炎：《齊物論釋定本》，《章太炎全集》（六），第77-78頁。
[65]. 王玉華：《多元視野與傳統的合理化——章太炎思想的闡釋》，第197頁。
[66]. 章太炎：《中夏亡國二百四十二年紀念會書》，《章太炎全集》（四），第189頁。
[67]. 章太炎：《與人論樸學報書》，《章太炎全集》（四），第154頁。
[68]. 章太炎：《與孫仲容書》，《章太炎年譜長編》，第261頁。
[69]. 章太炎：《復吳敬恆書》，《章太炎年譜長編》，第254頁。
[70]. 章太炎：《與孫仲容書》，《章太炎年譜長編》，第261頁。
[71].《大共和日報》1912年1月5日、6日，轉引自《章太炎年譜長編》，第375頁。
[72]. 章太炎：《王文成公全書後序》，《章太炎全集》（五），第118頁。
[73]. 章太炎：《王文成公全書後序》，《章太炎全集》（五），第118頁。
[74]. 連橫：《連雅堂先生全集·雅言》，第15頁。
[75]. 章太炎：《訄書初刻本·播種》，《章太炎全集》（三），第7頁。
[76]. 章太炎：《訄書（初刻本）·尊荀》，《章太炎全集》（三），第7-8頁。
[77]. 章太炎：《訄書（初刻本）·尊荀》，《章太炎全集》（三），第7頁。
[78]. 章太炎：《論讀史之利益》，《章太炎：歷史之重要》，第191頁。
[79]. 連橫：《番社采風圖考跋》，《連雅堂先生全集·雅堂文集》，第51頁。
[80]. 章太炎：《訄書（初刻本）·播種》，《章太炎全集》（三），第7頁。
[81].《歷史的重要：章太炎卷》，第167頁。
[82]. 王玉華：《多元視野與傳統的合理化：章太炎思想的闡釋》，中國社會科學出版社，2004年版，第166頁。
[83]. 章太炎：《章太炎的白話文》，第59頁。

第三章 「歷史為民族之魂」——章太炎、連橫民族歷史思想之比較

[84]. 章太炎：《致國粹學報社書》，《章太炎年譜長編》，第 305 頁。

[85]. 章太炎：《原學》，《國故論衡》，上海古籍出版社，2003 年版，第 101 頁。

[86]. 章太炎：《原學》，《國故論衡》，第 102 頁。

[87]. 章太炎：《原學》，《國故論衡》，第 102 頁。

[88]. 章太炎：《原學》，《國故論衡》，第 103-104 頁。

[89]. 章太炎：《原學》，《國故論衡》，第 103 頁。

[90]. 章太炎：《原學》，《國故論衡》，第 102 頁。

[91]. 章太炎：《自述學術次第》，《制言半月刊》第二十五期，廣陵書社影印本，第 2656 頁。

[92]. 章太炎：《春秋左傳讀敘錄》，《章太炎全集》（二），第 846 頁。

[93]. 章太炎：《漢學論》，《章太炎全集》（五），第 20 頁。

[94].「若夫《春秋》者先王之陳跡，詳其行事，使民不忘，故常述其典禮，後王依以觀變，聖人之意，盡乎斯矣。」見《齊物論釋定本》，《章太炎全集》（六），第 98 頁。

[95]. 1932 年 3 月 24 日章太炎在燕京大學演講《論今日切要之學》指出，「一國之歷史正似一家之家譜，其中所載盡已往之事實，此事實即歷史也。若一國之歷史衰，可占其民族之愛國心亦必衰。」《歷史的重要：章太炎卷》，第 80 頁。

[96].「檔案者，儒生之所輕，而國家之所重。編檔案者非獨左氏，馬班陳範所錄，皆檔案也。而溫公為《資治通鑑》，其體與左氏尤近。」章太炎《論公羊學》，《春秋學研究》，第 548 頁。

[97].「僮以為記事之書，有如簿領以細事相研核者。」見《春秋左傳讀敘錄》，《章太炎全集》（二），第 816 頁。

[98]. 章太炎：《經學略說》，《國學講演錄》，華東師範大學出版社，1995 年 12 月第 1 版，第 113-114 頁。

[99]. 章太炎：《檢論·春秋故言》，章太炎全集》（三），第 407 頁。

[100]. 章太炎：《經學略說》，《國學講演錄》，華東師範大學出版社，1995 年 12 月第 1 版，第 116 頁。

[101]. 章太炎《春秋三傳之起源及其得失》，原載《制言》第五十六期，《制言》（合訂影印本），廣陵書社，2009 年版，第 6178 頁。

[102]. 章太炎：《經學略說》，《國學講演錄》，華東師範大學出版社，1995 年版，第 118 頁。

[103]. 章太炎「《自定年譜》光緒二十四年戊戌（1898 年）三十一歲」條，湯志鈞：《章太炎年譜長編》，第 59 頁。

[104]. 章太炎：《印度人之論國粹》，《章太炎全集》（四），第 366 頁。

[105]. 章太炎：《致國粹學報社書》，《國粹學報》己酉年（1909 年）第十號，轉引自《章太炎年譜長編》，第 306 頁。

[106]. 章太炎《論公羊學》，《春秋學研究》，第 548 頁。

[107]. 章太炎指出，「《穀梁》善自節制，《公羊》始縱恣，以其謅言佞諛暴君，舊義或什存一。……若夫《公羊》所說，或剽竊《左氏》，而失其真。」見《春秋左傳讀敘錄後序》，《章太炎全集》（二），第 866 頁。

[108]. 章太炎：《與人論樸學報書》，《章太炎全集》（四），第 154 頁。

[109]. 章太炎在 印度人之論國粹 中指出 義有是非 取是舍非者 主觀之分 事有細大 舉大而不遺細者，客觀之分。國粹誠未必皆是，抑其記載故言，情狀具在，舍是非而徵事蹟，此於人道損益何與？」見《章太炎全集》（四），第 366 頁。他又在《與人論樸學報書》中指出，「先人手澤，貽之子孫，雖汙垢獰劣者，猶見寶貴，若曰盡善，則非也。」見《章太炎全集》（四），第 154 頁。

[110]. 章太炎：《與劉師培》（第 4 通），馬勇編：《章太炎書信集》，河北人民出版社，2003 年 1 月第 1 版，第 77 頁。

[111]. 章太炎：《史學略說》，《國學講演錄》，華東師範大學出版社，1995 年 12 月第 1 版，第 148 頁；章太炎：《論公羊學》，《與李源澄第二書》，摘自《光華大學半月刊》1935 年 3 卷 8 期，《春秋學研究》，《春秋學研究》，晁岳佩選編，國家圖書館出版社，2009 年版，第 548 頁。

[112]. 盧景純記：《章太炎先生講春秋》，摘自無錫《國專季刊》1933 年卷 1，《春秋學研究》，晁岳佩選編，國家圖書館出版社，2009 年版。第 362 頁。

[113]. 章太炎講、盧景純記：《章太炎先生講春秋》，摘自無錫《國專季刊》1933 年卷 1，《春秋學研究》，晁岳佩選編，國家圖書館出版社，2009 年版。第 364 頁。

[114]. 章太炎：《經學略說》，《國學講演錄》，華東師範大學出版社，1995 年 12 月第 1 版，第 110 頁。

[115]. 章太炎：《檢論·春秋故言》，章太炎全集》（三），第 411-412 頁。

[116]. 章太炎：《檢論·春秋故言》，章太炎全集》（三），第 407 頁。

[117]. 章太炎：《經學略說》，《國學講演錄》，華東師範大學出版社，1995 年 12 月第 1 版，第 111 頁。

[118]. 章太炎：《與人論樸學報書》，《章太炎全集》（四），第 154 頁。

[119]. 章太炎：《原學》，《國故論衡》，上海古籍出版社，2003 年版，第 103 頁。

第三章 「歷史為民族之魂」——章太炎、連橫民族歷史思想之比較

[120]. 章太炎：《經學略說》，《國學講演錄》，華東師範大學出版社，1995 年 12 月第 1 版，第 1113 頁。

[121]. 章太炎：《檢論·春秋故言》，《章太炎全集》（三），第 412 頁。

[122]. 章太炎：《論諸子學》，《章太炎選集》（註釋本），第 367 頁。

[123]. 章太炎：《制言發刊宣言》，《章太炎全集》（五），第 159 頁。

[124]. 章太炎：《歷史的重要：章太炎卷》，第 168 頁。

[125]. 章太炎：《春秋左傳讀敘錄》，《章太炎全集》（二），第 816 頁。

[126]. 章太炎：《論讀史之利益》，《歷史之重要：章太炎卷》，第 191 頁。

[127]. 章太炎：《信史上》，《章太炎全集》（四），第 64 頁。

[128]. 諸耿祖：《記本師章公自述治學之功夫及志向》，《追憶章太炎》（學者追憶叢書），中國廣播電視出版社，陳平原、杜玲玲編，1997 年版，第 86 頁。

[129]. 章太炎：《論經史實錄不應無故懷疑》，《章氏國學概論》，第 123 頁。

[130]. 章太炎：《論經史實錄不應無故懷疑》，章太炎主講、曹聚仁記述：《章氏國學概論》附錄，（香港）學林書店出版，1974 年版，第 122-123 頁。

[131]. 章太炎：《論經史實錄不應無故懷疑》，《章氏國學概論》，第 125 頁。

[132]. 章太炎：《論經史實錄不應無故懷疑》，《章氏國學概論》，第 128 頁。

[133]. 章太炎：《論經史實錄不應無故懷疑》，《章氏國學概論》，第 128 頁。

[134]. 章太炎：《徵信論上》，《章太炎全集》（四），第 56 頁。

[135]. 章太炎：《徵信論上》，《章太炎全集》（四），第 56-57 頁。

[136]. 章太炎：《信史上》，《章太炎全集》（四），第 62 頁。

[137]. 章太炎：《徵信論下》，《章太炎全集》（四），第 57 頁。

[138]. 章太炎：《徵信論下》，《章太炎全集》（四），第 57-58 頁。

[139]. 章太炎：《徵信論下》，《章太炎全集》（四），第 59 頁。

[140]. 章太炎：《徵信論下》，《章太炎全集》（四），第 57 頁。

[141]. 章太炎：《救學弊論》，《章太炎全集》（五），第 102 頁。

[142]. 章太炎：《論經史實錄不應無故懷疑》，《章氏國學概論》，第 126 頁。

[143]. 章太炎：《訄書重訂本·清儒》，《章太炎全集》（三），第 159 頁。

[144]. 章太炎：《答鐵錚》，《章太炎全集》（四），第 371 頁。

[145]. 章太炎：《論讀史之利益》，《歷史的重要：章太炎卷》，第 191 頁。

[146]. 章太炎：《訄書（重訂本）·清儒》，《章太炎全集》（三），第 154 頁。

[147]. 章太炎：《救學弊論》，《章太炎全集》（五），第 102 頁。

[148]. 章太炎：《訄書（重訂本）·清儒》，《章太炎全集》（三），第154頁。

[149]. 章太炎：《致汪康年書》，《章太炎年譜長編》，第37頁。

[150]. 章太炎：《實學報敘》，《章太炎年譜長編》，第50頁。

[151]. 章太炎：《敬告同職業者》，刊發於1912年1月7日《大共和日報》，《太炎最近文錄》收入時改題為《敬告新聞記者》，轉引自《章太炎年譜長編》，第380頁。

[152]. 章太炎：《〈新紀元報〉發刊辭》（1912年4月22日），《太炎最近文錄》，轉引自《章太炎年譜長編》，第400頁。

[153]. 章太炎：《致汪康年書》，《章太炎年譜長編》，第36-37頁。

[154]. 章太炎：《序種姓上》，《訄書》（重訂本），《章太炎全集》（三），第171頁。

[155]. 章太炎：《序種姓上》，《訄書》（重訂本），《章太炎全集》（三），第172頁。

[156]. 章太炎：《正名雜義》，《訄書（重訂本）·訂文》附錄，《章太炎全集》（三），第230頁。

[157]. 章太炎指出，「《慎子》曰：『《詩》，往志也；《書》，往詰也；《春秋》，往事也。』莊生亦言《春秋》經世，先王之志。……志者，史官所記當世徽號，謂書契圖像之屬也。事亦從史，而義為記徽。」這意味著，在「以往（歷史）」這個意義上《詩》、《書》、《春秋》三者是一致的，而義項「志」、「事」與「史」之間聯繫也十分緊密。見《檢論·春秋故言》，《章太炎全集》（三），第406頁。

[158]. 章太炎：《正名雜義》，《訄書（重訂本）·訂文》附錄，《章太炎全集》（三），第230頁。

[159]. 章太炎：《與王鶴鳴書》，《章太炎全集》（四），第152頁。

第四章 「現代化」思潮中章太炎、連橫民族語文思想之比較

　　章太炎、連橫生活的清末民初時代，既是中華民族遭遇深重危機的時代，又是中華民族經受洶湧的「現代化」思潮衝擊的時代。

　　這種民族危機，既是軍事和政治意義上的危機（臺灣當時已經淪為日本殖民地而在政治上其實業已屬於「異國」，章太炎曾經在給李鴻章上書時形容當時中國的局勢為「瓜分之形，皦如泰山」）[1]，更是一種深刻的、嚴重的民族文化危機。章太炎痛心地指出當時「棄國文」、「舍國故」、「恨黃種」的危險風尚，中國正遭遇「國本」顛覆的危機：

　　十稔以還，外禍日急，八比告替。兼歐學東替，濟濟多士，悉舍國故而新是趨，一時風尚所及，至欲棄國文，恨軒轅、厲山為黃人，令己不得變於夷。語有之：「國將亡，本必先顛。」其諸今日之謂歟？[2]

　　連橫也指出殖民地臺灣呈現出的漢字毀棄、文運衰頹、道術崩解的「文化末世」景象，臺灣正陷入有史以來風雨如晦的「文化黑夜」時期：

　　洪鐘毀棄，瓦釜雷鳴，道術將為天下裂……嗚呼！文運之衰，至茲極矣！倉頡之字，孔子之書，人且唾棄……詩曰：「風雨如晦，雞鳴不已。」當此文運絕續之時，一髮千鈞，為任甚重。[3]

▍第一節 民族語文「現代化」思潮的主要表現

　　章太炎、連橫生活時代的「現代化」，當時基本上被國人等同於「西（洋）化」或者「東洋化」（即「日本化」），語文觀上的「現代化」也是如此。1903年，直隸大學堂學生王用舟等人，上書直隸總督袁世凱，提議推廣王照的官話字母，明確提出中國語文改革「規仿泰西，步武日本」的整體思路和目標，其文曰：

彼泰西各國，類皆文言合一，故團體最固；至於日本，尤以東京語為普通教育，誠握要之圖也。中國無事不規仿泰西，步武日本，獨於此漠然置之，可惜孰甚。[4]

這種所謂的「現代化」思潮又往往是與殖民化、全球化思潮相依相伴的，也總是與「科學」、「進化（進步）」、「新民」、「經濟（適用）」等時興觀念或原則密不可分，並且經常透過「世界—本土」、「革新（革命）—保守（因循）」、「激進—漸進」、「求是（真）—致用（俗）」等觀念的對立或衝突體現出來。當時整個中國思想文化界的「現代化」思潮也在語言文字領域也得到集中體現，正如有學者論述的那樣：

從語言形象的外在形態上看，這是一個由「古」到「今」、由「古」而「洋」、由「正」而「奇」、由「雅」而「俗」的發生現代斷裂的過程，但它其實更主要是一個由封閉的古典語文體制（主要是以「文言」為主導的古典語文等級體系，和「語」「文」分流、「雅」「俗」並行的古典文學運行機制），向現代語文體制（主要是以所謂「白話文」為主導的大眾語文體系，和現代社會文化生產機制）艱難轉換的歷史過程。[5]

中國清末民初語文的「現代化」主要思潮主要表現在以下幾方面：

一、批判漢語文「難學」、「野蠻落後」而追求「拼音文字」

盧戇章提出「中國字或者是當今普天之下之字之至難者」，如果改為拼音字，「何患國不富強也哉」[6]。沈學的拼音方案經梁啟超之手刊入《時務報》，梁在序言中表示，中國文字與外國文字相比，外國文字「畸於聲，宜於婦人孺子，日用飲食」——屬於適用而不美觀的「質家言」，而中國文字「畸於形，宜於通人博士，箋注詞章」——屬於美觀而不適用的「文家言」[7]。沈鳳樓批評「中國文字極煩，學亦甚艱」，由此造成「自束髮受書，非十稔不能握筆撰文」的結果，而當時中國的現狀卻是，「欲田夫野老婦人女子人人識字，無論資性不近，即人人聰哲，人人慧悟，亦無此十年之時間也。」[8]批判漢語文「野蠻落後」的聲音在國內和海外都可聽到，例如：

中國文字尤其有缺點的地方，就是野蠻根性太深了。造字的時候，原是極野蠻的世代，造出的文字，豈有不野蠻之理。一直保持到現代的社會裡，

難道不自慚形穢嗎？就以「也」一個字而論，我們整天要寫一二百的；假使追溯到他的根原，恐怕有點不好意思寫他罷。哼！這是國粹！這要保存！好個萬國無雙的美備文字！」[9]

　　清末巴黎的中國留學生創辦的《新世界》成為批判漢語文「野蠻落後」、宣揚「萬國新語」的急先鋒，「巴黎留學生相集作《新世紀》，謂中國當廢漢文，而用萬國新語。……其所執守，以象形字為未開化人所用，合音字為既開化人所用。且謂漢文紛雜，非有準則，不能視形而知其字，故當以萬國新語代之。」[10] 李石曾的《進化與革命》在象形與合聲之別上進行理論的造勢，論述「文字進化之次序，與生物進化由簡單進而為高等生物同理」。他認為人類文字有一個從象形、表意到合聲的演進歷史。萬國新語，以拼音字母為基，又超越了英、法、德目前的文字，是「進化淘汰之例」中，「惟良者存」的抉擇[11]。《新世紀》刊文中類似的觀點還有：「棄吾中國野蠻之文字，改習萬國新語之尤較良文字，直如脫敗絮而服輕裘。」[12] 比「萬國新語」設想更加奇妙的是康有為的「地球萬音室」思想，康有為在《大同書》中設想：「全地語言文字皆當同，不得有異言異文。考各地語言之法，當制一地球萬音室……數十年後，全地皆為新語言文字矣。其各國舊文字，存之博物院中，備好古者之考求可也。」

　　臺灣話的拼音化——「臺灣羅馬字」的創始和提倡以蔡培火為代表，據他表示，「臺灣羅馬字是將羅馬字來表記臺灣話的固有發音，按照這種特別的拼寫法來表示我們臺灣的話。」[13] 1923 年，蔡培火發表《新臺灣的建設與羅馬字》，提出：為了臺灣，我們必須要「謀求啟發島民精神，充實內面」的教育，臺灣羅馬字確實是建設文明之「唯一無二便宜又有效的手段」[14]。

二、批判文言文妨害「民智」、「國強」而追求白話文

　　黃遵憲參照他在出使日本時所瞭解的明治「國語改良」的經驗，率先提出語文合一的主張：「蓋語言與文字離則通文者少，語言與文字合則通文者多，其勢然也。」[15] 梁啟超對「棄今言不屑用，一宗於古，故文章爾雅，訓詞深厚」的語言運用現狀深表憂慮，為使「民智」「國強」，他提出的解決辦法是「文與言合，而讀書識字之智民可以日多」[16]。梁啟超還根據「文學

進化論」，認為文學的俗化是中國文學發展的必由之路，他提出：「文學之進化有一大關鍵，即由古語之文學，變為俗語之文學是也。各國文學史之開展，靡不循此軌道。」[17] 此外，裘廷梁《論白話文為維新之本》旗幟鮮明地提倡「崇白話而廢文言」，其理由是，文言令「一人之身而手口異國，實為二千年來文字一大厄」，因此，「愚天下之具，莫文言若」；而考證中國古代成周時代及泰西、日本「用白話之效」，可得出「智天下者，莫白話若」的結論[18]。錢玄同在《嘗試集‧序》中以不容置疑的口吻呼告：「現在我們認定白話是文學的正宗……對於那些腐臭的舊文學，應該極端驅除，淘汰淨盡，才能使新基礎穩固。」[19]

在臺灣，陳炘指出，中國自實行科舉制度以來，「論文學者，皆以文字為準，辭貴古奧，文貴艱澀」，造成了一種只有漂亮外觀而無靈魂思想的「死文學」。作者呼籲「而就今日之文明思想，以為百般革新之先導」，率先主張使用「言文一致體」的白話文[20]。臺灣的陳端明也提出，「所謂文明各國，多言文一致，唯臺灣獨排之」。漢詩文是艱深舊套的文藝或詩歌，與日常的語言既有隔閡，亦難學習，在意思溝通上又晦澀曖昧，普及上也經常有困難。為此，陳端明鼓勵民眾以白話文代替漢文，以便「啟發民智，同達文明之域」[21]。

三、批判漢語文詞彙貧乏而追求「新名詞」

梁啟超指出，隨著時代的發展，「新文字」、「新名詞」的產生與使用也勢在必行：

社會之變遷日繁，其新現象、新名詞必日出，或從積累而得，或從變換而來，故數千年前一鄉一國之文字，必不能舉數千年後萬流匯沓、群族紛拏時代之名物意境而盡載之盡描之，此無可如何者也。言文合，則言增而文與之俱增，一新名物新意境出，而即有一新文字以應之，新新相引，而日進焉。[22]

章太炎認為漢語與英語詞彙數量對比懸殊，加之中國歷史上詞彙的數量逐漸減少以及漢語詞彙的更新創造能力逐漸萎縮，是中國國勢「之所以日削」的原因：

今英語最數，無慮六萬言，言各成義，不相陵越。東西之有書契，莫繁是者，故足以表西海。章炳麟曰：烏呼！此中國之所以日削也。自史籀之作書，凡九千名，非苟為之也，有其文者必有其諺言。……衍乎郱氏者，自《玉篇》以逮《集韻》，不損三萬字，非苟為之也，有其文者必有其諺言。北宋之亡，而民日偷，其隸書無所增；增者起於俗儒鄙夫，猶無增也。……若其所以治百官、察萬民者，則蔑乎橄欖之二千而止。以神州之廣，庶事之博，而以佐治者僅是，其庸得不澶漫掍殽，使政令逡巡以日廢也？[23]

為了應對漢語的如此困境，當時國人的策略多是依靠「外援」——外來語，梁啟超提倡「文界革命」、「新文體」中就包括外來語的運用。「西洋」和日本成為外來語新詞的兩大來源地。「所造的詞多半是現代生活裡邊的事物；這事物差不多全是西洋出產；因而我們造詞的方法，不得不隨西洋語言的習慣，用西洋人表示的意味。」[24] 當時國人中不乏饑不擇食、囫圇吞棗者，例如，譚嗣同所作《金陵聽說法》詩中寫道：「綱倫慘以喀私德，法令盛於巴力門。」據當年梁啟超解釋：「喀私德即 Caste 之譯音，蓋指印度分人為等級之制也。巴力門即 Parliament 之譯音，英國議院之名也。」[25] 又因為中文日文有「同文」的便利條件，日本的漢字新詞也被大量引進，成為「新名詞」的重要來源。

四、「欲語言統一，則必先求文字之簡易」

清末民初語言改革者認識到建立共同語對於國家統一、繁榮的重要性，而統一語言的策略其一是透過漢語拼音化並使「語音一律」，其二就是使現有文字變得簡易，即使用統一的簡易漢字，而這也同時意味著減少和限制漢字。兩江總督端方曾親臨江寧簡字學堂高等小學開學典禮演說，稱他「見來學者之盛，甚為嘉慰」。端方高度讚揚簡字的功效，說「自簡字出而人人無不識之字，無不可達之語言，而文言所不能傳者，簡字得而傳之」[26]。勞乃宣認為「文字簡易與語言畫一本應作兩級階，本應為兩次辦法」，因而「未講文字簡易，即欲語言畫一」就成為違反循序漸進規律的「躐等之學」[27]，他將簡化漢字作為漢語文改革和普及的前提條件。在日本考察的吳汝綸從日本教育先假名後漢字得到啟發，以為中國初等教育應先教省筆字，「教育乃能普及」，然後「由省筆字移認漢字」[28]。

透過「求文字之簡易」來統一漢字進而統一漢語，往往是以犧牲和貶損各地方言俗語為代價的，李文治所說「至於方言里諺，不但無字可求，亦並無聲可改」就是一種最常見的論調[29]。在「簡易文字論」者和「萬國新語論」者看來，方言俗語只是阻礙、破壞「語言統一」的不利因素而已，因此，要「簡易」和限制漢字，就必須弱化方言的意義，或者忽略各地方言差異的事實，或者強行統一方言，或者認為方言「皆可屏諸古物陳列院」。

第二節 章太炎、連橫運用民族語文「衛國性」、「類種族」

關於語言與民族之間的密切關係的論述，以下觀點具有代表性：「語言被認為是民族構成的決定性因素之一，語言與文字的穩定性足以堅守一種文明的稟性，其所以如此，是因為語言經歷了漫長的時間演變，經過了民族眾多說話人的濡染，從而形成了超穩定的人文結構。……研究者們認為語言是一個民族整體性的文化—心理底座，一切文化樣式、思維習慣等都不能游離於這一底座。」[30] 章太炎、連橫都深刻認識到民族語文對於民族共同體建構的重要意義，並且以這種認識為理據和動力，章太炎、連橫在民族語文的研究、整理、宣傳的事業中，終生都自覺地追求民族共同心理的凝聚、民族共同情感的培養、民族共同文化的建設、民族認同感的增強。總之，章太炎、連橫都為透過民族語文的途徑來促進「民族共同體」的建構和鞏固而殫精竭慮，透過民族（國族）語文建構為民族國家建構服務和做出貢獻，而實現這宏遠目標極其重要和有效的途徑就是運用民族語文衛國性、類種族。正如章太炎指出的那樣，「國於天地，必有與立，非獨政教飭治而已，所以衛國性、類種族者，惟語言、歷史為亟。」[31] 章太炎、連橫在充分運用民族語文衛國性、類種族方面可謂卓有成就、堪為典型。

一、民族語文「衛國性」、「類種族」功用的充分理據

（一）漢語文的獨特性

「中國文字，與地球各國絕異」[32]，「中國之小學、歷史，此二者，中國獨有之學，非共同之學」[33]。只有獨特的漢語文才與獨特的國性（民族性）

相配相符，有特異性才能談到「衛國性」、「類種族」。從正面講，「環球諸邦，興滅無常，其能屹立數千載而永存者，必有特異之學術，足以發揚其種姓」[34]。其中漢語文就是「特異之學術」中必可或缺的關鍵項目，是發揚種姓的中堅力量；從反面講，「文字亡而種姓失」，因為文字和種姓二者都是「國之特性」[35]。

（二）語言的社會性、人為性

語言的社會性、人為性以及相應的世俗性、約定俗成性決定了語言包含各自的國性、民族性。章太炎指出，「品物者，天下所公；社會者，自人而作。以自人而作，故其語言各含國性以成名，故約定俗成則不易」[36]，即民族語文具有「宜民便俗」、「上通故訓，下諧時俗」的特點和功用[37]。

（三）民族語文與民族心理、民族情感之間具有緊密聯繫

章太炎提出，「文字者語言之符，語言者心思之幟」[38]，談到《新方言》一事時稱，「以為樂操土風，民不忘本，質之子云、稚讓而不惑，百世以俟知言之選而無齟齬，庶幾國學可興，種姓可復」[39]。這是與那些將語言文字僅僅視為簡單的交流工具（「器具」）的看法是大相逕庭的，傅斯年曾宣稱，「文字的作用僅僅是器具，器具以外更沒有絲毫作用嗎？我答道，是的，我實在想不出器具以外的作用。唯其僅僅是器具，所以只要求個方便」[40]。

（四）民族語文與民族歷史之間具有緊密聯繫

民族語文在一定程度上能夠連接民族古今，能夠考證和挖掘民族歷史資源、重現民族歷史記憶、展示民族歷史經驗，並參與民族歷史建構，尤其是對於民族的遠古歷史更是如此。章太炎指出，「上世草昧，中古帝王之行事，存於傳記者已寡，惟文字、語言間留其痕跡，此與地中僵石為無形之二種大史」[41]。正是在這個意義上，章太炎將語言文字包含於「我們漢種的歷史」之中（此即廣義的歷史而言，亦即「國粹」的重心）[42]。

二、章太炎、連橫運用民族語文「衛國性」

章太炎認為，「國無論文野，要能守其國性，則可以不殆」[43]。而民族語言對於「守其國性」（「衛國性」）具有重要意義，這其實是章太炎、連

橫的共同認識：民族語文既是立國（族）的重要物質要素，也是衛國（族）的重要精神根基。這裡需要說明的是，在章太炎、連橫心目中，他們都身處「異族」的統治（章太炎曾身處清朝統治，連橫曾身處日本殖民統治），因此「國性」中的「國」專指「華夏中國」，或特指「漢族中國」，本文所言「衛國性」也就意為捍衛「華夏中國」或「漢族中國」的國性，或者專指捍衛華夏族或漢族的民族性（種姓），連橫則不便直接提及「國性」（殖民地臺灣在政治領屬上實際已淪為異國日本，所以在殖民地臺灣所謂「國語」專指日語）。

（一）宣揚民族語文對於民族精神和國家興亡的重要意義

章太炎指出，「蓋小學者，國故之本，王教之端，上以推校先典，下以宜民便俗，豈專引筆畫篆、繳繞文字而已」[44]。他認為漢語文（「小學」）是國故（「國學」）的根本，是國家教化的起點，是國家典章與民眾世俗的交匯和中樞，與整個國家、國民、國學、國情都息息相關。章太炎有一個關於文史學術的比喻，「以冠帶之民，拔棄雅素，舉文史學術之章章者，悉委而從他族，皮之不存，毛將焉附？彼自貴以無政府主義者，不恩民族，不賴國家，興替存亡無所問……語言文字亡，而性情節族滅，九服崩離，長為臧獲，何遠之有？」[45] 章太炎分別將文史學術、國民的性情節族分別比喻為皮、毛（即視為主從關係、本末關係）未免有些言過其實，兩者之間性質、地位的確定也未必恰當，但確實表明了章太炎對於國家文史學術的極端重視。其實民族語文是國家文史學術的重要內容，甚至幾乎可視為國家文史學術的根本（「小學者，國故之本」可以佐證），並且該段論述的語境是「萬國新語」與民族語文的論爭，因此這個比喻中用「民族語文」替換「文史學術」應該沒有背離章太炎本意，何況章太炎在此比喻後接著直接闡述了「語言文字亡」的後果——國民的性情和行為舉止特徵就會消滅、國家政權崩潰、國民淪為異國異族的奴隸，以此因果關係來呼應或印證之前的「皮之不存，毛將焉附」的主從關係、本末關係。

章太炎認為，民族語言是國民性情和行為舉止的象徵和標誌[46]，章太炎據此批判《新世界》諸人廢棄漢語而改用世界新語錯誤的根源之一就在於「甚矣其崇拜歐洲，而不察吾民之性情士用」[47]。章太炎還認為，民族語文是「民

第四章 「現代化」思潮中章太炎、連橫民族語文思想之比較

德之所幹維,種姓之所隱據」,具有關乎種族、國家形象尊嚴的特殊地位和價值(「斯門戶者,漢種之門戶;斯聲譽者,諸華之聲譽。」[48])因此,章太炎對於漢語文的捍衛以及與《新世紀》諸人的論爭不僅僅是個人的好惡和恩怨,而是捍衛國性的國家大事。

與章太炎將小學視為「國故之本」類似,連橫也將語言文字視為國家文化的要素,並且堅信「文化而在,則民族之精神不泯,且有發揚光大之日,此徵之歷史而不可易者也」[49],連橫指出,「不通小學,則不知社會之變遷;不識古音,則不念民族之進化」[50]。連橫還認識到,「中國而果無漢文,則五胡之俶擾,蒙古之併吞,覺羅之耗斁,種且滅矣,國於何有!而今日能存者,則漢文之功也」[51]。連橫將漢文視為臺灣民眾民族精神的寄託,視為國魂、民族魂。連橫屢屢提及的「臺語」即指閩南語(或閩南話),本來就是漢語文方言的一支,在臺灣處於日本殖民統治的特殊政治文化環境裡,提倡「臺語」(或「臺灣之語」)具有與提倡漢語文、中國語文幾乎等同的民族思想文化方面的涵義和價值,但卻只能以特定方言的名義來委婉表達民族精神訴求的微言大義。連橫將整理、演繹、發揚閩南語當做是「民族精神賴以不墜」的保證[52],「余懼夫臺灣之語日就消滅,民族精神因之萎靡」[53]。連橫終生都十分重視對於漢語文和閩南語的研究、整理和宣傳,視之為存亡繼絕的神聖事業和責無旁貸的光榮使命,以實現他「欲為此棄地遺民,稍留未滅之文獻」的悲壯的遺民之志[54]。連橫以漢語語言研究和著述護持國性、闡明國性、弘揚國性可以在《雅言》原序介紹的著述背景和旨趣中得到反映:

是集作於癸酉(民國二十二年)前後,時方日化漸厲,華文就微,古都(按指臺南)君子,戚然以懼,思漢情濃,因辦《三六九小報》以寄焉。會先生悵遊歸,見而喜之,撰文為助。既而辟專欄,著《雅言》,連載百號,都二四七則。[55]

章太炎、連橫對殖民者和帝國主義者透過消滅民族語言來消滅國家和民族的「滅國(族)新法」的現實危機十分警惕和痛恨。章太炎指出,「(建國家、辨種族)條例所繫,曰言語、風俗、歷史。三者喪一,其萌不殖。俄羅斯滅波蘭而易其言語,突厥滅東羅馬而變其風俗,滿洲滅支那而毀其歷史」[56]。連橫指出,「余既整理臺語,復懼其日就消滅……余聞之先哲矣,滅人

之國,必先去其史;墮人之枋、敗人之綱紀,必先去其史;絕人之材、湮塞人之教,必先去其史」[57]。連橫在這裡將「去史」與消滅「臺語」相提並論,其實就是暗寓這種「滅國(族)新法」。此外,連橫還提到了三苗、獯鬻、五胡以及遼、金、西夏、愛新覺羅氏等夷狄「其言自絕」與「其祀忽亡」兩者之間的聯繫,使他不得不「重思之」,也更加懼怕「臺語」的消滅[58]。滿人由於不保護語言文字等「國粹」而致使其消亡,導致種族削弱乃至政權覆亡,「滿人之滅,自滅爾」[59]。

(二)抵制異族語文對於本族語文的同化侵蝕

章太炎、連橫都多次引用顏之推著名的「今時子弟,但能操鮮卑語、彈琵琶以事貴人」典故,就是國語危亡、國粹墮廢、國魂喪失、國本動搖的典型寫照和時代象徵。章太炎、連橫分別是這樣描寫的:

(「萬國新語」)始租界市井之學,漸染海濱士人,若顏介所謂彈琵琶學鮮卑語者。……及僮僕學校既立,遍延宇內,以效法遠西為寵,學子益墮廢國粹。[60]

今之學童,七歲受書,天真未漓,咿唔初誦,而鄉校已禁其臺語矣。今之青年,負笈東上,期求學問,十載勤勞而歸來,已忘其臺語矣。今之搢紳上士,乃至里胥小吏,遨遊官府,附勢趨權,趾高氣揚,自命時 ,而交際之間,已不屑復語臺語矣。顏推之氏有言:「今時子弟,但能操鮮卑語、彈琵琶以事貴人,無憂富貴。」噫!何其言之婉而戚也![61]

章太炎、連橫都十分警惕文化帝國主義和文化殖民主義行徑,堅決抵制異族語文對本族語文的同化(亦即連橫指出的「似我教育」)和侵蝕(蠶食或吞食的方式),嚴厲譴責那些對民族語文自暴自棄者。

(欲以萬國新語剿絕國文者)挾其功利之心,歆羨紛華,每懷靡及,恨軒轅廬山為黃人,令己一朝墮藩溷,不得蛻化為大秦 白文明之族,其欲以中國為遠西藩地者久,則欲絕其文字,杜其語言,令歷史不燔燒而自斷滅,斯民無感懷邦族之心亦宜。[62]

今時子弟能操「東語」、唱「和歌」而不能富貴;幸而得事貴人,不過屬吏下士。一朝得志,趾高氣揚,則不屑操臺語,若自忘其為臺人矣!霧峰

富人子留學東京數年,不能操臺語。或告之曰:「汝他日歸家,將何以與汝父談話?」曰:「吾請一通譯可耳。」此所謂「似我教育」也。霧峰為「同化主義」發源之地,宜其有此子弟![63]

章太炎、連橫認識到,在語文觀上希望杜絕民族語文,在國家觀上希望中國附屬於歐美列強,在民族觀上「遺忘」民族身分甚至朝思暮想脫胎換骨變成「大秦晳白文明之族」,三者往往是聯繫在一起的。章太炎的解釋是,「民棄國語,不膏沐於舊德」,就會「忘往日之感情,亦愈殺其種族自尊之念」,從而「比昵白人,而樂為其廝養」[64]。章太炎以不無刻薄的話語將這些「不念邦族」、「惟欲改易舊言」、「徒以是交通白種」的「妄庸子」嘲諷為「西方牛馬走」[65]。章太炎憤怒地質問這些「萬國新語派」留學生:你們難道不是圓頭顱、黑眼睛、黃皮膚、黑鬢髮的中國人嗎,為什麼如此誣衊與自己一樣同屬黃種的國人並且如此切齒痛恨於中國的語言文字呢[66]?

(三)培養民眾對民族語文的喜愛和欣賞之情

章太炎、連橫透過自己的語言方面的研究、著述、宣傳等多方努力,幫助民眾正確地、全面地瞭解和掌握民族語文並激發喜愛和讚賞之情,並由這種情感和心靈紐帶,最終達到激發民族意識、捍衛國性的作用。

章太炎用一段古雅雄樸的言辭讚美中國文字:

洋洋美德乎,頡籀斯邈之文!踦形孑義,秒忽判殊,屬辭比類,子母鉤帶。散而為塵不患多,集而成器不患乏。錯綜九千字,至於百十萬名,魏然弗可尚已。[67]

在這段熱情洋溢的可題為「大美中文」的讚辭中,章太炎將中國語言文字形容為盛大美德的化身。章太炎由衷地頌揚說:中國文字由單體的「文」衍化孳乳為合體的「字」,文字筆畫及其搭配的細微變化就會引起文字音義的區別和差異,那真是很精細的呀!語音各有歸屬,類別亦相比並,既可「成於遞演」(順流)又「無礙於歸根」(溯源),如子母、母子之間源流清晰,那真是很嚴密的呀!中國文字既有豐富的自造孳乳功能(例如轉注可成一義數字),也有強大的經濟節制功能(例如假借可成一字數義),繁省自如又得當,那真是很方便的呀!《說文》僅僅九千字,可是彼此交錯配合使用,

能成就成千上萬的「名」，這座巍然聳立的中華文化豐碑，那是沒有其他的民族文字能夠超越的呀！

就連橫而言，他對閩南語飽含喜愛和讚賞之情，例如他一再宣稱因閩南語特徵而「喜」以及研究、發現、宣揚閩南語而「喜」：

乃知臺灣之語，高尚優雅，有非庸俗之所能知；且有出於周、秦之際，又非今日儒者之所能明，余深自喜。[68]

臺灣為海外之地，開發未久，而所言乃若是典雅，能不可喜？[69]

余著臺灣辭源，引證頗廣，蓬蓽書生，咬文嚼字，每有所得，拍案自喜。[70]

連橫希望透過自己的研究和宣傳，讓更多的臺灣民眾獲知和接受他的研究成果，更重要的是，讓個人的欣賞和喜愛之情感染更多的臺灣民眾，反抗日本殖民當局的語言文化的同化政策，從而達到「衛國性」的目的。

三、章太炎、連橫運用民族語文「類種族」

（一）強調民族語文界定（劃分）民族的功能

「類種族」包含種族分類（劃類）與種族類聚兩種對立統一的雙重意義。章太炎明確提出民族語文是區分和定義民族（種族）的不可或缺的核心標準：「若夫民族區分，舍語言則無以自見。」[71]「今夫種族之分合，必以其言詞異同為大齊。」[72] 語文界別民族功能的一種負面功效的體現，就是異族語文對民族語文的侵蝕分化可能會導致民族「分割」、異化的嚴重後果，例如章太炎談到國人面對是否接受以「萬國新語」改易漢語文的抉擇時，警告說，「若一部改之而一部有未改，改者又且挾白人以陵同類。我邦人諸友叔伯兄弟會將剖為二族。終則挾白人者必勝而抗白人者常衄。姬漢遺民，其無噍類。」[73] 連橫雖然沒有像章太炎那樣以民族語文定義民族（種族）的明確提法，但是綜合他關於（民族）語文與民族之間關係的諸多論述，可判定連橫也是贊成章太炎這方面觀點的。例如，連橫認為「凡一民族之生存，必有其獨立之文化」，其中語言、文字是獨立文化的關鍵要素，而包含語言、文字的獨立文化是保存和發揚民族精神的保證[74]。連橫還提出，文字語言等「國

粹」的衰亡致使滿族的種性特徵消失，成為滿族整個種族衰亡的關鍵因素之一[75]。此外，連橫還指出臺灣土番因為「語言習俗，漸從漢風」故而「同化於我」[76]。這些都證明了連橫以民族語文定義民族（種族）的鮮明傾向。

（二）追求民族語文的規範統一

章太炎曾提出透過民族語文追求民族理想，「中更憂慮，悲文獻之衰微，諸夏昆族之不寧一，略籀殊語，徵之古音，稍稍得其疏理。」[77] 章太炎、連橫認為民族語文規範統一的重要途徑是中國大陸方言俗語的規範統一，「調均殊語，以為一家」[78]。閩南語也可視為漢語文的一支方言[79]。這是由相反相成的兩方面的原因共同決定的。一方面原因是中國幅員廣闊，各地風土人情相異很大，方言俗語眾多並且不乏大相逕庭者，給各地語言文化的交流、甚至民族的團結統一帶來較大障礙；另一方面原因是中國各地方言之間雖然現在差別很大，但是透過上溯古音古義可以獲知它們擁有共同的祖先——古代的「雅言雅音」，從而推斷出各地方言俗語之間、當今方言俗語與遠古「雅言雅音」之間具有一定的親緣關係。章太炎指出：「今世語言訛亂，南朔異流，終之不失古音，與契合《唐韻》部署者近是。」[80]「讀吾書者，雖身在隴畎，與夫市井販夫，當知今之殊言，不違姬漢。」[81] 連橫指出，「夫臺灣之語，傳自漳、泉，而漳、泉之語，傳自中國，其源既遠，其流又長。」[82]「臺灣之語既有古音古義，又有中土正音，如『紀綱』之呼『起江』、『彭亨』之呼『捀風』、『高興』之呼『交興』、『都好』之呼『誅好』，則其明著者也。」連橫還詳細分析了現代閩南語中各地方言與正音的來源，閩南語的這兩大來源分別與臺灣的兩次大規模移民有關。各地方言是因「中土語→漳、泉語→閩南語」的路線依次遷移而來，發生在「晉、唐之際，閩南漸啟」的時代，其中中土人士之宦遊者給閩南語帶來關中語、蜀中語、河朔語、沉湘語等各地方言的某些特徵；正音的來源是，「鄭氏居臺之時，中土士大夫奉冠裳而渡鹿耳者，蓋七百餘人。是此七百餘人之子孫，必有尚居臺灣；而臺灣語中之有正音，固其宜也。」[83]

正是漢語文中存在迥異的各地方言，因而漢語文有規範統一的必要；正是漢語文各地方言之間存在一定的親緣關係，因而漢語文有規範統一的可能。此外，以漢語言發展的連貫性和學術的理據性來證明和加強華夏民族主體的

承續性和穩定性,這是章太炎、連橫追求民族語文的規範統一以促進民族的團結統一的共同邏輯依據,也是兩人的共識。《國粹學報》介紹章太炎《新方言》將其「語不離其宗」的語言學規律與消除地方偏見的民族統一功能聯繫起來:「閱此書者,可知中夏言文,肇端皇古,雖輾轉遷變,而語不離其宗。凡南北省界偏黨之見,自此可斷,並音簡字愚誣之說,自此可消。」[84] 劉光漢也在對章太炎《新方言》評介中指出,「夫言以足志,音以審言,音明則言通,言通則志達。異日統一民言,以縣群眾,其將有取於斯。」[85] 可謂期望殷殷而又切中肯綮之言。

這裡特別值得提出的有兩點。一是章太炎的《嶺外三州語》透過對於廣東惠州、嘉應等客家方言的研究,發現此地「雅訓舊音往往而在」,並且「察其語柢,出於冠帶,不雜陸梁鄙倍之辭」,因而駁斥了「隘者且議其非漢種」的「攻者褊心之言」,「和齊民族所有事」[86]。連橫的《臺灣語典》則主要研究臺灣的閩南方言,論證閩南語展轉「傳自中國」、「臺語之源遠流長」,表達透過整理、發揚閩南語以達成「民族精神賴以不墜」的理想。臺灣地區方言的兩大主要成分就是閩南話和客家話,章太炎的客家話方言研究、連橫的閩南話方言研究可謂不謀而合、珠聯璧合,共同構成臺灣早期主要方言研究的珍貴文獻。二是在有關民族語言「類種族」功能的認識方面,章太炎、連橫兩人不僅英雄所見略同,而且還聲氣相通、桴鼓相應。連橫認定《新方言》中「太炎之志」為「痛黃胄之不昌、振夏聲於未絕」,可謂知己者知心之言,亦可與劉光漢關於《新方言》的評介互相印證和媲美。連橫對章太炎《新方言》激賞不已:

　　章太炎先生為現代通儒,博聞強識,著述極多;而《新方言》一書尤為傑作……案以臨瞻故國,其惻愴可知也。蓋太炎此書,作於有清之季;痛黃胄之不昌、振夏聲於未絕,光復之志見乎辭矣![87]

　　(三)以「排滿」、「興漢」為主旨進行語言學研究考證

章太炎從語言的起源和「物之得名」緣由入手,論證華夏與戎狄命名的根本差異,即從純粹的語言學角度論證「夷夏之辨」理論成立的理據。章太炎認為,「物之得名,大都由於觸受」,觸受的差異導致命名的差異。因此,種族命名也隨之分為兩大類。第一大類為發聲之語(詞),限於「目無異視,

第四章 「現代化」思潮中章太炎、連橫民族語文思想之比較

耳無異聽,心無異感,則不能與之特異之名」的種族,包括「西方各種」(姜、戎)與東方「夷種」兩小類的命名。章太炎認為,「諸夏種從西來……隴西之姜戎者,又四岳苗裔也……或稱曰姜,羌者,發聲詞也。或稱曰戎,戎者,又人之聲轉也。」「東方諸國,不與中國抗衡,故美之曰仁人,號之曰夷種。」章太炎具體分析「夷」的聲韻,發現「夷」古音讀人脂切,從兩字的聲紐看,人、夷屬於雙聲(同為「人」紐);從兩字的韻看,人(「真」韻)、夷(「脂」韻)屬於對轉。第二大類則為所謂「異種殊族」的特異之名,「如北方稱狄,東北稱貊,南方稱蠻、稱閩,其名皆特異。被以犬及蟲豸之形,謂其出於獸類」。章太炎還以「胡」為例說明發聲之語與特異之名這兩類命名之間的轉換:「胡名初起,宜即九夷之輩。」即為發聲之詞「胡」,「漸以其名施之貊族」,致使「東胡與貊一物」(東胡即「東北貊種」滿族)——變為特異之名「貊」。

章太炎確定「中國正音」(用今天的話說就是中國普通話的標準音)的總原則是,「明當以短長相覆,為中國正音。既不可任偏方,亦不合慕京邑。」[88] 章太炎是透過綜合考察論證後得出這個結論的,他認為有五點理由和依據確定「楚(夏口)音」為中國正音。其一,從華夏民族政治地理疆域和華夏文明擴展範圍的發展歷史來看,「四始之聲,惟夏楚以為極。」[89] 就是說華夏文明形成的初始,已經以夏楚之音作為中正的準則了,可見以「楚(夏口)音」為中國正音是華夏民族歷史的選擇,具有悠久的歷史傳統和深厚的歷史文化淵源。章太炎在此考證「文王之化」,提出起源於北方(朔)、以文王為代表的早期華夏文明在中國西南庸、蜀、濮、彭等地廣為拓展,而「江漢間尤美」,導致「朔風變楚」(楚即指江漢,以夏口為中心),而「帥文士者,必不夷俗　音楚」,就是說師從同化於文王的楚地,受到的必定不是夷俗邪音的浸染,而是華夏純正風俗和「正音」(雅音)的熏陶。其二,從「夏」、「楚」的音韻關係來看,「夏楚者,同音而互稱。」章太炎詳細分析說,「二南廣之以為『雅』」——可以推斷出雅同夏;「楚」從「疋」聲,而「雅」的古文也為「疋」——可以推斷出楚、雅聲同(都以「疋」為聲旁)。由上可以得出「雅」、「夏」、「楚」音韻相同,「二雅者,夏楚之謂也。」[90] 其三,從《詩經》「國風」的分布地區來看,「十三國獨楚無風」。這是因為「《詩》三百,皆以楚言為中聲,尚安取楚聲矣?」既然以楚言為華夏「中

聲」（雅音），為華夏各國所公用，所以不能再有作為各方言地區民謠身分的「楚風」了[91]。其四，章太炎認為一個民族國家的京師所在地「必以水地察其恆為都會者」，從華夏歷史上看，「齊州以河、漢分南北：河衛之岸，謂之唐、虞；漢之左右，謂之夏、楚。」「沔、漢之川，下流入荊州，而命之曰夏水，其國曰楚。」由此可見「漢（水）」、「夏（水）」、「楚（國）」名稱之間的密切聯繫[92]。章太炎還解釋說，「夏之為名，實因夏水而得，是水或謂之夏，或謂之漢，或謂之漾，或謂之沔，凡皆小別互名，本出武都，至漢中始盛，地在雒梁之際。因水以為族名，猶生姬水者氏姬，生姜水者氏姜也。」[93] 其五，從整個中國的地理方位來看，夏口占據全國中心樞紐的有利位置，「四鄉皆午貫於是」，「夏口則為都會」[94]。

　　章太炎如此詳細考證、反覆論證「夏—楚」同名同音、「齊州之音，以夏、楚為正，與河、衛絕殊」的原因是什麼呢？[95] 除了純粹語言學的客觀學術立場以外，弱化、淡化北京方言的中心地位的根本宗旨是為了反駁「帝者言之，則為正」的所謂正音觀點[96]，反駁言語方面的「首都專制」論調而提出「今宛平語，不如江寧審正多矣，而江寧復不逮武昌審正」[97]，體現「幽、冀之音，其道不久」、「宛平王跡之磨滅不終朝」等「排滿」的民族主義思想[98]，從而突出「類種族」的宣傳。對比章太炎《訄書（重訂本）·方言》（作於1904年）與《檢論·方言》（作於1915年）前後有關修改，章太炎「類種族」宣傳的微言大義就更加彰顯了。第一處修改是《檢論·方言》在《訄書（重訂本）·方言》的末尾添加一段，其中有「今世語音合唐韻者，莫如廣州，朱元晦、陳蘭甫皆徵明之，其次獨有武昌耳」之語[99]，在這裡將合唐韻的最佳語音代表（其實也是章太炎心目中的華夏正音代表）從原來的武昌改為廣州了，這很可能與辛亥革命以後全國政治局勢和時代要求都發生變化有關。第二處修改是關於河朔方言的歷史沿革的論述，《檢論·方言》認為是「唐、虞及虜之遺音」，而修改前的《訄書（重訂本）·方言》認為是「唐、虞之遺音」，不將滿族等少數民族的「虜音」包括在內，這可能是由於《訄書（重訂本）·方言》完成年代還處於清朝統治期間，河朔方言剔除「虜音」，是為了表示不屑於與「滿虜」為伍的「夷夏之辨」的含義。

第四章 「現代化」思潮中章太炎、連橫民族語文思想之比較

連橫考證了閩南語中涉及清朝名號的一批歷史詞彙（「胡」、「清」以及清朝皇族姓氏「覺羅」等）的特殊含義，他認為這些閩南語詞彙的釋義具有攘夷狄、「可為子孫之策勵」的功用[100]，連橫透過這些閩南語詞彙的釋義揭示「先民之微意」，並且「志九世之仇，而洩一時之恨」[101]，而「民族精神於是乎在」[102]，以求實現「類種族」的宣傳效果，例如：

臺灣之語有特殊者，不明其字，則不足以知其義。臺人呼「犬」為「覺羅」；「豬」為「胡亞」；亞，助辭也。覺羅氏以胡人之族，盜主諸夏，我延平郡王起而逐之，雖天厭明德，日落虞淵，而奔走疏附者，皆蹈忠赴義之士，而不忍為之賊隸也。心痛異族，目為狗豕，至今猶存此言。然非余為索其隱，則先民之微意或終不得白也。[103]

猙生清生則畜生，鄭氏時語；今呼猙生。蓋自滿人猾夏，穢德彰聞；忠義之士，憤其無道，至以禽獸比之，所謂不與同中國也。[104]

連橫還考證了涉及明末清初江山易主時代一批歷史人物（明思宗、鄭成功、施琅等）的閩南語詞彙或謠諺的特殊含義，謳歌和緬懷心目中的民族英雄，譴責和嘲笑他心目中的民族敗類。連橫揭示了在清朝專制統治和日本殖民統治高壓的政治文化環境中，漢語民間語文借抒發明朝和鄭氏政權覆亡於清朝的亡國之痛，以隱幽而又巧妙的方式表達臺灣覆亡於日本的亡國之痛，激發民族的同仇敵愾之情。連橫這樣的民族語文研究對於臺灣民眾而言，鼓舞了民氣，凝聚了民心，引導了民意，激發了臺灣民眾的「同類」意識，例如：

三月十九日，相傳太陽誕辰；實則明思宗殉國之日也。聞之故老，謂明亡之後，遺民不忍死其君，又慮清人猜忌，乃藉言太陽。太陽，日也；日，君象也。故曰「太陽一出滿天紅」，以寓復明之志。是日以麵製九豬、十六羊，供為犧牲；則少牢之禮也。今中華再建，日月重光，亦可以慰「景山之靈」矣。[105]

顧吾聞之故老，延平郡王入臺後，闢土田，興教養，存明朔，抗滿人，精忠大義，震耀古今。及亡，民間建廟以祀，而時已歸清，語多避忌，故閃爍其辭，而以「王爺」稱。此如花蕊夫人之祀其故君，而假為梓潼之神也。亡國之痛，可以見矣！[106]

第三節 章太炎、連橫致力於建設健康、規範、統一的民族語文

　　章太炎、連橫生活的時代，是傳統民族語文（漢語文和閩南語）面臨嚴重的內外危機的時代。外部危機是異族語文（「萬國新語」、日語新詞等）裹挾著「現代化」思想文化思潮滾滾而來，勢不可遏，迅猛衝擊傳統民族語文；內部危機是中國語文界受到社會發展和東西洋「現代化」思想文化思潮的影響，「變古易常」、改革民族語文的輿論呼聲（其中不乏激進主義者）持續不斷，漢語的詞彙、語音、語法結構等各個層面都發生了變化。在這內外危機之中，在一定時期內，傳統民族語文的合理性被輕易質疑，其規範被無端篡改，其根基被全面撼動，致使傳統民族語文的現實生存遭遇異化、分裂、替代等威脅，其未來發展也陷入古今失據、內外交困的局面。因而建設健康、規範、統一的民族語文就成為民族語文建設挽救危機、重獲生機的必由之路，成為民族語文學界的時代課題和歷史重任，成為民族語文現代化的堅實基礎和必要準備，成為中國現代民族文化建設的重要內容。章太炎、連橫都致力於建設健康、規範、統一的民族語文，關注多，費時久，用力勤，成就大。

一、堅決否定「限制漢字論」

（一）章太炎對「限制漢字論」的堅決否定

　　章太炎對「限制漢字論」的反駁主要體現在他對「漢字統一會」的反駁上。「漢字統一會」由日本人創設，「以反對羅甸字母，且欲聯合亞東三國，遵循舊文，勿令墜地」，但是「選擇常用之字以為程限，欲效秦皇同一文字事」，「中國人爭附之」，當時的顯赫權貴湖廣總督張之洞、兩江總督端方參與其事，並代表國人為會長。這裡需要說明的是，《新世紀》諸人推廣「萬國新語」，提出編造「中國新語」以過渡，改良辦法之首竟然也是「限制字數，凡較僻之字，皆棄而不用，有如日本之限制漢文」[107]。文字改革上最激進的「萬國新語」，達到它的中間步驟，竟然就是看似保守的「漢字統一」。所以章太炎在後來抵制「萬國新語」的過程中，總是聯想到對日本「漢字統一會」的舊帳[108]。「萬國新語」論者認為，「凡中國極野蠻時代之名物，及不適當之動作詞等，皆可屏諸古物陳列院，僅供國粹家嚼甘蔗滓者之抱殘守

缺」。「若為限制行用之字所發揮不足者,即可摻入萬國新語,以便漸摻漸多,將漢文漸廢,即為異日徑用萬國新語之張本」[109]。

章太炎堅決否定「漢字統一會」的「限制漢字論」,主要理據是:其一,「日本與中國名為同文,其源流固絕異。」章太炎指出,中國文字「自古文、小篆以至今隸,形體稍減省,而聲音訓詁,古今相禪。雖習用今隸,而不得無溯其源於古文、小篆」,而日本「強用漢字以為符號,漢字以外自有假名,今隸不備,則切假名以足之」。既然這樣,那麼,「日本雖用漢文,猶清書之取於唐古特字而已,皮傳則相似,指實則相違也。」[110] 其二,「限制漢字論」所規定限制的漢字,以今世方言為主,因為「限制漢字論」認為今世方言「有音而無正字」,所以刪去不用不為可惜。章太炎指出,中國文字雖然稀少,但是還能夠「便俗致用」、滿足民眾交際,恰恰是由於各地豐富的方言發揮作用,並且正是因為「俗儒鄙夫」取同音之字代替方言,所以誤認為「方言字」沒有價值和理據(「既非本義本形,惟強借常文以著紙帛,終莫曉其語根云何?」),「方言字」使用的數量也就比較少了,但這是不符合實際的,限制、廢棄「方言字」也是不妥當的。章太炎提出,「但令士大夫略通小學,則知今世方言,上合周、漢者眾,其寶貴過於天球、九鼎,皇忍撥棄之為?」並由此得出結論——「若強立程限,非直古書將不可讀,雖今語亦有窒礙不周者。」[111] 其三,章太炎認為,「文字一途,本自漢人創造,日本特則而效焉,末流之不如本源,斷可識也!」日本諸通儒材力必不若漢人,日本人「素未識字」,所以日本人的「限制漢字論」只是「摘埴冥行」(盲人以杖點地以尋求道路)而已[112]。

(二)連橫對「限制漢字論」的堅決否定

連橫引用日本雅文會藤本天民的「時事瑣言」反映出日本文部省限制漢字的情形:「文部省私制限漢文為一千九百六十一字。大阪每日、朝日兩新聞改為二千四百九十字。」連橫引用藤本天民的批評說,限制漢字「用之普通教育則可,用之高等教育則不可」,「國家各有古史古典,則莫非漢字;故不識漢字,則無古史古典,其害甚於秦焚書坑儒,可不思乎哉?」連橫對此大聲疾呼,「嗚呼?臺灣青年聽者!臺灣之排斥漢文者其一思之!」[113] 可見連橫對「限制漢字論」堅決否定的鮮明立場。與中國大陸相比,日本殖

民地臺灣限制漢字的政策帶來的災難更加深重，它以體制內的、行政性的、強制性的權力機制，直接作用於臺灣的語文、思想、文化、教育等領域，其負面影響更加全面和深遠。

（三）章太炎、連橫對「限制漢字論」危害的認識

章太炎、連橫都深刻地認識到：以限制漢字的原則和方法來「統一漢字」，盲目地追求學習和應用的簡便經濟、減輕民眾「負擔」，其結果只能是削弱漢字系統原本厚重穩固的根基，失去漢字系統原本理據充分的優勢，降低漢字系統自我更新的水平，減少漢字系統抵禦異族語文同化風險的能力，終究只會將漢字引向消亡，也從而成為整個漢文化的災難。

二、反對異族語文對民族語文的摻雜、滲透

章太炎原則上反對使用、引進日文漢字，其實這也是他否定「限制漢字論」的內容之一。其關鍵緣由在於日本文字與中國文字發音不同，是兩者之間不可踰越的障礙，並且兩國文字「土風異操，唇舌相戾」，其結果只能是「雖強用其文字，所謂削趾適履者」[114]。日語（當然也包括日文漢字）發音的缺點是音素重濁並且簡少，「今韻未分，況能遠識周秦部類？」而字音是十分重要的，「夫字失其音，則熒魂喪而精氣萎，形體雖存，徒糟粕也，義訓雖在，猶盲動也。」[115] 此外，在維護漢語詞彙的純潔性方面，章太炎指出，「今語雖多異古，求之《爾雅》、《方言》、《說文》，必有其字，故漢語最純潔不雜。其有雜者，如呼不好為歹，字非漢字，言非漢言，鄭思肖明其出於蒙古，此則當絕。」[116] 在維護漢語語音的純潔性方面，章太炎指出，「若夫金、元虜語，侏離而不馴者，斯乃才及幽、並、冀、豫之間，自淮漢以南亡是，方域未廣，曷為不可替哉？」[117]

連橫也很反感臺灣漢文被日語摻雜、滲透以後，變成一種「非驢非馬」、不倫不類的「洋涇浜體」閩南語，他說，「漢文不可不讀，而字義尤不可不知。而今日臺灣之漢文，非驢非馬，莫名其妙。如酒饌也，而曰『御馳走』；支票也，而曰『小切手』。使非稍知日語者閱之將不知其所謂。故臺灣今日之漢文，可謂極弊。」[118] 連橫還認為，「文章尚古，學術尚新，此余二十年來所主張也。故余讀古書，輒以最新學理釋之；而握筆為文，則不敢妄摭

時語，以炫新奇，真守舊也。」[119] 連橫在這裡所說的「不敢妄摭時語」，主要指反對使用「洋涇浜體」閩南語，其實質是抵制日語對閩南語的殖民化、同化，維護閩南語的純潔性和自主性。連橫以「尚古」、「守舊」自勵和自評，也是無奈的自嘲，很可能還是在日本殖民高壓環境中抵制殖民化和同化的一種自我掩護。

三、章太炎對「言文一致」理論的貢獻

近代以來，中國大陸和臺灣都興起聲勢浩大的「言文一致」的語文運動，以推廣文化、普及教育、開發民智為旗號，頗具號召力和影響力。但是從整體來看，中國的「言文一致」運動對相關理論知識掌握不夠，與中國語文及思想文化傳統契合不緊，或失於偏頗，或過於激進，或流於形式，存在各種問題。章太炎站在構建民族共同語的高度，憑藉深厚淵博的國學功底和嚴謹務實的學術素養，對以往的「言文一致」理論進行了偏補漏、甚至在某些內容上推倒重來的工作，為「言文一致」理論的完善和實效的提高做出了貢獻，從而也切實促進了民族語文的統一和發展。這裡需要指出的是，現在有些論者沒有詳細地、審慎地分析章太炎「言文／文言一致論」的內涵，也沒有系統地、全面地獲知章太炎「言文／文言一致論」的原意，卻簡單地評判章太炎是支持或是反對「言文／文言一致論」，這都是不嚴謹、不客觀的。

（一）「言文一致」的根本在於防止「言」、「文」之間地位非正常傾斜

章太炎指出，「俗士」的「言文一致論」、「妄人」的「文言一致論」都存在「言」、「文」兩者地位非正常傾斜的問題，都背離了真正意義上的「一致」。

（1）俗士有恆言，以言文一致為準，所定文法，率近小說、演義之流。其或純為白話，而以蘊藉溫厚之詞間之，所用成語，徒唐、宋文人所造。[120]

此處「俗士」所謂的「言文一致」之說偏重於「言」，即強扭「文」（無聲的「書契」、文辭，此處主要指書面語言）使之與「言」（有聲的「言辭」、言語，此處主要指口頭語言）一致，從而忽略了整個漢語文學乃至漢語文化——「文」所固有的「文字文化」特性，同時也放棄了對於典雅成熟的「文

言」（與「白話」相對立）的堅持，在一定程度上損害漢語文表義的精確性、嚴謹性，容易使漢語文淪於媚俗粗鄙的境地，即章太炎所論「世欲更文籍以從鄙語，冀人人可以理解，則文化易流，斯則左矣」[121]。章太炎認為，「夫里巷恆言，大體不具，以是教授，適使真意訛殽，安得理解也？」[122] 漢語文的通俗化、大眾化（例如「里巷恆言」的「普及型」的「教授」）以及相應帶來的「直接」、「方便」的效果有時是以「真意訛殽」、文化流失（「高文典冊」的失傳尤其嚴重）為代價的，章太炎的選擇是「教者不以鄙語易文言，譯者不以文言易學說，非好為詰詘也，苟取徑便而殽真意，寧勿徑便也」[123]。章太炎的對策是，雅言、俗語各司其職，各得其所，各盡其用，「有通俗之言，有士大夫之言，此學說與常語不能不分之由……有農牧之言，有士大夫之言，此文言與鄙語不能不分之由。」[124]

（2）通行文字，形體不過二千，其伏在殊言絕語中者，自昔無人過問。近世有文言一致之說，實乃遏絕方言，以就陋儒之筆札。因訛就簡，而妄人之漢字統一會作矣。[125]

此處「妄人之漢字統一會」及其支持者所謂的「文言一致」之說偏重於「文」，即強扭「言」（有聲的「言辭」、言語，此處主要指各地的方俗語言）使之與「文」（無聲的「書契」、文辭，此處專指「因訛就簡」的「陋儒之筆札」，即限制漢字字數和減省漢字形體）一致，從而忽略了漢字系統——「字」本身（形體方面的）的規範要求，同時也放棄了對於漢語文豐富性和多樣性的堅持，損失漢語文內部一定程度的多元性、競爭性，容易使漢語文淪於單一僵化的境地。

由以上兩方面的論述可見，「俗士」的「言文一致論」、「妄人」的「文言一致論」都是單方面壓制、改變「文」或「言」而達成的不自然、不真實的「一致」，其中「言」與「文」地位並不相等，不是交融、對話的關係，而是征服、吞併的關係，這兩種「言文／文言一致論」都是扭曲的、強制的文化觀的體現，都是章太炎堅決反對的。章太炎指出，「我則口耳竹帛，文質素殊。今若以語代文，便將廢絕誦讀；若以文代語，又令喪失故言。文語交困，未見其益。」[126] 口耳之間交流的「語（言語）」、書寫於竹帛的「文（文字）」，兩者差別懸殊，各有獨特的作用，不能互相取代。「俗士」的

第四章 「現代化」思潮中章太炎、連橫民族語文思想之比較

「言文一致論」、「妄人」的「文言一致論」都只能是令「語」、「文」交困，對於實現真正的「言文一致」絕無好處。在西方「語言文化論」（與中國的「漢字文化論」相對）比日本「限制漢字論」更為強勢的背景之下，在當時中國「俗士」的「言文一致論」更占上風。

（二）「言文一致」的實施應該充分準備而「未可猝行」

章太炎認為「文」、「言」不一致是語文發展的長期歷史形成的，他敘述中國語文從「言文合一」到「言文分離」的漫長歷史過程：

> 文言白話，古人不分……其所分者，非白話、文言之別，乃修飾與不修飾耳……商周口語，不甚修飾，至春秋戰國則不然……蘇、張言文合一，出口成章，當時遊說之士，殆無不然。……自晉以後，言文漸分……隋末士人，尚能出口成章，當時謂之書語。……可見士人口語，即為文章，隋唐尚然，其後乃漸衰耳。《傳燈錄》記禪家之語，宋人學之而成語錄，其語至今不甚可曉，至《水滸傳》乃漸可解，由是白話文章，不得不異其途轍。[127]

章太炎認為文」、「言」不一致是語文長期歷史發展形成的，因此回溯到周秦兩漢的「言文／文言一致」的實施也應該充分準備、循序漸進而「未可猝行」：

> 文言一致，蓋時 所嘩言也。此事固未可猝行，藉令行之不得其道，徒令文學日窳。方國殊言，間存古訓，亦即隨之消亡。以此圂圉烝黎，翩其反矣。余以為文字故訓，必當普教國人。九服異言，咸宜揅其本始，乃至出辭之法，正名之方，各得準繩，悉能解諭。當爾之時，諸方別語，庶將斟如畫一，安用豫設科條，強施櫽括哉！[128]

章太炎認為完成「言文一致」的必要準備和條件就是：給國人普及文字訓詁方面的教育，全面梳理漢語文系統，尤其是方言系統，探索漢語文的源流和變化，掌握語言發展和運用的規律。只有這樣，才可能平衡文言與白話，平衡「雅言」和「俗語」，統一各地方言，從而達到真正的「言文／文言一致」。如果踰越這個必要的準備階段，那麼結果只會適得其反——「令文學日窳」，使方言古訓消失。可見「言文／文言一致」應該是一個循序漸進、水到渠成的過程，不可能一蹴而就，也不能急躁冒進。

以白話文、文言文的學習和使用為例,章太炎認為,「今人思以白話易文言」以求「文言一致」的設想並不容易實現。首先,「白話意義不全,有時仍不得不用文言」,白話終究不能完全離開文言[129],所以仍然需要學會和使用文言。其次,即使是作白話文,看似比作文言文簡單,其實並非如此,而是「更宜詳識字!識字之功,更宜過於昌黎!」[130] 這是因為只有深通小學,才能分辨和理解保存在白話文中的「古語」、「鄙語」、「常語」,才能正確地寫出「正字」,才能明白「今人同一句話,而南與北殊,都與鄙異,聽似一字,實非一字」等語言現象。章太炎的結論是,「是故不識字,動筆即錯!其所作白話文,乃全無格律之物,欲使白話登於文苑,則識字之功宜何如?」[131] 章太炎還以顏之推、顏師古祖孫兩人為標竿對「信筆作白話文」所必需的小學功力提出自己的要求:

蜀士呼都為「逼」,時莫之解,之推云:「三蒼說文,皆有『皀』字,訓粒,通俗文音『方力反』。」眾皆歡悟(見《顏氏家訓》勸學篇)。其孫顏師古作匡謬正俗,人問:「礪刀使利曰略刃,何故?」師古曰:「爾雅,略,利也,故礪刀曰略刃。」以顏氏祖孫小學之功力如此,方能盡通鄙語,其功且過昌黎百倍。余謂須有顏氏祖孫之學,方可信筆作白話文!余自揣小學之功,尚未及顏氏祖孫,故不敢貿然為之。今有人誤讀「為絺為綌」作「為希為谷」,而悍然敢提倡白話文者,蓋亦忘其顏之厚矣![132]

雖然後來章太炎弟子魯迅等人對此表示不滿,認為章太炎的要求過於嚴苛和不切實際,但是,章太炎提出的要完成「言文/文言一致」則必須先「識字」、「精研小學」的思想認識還是具有相當的合理性和有效性,在當今的漢語文運用和改革中仍然有借鑑的價值。

(三)「言文一致」的達成需要發揮方言俗語多方溝通的功能

章太炎在否定上述「俗士」、「妄人」的兩種所謂的「言文/文言一致論」時,他提出的解決方案的關鍵都是方言俗語:

何若一返方言,本無言文歧義之征,而又深契古義,視唐宋儒言為典則耶?今者音韻雖宜一致,而殊言別語,終合葆存。[133]

果欲文言合一,當先博考方言,尋其語根,得其本字,然後編為典語,旁行通國,斯為得之。[134]

所謂「言」、「文」不一致包括文言文與白話文不一致(雅俗坐標)、古今不一致(時間坐標)、南北或東西不一致(空間坐標)等三個側面。「今各省語雖小異,其根柢固大同」是利用方言完成「言文／文言一致」的前提條件[135],透過整理、比並、綜合各地方言俗語,尋求漢語的「語根」(聲音中心)、「本字」(文字中心)、「古義」(語義中心),上溯古代「雅言」、「書語」,使今世語言之「流」以方言為「渠道」承繼、回溯遠古語言之「源」——「上合周、漢」,在「源」與「流」之間往返相通,發揮方言俗語溝通雅俗、溝通古今、溝通南北或東西的功能,從而使不一致的「言」「文」得以恢復和　正。

章太炎多次強調保存「殊言別語」,根本原因在於保持「不齊而齊」的漢語文體系,即保持「不齊」的自然狀態而不強求「齊一」。這樣做可能給漢語文統一帶來的有利因素:其一,在漢語文統一的時機成熟之前,一定程度的「不齊」狀態(「殊言別語」)有利於保持漢語文體系的活力和生機,有利於為漢語的規範和統一提供大規模的「基數」、高穩固的「底座」;其二,雖然看似「不齊」,但是其實蘊涵著「齊一」的潛力和契機,透過探求和利用「殊言別語」之間存在的「義同聲近」、「展轉緣生」的關係,為漢語的規範和統一提供充分的理據。其三,「殊言別語」的「齊一」幾乎是一個可以無限推進而又只能無限接近的過程,「殊言別語」既然有恆久存在的可能,也就有恆久存在的價值,完全「精純的國語」只能在理想化狀態下存在[136]。

章太炎與吳稚暉的方言觀有某些相同點(「吹萬不同以致方言有殊與統一語言,這兩點是章、吳兩人共同認可的平臺。」),但是兩者差別也很明顯:其一,章太炎認為,雖然中國方言繁雜、「漢語南北互輸」不容易,但與「以萬國新語易漢語」相比還是方便和容易得多,所以從實用和效率的角度來看,不能用「萬國新語」來統一中國方言[137];其二,章太炎認為漢語文中方言與方言之間差別的情況是「今各省語雖小異,其根柢固大同」[138],而「萬國新語」與漢語文之間差別我們可以用「根柢固不同」來定性,兩者本質上是完全不一樣的,所以從根本屬性的角度來看,不能用「萬國新語」來統一中

國方言。其三,「吳稚暉代表的《新世紀》諸人相信方言間不可彌合的差異性,而章太炎則借『轉注』概念,論證出中國方言『義同聲近』的道理。」[139]因而章太炎能夠「把『方言』從對『語言統一』構成威脅的破壞性因素,轉成促進『語言統一』的建設性條件」[140]。由此我們可以得出結論:在「言文/文言一致」的理論和實踐方面,透過與吳稚暉的「萬國新語論」相比,更能彰顯章太炎「方言論」理據充分,效果顯著。

四、連橫對「臺灣話文運動」的貢獻

(一)「臺灣話文運動」的民族思想背景

臺灣在1930年代初期發生「臺灣話文運動」。此次「臺灣話文運動」的歷史背景可以用「臺灣話文」論爭的一方主將黃石輝的一段被廣為引用的話作為寫照:

臺灣是一個別有天地,政治上的關係不能使用中國的普通話來支配;在民族上的關係(歷史上的經驗)不能用日本的普通話(國語)來支配,這是顯然的事實……[141]

以上引文含義或許可以用「不能」和「不願」來加以概括。所謂「不能」,一方面是臺籍作家認識到在日本殖民當局的箝制下使用中國語文的困難;另一方面是他們認識到自己對白話文普通話並不熟悉,念不出聽不懂。這是由於本來臺灣地處海疆邊陲,人們習用閩南語等方言而不諳官話,並且日本據臺後更是強迫臺灣人學日語,一般臺灣人接觸大陸同胞「官話」、「普通話」的機會都沒有,自然對白話文的使用感到生疏和困難。所謂「不願」,指臺籍作家被迫學習和使用殖民者的異族語言非常地不甘願、不情願。這樣,使用漢語普通話有所「不能」,使用日語又非常「不願」,在這種困境中,「為了保持自己」的族群特色,為了不和漢文化完全斷絕關係,提倡『臺灣話文』不就變成唯一可行的道路了嗎?」[142]其實不僅是臺灣作家在語言使用上面臨這種「不能」和「不願」的困境,一般的臺灣民眾也都是如此。

「臺灣話文運動」主張把臺灣語文字化,以臺灣語既容易學,又易於瞭解,因此應以「現行的漢字為工具創造臺灣話文」,以全面代替日文、文言文和白話文。「臺灣話文運動」總是與臺灣「鄉土文學」緊密聯繫在一起,

連橫在撰述《臺灣語典》前指出,「夫欲提唱鄉土文學,必先整理鄉土語言……此書苟成,傳之世上,不特可以保存臺灣語,而於鄉土文學亦不無少補也。」[143] 連橫還認為「方言之有系於文學也大矣」[144]。臺灣「鄉土文學」主張「用我手寫我土」,強調寫實化、大眾化、親切化,無關民瘼的題材皆排除在外,在日本殖民統治時期的臺灣確實扮演著民族性的角色[145]。「臺灣話文」提倡者力求以「臺灣話文」規範和統一臺灣紛雜的語文使用,用以抵制日語的同化和殖民化,以臺灣「鄉土文學」對抗臺灣殖民者提倡的「國語文學」(即日語文學),具有強烈的民族意識,也間接反映出「臺灣話文」提倡者力求保持與中國文化的淵源關係、心繫中國的情懷。

(二)連橫參與「臺灣話文運動」的先驅開拓之功

連橫指出:「比年以來,我臺人士輒唱鄉土文學,且有臺灣語改造之議;此余平素之計劃也。」[146] 有臺灣學人論述連橫作為「臺灣話文運動」和臺灣「鄉土文學運動」先驅者的開疆拓土之功:

> 日據時期一些新文學的雋品,或多或少都是鄉土文學理論下的成果。而正本溯源,鄉土文學之發,當推之連溫卿與連雅堂的「臺灣話保存論」。尤其連雅堂收存、整理臺語的用心、努力與成果,撰有《臺灣語典》一書,「無疑是『臺灣話保存運動』由理論至實踐的里程碑」……在其「為臺灣計,為臺灣前途計」的推動促進下,到了1930年,其理論便與新文學發展潮流相結合,互為因果的產生「臺灣話文運動」,即「鄉土文學運動」。故連雅堂雖與新文學運動背道而馳,但其保存、整理臺語的成績,之於鄉土文學運動,已做出披荊斬棘的貢獻。[147]

當時的情形是這樣的:1924年,連溫卿於《臺灣民報》刊載《語言之社會的性質》與《將來的臺灣話》二文,強調整理和保存臺灣話的重要性。但主張提出後,在當時既未聞反響或支持,稍後也不見發揚或承述。沉寂的氣氛持續到1929年,才由連橫發出第二聲,發表《臺語整理之責任》一文,並以史家眼光、史家懷抱躬行實踐,其遠見、成效和氣象,皆有可觀[148]。

這裡需要說明的是,雖然連雅堂對閩南語整理、撰述的努力,主要見於《臺灣語典》,但其實在《雅言》、《臺灣漫錄》、《臺灣史蹟志》、《臺

灣贅談》等多種著作中也散見有關閩南語的研究。此外，雖然連橫大力支持整理和使用「臺灣話文」，但是他並非固守閩南語一隅而一味排斥其他的語文形式，他主張作為方言的「臺灣話文」應該明確自己的職守和應用範圍，才能收到良好的效果：

　　《九尾龜》之「蘇白」、《廣東報》之「粵謳」，生長其地者類能知之。以臺灣語而為小說，臺灣人諒亦能知，但恐行之不遠耳。餘意短篇尺簡，可用方言；而灌輸學術、發表思潮，當用簡潔淺白之華文，以求盡人能知而後可收其效。[149]

注　釋

[1]. 章太炎：《上李鴻章書》，轉引自湯志鈞：《章太炎年譜長編》，第 61 頁。
[2]. 章太炎：《刊行教育今語雜誌之緣起》，轉引自《章太炎年譜長編》，第 321 頁。
[3]. 連橫：《流寓列傳／文苑列傳》，《連雅堂先生全集 臺灣通史》，第 1074-1075 頁。
[4]. 王用舟等人：《上直隸總督袁世凱書》，《清末文字改革文集》，文字改革出版社，1958 年版，第 36 頁。
[5]. 陳雪虎：《章太炎與清末民初漢語形象諸問題》，《福建論壇》（人文社會科學版）2001 年第 6 期，第 36 頁。
[6]. 盧戇章：《〈中國第一快切音新字〉原序》，文字改革出版社編：《清末文字改革文集》，文字改革出版社，1958 年版，第 1-2 頁。
[7]. 梁啟超：《〈沈氏音書〉序》，《清末文字改革文集》，第 7 頁。
[8]. 沈鳳樓：《江寧簡字半日學堂師範班開學演說文》，《清末文字改革文集》，第 53 頁。
[9]. 傅斯年：《漢語改用拼音文字的初步談》，《中國新文學大系·建設理論集》（影印本），上海良友圖書印刷公司，1935 年版，第 149 頁。
[10]. 章太炎：《駁中國用萬國新語說》，《章太炎全集》（四），第 337 頁。
[11]. 真：《進化與革命》，《新世紀》第 20 號，1907 年 11 月 2 日，第 1 版。
[12]. 燃：《新語問題之雜答》，《新世紀》第 44 號，1908 年 4 月 25 日，第 2 版。轉引自彭春凌：《以「一返方言」抵抗「漢字統一」與「萬國新語」》，《近代史研究》2008 年第 2 期，第 74 頁。

[13].（臺灣）蔡培火：《告祖國同胞書》，《臺灣民報》第 11 號（1923 年 11 月），第 11 版。轉引自陳培豐：《日治時期臺灣的語言政策、近代化認同》，麥田出版，2006 年 11 月第 1 版，第 336 頁。

[14].（臺灣）蔡培火：《告祖國同胞書》，轉引自陳培豐：《日治時期臺灣的語言政策、近代化與認同》，第 338-339 頁。

[15].〔清〕 黃遵憲：《日本國志》卷三十三《學術志二》，天津人民出版社，2005 年版，第 810 頁。

[16].梁啟超：《〈沈氏音書〉序》，《清末文字改革文集》，第 8 頁。

[17].夏曉虹：《中國現代語言形成說略》，夏曉虹、王風等著：《文學語言與文章體式》，安徽教育出版社，2006 年版，第 9 頁。

[18].《中國官音白話報》（初名《無錫白話報》）第 19、20 合期，1898 年 8 月。轉引自夏曉虹：《中國現代語言形成說略》，夏曉虹、王風等著：《文學語言與文章體式》，安徽教育出版社，2006 年版，第 8-9 頁。

[19].錢玄同：《嘗試集·序》，《中國新文學大系·建設理論集》（影印本），第 109 頁。

[20].（臺灣）陳炘：《文學與職務》，《臺灣青年》第 1 卷第 1 號，1920 年 7 月，第 41-43 頁。轉引自古紀堂主編：《簡明臺灣文學史》，時事出版社，2002 年版，第 59 頁。

[21].（臺灣）陳端明：《日用文鼓吹論》，《臺灣青年》第 3 卷第 6 號（1922 年 1 月 20 日），第 31-34 頁。轉引自陳培豐：《日治時期臺灣的語言政策、近代化與認同》，麥田出版社，2006 年版，第 325 頁。

[22].梁啟超：《新民說·論進步》，《梁啟超全集》（第一卷），北京出版社，1999 年版，第 684 頁。

[23].章太炎：《訄書（重訂本）·訂文》，《章太炎全集》（三），第 209 頁。

[24].傅斯年：《怎樣做白話文》，《中國新文學大系·建設理論集》（影印本），第 224 頁。

[25].梁啟超：《飲冰室詩話》（中國古典文學理論批評叢書），人民文學出版社，1959 年版，第 49 頁。

[26].《清末文字改革文集》，第 83 頁。

[27].勞乃宣：《江寧簡字半日學堂師範班開學演說文》，《清末文字改革文集》，第 55 頁。

[28].吳汝綸：《東遊叢錄》，《清末文字改革文集》，第 28-29 頁。

[29].李文治：《〈形聲通〉自序》，《清末文字改革文集》，第 49 頁。

[30]. 趙黎明：《試論章太炎語言學術活動的民族主義文化取向》，《湖北大學學報》（哲學社會科學版），2006 年第 2 期，第 154 頁。

[31]. 章太炎：《重刊〈古韻標準〉序》，《章太炎全集》（四），第 203 頁。

[32]. 章太炎：《東京留學生歡迎會演說辭》，陳平原編《章太炎的白話文》附錄，貴州教育出版社，2001 年版，第 115-116 頁。

[33]. 《章太炎先生答問》，《太炎最近文錄》，轉引自《章太炎年譜長編》第 295 頁。

[34]. 章太炎：《刊行教育今語雜誌之緣起》，《章太炎年譜長編》，第 321 頁。

[35]. 潘重規：《章太炎先生之氣節》，《章太炎先生生平與學術》，三聯書店，1988 年版，第 37 頁。

[36]. 章太炎：《規〈新世紀〉》，《民報》第 24 號，第 3778 頁。

[37]. 章太炎：《小學略說》，《國故論衡》，第 10 頁；章太炎：《丙午與劉光漢書》，《章太炎全集》（四），第 156 頁。

[38]. 章太炎：《規〈新世紀〉》，《民報》第 24 號，第 3777 頁。

[39]. 章太炎：《瑞安孫先生傷辭》，《章太炎全集》（四），第 225 頁。

[40]. 傅斯年：《漢語改用拼音文字的初步談》，《中國新文學大系·建設理論集》（影印本），第 149 頁。

[41]. 章太炎：《與吳君遂》（1902 年 8 月 8 日），馬勇編：《章太炎書信集》，第 64 頁。

[42]. 章太炎：《東京留學生歡迎會演說辭》，陳平原編：《章太炎的白話文》附錄，貴州教育出版社，2001 年版，第 115 頁。

[43]. 章太炎：《救學弊論》，《章太炎全集》（五），第 101 頁。

[44]. 章太炎：《小學略說》，《國故論衡》，第 10 頁。

[45]. 章太炎：《規〈新世紀〉》，《民報》第 24 號，第 3782-3783 頁。

[46]. 章太炎提出，「吾土舊有之文，所以旌表國民之性情節族者」。見章太炎：《規〈新世紀〉》，《民報》第 24 號，第 3781 頁。

[47]. 章太炎：《駁中國用萬國新語說》，《章太炎全集》（四）第 352 頁。

[48]. 章太炎：《規〈新世紀〉》，《民報》第 24 號，第 3785 頁。

[49]. 連橫：《連雅堂先生全集·雅言》，第 1-2 頁。

[50]. 連橫：《臺灣贅談》，《連雅堂先生全集·雅堂先生餘集》，第 109 頁。

[51]. 連橫：《詩薈餘墨》，《連雅堂先生全集·雅堂文集》，第 269-270 頁。

[52]. 連橫：《臺語考釋序二》，《連雅堂先生全集·雅堂文集》，第 38 頁。

第四章 「現代化」思潮中章太炎、連橫民族語文思想之比較

[53]. 連橫：《臺語考釋序一》，《連雅堂先生全集・雅堂文集》，第 37 頁。

[54]. 連橫：《與林子超先生書》，《連雅堂先生全集・雅堂文集》，第 127 頁。

[55]. 周憲文：《弁言》，連橫：《連雅堂先生全集・雅言》。

[56]. 章太炎：《訄書（重訂本）・哀焚書》，《章太炎全集》（三），第 323-324 頁。

[57]. 連橫：《臺語考釋序二》，《連雅堂先生全集・雅堂文集》，第 37 頁。

[58]. 連橫：《臺語考釋序二》，《連雅堂先生全集・雅堂文集》，第 37 頁。

[59]. 連橫：《大陸遊記》，《連雅堂先生全集・雅堂文集》，第 91 頁。

[60]. 章太炎：《規〈新世紀〉》，《民報》第 24 號，第 3771-3772 頁。

[61]. 連橫：《臺語考釋序二》，《連雅堂先生全集・雅堂文集》，第 37-38 頁。

[62]. 章太炎：《規〈新世紀〉》，《民報》第 24 號，第 3772 頁。

[63]. 連橫：《連雅堂先生全集・雅言》，第 128 頁。

[64]. 章太炎：《規〈新世紀〉》，《民報》第 24 號，第 3783-3784 頁。

[65]. 章太炎：《規〈新世紀〉》，《民報》第 24 號，第 3774 頁。

[66].《民報》第 24 號，第 3782 頁。

[67]. 章太炎：《規〈新世紀〉》，《民報》第 24 號，第 3777 頁。

[68]. 連橫：《臺語考釋序一》，《連雅堂先生全集・雅堂文集》，第 35-36 頁。

[69]. 連橫：《臺灣贅談》，《連雅堂先生全集・雅堂先生餘集》，第 110 頁。

[70]. 連橫：《臺灣贅談》，《連雅堂先生全集・雅堂先生餘集》，第 110 頁。

[71]. 章太炎：《規〈新世紀〉》，《民報》第 24 號，第 3773 頁。

[72]. 章太炎：《訄書（重訂本）・方言》，《章太炎全集》（三），第 204 頁。

[73]. 章太炎：《規〈新世紀〉》，《民報》第 24 號，第 3783 頁。

[74]. 連橫：《連雅堂先生全集・雅言》，第 1-2 頁。

[75]. 連橫：《大陸遊記》，《連雅堂先生全集・雅堂先生餘集》，第 91 頁。

[76]. 連橫：《疆域志》，《連雅堂先生全集・臺灣通史》，第 140-141 頁。

[77]. 章太炎：《〈新方言〉序》，《章太炎全集》（七），上海人民出版社，1999 年版，第 4 頁。

[78]. 章太炎：《駁中國用萬國新語說》，《章太炎全集》（四），第 340 頁。

[79]. 連橫所說的「方言」不是指與中國古語相通的大部分閩南語，而是特指閩南語中「不與諸夏共通者」。連橫說，「臺灣之語，無一語無字，則無一字無來歷；其有用之不同，不與諸夏共通者，則方言也。方言之用，自古已然。」見連橫：《連雅堂先生全集・雅言》，第 2 頁。本文不取連橫此義。

[80]. 章太炎：《重刊〈古韻標準〉序》，《章太炎全集》（四），第 204 頁。

[81]. 章太炎：《〈新方言〉序》，《章太炎全集》（七），第 5 頁。

[82]. 連橫：《臺語考釋序一》，《連雅堂先生全集·雅堂文集》，第 35 頁。

[83]. 連橫：《連雅堂先生全集·雅言》，第 9-10 頁。

[84].《國粹學報》己酉年（1909 年）第七號出版，轉引自湯志鈞《章太炎年譜長編》，第 302 頁。

[85]. 劉光漢：《〈新方言〉後序一》，《章太炎全集》（七），第 134 頁。

[86]. 章太炎：《嶺外三州語》，《章太炎全集》（七），第 139 頁。

[87]. 連橫：《連雅堂先生全集·雅言》，第 6-7 頁。

[88]. 章太炎：《正言論》，《國故論衡》，第 45 頁。

[89]. 章太炎：《訄書（重訂本）·方言》，《章太炎全集》（三），第 204 頁。

[90]. 章太炎：《訄書（重訂本）·方言》，《章太炎全集》（三），第 204 頁。

[91]. 章太炎：《訄書（重訂本）·方言》，《章太炎全集》（三），第 204 頁。

[92]. 章太炎：《訄書（重訂本）·方言》，《章太炎全集》（三），第 204 頁。

[93]. 章太炎：《中華民國解》，《章太炎全集》（四），第 252-253 頁。

[94]. 章太炎：《訄書（重訂本）·方言》，《章太炎全集》（三），第 207 頁。

[95]. 章太炎：《訄書（重訂本）·方言》，《章太炎全集》（三），第 204 頁。

[96]. 章太炎：《檢論·方言》，《章太炎全集》（三），第 488 頁。

[97]. 章太炎：《規〈新世紀〉》，《民報》第 24 號，第 3786 頁。

[98]. 章太炎：《訄書（重訂本）·方言》，《章太炎全集》（三），第 205 頁。章太炎：《訄書（重訂本）·方言》，《章太炎全集》（三），第 207 頁。

[99]. 章太炎：《檢論·方言》，《章太炎全集》（三），第 488 頁。

[100]. 連橫：《連雅堂先生全集·雅言》，第 12 頁。

[101]. 連橫：《臺灣漫錄—覺羅》，《連雅堂先生全集·雅堂文集》，第 177 頁。

[102]. 連橫：《覺羅》，《連雅堂先生全集·臺灣語典》，第 75 頁。

[103]. 連橫：《臺灣贅談》，《連雅堂先生全集·雅堂先生餘集》，第 110-111 頁。

[104]. 連橫：《連雅堂先生全集·臺灣語典》，第 75 頁。

[105]. 連橫：《連雅堂先生全集·雅言》，第 82 頁。

[106]. 連橫：《宗教志》，《連雅堂先生全集·臺灣通史》，第 648-649 頁。

[107]. 章太炎：《論漢字統一會》，《章太炎全集》（四），第 319 頁。

[108]. 彭春凌：《以「一返方言」抵抗「漢字統一」與「萬國新語」》，《近代史研究》，2008年第2期，第72頁。

[109]. 前行來稿，燃（吳稚暉）註：《編造中國新語凡例》，《新世紀》第40號，1908年3月28日，第4版。轉引自彭春凌：《以「一返方言」抵抗「漢字統一」與「萬國新語」》，《近代史研究》，2008年第2期，第72頁。

[110]. 章太炎：《論漢字統一會》，《章太炎全集》（四），第319頁。

[111]. 章太炎：《論漢字統一會》，《章太炎全集》（四），第319-320頁。

[112]. 章太炎：《論漢字統一會》，《章太炎全集》（四），第321頁。

[113]. 連橫：《詩薈餘墨》，《連雅堂先生全集‧雅堂文集》，第297-298頁。

[114]. 章太炎：《論漢字統一會》，《章太炎全集》（四），第321頁。

[115]. 章太炎：《論漢字統一會》，《章太炎全集》（四），第321頁。

[116]. 章太炎：《規〈新世紀〉》，《民報》第24號，第3778頁。

[117]. 章太炎：《重刊〈古韻標準〉序》，《章太炎全集》（四），第204頁。

[118]. 連橫：《詩薈餘墨》，《連雅堂先生全集‧雅堂文集》，第290頁。

[119]. 連橫：《詩薈餘墨》，《連雅堂先生全集‧雅堂文集》，第273頁。

[120]. 章太炎：《論漢字統一會》，《章太炎全集》（四），第321頁。

[121]. 章太炎：《正名雜義》，《章太炎全集》（三），第216頁。

[122]. 章太炎：《正名雜義》，《章太炎全集》（三），第216頁。

[123]. 章太炎：《正名雜義》，《章太炎全集》（三），第216頁。

[124]. 章太炎：《正名雜義》，《章太炎全集》（三），第215-216頁。

[125]. 章太炎：《博徵海內方言告白》，《民報》第17號-24號封底廣告，1907年10月25日—1908年10月10日。

[126]. 章太炎：《正言論》，《國故論衡》，第44頁。

[127]. 章太炎：《白話與文言之關係》，《章氏國學概論》附錄，章太炎主講、曹聚仁記述，（香港）學林書店出版，1974年6月港新七版，第113頁。

[128]. 章太炎：《正言論》，《國故論衡》，第44頁。

[129]. 章太炎：《白話與文言之關係》，《章氏國學概論》附錄，第115頁。

[130]. 章太炎：《白話與文言之關係》，《章氏國學概論》附錄，第115頁。

[131]. 章太炎：《白話與文言之關係》，《章氏國學概論》附錄，第120頁。

[132]. 章太炎：《白話與文言之關係》，《章氏國學概論》附錄，第120-121頁。

[133]. 章太炎：《論漢字統一會》，《章太炎全集》（四），第321頁。

[134]. 章太炎：《博徵海內方言告白》，《民報》第 17 號 -24 號封底廣告，1907 年 10 月 25 日—1908 年 10 月 10 日。

[135]. 章太炎：《駁中國用萬國新語說》，《章太炎全集》（四），第 340 頁。

[136].「精純的國語」語見傅斯年：《怎樣做白話文》，《中國新文學大系‧建設理論集》（影印本），第 222 頁。

[137]. 章太炎：《駁中國用萬國新語說》，《章太炎全集》（四），第 340 頁。

[138]. 章太炎：《駁中國用萬國新語說》，《章太炎全集》（四），第 340 頁。

[139]. 彭春凌：《以「一返方言」抵抗「漢字統一」與「萬國新語」》，《近代史研究》，2008 年第 2 期，第 78 頁。

[140]. 彭春凌：《以「一返方言」抵抗「漢字統一」與「萬國新語」》，《近代史研究》，2008 年第 2 期，第 76 頁。

[141]. 黃石輝：《我的幾句答辯》，原刊《昭和新報》142-144 期，1931 年 8 月 15 日至 29 日，轉引自朱雙一、張羽：《海峽兩岸新文學思潮的淵源和比較》，廈門大學出版社，2006 年版，第 69 頁。

[142]. 朱雙一、張羽：《海峽兩岸新文學思潮的淵源和比較》，廈門大學出版社，2006 年版，第 69 70 頁。

[143]. 連橫：《連雅堂先生全集‧雅言》，第 1 頁。

[144]. 連橫：《連雅堂先生全集‧雅言》，第 2 頁。

[145]. （臺灣）張翠蘭：《連雅堂學述》，政治大學 1992 年碩士論文，第 226 頁。

[146]. 連橫：《連雅堂先生全集‧雅言》，第 1 頁。

[147]. （臺灣）張翠蘭：《連雅堂學述》，第 226 頁。

[148]. （臺灣）張翠蘭：《連雅堂學述》，第 235 頁。其實，在連橫《臺語整理之責任》（刊載於 1929 年 12 月 1 日出版的《臺灣民報》第 289 號）發表之前，11 月 24 日《臺灣民報》上，已發表了連橫的另一篇同類文章《臺語整理之頭緒》。

[149]. 連橫：《連雅堂先生全集‧雅言》，第 20-21 頁。

第五章 章太炎、連橫「群學」思想之比較——基於民族共同心理倫理的探討（上）

　　晚清以來，尤其是甲午戰爭以後，不少維新進步人士認為中國貧弱和失敗的原因在於民眾渙散，而救亡圖強的關鍵在於聯合民眾即「合群」，而倡導「合群」的學說當時普遍被稱為「群學」[1]。與此同時，近代社會學也開始傳入中國（社會學傳入中國的傳播路徑大致可以分為從西歐國家轉譯而來的西洋派、從日本轉譯而來的東洋派）。1891年康有為在廣州萬木草堂講學，他所編的教育大綱中列有的「群學」科目，嚴復將「sociology」譯為「群學」（1897年嚴復將其《社會學原理》的首篇以「斯賓塞爾勸學篇」之名譯載於《國聞週報》，1903年，更以《群學肄言》之名將全書譯出）。當時，中國進步人士積極翻譯社會學著作、傳播社會學思想。1896年，譚嗣同在他著的《仁學》中，最先採用了日文的「社會學」一詞；1902年，章太炎翻譯日本岸本能武太的《社會學》，這是最早翻譯出版的西方社會學著作；1902年，梁啟超發表了《進化論革命者頡德之學說》，介紹西方社會學學說。當時的人們將這些西方社會學說也都稱作「群學」[2]。因此，「群學」其實是中國傳統的「合群之學」與西方傳入的社會學的結合。

第一節 近代「群學」的基本內涵、思想淵源和思想傾向

一、基本內涵

　　「群學」以「群獨／己之辨」觀念（即個人與群體之間關係如何認識理解、如何協調優化等觀念）為核心。「群己之辨」中的「己」一般指個體的人，「群」則是指團體、社會、國家、民族等群體。「群己之辨」是中國傳統文化的一個重要論題，歷時久遠，發端於先秦時代，孔子「君子矜而不爭，群而不黨」、「己欲立而立人，己欲達而達人」、「群居終日，言不及義，好

行小慧，難矣哉」等就是有關「群己之辨」的重要論述。「群己之辨」是「群學」核心的內容之一，也是近代學術思想界十分關注的課題。「群學」思想涉及個體性與群體性之間的本質關係定位，涉及人格、人的本性（以及與之相對應的社會、國家等群體的本性）、人的自由解放等諸多課題，也涉及民族共同心理倫理（包括其影響因素、存在問題，良好素質養成的致效途徑、發展思路、奮鬥目標等方面的內容），是整個近代中國民族文化中令人關注的關鍵內容。

有學者指出民族共同的心理素質與近代民族文化、民族共同體、民族精神之間的密切聯繫：

共同的心理素質，是近代民族文化的核心，也是近代民族共同體形成過程中精神活動所圍繞的主要軸心。中國在漫長的歲月流逝中，由於儒家思想經常占據統治地位，早已形成了以祖先崇拜與皇權至上為主要表現形式的共同心理習俗。這種心理習俗，在人與人的關係上，一極必然是超經濟的強制，而另一極必然是農奴式的屈從……在舊時代條件下，對於穩定封建民族共同體的社會結構，曾經起過積極的作用。然而，這些在封建社會中充當過維繫紐帶的共同心理素質，到了近代，已經變成巨大的歷史惰力……因此，為了有力地推動近代民族文化的形成和近代民族共同體的發展，就必須衝破這舊的精神羅網，確立與社會發展需要相適應的共同心理素質，樹立具有鮮明時代色彩的新的民族精神。[3]

在1922年，梁啟超應《申報》館之邀，寫下了《五十年中國進化概論》一文，對中國近代社會的變革，從思想文化的層次作了一個精彩的總結：

近五十年來，中國人漸漸知道自己的不足了。……第一期，先從器物上感覺不足。這種感覺，從鴉片戰爭後漸漸發動，……於是福建船政學堂上海製造局等等漸次設立起來。……第二期，是從制度上感覺不足。……所以拿「變法維新」做一面大旗，在社會上開始運動。……第三期，便是從文化根本上感覺不足。第二期間所經過時間比較的很長——從甲午戰役造成民國六七年間止。……革命成功將近十年，所希望的件件都落空，漸漸有點廢然思返，覺得社會文化是整套的，要拿舊心理運用新制度，決計不可能，漸漸要求全人格的覺悟。恰值歐洲大戰告終，全世界思潮都添許多活氣。最近回

國的留學生，又很出了幾位人物，鼓起勇氣做全部解放的運動。所以最近兩三年間，算是劃出一個新時期來了。[4]

梁啟超關於中國近代社會思想文化變革和演進的「三期說」，是從整體和全局的視野得出的結論，應該說是不無道理、大體可信。但其實「三期」之間並非真正截然隔開，也並非嚴格依次排序，而是彼此有交錯、混雜的情形。或者可以這樣理解：如果按照梁啟超的「三期說」的時間分段，那麼，章太炎、連橫就可以視為中國近代社會思想文化變革和民族文化建設的先知者和先行者——因為他們早在所謂的「第二期」時，兩人都已認真思考和探索如何培養中國民眾健康的心理倫理素質和建設國民「健全人格」的問題了。只是比較而言，章太炎的培養和建設方案更傾向於突破中國儒家主流傳統——首先強調個體的解放和自由，而連橫的培養和建設方案則更傾向於遵循中國儒家主流傳統——首先強調群體的和諧和團結。但是兩人關於近代中國民眾心理倫理素質培養和人格建設的方案都在一定程度上汲取了新時代的養分，都是相對原來陳腐、落後的心理倫理觀念變革和改進的結果。

民族共同心理素質往往是與民族共同倫理素質聯繫、結合在一起的，所以我們統稱為民族共同心理倫理素質。章太炎、連橫各自身處的地域文化、時代思潮、家庭教育（經歷）、個性氣質等因素對於兩人「群學」思想的影響既有相近、相通的一面，也有相異、相別的一面，兩人「群學」思想的基本內容也是相近、相通與相異、相別兼備，兩人「群學」思想在近代中華民族共同心理倫理素質養成的認識和改造問題上還表現出殊途同歸的特徵。總之，章太炎、連橫因為受到內外諸多因素的綜合影響，對於「群獨／己之辨」以及近代中華民族共同心理倫理素質養成表達了和而不同的理解認識，並提出了雖然同異互見、卻又都言之有理並持之有據的調整改造方案。

二、思想淵源

中國近代最早使用「群學」之名的不是嚴復，但在中國近代介紹西方社會學（「群學」）卓有成效、影響深遠的當首推嚴復，他指出：

群學何？用科學之律令，察民群之變端，以明既往測方來也......今夫士之為學，豈徒以弋利祿、釣聲譽而已，固將於正德、利用、厚生三者之業有一合焉。群學者，將以明治亂盛衰之由，而於三者之事操其本耳。[5]

斯賓塞爾者，亦英產也，與達氏同時，其書於達氏之《物種探原》為早出，則宗天演之術，以大闡人倫治化之事。號其學曰「群學」，猶荀卿言人之貴於禽獸者，以其能群也，故曰群學。夫民相生相養，易事通功，推以至於刑政禮樂之大，皆自能群之性以生。[6]

康有為在《上海強學會序》、《上海強學會後序》中提到「傳稱『以文會友，以友輔仁』，記稱『敬業樂群』」，「荀子言物不能群，惟人能群」[7]。梁啟超《湖南時務學堂學約》中規定：「七曰樂群。荀子曰：『人之所以異於禽獸者，以其能群也。』易曰：『君子以朋友講習。』曾子曰：『君子以文會友，以友輔仁。』直諒多聞。善相勸，過相規，友朋之益，視師長有加焉。他日合天下而講之，是謂大群。今日合一堂而講之，是謂小群。」[8]章太炎在《明群》中提出的「合群」、「明分」等觀點直接來源於《荀子》。

「正德、利用、厚生」語出《尚書‧大禹謨》，「以文會友，以友輔仁」語出《論語‧顏淵》，「敬業樂群」語出《禮記‧學記》，「誠正修齊治平」語出《大學》，「人之所以異於禽獸者，以其能群也」、「物不能群，惟人能群」語出《荀子‧王制》，由此可見近代「群學」與中國傳統經典之間的淵源關係，尤其是其中荀子的「群學」思想則是時人公認的近代「群學」思想的重要淵源。《荀子》「群學」思想作為近代「群學」思想的重要淵源，章太炎、連橫的「群學」思想也不同程度地受到《荀子》「群學」思想的影響。

（一）關於「群」的重要意義

有研究者指出，「就『人道』之具體存在形式而言有兩種：一是個體性存在，一是群體性存在方式。在荀子現實主義之秩序情節的發酵下，荀子選擇了後一條道路——群體式道路。荀子之所以抉擇群體化的道路，其因在於只有在『群』的形式下，人類才能生存。」[9]「群」（結成群體，大致相當於人的社會性）是人類超越於牛馬等動物的根本素質，是水火類的「氣」→草木類的「生」→禽獸類的「知」→人類的「義」這樣的自然界、生物界由

低級到高級循序發展的結果（因而人類是天下最可寶貴的）[10]，「群」是人類生存的基本能力，是人類征服自然界的關鍵條件。「總的來說，荀子思想中的個體的主動性與德性修養較孔孟來說有所減弱，而荀子強調的是類的主動性。李澤厚先生也曾說：『如果說，孟子在中國思想史上最先樹立了偉大的個體人格觀念；那麼，荀子便在中國思想史上最先樹立了偉大的族類的整體氣概。』」[11]

（二）關於「群」的實現途徑

人何以能群？是透過「分」的途徑才得以實現的。「分」兼指名分、職分、本分等多重意義。荀子認為，只要人們各就其位，各司其職，各安其分，釐清各自的權利和義務，就能組織一個「明分使群」的社會，而「分」的實行是由「禮義」（包括孝、悌、順、忠）決定的，「群而分」目標的實現一點也不能離開禮義的維持。「義」與「分」的結合（「義以分」）能達致「和」，而「和則一，一則多力，多力則強」，[12] 且能「使人載其事而各得其宜」從而實現符合「群居合一之道」的理想社會[13]。

（三）關於「群」的社會理想

荀子關於「群」的社會理想是透過「君道」表現的（因為「君者，何也？曰：能群也」），「能群」包括四項內容[14]：（1）「善生養人」——從鼓勵農業生產和保證農民安居樂業著眼；（2）「善班治人」——根據王先謙考證「班」應讀為「辨」，辨治人即以禮義治人，社會各階層各守其職分；（3）「善顯設人」論德定次、量能授官，尚賢使能；（4）「善藻飾人」——標示禮節儀式、文采修飾不同之等差，以別上下、明貴賤[15]。四項之中，「善生養人」被置於首要位置。荀子認為，如果「群道」得當，那麼「萬物皆得其宜，六畜皆得其長，群生皆得其命」[16]，強調的依然還是「厚生」、「民生」、「民本」的理念。

三、思想傾向

（一）突出「群」相對於「獨」的倫理道義優勢地位

晚清社會「群學」普遍的思想傾向是強調「能群」、「合群」對於國家民族救亡的重大意義,因而相應地突出「群」(相對於「獨」、「身」、「己」等意義而言)在倫理道義上的優勢地位。例如,康有為在追述強學會成立原由時認為:「中國風氣,向來散漫,士大夫戒於明世社會之禁,不敢相聚講求,故轉移極難。思開風氣,開知識,非合大群不可,且必合大群而後力厚也。」[17]「必合大群而後力厚」的思想主張在當時社會影響巨大。又如,梁啟超認為中國積弱的淵源在於「人人心目中但有一身之我,不有一群之我」[18]:

同是我也,而有大我小我之別焉。……結合力何以能大何以能強,必其一群之人常肯絀身而就群,捐小我而衛大我。於是乎愛他利他之義最重焉。聖人之不言為我也,惡其為群之賊也。人人知有身不知有群,則其群忽渙落摧壞而終被滅於他群,理勢之所必至也。中國人不知群之物為何物,群之義為何義也,故人人心目中但有一身之我,不有一群之我。[19]

梁啟超自創「群術」一詞,與「獨術」相對,作為一種有效的治國之術:

以群術治群,群乃成,以獨術治群,群乃敗。己群之敗,它群之利也。何謂獨術?人人皆知有己,不知有天下。……善治國者,知君之與民同為一群之中之一人,因以知夫一群之中所以然之理,所常行之事,使其群合而不離,萃而不渙,夫是之謂群術。[20]

梁啟超還從「合多數之獨而成群」的原初意義的「合群之德」推而廣之,提出要努力養成廣義上的諸多「合群之德」:

合群云者,合多數之獨而成群也。……吾中國謂之為無群乎?彼固龐然四百兆人,經數千年聚族而居者也。不寧惟是,其地方自治之發達為頗早,各省中所含小群無數也。同業聯盟之組織頗密,四民中所含小群無數也。然終不免一盤散沙之誚者,則以無合群之德故也。合群之德者,以一身對於一群,常肯絀身而就群;以小群對於大群,常肯絀小群而就大群。夫然後能合內部固有之群,以敵外部來侵之群。乃我中國之現狀,則有異於是矣。[21]

(二)「群」的觀念與進化論的觀念具有緊密聯繫

進化論在晚清的中國頗為流行,「群」的觀念與進化論的觀念緊密聯繫在一起,近代「群學」的這種思想傾向以嚴復為代表。嚴復以「用科學之律

令（主要指進化論——筆者註），察民群之變端」來闡釋何為「群學」，還指出斯賓塞「大闡其理（即天演之理——筆者註）於民群」[22]，並取「群」之名用以命名他的學說——即斯賓塞撰著的《群學肄言》[23]。有學者指出，「晚清至『五四』時代中國思想界的重要特徵就是在社會進化的意義上來討論社會和個人的觀念及其意義。由於『進化』是一種『科學公理』，因而社會和個人的進化不過是『公理』的物質性的展現。⋯⋯進化指的是社會群體的進化，作為一種對歷史的描述方式，它提示了宇宙和人類社會的最終的理想。現代思想對個人觀念的闡釋建立在這樣一種群體的和進化論的現代性觀念之上，其邏輯的結果就是：必須把對個人的權力、義務和責任的考慮置於社會的利益和歷史的最終目標之下來衡量。」[24]

為什麼在近代中國「群」的觀念與進化論的觀念緊密聯繫在一起呢？這主要是由兩方面的原因造成的。原因之一是，在帝國主義侵略加劇、中國的民族危機深重的特殊歷史時代，自然界的進化論在中國就容易趨向於社會達爾文主義，「物競天擇、適者生存」的自然進化觀念被廣泛應用於人類社會發展領域，並直接地與全球視野中的中國與異國、華夏族與異族生存鬥爭的現實聯繫起來，這樣就強化了全民族和全中國以「群」的名義和實體「進化」、「進步」以圖生存的群體意識。例如，嚴復提出，「蓋人由散入群，原為安利⋯⋯大既以群為安利，則天演之事，將使能群者存，不群者滅；善群者存，不善群者滅。」[25] 又如，梁啟超也提出，「自然淘汰之結果，劣者不得不敗，而讓優者以獨勝云爾。優劣之道不一端，而能群與不能群實為其總原。」[26] 原因之二是，當時的思想知識界普遍認為，「群」的進化與自然界的進化規律相一致，或者說，人類進化遵循「以群為體」的原則[27]，例如，梁啟超提出百物「質點貴群」、動物「枝體貴群」、人類「知識貴群」這樣的「咸持合群為第一義」的規律[28]，即質點越多、枝體越多、知識越多的就越可貴、越高級，其實這種「群學」規律與「始於簡易，終於錯綜」、複雜生命高級於簡單生命的自然界進化規律是一致的，而「獸之群不敵人之群」、「野蠻之群不敵文明之群」也都符合「後出之群漸盛，則前此之群漸衰」的關於生物物種進化的「遞嬗遞代之理」[29]。如果說人由獨（散）到群的變化過程符

合自然界由簡單（低級）到複雜（高級）的進化規律，那麼人的群體化（社會化）就算是人類發展演化的一種成長進步了。

（三）德國「國家主義」優勝於盧梭「社會契約型」國家學說

有研究者指出，「晚清中國民族主義的形成是從堅夷夏之防的觀念開始的，但鴉片戰爭之後，中國民族主義逐漸吸納了國家主權和利益的思想，到甲午戰爭失敗、維新運動興起的時期，主要來自西方的『國家』觀念不僅已經成為中國現代民族主義的最為顯著的特徵，而且也是貫穿不同政治集團的政治話語的中心概念。」[30]「群」的觀念朝國家觀念的轉變是近代中國思想界的主流（近代所謂「大群」常指國家就是這種轉變的典型表現），當時的國家觀念影響較大的有德國的「國家主義」與盧梭的「社會契約型」兩大流派，兩者的激烈爭鋒在一定程度上可視為救亡與啟蒙兩大社會主題鬥爭而又並存的社會現實的反映。

宣揚德國的「國家主義」思想的以梁啟超為代表。梁啟超遊歷海外歸來以後，他舶來了德國人波倫哈克的「以君主為國家統治之主體，而以領土及臣民為國家統治之客體」的國家學說，主張建設強有力的政府，採取「干涉主義」，以「保育」國民，挽救國家，於主權在民和主權在國家這兩種理論中，明顯偏向後者。為此，他「以國家為標準」，去測量自由的價值，認為「濫用自由平等之語」，只會加深社會的危機，宣稱「我中國今日所最缺乏而急需者，在有機之統一與有力之秩序，而自由平等直其次耳」，已明顯地從《新民說》中所表現的強調個人自由、功利的立場，偏轉到強調國家整體利益的立場[31]。「契約論」國家學說見本章下文詳細論述。

德國「國家主義」與盧梭「社會契約論」國家學說，在當時的中國雖然各領風騷，但是前者在與後者的爭鋒中明顯占優勢。

第二節 章太炎、連橫「群學」思想的基本特徵

一、章太炎「群學」思想的基本特徵

章太炎生活的時代——19世紀末20世紀初，革新儒家傳統思想文化的呼聲漸起，而此時資本主義的弊端也已經開始暴露。在群己思想方面，章太炎一方面呼應和延續龔自珍、康有為、梁啟超、譚嗣同等社會先覺者關於個性自由、「人的解放」的 喊，力求抵制和消解儒家自漢代以來的群體主義的思想權威；另一方面章太炎敏銳地覺察到隨西方「自由」、「民主」和「天賦人權」的思潮一起傳入和影響中國的，還有以「社會」、「國家」、「團體」等群體為代表的「公理群體主義」思潮，形成一種新興的、具有同樣的甚至更為巨大破壞個性自由力量的群體主義權威，這也是章太炎力求抵制和消解的。

因此，章太炎的「群學」思想既突破儒家傳統的群體主義束縛又抵制西方新興群體主義壓迫，兩方面相輔相成，共同構成「新個體主義」思想。之所以稱之為「新個體主義」思想，是由於它具有同時抵制和消解東西方群體主義權威的特徵，打破了名教崇拜（觀念崇拜）的桎梏——封建社會的「天理」和資本主義社會的「公理」，還由於「新個體主義」思想並非一味排斥群體主義而是力求維持「群」（團體）與「獨」（個體）的對立統一、平衡協調的關係，並且「新個體主義」思想力求避免西方那種完全以個人利益為依歸的極端個人主義。在章太炎看來，「個體」利益與「團體」利益是統一的，並不是矛盾的，「章太炎的以個體為本位的人文思想，同西方傳統的以個人為本位的人文思想截然區分開來，章太炎的人文主義思想仍然屬於東方的人文主義傳統，章太炎並沒有將自己匯入到西方的人文主義傳統中去」[32]。

（一）對儒家傳統群體主義思想束縛的突破

中國儒家傳統的「群己之辨」思想始終以重群體輕個體的價值觀為主流，在此前提之下先秦儒家有關群己和諧及群己平衡、乃至適度尊重個體的思想不斷被削弱，宋明理學家將群體價值提升到至高無上的地位，將個人之「私」與群體之「公」完全對立起來並將後者視為絕對的「義」和「公理」。總之，中國儒家傳統的「群己之辨」思想的發展演變以不斷側重傾斜於「群」為基

本線索,這種思想趨勢直到明末清初和晚清兩個特定的歷史時代才有所改變。章太炎的「群學」觀的一個根本特徵就是對歷時久遠、根深蒂固的儒家傳統群體主義思想束縛的突破,它是透過三個方面得以完成的。

第一個方面是類化和褒貶「群」、「獨」系列概念。章太炎認定的「群」、「獨」系列概念的第一類是「小獨」和「小群」。所謂「小獨」(雖然章太炎沒有明確提出命名,但是可以根據章太炎「群」、「獨」系列觀念的邏輯性和系統性類推得出),即「卓詭其行,然與俗爭」的「鷙夫」、「厚其泉貝,膏其田園」的「嗇夫」、「深溪博林,悠閒以自樂」的「曠夫」[33],他們都是自私自利、不顧他人和群體之徒,所以章太炎將他們定性為「三者皆似獨,惟不能群,故靳與之獨也」[34]。也就是說,這些人看似「獨」,但卻不能懂得「群之道」,所以不能賦予他們「獨」的稱號。所謂「小群」,即章太炎所比喻的與日相對應的五緯之「群」、與海相對應的江河之「群」、與靈鼓相對應的吹管之「群」、與嘉木相對應的獲之「群」、與鳳相對應的小雛之「群」,其實指的是「基於鄉土愛及血緣紐帶所構成的各種小社群,尤其以散布各地的家族為主」,「套用德國史學家邁乃克的話說,這些宗族社群是仍受天然條件宥限的『尨物性國民』。韋伯對中國社會的這個獨特現象有相當精闢的分析。他認為這個古老帝國表面上看起來是一個整體,其實內部是星羅棋布的小親族團體,它們是中央政府的力量所無法浸透的地方,所以中國實際上是不完全的統一帝國。」[35]「群」、「獨」系列概念的第二類是「大獨」。章太炎所謂「大獨」,既是與「小群」相對立的,也是與「小獨」相對立而言的。「大獨」既超越一己之私(即「小獨」的本質屬性),又超越基於鄉土愛及血緣紐帶的舊式的小集團、小宗派、家族、宗族等狹隘的小團體(即「小群」的本質屬性),「大獨」要求人們獨立自主,敢於同流俗不合,充分發展自己的個性。「群」、「獨」系列概念的第三類是「大群」。章太炎所謂「大群」,可以理解為「大獨」與「合群」的融合——既能保證內部個體的獨立性和自主性又能保證整體的協調團結和共同發展,或者可以說「大群」是兼備「大獨」特性的「群」——包括符合上述「群獨之道」的社會、國家、民族等群體。章太炎褒揚第二類和第三類,貶斥第一類。

第二個方面是論證和認定「群」與「獨」之間相反相成的辯證關係。章太炎指出「群」與「獨」之間關係是「獨者群,則群者獨」[36],是「大獨必群,群必以獨成」[37],認為「群」與「獨」之間是相反相成的辯證關係,即協調、制衡的關係,互動、滲透的關係。這種辯證關係直接透過三個方面體現出來。第一,章太炎既指出「獨」不能淪為「鶩夫」、「嗇夫」、「曠夫」那樣的「小獨」,而是要「群於國也」、「群於無告者」、「群於知方之士」,要像錢塘汪翁那樣,「翁之獨,抑其群也」[38],也可以說整個「群獨之辨」是以「群」為框架、為背景的,所以就有了「獨者群」和「大獨必群」的一面;章太炎又指出「獨」(尤其是「大獨」)對於孕育、保障、建設「群」(尤其是「大群」)具有不可或缺的重要意義,他說,「非獨,何以黨哉?」[39]「大獨,大群之母」[40],所以就有了「群者獨」和「群必以獨成」的另一面。第二,章太炎一方面為挽救「大群之將渙」的危險局面,「求群而不可得也久矣」[41],於是大力宣揚合群的必要性,即「今知不合群致死以自禦侮,則後世將返為蠻獠狙獲,以此為念,則足以倡勇敢也必矣」[42],強調個人為國家民族、為社會獻身的群體性追求。但是當他面臨「閔夫志士之合而莫之為綴遊也,其任俠者又籲群而失其人」的處境時,章太炎又「求獨而不可得也」[43]。章太炎還從文化哲學的角度認為「麇集為生,伐性之斧」、「群惟聚癰……不如歸大樸也」[44],指出「群集」、社會性往往被視為文明,「獨處」、非社會性往往被視為野蠻,而其實「群集」是摧殘、砍伐人性的利斧,「群」就像是汙垢人性的聚集,「獨」才是返璞歸真和人性光輝的發散。第三,章太炎指出,真正的「獨者」其實「不獨」,因為他與周圍的人存在神奇的感通效應,人君、大帥、儒墨、卿大夫、父師之獨都應該如此,這才是一種高境界的「獨」,其實也可以視為一種特殊的「群」效應。

與「群」與「獨」之間相反相成辯證關係相呼應和配合的,是「合群」與「明分」之間相反相成的辯證關係。一方面「合群」與「明分」之間具有共同的原則和途徑——「辨類」,即類別意識和類化作用。「辨類」包括分類、知類、愛(同)類、排(外)類等,「類」是「合群」與「明分」的黏合劑和溝通紐帶。另一方面「合群」與「明分」之間具有對立的屬性和結果——「合

群」具有社會組織性和群體性，重在由「獨」至「群」；「明分」具有等級分化性和個體性，重在由「群」至「獨」。

章太炎還引用《荀子‧富國》中的相關敘述，透過「群」與「獨」之間的轉換生成論證「群」與「獨」之間相反相成的辯證關係[45]：

華山之岡，大漠之中，吉光、綠耳之孳尾，於是而為樸馬也，得草而齕、趨泉而飲而已矣！於外物則無所仰也。及其取以服乘，䩦其口，繁其首，衡軛其項，屨屬其足，非是四者固不足以馳驟，故以一馬而燿金銷斫木鞄之工具，而況於人乎？人之生，始未嘗不以釣魚閒處持其壽，少選而用日匱，有不得已焉，故厚其六府，分其九職，出相人偶，以有無相資。是故荀子曰：「百技所成，所以養一人也。一人不兼官，而離居不相待，則窮。此群義之所以立。」[46]

章太炎認為人之生，原本都是樂於「釣魚閒處」那樣的自由自在、獨來獨往的個人獨居的生活，但是由於「用日匱」，「不得已」而求助於社會分工與社會合作，以滿足個人的社會需求。章太炎在這裡雖然承認「群」的必要性，但是他同時也指出「獨」是人的本性，由「獨」到「群」的轉變只是「不得已」罷了。人享受「群」（社會分工和社會合作）的舒適和利益，是以喪失「獨」（人的獨立和自由）為代價換來的。以「馬」為喻，「樸馬」原本在華山之岡，大漠之中，得草而齕、趨泉而飲，是何等的逍遙自在、無拘無束！因為它此時不受制和仰仗於任何外物，是完全獨立自主的。可是，一旦「樸馬」取以服乘，其口、首、項、足都必須用各種部件約束和裝飾，不如此則「不足以馳驟」。這是由華山之岡、大漠之中之「樸馬」到人類社會之「服馬」的轉變，也是由「獨」到「群」的轉變。

第三個方面是在「群獨之辨」中凸顯和彰揚「大獨」精神。雖然「群」與「獨」之間有轉換、甚至有統一的一面，但是「群」與「獨」之間畢竟在根本上存在對立的、甚至是非此即彼的另一面，因此，「群學」觀基本特徵必然不可迴避關於「群」或「獨」的選擇問題。章太炎在慎重權衡「群」與「獨」之間的辯證關係和利弊得失之後，認定「不獨行不足以樹大旅」[47]，在總體上最終選擇了以個體獨立自由促進群體獨立自由的道路（可借用魯迅「人各有己，而群之大覺近矣」的個性解放主張加以闡釋）。章太炎「群學」

觀的嬗變和定型軌跡可以從他對《訄書》的修訂中反映出來：《訄書（重訂本）》中刪除了《訄書（初刻本）》中的《明群》篇（該篇中有「君者，群也。知其群，則萬物以是資始」等強調「群」的論述）[48]，而幾乎完整地保留了《明獨》篇（該篇只有個別字詞的修改）。雖然章太炎主張的「大獨」不是脫離社會、棄群體的「獨」，而是融入群體、關愛他人、利益眾生的「獨」，是深懷憂世之思、悲世之情和濟世之志的「獨」，這種「大獨」是以「群」（群體利益、群體宗旨）為依歸的。但是，從「群獨之辨」的根本立場上說，章太炎提出「大獨，大群之母」的觀點，章太炎心目中的「大獨」是「大群」的創造者和前提條件，他所提倡的「大獨」精神的核心和底色畢竟還是「獨」並非「群」，或者可以說先是「獨」再是「群」，儘管這裡的「獨」有特定的含義和限制。

章太炎的這種「大獨」思想被他擴展到民族關係的層面上，以至於適用於整個廣義的中華民族（「群」）與其中的漢、滿、蒙、回等各個民族（「獨」）之間關係。章太炎在《中華民國解》中設想未來的「中華民國」的民族政治結構時說，「漢人以一民族組織一國家，平等自由，相與為樂，雖曰主義狹隘，然以自私為樂，亦未嘗非一義也」，而中國境內的漢、滿、蒙、回等各個民族，章太炎則主張「任其去來」，可以建立一個個獨立的民族國家，中國與它們建立「神聖同盟」。當然，章太炎在民國建立後還是主張「五族共和」，並且始終堅持要用象徵「五族共和」的五色旗而不是青天白日旗作民國的國旗。即使這樣，章太炎關於國內民族政治結構設想的思想與連橫堅持的儒家傳統的「大一統」的思想還是表現出明顯差別。

由上可見，章太炎既不是一個純粹的「群者」，也不是一個純粹的「獨者」，從整體上看他注意兼顧「群」與「獨」，只是在特定情境中各有側重而已。如果將章太炎的「群學」觀簡單地定位為單純的反群體主義的性質顯然是不全面、不準確的。當然，章太炎透過以上三個方面的努力，尤其是他驚世駭俗的「大獨，大群之母」的大聲疾呼，對於中國漫長歷史時期中儒家群體主義的長期思想權威是一種反抗和消解，它打破了中國傳統的倫理結構，改變了自漢代以來儒家群體主義獨尊的思想格局，這在一定意義上也是朝著以孔子為代表的原始儒家「群獨（己）」關係和諧理念的回歸。

（二）對西方「公理群體主義」壓迫的反抗

維護群體秩序、強調群體利益、崇尚群體至上等群體主義觀念，在中國漢代以來的儒學思想傳統中、尤其是宋明理學中被視為「天理」。與此相對應的是，「『群』的觀念與『公』或『公理』的觀念在晚清中國的語境中是可以互換使用的概念。這一概念的流行與社會的觀念和進化論的觀念具有緊密的聯繫。」[49] 從中國舊時代的「天理群體主義」到西方新興的「公理群體主義」，無不標榜自己無可非議的正確性和先驗本質性，但是章太炎卻無情地揭露出它們都只是迷妄的虛假說教，都只是「以理縛人」的名教崇拜和觀念崇拜而已。章太炎指出，這種具有極大迷惑性和煽動性的「虛矯之公理」容易淪為並已經開始淪為危險的專制統治的「通行證」。章太炎反抗西方新興「公理群體主義」思想壓迫的鬥爭，在當時的中國是獨樹一幟和獨領風騷的。

章太炎強烈抗議新的歷史時代中各種群體的「以眾暴（御）寡」。中國近代以來，隨著傳統「天下觀」的崩潰，原來所謂「普天之下，莫非王土；率土之濱，莫非王臣」政治的、倫理的秩序也隨之解體。從此，「九服」（或「五服」）環拱的「中央之國」（「中國」）變成了類似春秋時代的列國之一，「臣民」也向「國民」演變，民眾從原來的帶有強烈儒家群體主義色彩的「君父臣子」的封建性的共同心理倫理秩序中解放出來，但作為新的歷史時代中的「國民」、「族民」，卻又遭遇看似「隱形」卻依然殘酷的新的群體主義思想權威（往往表現為比較特殊的集權主義、總體主義）的壓迫束縛——近代和現代意義上的世界、國家、社會、團體的壓迫束縛，「他看到，近代歐洲的資產階級國家學說，有一種從個人主義、自由主義向集權主義、總體主義轉變的趨勢。他認為這種轉變發端於黑格爾……」[50] 以近代國家為例，章太炎解釋了這種群體主義形成的社會思想淵源：「歐洲諸國，參半皆信神教，而去封建未遠，深隱於人心者曰：人為社會生，非為己生。一切智慧膂力，當悉索所有，以貢獻於大群。」[51] 此外，章太炎還指出：

若其以世界為本根，以陵藉個人之自主，其束縛人亦與言天理者相若……既使萬物皆歸於力，故持論至極，必將尊獎強權矣。然不以強者抑制弱者，

而張大社會以抑制個人。仍使百姓千名,互相牽掣,亦由海格爾氏之學說使然。名為使人自由,其實亦一切不得自由也。[52]

條狼執鞭,厚自揚詡。言必曰團體,議必曰國家,有靦面目,曾不自怍?此其可憤,亦其可笑者也。[53]

章太炎所著重批判的,不是國家民族中個人專制獨裁型的「獨夫民賊」,而是新的歷史時代裡以世界、國家、社會等群體至上的「公理」名義來實施「以眾暴(御)寡」、「群體暴力」、「多數專制」的新型權威式群體主義——「公理群體主義」。章太炎認為,這種群體主義所謂「公理」的本質是「以眾暴(御)寡」,而以往宋明理學的群體主義所謂「天理」的本質是「以強凌弱」。兩相比較,就欺騙性而言,「以眾暴(御)寡」則更為冠冕堂皇、「名正言順」;就社會危害性而言,「以眾暴(御)寡」則更為巨大深遠;就壓抑人性的程度而言,「以眾暴(御)寡」則更為變本加厲;就影響範圍而言,「以眾暴(御)寡」不僅對內,而且對外——「綜觀今世文明之國,其屠戮異洲異色種人,蓋有甚於桀、紂。桀、紂唯一人,而今則合吏民以為之;桀、紂無美名,而今則借學術以文之。獨一桀、紂,猶不如去之為愈,況合群策群力以為桀、紂矣。」[54] 就人身控制的程度而言,「以眾暴(御)寡」更是無處不在(「是故天理縛人,非終生不能解脫……束縛無時而斷」,但是「以社會抑制個人,則無所逃於宙合」)[55]。總之,在章太炎看來,「以眾暴(御)寡」的「公理」與「以強凌弱」的「天理」相比,雖然顯得更加隱蔽和「偽善」,但實際上是更加嚴重、更加惡劣、更加「慘刻少恩」的群體主義思想的災難。

章太炎對於「以眾暴(御)寡」、「群體暴力」、「多數專制」等「公理群體主義」展開聲討,其理據主要有四個:其一,「公理群體主義」完全背離了他所主張的「群獨/己之辨」理念中「群」與「獨」之間應該具有的平衡互動的關係而被扭曲為向「群」嚴重傾斜的關係。與此理據相一致的是,章太炎認為社會等群體與個人之間應該互相尊重,即「人類所公認者,不得以個人故,凌轢社會;不可以社會故,凌轢個人。」[56] 其二,章太炎認為:

蓋人者,委蛻遺形,倏然裸胸而出,要為生氣所流,機械所制;非為世界而生,非為社會而生,非為國家而生,非互為他人而生。故人之對於世界、

社會、國家,與其對於他人,本無責任。責任者,後起之事。必有所負於彼者,而後有所償於彼者。若其可以無負,即不必有償矣。[57]

　　章太炎在這裡說明是,「個人是絕對自主的存在」,即「個人不是世界的分子、社會的成員、國家的公民、宗教的信徒、他人的親朋,從而不存在獨立的個人之上的任何命令或他律,無論這種命令或他律是法律、教義、自然法,還是社會責任和義務。『我既絕對,非他人所得與其毫毛。』個體是個體自身的絕對者,他不隸屬於任何『關係』的範疇。」[58] 對於眾口一詞地被認定為義不容辭、理所當然的責任和義務,章太炎卻頗有微詞,他認為一個「天然的人」(「天民」)原本沒有對於世界、社會、國家、他人的所謂責任、義務,這些責任、義務都只是人為的「後起之事」。章太炎提出,「吾為他人盡力,利澤及彼而不求圭撮之報酬,此自本吾隱愛之念以成,非有他律為之規定。吾與他人戮力,利澤相當,使人皆有餘而吾亦不憂乏匱,此自社會趨勢迫脅以成,非先有自然法律為之規定。」章太炎在這裡強調的是,一個人無論是個體單幹式的「為他人盡力」還是與人合作式的「與他人戮力」,無論是出於天生的「隱愛之念」幫助他人的所謂「審善」,還是出於後天的「利澤」考慮幫助他人的所謂「偽善」,都應該是本人自覺自願的,都是經過自我選擇的,而不應該受到「他律」、「法律」的強制,也不應該在「利澤相當」的原則之外再強行要求個人單方面地承擔面對世界、社會、國家、他人的一切責任和義務。其三,章太炎認為「公理群體主義」有意無意地混淆了人的「總名」(即全體人民)與人的「別名」(即具體的「各各人民」)的區別,混淆的後果是,「從根本上剝奪了人——不是普遍的人,而是具體的個人——的幸福和自由。」[59] 其四,章太炎認為個人對於社會的依附程度實際上並沒有達到像細胞對於全體的依附程度那樣,即「細胞離於全體,則不獨活。而以個人離於社會,則非不可以獨活。」個人對社會依附性的產生及其程度,其實與他對基本生存條件的要求和選擇密切相關,即「衣皮茹草,隨在皆足自存,顧人莫肯為也。夫莫肯為,則資用繁多,不得不與社會相繫。故曰,人不與社會相扶助者,是勢所不能也。……若誠肯為衣皮茹草之行者,既無所藉,將安用酬?雖世不數見其人,而不得謂絕無其事,即不可以虛矯之公理齊之」[60]。

第五章 章太炎、連橫「群學」思想之比較——基於民族共同心理倫理的探討（上）

章太炎深刻剖析國家的本性。他在《國家論》中專門闡述國家的本性，概括起來為：一、國家之自性，是假有者，非實有者；二、國家之作用，是勢不得已而設之者，非理所當然而設之者；三、國家之事業，是最鄙賤者，非最神聖者[61]。在這三點中，第一點關於國家自性的論述是核心，其他兩點都由此生發而來。「自性」是關於國家本質屬性最關鍵、最中心的概念，章太炎對「自性」的定義為，「凡云自性，惟不可分析、絕無變異之物有之；眾相組合，即各各有其自性，非於此組合上別有自性」[62]。

為了全面、準確闡釋國家的「自性」，章太炎運用了三組對立性概念，也分別使用了三個生動形象的比喻進行深入淺出的說明。第一組：「實有假有」。章太炎以線縷織成布帛比喻說，「一線一縷，此是本真」，是實有，有自性；而「經緯相交，此為組織」，是假有，無自性。章太炎推而廣之，認為「個體為真，團體為幻，一切皆然」[63]的普世原理。章太炎在此著重解構國家的「組織」的合理性。第二組：「真—虛偽」。章太炎以金的鑄造比喻說，就像「金之入型，各從其相，而金之自性無改」，因為儘管金看似變化多端而又不可捉摸，「方為指環，無間又為眼鏡框，方為眼鏡框，無間又為時辰表廓」，但是最終還是歸結為「指環、眼鏡框、時辰表廓，一切虛偽，惟金是真」[64]，那麼同樣的道理，「村落、軍旅、牧群、國家」等由人組成的群體性事物「一切虛偽」而「惟人是真」。章太炎在此著重解構國家政權結構形式的合理性。第三組：「主體—客體」。章太炎以溪流比喻說，有人認為國家為主體、人民為客體，就像「溪槽為主體，槽中水滴為客體」一樣。章太炎反駁說，這恰恰顛倒了溪槽與槽中水滴之間相互的本質關係，因為實際情況是，「可指為溪槽者，唯有空處」，由此可知「主體即空，空既非有，則主體亦非有」，而槽中水滴卻恰恰是實有的。章太炎由此得出的結論是，「國家之為主體，徒有名言，初無實際，可知已。」[65] 章太炎在此著重解構國家所謂「主體」的合理性。

章太炎所論國家本性的一個重要內容還包括他對於「各各人民」參與的國家事業的評判，評判意見包括相輔相成的兩方面意涵。一方面是章太炎對國家事業不公平的功名歸屬的批駁。章太炎首先指出群體性事業功名歸屬的普遍原則是「凡諸事業……其集合眾力以成者，功雖煊赫，分之當在各各人

中，不得以元首居其名譽，亦不得以團體居其名譽」[66]，然後分析國家事業的群體性特徵，即從建構國家事業的物質性條件來看，其作料與資具「本非自元首持之而至，亦非自團體持之而至，還即各各人民之所自有」，並且從完成國家事業的人力構成條件來看，「必非以一人赴湯蹈刃而能成就」。最後指出國家事業功名歸屬不公平的現狀，即「然其功名，率歸元首；不然，則獻諸團體之中」，章太炎對此挖苦說，「此其偏頗不均，不甚於工場主人之盜利乎？」[67]另一方面是章太炎對於國家事業「神聖性」的否定。理據有兩個，理據其一是國家事業完成者的群體性特徵，即「凡諸事業，必由一人造成，乃得稱為出類拔萃」[68]，而「眾力集成之事，直無一可寶貴者」[69]。「雖能空國家而致之大同，亦賴群倫之力，未足以自豪也。」[70] 理據之二是國家事業「家人鄙事」的民俗性定位。章太炎認為根據國家事業功名歸屬的公平原則，「尸之元首則頗，歸之團體則妄」，那麼「還致於各各人民間」，則結果是「無過家人鄙事而已」，這就像是「灶下執爨之業，其利於烝民者至多，然而未有視為神聖者」。在事理已經十分清楚的情況下，如果還是將國家事業視為神聖，「則不異於事火咒龍也」，那將是極為荒唐可笑的[71]。章太炎的「國家本性論」，具有反駁黑格爾和梁啟超相關國家學說的思想背景。梁啟超的國家學說見上文相關論述。黑格爾在其《歷史哲學》中，雖然也承認國家的「公民」、「天然形態、它的平原和高山、風和水」等組成國家的要素，但又認為哲學均屬於「外界的」範圍，而「國家是個抽象的東西」，是「自由」的最高體現，是一個「神聖的理念」。章太炎除了在上述《國家論》中的批駁以外，還認為國家是「我慢」的產物，包括有自私、利己、排他的意思，並稱「我慢」的作用「純為惡性」，即是認為國家不是「善」的，也不是將會永存的實有之物[72]。由此可見章太炎不但勇敢地撕破了國家「神聖」的假面具並揭穿了國家萬世長存和體現「自由」的虛假神話，而且更重要的是，章太炎尖銳地指出，號稱「群之大者」的國家卻藏著完完全全的「小獨」的卑劣本性——自私、利己、排他，如此名不副實，真是不無諷刺意味。

根據以上論述可知章太炎「國家—國民（人民）觀」的要點是：一是「各各人民，暫得說為實有，而國家則無實有之可言」，二是國家為客體、國民（人民）為主體，三是國家等由人組成的群體性事物「一切虛偽」而「惟人是真」，

四是國家事業「分之當在各各人中,不得以元首居其名譽,亦不得以團體居其名譽」。總之,章太炎的「國家-國民(人民)觀」的前提是將國民(人民)的籠統的群體分解為具體的個體,而連橫所謂「民」,包括「民主」、「民本」、「民權」、「民生」,都是指群體性的「民眾」或「國/族民」而非單體性的「個人」、「個體」。

連橫的「國家—國民(人民)觀」比較複雜,也有些矛盾,這需要分為兩種情況來加以分析。

在第一種情況中,所謂國民(人民)是專指作為群體、整體的國民(人民):其一,很可能受到中國古代傳統的「民為邦本」思想的影響,連橫認為「國以民為本,無民何以立國?」[73]「國者,民之國也,與民治之。」[74]如果是共和國則更應該如此:「在共和之邦,以民為主。」[75]「共和之國家,以國民為主體」[76],如果從「國(君)權—民權」比照的角度來看也是如此——重視和崇尚民權,例如「鬱鬱鐘山王氣盡,國權今已屬斯民」[77],「眼看群雄張國力,心期吾黨振民權」[78],「君威愈專制,民權愈馴柔」[79]。其二,很可能受到西方傳入的有關國家建構的「民眾契約論」的影響,可以推斷連橫傾向於將國家與國民(人)分別視為「第二義」與「第一義」。這與「民為邦本」是相一致的。其三,很可能受到梁啟超傳播的德國國家主義影響,在實在不能達致「計出於萬全」——「不召亂,不殘民,而又能有功於國」的情況下,連橫贊同以國權為重為先,甚至「殘民而有功於國,亦未為不可也」的觀點[80]。

在第二種情況中,所謂國民(人民)是專指單個的、具體的國民(人民),即章太炎所謂的「各各人民」。在這種情況下的「國家—國民(人民)觀」中,連橫明顯地傾向於將國家視為第一義而將「各各人民」視為第二義,與第一大類的基本觀點恰好對立。

二、連橫「群學」思想的基本特徵

連橫的「群學」思想,整體上是對於儒家傳統群體主義思想比較全面的繼承,也可以說是儒家傳統群體主義思想基本精神在新的歷史時代的復古,並且是忠實於「原典」的復古。但是,正如連橫所提出的,「文章尚古,學

術尚新，此余二十年來所主張也。故余讀古書，輒以最新學理釋之。」[81] 尤其是當臺灣正處於「新舊遞嬗之時，東西文明匯合若一」的歷史時代，連橫強烈建議「我臺人當大其眼孔……采彼之長，補我之短，以發皇固有之科學」[82]，其實不僅科學如此，學術思想也是如此。連橫在儒家傳統群體主義的基礎上吸收了浸染著一定程度的西方自由主義、個人主義、民權主義等思想的「民主的儒家型」自由思想和「社會契約型」國家思想，並且還融合了墨家的「兼愛」和重實利的「群己之辨」思想[83]。所以我們將「群學」視野中連橫「群學」思想的基本特徵概括為「新群體主義」。

（一）「合群—大公無私型」儒家傳統群體主義思想

連橫認為，「我臺今日之人士，欲為臺灣謀解放，為臺人求幸福，非全民運動不為功。」這是為什麼呢？他以人的全身與局部（包括細胞組織）的關係比喻社會與個人的關係，並從正反兩方面論證全民運動（社會性）優先於、超越於個體奮鬥（個人性）的重要意義：從正面來講，「夫社會猶人身也，細胞組織各有作用，然必全身運動而後得保其生」；從反面來講，「若一部停止，則為麻木，抑且死矣。臺灣今日之狀況，已如人身之有病，腦筋日鈍，血液日枯，乃復䀏其目、塞其耳、鐵其口、繫其手足，俾之不能運動，其不死也殆矣。」[84] 此外，連橫還認識到「以臺灣今日之景象，民智未強，群德猶渙」[85]，因而尤其需要臺灣社會各界「群策群力」[86]，「戮力一心，勇往邁進」，共同謀劃，共同建設和發展，民國初建時的歸國華僑「宏佐新邦」也應該如此[87]。連橫明確宣稱「合群」的重要意義，他說「合群力則強」[88]，「合群作氣挽洪鈞，保種興王起劫塵。我輩頭顱原不惜，共磨熱力事維新。」[89] 連橫將「合群」與振作民氣相提並論，認為「合群作氣」能力挽狂瀾、拯救中華（「洪鈞」本義為天，此處指世界，尤其特指中華民族）。連橫反覆強調「人群」、「民（眾）」等群體的正面價值和意義：就家世和家風而言，「交遊置驛重人群」[90]；就世界潮流趨勢和中國命運前途而言，「千秋事業任天民」（「天民」在此處即指人民、民眾）[91]。這與章太炎有關國家事業是由民眾共同完成的思想是一致的；就中國革命的歷史和現實而言，「黃帝有靈民不死，神州克復國方新」[92]。

第五章 章太炎、連橫「群學」思想之比較——基於民族共同心理倫理的探討（上）

在儒家傳統群體主義思想中，「群獨（獨）之辨」意義框架內的「合群」總是與「公私之辨」意義框架內的「大公無私」和「先公而後私」以及與「義利之辨」意義框架內的「義」（即只為國家、社會或為他人卻不為自己的利益）是不可分離的[93]，或者甚至可以說「無私」、「義」也是一種特定角度的「合群」。基於這樣的意義關聯，連橫提倡「仁者之用心，不在一己之便安，而求益於民生國計」的為官之道[94]；基於這樣的意義關聯，連橫高度頌揚墨子的「兼愛」（即反對父子、兄弟、君臣之間虧他人以「自愛」和「自利」，提倡「捐天下之私利、求人類之幸福」）和「棄姓」（即「若棄姓，則視人之祖宗如己之祖宗，視人之子孫如己之子孫，是無私也，是天下之公也」）的豪情壯舉[95]；基於這樣的意義關聯，連橫對鳳山縣「兄弟鬩牆，外禦其侮，急公義而棄私仇」的民風寄予厚望並對「縱橫之世，士趣公仇，恥私鬥，故人多尚武，以捍衛國家」的時代充滿緬懷和嚮往之情[96]；基於這樣的意義關聯，連橫大力褒揚「為國為民」的仁人志士（「究之皆有益於邦家」）而猛烈抨擊置天下人安危疾苦於不顧而只顧一己之私的獨夫民賊（「暴君汙吏以天下為私有」）[97]；基於這樣的意義關聯，連橫嚴正聲明「枉己　人」的不義之行的卑劣和自我標榜妥善處理了「公義私恩」的施琅言行的荒謬可笑[98]；基於這樣的意義關聯，連橫崇尚追求「最大多數（人）之最大幸福」的幸福觀和人生觀[99]。

連橫在選擇個人隱逸（所謂「獨善其身」）與國家社會責任義務（所謂「兼濟天下」）這樣迥異的人生道路方面，態度很明確也很單一，他認為「人生社會間，當為國家役。何堪放義務，隻身貪安逸。……如何為國民，沉淪在泉石。」為國家社會履行責任義務的極致就是為國獻身，連橫熱情謳歌了日本「人猶尚武，捐軀報國，視為至榮」的學校教育思想及其效果「能戰強俄而伏之」[100]，並向「執戈齊敵愾，報國有書生」壯烈行為致敬[101]，也為「男兒為國死」的英雄賦詩「以為來者勗」[102]。這是連橫堅持「合群大公無私型」的儒家傳統群體主義思想的重要表現和必然結果。具體分析，一是從維繫「群」的社會公德的可能性來看，「同袍哀嗷嗷，袖手任沒溺。旁觀實足恥，敗群失公德」，因為「獨善其身，不以眾生為念」是敗群、喪失公德的表現。二是從中國近代以來愛國保種的歷史傳統來看，「天下雖興亡，匹

夫與有責」,「匹夫例有興亡責,肯為青山老白頭」[103]。「匹夫例有興亡責」的歷史傳統成為連橫主張個人獻身國家、服從國家的重要道義依據。三是從國(種族)與民之間相互依存的關係來看,雖然一方面國家依賴民眾而存在,即「國所重在民,無民何有國」,但是另一方面如果國家、種族都滅亡了,民眾也就隨之淪為奴隸,以奴隸之身分還能逃遁到哪裡去呢(「滅種慘為奴,何地堪遁跡」),所謂伯夷叔齊和陶淵明式的隱逸只能是一種虛妄的夢想,在這個強權世界裡是實現不了的(「昔有首陽山,今無陶潛宅。種柳學采蔽,亦為強者斥」)。在兼顧國(種族)與民之間相互依存的關係的基礎上,連橫尤其強調國(種族)與單個的國民(族民)之間的主從、本末關係,他提醒民眾在「外力日擴張,覆亡僅頃刻」的危急時期應該清醒地意識到「危幕燕難巢,沸釜魚必赤」(即「皮之不存,毛將焉附」)的道理。四是從個人建功立業的成效來看,連橫提出,「人生處世間,白駒急過隙。況又炎炎中,物競參天擇。速速棄衡門,出身立功績。」那麼,怎樣才能「出身立功績」呢?連橫認為在當前的社會形勢下,應該選擇「毋為巢與由,當為禹與稷」的人生道路,因為「行義以達道,大哉剛柔克」(如上所述,「義」與「合群」、「無私」和「先公而後私」緊密相關)[104]。五是從王政、霸政的政治理想的選擇來看,連橫認為「王政」倡導的政治理想是「一夫有不獲,聖人以為恥。王政固無私,仁恩及犬豕。如何貪痴人,但知利一己」[105],而「以私害公,霸者之術也」[106]。連橫選擇「人生社會間,當為國家役」的人生道路,就是他崇「王政」罷「霸政」政治理想的反映。

與連橫「卻隱」的基本態度明顯不同,章太炎關於「沉淪在泉石」與「當為國家役」的人生道路選擇的態度,是與他關於「群」與「獨」之間相反相成辯證關係的認識相一致的。一方面,章太炎在民族危機嚴重的形勢下,大力宣揚「今日之革命,非為一己,而為中國」(《革命之道德》),「特不執一己為我,因以眾生為我」。「故一切以利益眾生為念……乃有自舍頭目腦髓以供眾啖者」(《建立宗教論》),宣揚合群的必要性,即「今知不合群致死以自禦侮,則後世將返為蠻獠狙獲,以此為念,則足以倡勇敢也必矣」[107];強調個人為國家、為民族、為社會獻身的群體主義追求,雖然明知身處「天地閉,賢人隱之世」,按照儒家的社會理想和「群己之辨」的要求,是

可以甚至應該獨善其身的。但是，章太炎「憯淒切怛，悲世之不淑」，身懷悲天憫人、濟世救人之情懷，「目睹其支體骨肉之裂而不忍，去之而不可，則惟強力忍垢以圖之。」[108] 章太炎引用孔子「鳥獸不可與同群」之語，表明贊同孔子對於隱逸之士的看法：隱於山林是與鳥獸同群，自己應當與天下人同群，怎麼能離開人群（社會）而同鳥獸居住呢？[109] 另一方面，章太炎站在文化哲學的立場上卻又認為，「麇集為生，伐性之斧」，「福為美疢，群為聚癰，計文野者，是華士見，不如歸大樸也」。章太炎無奈地發現，當今的時代潮流是「山林獨善，不能制群體之蔓延」，其結果只能是「以眾暴寡，又可睹矣」。章太炎心目中的理想的「群獨／己之辨」是「一人百族，勢不相侵」，也就是說，無論只是孤孤單單的一個人，還是浩浩蕩蕩的百個家族，即使兩者勢力相差懸殊，但也要平等和睦相處，「一人」不能受到「百族」的無端侵害，並且「無宜強相凌逼，引入區中」，即「百族」不能憑藉群體的超大力量，強行壓制原屬個體的「一人」加入「團體」[110]。

（二）「忠孝仁義—修齊治平型」儒家傳統群體主義思想

連橫將仁（愛）作為「孝」、「義」共同的靈魂和精髓（因而也就成為「孝」、「義」之間聯通的紐帶，並且使「仁」、「孝」、「義」三者具有共通的本質屬性），視「孝」、「義」為「天下之大本」：

夫人肖天地之貌，懷五常之性，聰明精粹，有生之最靈也。然而人之所以為人者，以其有德慧術智，尤貴其有仁心；仁者何？愛也。能愛其親者謂之孝，能愛其群者謂之義。孝義之行，天下之大本也；是故朝廷旌之，里黨式之，亦欲以為人範而已。[111]

連橫認為，人懷有「五常之性」（即仁、義、禮、智、信）是使人成為「有生之最靈」的重要條件，其中人「貴在有仁心」則是「人之所以為人者」最關鍵的條件，而「仁」以及由「仁」連帶、孳生而來的「孝」（「愛其親」）、「義」（「愛其群」）具有程度不等的群體主義思想特徵。此外，因為「忠」（於國）是「孝」（於親）的擴大和延伸，因而具有更顯著的群體主義思想特徵。

連橫特別強調「家—國」、「孝—忠」兩者之間既趨於接近又明顯區別的相反相成的密切關係：一方面，兩者在意涵上、淵源上一體相連和一脈相

承,即報國(盡忠)往往並列於、起源於、依賴於顧家(盡孝),例如「一例同殉家國難,貞忠千古屬夫妻」中「家國難」並列[112],並且「家國(難)」分別與「貞忠」對應,又如「秉世之綱,孝思維則。既作孝思,以御家國」,從「作孝思」立足和出發,再依次駕馭、治理家和國[113]。另一方面,兩者在定位上、實施上前後相序和輕重相別,即報國(盡忠)必須比顧家(盡孝)更優先、更重要,例如,「報國忘家熱血傾」、「既以身許國,則不以私恤家」的延平郡王鄭成功就是符合連橫的忠孝理想的英雄典型[114],當「英雄偏不偶,忠孝未能全」時,鄭成功毅然選擇是「父命雖當報,君仇詎可捐」[115],這選擇所依據的標準就是「移孝作忠」——關於鄭成功的非常著名的歷史評價[116]。

連橫對於自身世界(個體身心)和自身以外的世界(由不同層次的群體組成)的基本認識也是遵循儒家「內聖外王」的整體思想框架,即正心、修身、齊家、治國、平天下[117],連橫指出,「夫天下大器也,集眾人而成家,集眾家而成國。國之利害,猶家之利害也。故知愛家者必知愛國。夫無家則不可以住,無國且不可以立,其賤乃降於輿隸,君子傷之!」[118]據連橫的理解,正心、修身強調的是「修己」(自省、自修)、「君子慎獨」,是指向個人自我的,而齊家、治國、平天下強調的則是規模逐步擴大和程度逐步強化的「治人」,是指向各個層次的群體的(家、國、天下可以分別看做是微型或小型的、大型的、超大型的群體和集體)。

正心、修身、齊家、治國、平天下這樣的「內聖外王」的道路,從「群獨/己之辨」的角度來看,是一個逐步超越和轉化個體性和獨立性、逐步強化和遞進群體性和社會性的過程。與此相對應的是,在很大程度上,「小己→孝(於親)→忠(於國)」、「小己→孝(仁愛其親)→義(仁愛其群)」也是一個地超越自我、放棄自我、消解自我、將自我投射到群體和他人之中的過程。總之,「忠孝仁義」與「修齊治平」都是整體化、「他者化」、「外鑠化」的過程,兩者都是個體拓展和轉化並且融入和強化群體的過程,都是一個超越原有個體的、「內聖」的侷限性卻又往往陷入新的群體的、「外王」的侷限性的過程。因此,我們將兩者合併概括為「忠孝仁義修齊治平型」儒家傳統群體主義思想。

第五章 章太炎、連橫「群學」思想之比較——基於民族共同心理倫理的探討（上）

　　與連橫的「忠孝仁義—修齊治平型」儒家傳統群體主義思想相比較，章太炎的相關思想顯現出明顯的差異。連橫將「仁心」標舉到「人之所以為人」的價值高度，並將由仁愛衍化的「孝義之行」視為「天下之大本」，將仁、孝、義等視為民族道德涵養和倫理-心理素質培養的基本內容，視為「發揚種姓」的必然要求和重要目標，連橫說，「凡我多士及我友朋，惟仁惟孝，義勇奉公，以發揚種性，此則不佞之幟也。」[119] 所以連橫熱心於倡導宣傳忠孝仁義思想和忠孝仁義典型，他說，「不佞囊撰臺灣通史，舉三百年間之孝義節烈而悉傳之，然猶慮未周，每引為憾。……吾恐偏僻之鄉庸德之行將付煙滅，寧不可嘆？世有同善之士，如肯以其所知示余，則不佞當為執筆，而藉是以傳焉。」[120]

　　連橫不但直接大力宣揚仁義和兼愛，而且還透過批判歷史上和當時社會上諸多不妥當的仁義／兼愛觀，然後提出他相應的正面看法，兩者形成對比映襯的關係，從而更加強化他主張的仁義／兼愛觀。此外，連橫還特意在這種對比映襯中將儒、道、墨、佛諸家的仁義／兼愛觀貫通起來，拓展和深化了他所主張仁義／兼愛觀的思想內涵。在連橫的心目中，仁義／兼愛成為紛繁博大的中華思想文化體系中諸家學派共同認可和共同擁有的有關民族倫理心理的思想文化資源。連橫有關仁義／兼愛觀的對比關係用圖表的方式表示如下：

連橫批判的歷史上和當時社會上不妥當的仁義/兼愛觀	連橫提出的相應的正面的仁義/兼愛觀	
	基本內容	所屬學派
當周之季，異說蜂起，擢德塞性，跂踦仁義，堅持刑法，簧鼓兵爭，以爐亂天下。①	南華乃獨揭在宥，普告眾生，以大慈大悲之心，具無為無名之道。莊子誠中國之自由神也哉！	道家
塵濁昏塾之世，矯詐仁義，竟知長力，網罟在前，桁楊在後。②	林子乃得逍遙於先人之園，以梅為友，而餘又得棄俗絕累，怡神養性，相羊於梅之下，則餘之游亦樂矣。	道家
塵濁昏塾之世，群生之倫莫明其鄉，彷彿於耳目鼻舌心意者，曰為貴賤也，為小大也。奸雄之夫，盜妒之子，矯柔仁義，製作名器，以驅納一世之人心，而匹夫匹婦相率為偽，如水之趨壑，放手而不知止。③	莊子憫之，示以無為。故曰極物之真，能守其本，外天地，遺萬物，而未嘗有所困。	道家
	我佛憫之，告之以靈，故曰色即是空，空即是色。受想行識，亦復如是。	佛家
七國之時，諸侯放恣，處士橫議，戰爭力役，民不聊生。而儒者章甫縫掖，從容中禮，空談仁義，無所裨益。④	墨子非也，……夫墨子抱救世之志，涵仁赴義，屏斥禮文，裘褐為衣，跂踦為服，日夜不休，勞苦為極。	墨家
成周之制，宗法大明，諸侯建國，大夫賜氏，男女辨姓，別親疏，明貴賤。姓之防，無相瀆也。而墨子棄之，此孟子之所以斥為無父也。⑤	墨子固行兼愛也。行兼愛故棄姓。夫人之所以自私者，以其有己也。以其有祖宗子孫也。若棄姓，則視人之祖宗如己之祖宗，視人之子孫如己之子孫，是無私也，是天下之公也。	墨家

① 連橫：《說在宥》，《連雅堂先生全集·雅堂文集》，第 5 頁。

② 連橫：《萬梅崦記》，《連雅堂先生全集·雅堂文集》，第 85-86 頁。

③ 連橫：《鄭慧修女士傳》，《連雅堂先生全集·雅堂文集》，第 68 頁。

④ 連橫：《墨為學派說》，《連雅堂先生全集·雅堂文集》，第 8-9 頁。

⑤ 連橫：《墨子棄姓說》，《連雅堂先生全集·雅堂文集》，第 5-6 頁。

與連橫相近的是，章太炎也將仁義視為群體性的概念（他引用王夫之的話「義以自制其倫，仁以自愛其類」）[121]，章太炎對於仁義也有一些正面意義的論述，例如他認為仁義是維持社會群體秩序的重要條件，肯定仁義有助於「合群相安」的社會功用，他說，「人之有生，無不由妄，而舍妄亦無所

謂真。是故去其太甚,而以『仁義』檃栝矯之。然後人得合群相安。」[122]章太炎還贊成《莊子》將「仁義」列為「九變」(所謂「古之明大道」的九條內容)之一,「九變知言,出於莊周,則百世不能易矣」[123],他將仁義的淪喪與否當做區別「亡國」與「亡天下」的衡量標準[124]。章太炎還指出,「荀子曰:『萬物同宇而異體。』 以異體,故必自親親始;以同宇,故必以仁民愛物終。惟其群而有分,故有墨子『兼愛』、『上同』之善,而畛域有截矣。」[125]也就是說,「親親」、「仁民愛物」符合「萬物同宇而異體」的宇宙體系,並且共同建構了「群而有分」的良好社會秩序和倫理規範,還使墨子「兼愛」、「上同」之善得以實現。即使如此,我們也不能忽略章太炎、連橫兩人「仁義(兼愛)觀」的重大差別。

其一,是兩人關於仁義(兼愛)產生起源方面觀點的差別。章太炎認為,仁義(兼愛)首先是從人們的物質存在和物質生活需要產生而來,「人之嗜欲,著於聲、色、香、味、觸、法,而仁義即由嗜欲而起」,「官骸雖一時暫有,而兼愛既濟之道,即由官骸而生」[126],只有不脫離這樣的起源,仁義(兼愛)才能進一步從人們的社會存在和社會生活需要——去除太甚之「妄」、「以『仁義』檃栝矯之,然後人得合群相安」產生而來。由此可見,在仁義產生起源上,章太炎秉持的是物質性(自然性)和社會性雙重屬性並側重物質性(自然性)的觀點,他還由此指出了仁義的功利性特徵(「獨夫為我,即曰貪賊;能近取譬,即曰仁義。故《易》稱利物足以和義,明非利亦無所謂義也。」)[127]。連橫則是單方面強調仁義(兼愛)的社會性特徵,其主旨其實是希望透過強調仁義(兼愛)對於物質性和功利性的超越,而突出仁義(兼愛)在近代中華民族共同心理倫理素質培養鍛鍊方面崇高、甚至神聖的價值地位。

其二,是兩人關於仁義(兼愛)實現途徑方面觀點的差別。

我們先來看研究者對此的一段精彩論述:

在中國傳統的孔子以「仁」為中心的道德價值體系裡,道德人的成就是循著「體仁」、「踐仁」、「致仁」的途徑而獲實現的。道德人透過「踐仁」、「致仁」,使自己的道德行為合模於社會所需要的道德規範,從而達致社會的和諧與穩定。群體秩序的維持,要借助於道德人的「踐仁」、「致仁」,

這說明個體的道德行為帶有明顯的「工具價值」。但是，由於道德人的「踐仁」、「致仁」，是以「體仁」為前提的，是透過個體的道德自覺與道德自律，為其提供原初動力的，所以，個體在「踐仁」、「致仁」的道德踐履過程中，其目的就不僅僅是為了達致群體的和諧與穩定，其另外一個重要的目的，還在於實現道德人自己生命的價值，這樣，就使個體在「體仁」、「踐仁」、「致仁」的道德程序中，不僅僅使自己的道德行為帶有社會目的性的「工具價值」，而且也同時具有了個人目的性的「超越價值」。個體透過「體仁」、「踐仁」、「致仁」，終於找到了自己道德生命安頓的場所，也即他（她）找到了他（她）自己的「道德之鄉」。[128]

根據以上關於「仁」的實現途徑學說，我們可以做出這樣的區別：雖然章太炎、連橫不同程度地透過「體仁」、「踐仁」、「致仁」等三位一體、前後接續的完整途徑來實現「仁」的，但是，比較而言，章太炎更加偏重於選擇「體仁」的實現途徑——個體的道德自覺與道德自律，那麼相應地，章太炎在兼顧社會目的性的「工具價值」與個人目的性的「超越價值」的同時偏重於選擇後者。連橫更加偏重於選擇「踐仁」、「致仁」的實現途徑——使自己的道德行為合模於社會所需要的道德規範以達致群體的和諧與穩定，那麼也就相應地，連橫偏重於選擇帶有社會目的性的「工具價值」，即使境界不可謂不高遠的「以求最大多數（人）之最大幸福」也是如此[129]。這就意味著：章太炎強調的是個體道德生命「自我安頓」的超越性、抽象性，甚至神聖性，連橫強調的則是個體道德生命借助於對於他人、群體關懷的「他向安頓」的超越性、抽象性、甚至神聖性。據以上所述，「仁」的實現途徑可區分為「體仁」與「踐仁」、「致仁」兩大類，與此相對照和呼應的，是從「群獨／己之辨」角度對「內聖外王」序列所做出的「修己」與「治人」的兩大類區分。「『修己』，即是要實現個體的道德生命的自覺；『治人』，即是要透過個體對於『道德』的覺解，將個體的道德生命安頓在對於他人、群體的關懷之中。」[130]

其三，是兩人關於仁義（兼愛）古今表現方面觀點的差別。

章太炎認為「兼愛不可以宜眾，故建自取之辯。常道不可以致遠，故存造微之談」[131]，「兼愛不可以宜眾」化用《莊子‧天下》中「墨子泛愛兼利

而非鬥」一段論述墨子的意涵,章太炎指出墨子兼愛之道與「生不歌,死不服,銅棺三寸而無椁」等節用主張聯繫在一起,但是實際上「以此教人,恐不愛人;以此自行,固不愛己」,不類萬物之情,「其道大觳,使人憂,使人悲,其行難為也。恐其不可以為聖人之道」,其結果只能導致「天下不堪」,並且「墨子雖能獨任,奈天下何」,普遍推行起來也很艱難,遠非「王道」(疏曰:「夫王天下者,必須虛心忘己,大順群生,今乃毀皇王之法,反黔首之性,其於主物,不亦遠乎!」)。「自取之辯」化用《莊子‧齊物論》中「敢問天籟」一段論述的意涵,即章太炎解釋的「自心還取自心,非有外界」。

章太炎在《齊物論釋》中別出心裁地論證歷史上墨子兼愛之道既「不愛人」又「不愛己」,也並非「大順群生」之道(這原本是長期以來對於墨子「兼愛」的普遍認識)。此外,章太炎特別抨擊仁義(兼愛/博愛)理論的所謂「現代化」和「現代運用」,因為他認為那樣勢必導致壓制個性、強迫他人接受固定不變的是非準則(即所謂「常道」)的結果,其實那只是一家一派的自以為是的是非準則——「仁義之名,傳自古昔,儒墨同其名言,異其封界,……惟是黨伐之言,聖人不獨從也。」[132] 在一定意義上也是「帝王之法依以為公義」而已。章太炎抨擊仁義(兼愛/博愛)理論的所謂「現代化」和「現代運用」更重要的原因是,「仁義」的名義往往被帝國主義者和殖民主義者盜用和篡改,用來在世界範圍內、尤其是在「野蠻」落後的國家和民族推行強權和霸權,即「兼愛酷於仁義,仁義憯於法律,較然明矣。」[133] 這種「仁義」名義的盜用往往與崇尚「兼弱攻昧」的濃重功利主義色彩的智(勇)崇拜聯繫在一起,即「大盜盜國,竊取聖法,諸侯之門,而仁義存焉,斯智也」[134]。

(三)「民生型」儒家傳統群體主義思想

荀子「群學」思想的一項重要內容就是發展生產,尤其是發展農業生產,維護民生。荀子提出,「群道當,則萬物皆得其宜,六畜皆得其長,群生皆得其命。」[135] 荀子對於何為「能群」的解釋,首要的便是善生養人,而「省工賈,眾農夫,禁盜賊,除奸邪」,「是所以生養之也」。[136]

連橫明顯地繼承了荀子「民生型」群體主義思想,他指出,「夫人能群者也,群故能相生,相生故能相養;不生不養,群乃日渙。渙則離,離則爭奪,

而群德敗矣。古者聖人之治天下也，設耒耜以耕之，結網罟以漁之，建宮室以居之，……利用厚生，使民不匱，道乃大備。」[137] 連橫在此梳理了「（人）能群」—「生養」—「群德」之間的邏輯關係，強調「生養」居於「（人）能群」與「群德」之間的關鍵環節，並且人群只有發展生產、相生相養，才能和睦相處，避免紛爭。連橫也十分重視農業生產對於治理民眾和保障民眾生活的意義，他提出，「理民之道，地著為本。」[138]「連橫曰：古人有言，一夫不耕，或受之饑。是故國以民為本，民以食為天，則農業重矣。」[139]

（四）吸收「民主的儒家型」自由思想和「社會契約型」國家思想

對「民主的儒家型」自由思想的吸收。有研究者認為：「綜觀明清以來長期的變化，近代中國知識分子從「積」與「合」的角度出發（指「積／合私以為公」——筆者註），來肯定個人之私，使公私之間具有高度的互動性與滲透性。因此我們一方面看到『私』的領域，無論是指個人慾望、私有財產或政治、經濟方面的權利，逐漸受到更多的尊重，但是『私』在取得自身意義的同時並沒有建立一個絕對的獨立性。在中國也沒出現 Steven Lukes 所描寫的西方的『個人主義』。誠如金耀基所說，東亞現代化的經驗顯示中國人接受『民主』，但是卻不完全肯定西方的『個人主義』與『自由主義』，他將此一政治系統稱為『民主的儒家』。『民主的儒家』政治系統不同於自由主義民主系統，它珍視和尊重個人及其權利，從『共同體的』或『社會的』視角出發來對個人及其權利進行界定。」[140]

連橫的「群學」思想正是吸收了這種「民主的儒家型」自由思想，一方面將平等、自由標舉為「人之所以為人」的超越了「饑而思食、寒而思衣、勞而思息」低級階段的「高尚、遠大、優美之思想」，標舉為健全人格的強大力量和充分保證[141]，連橫還強調應該尊重人的個性：「不佞以為凡屬臺灣之人，皆負啟發臺灣文化之責。其責惟何？則人人當尊重其個性，發揮其本能，鼓舞其熱誠，以趨於文化之一途。」[142] 另一方面他又強調自由應該受到一定限制，不能成為「社會之賊」：「自由者制裁之反面也，然其作用每出於範圍之外，社會之賊也。不淫其性，不遷其德，真人類之自由也哉？」[143]

第五章 章太炎、連橫「群學」思想之比較——基於民族共同心理倫理的探討（上）

　　對「社會契約型」國家思想的吸收。「契約論」國家學說，是以「人本主義」為其提供理論基礎的。「契約論」者將「人」分為「自然狀態」和「社會狀態」兩種，「契約論」的代表啟蒙大師洛克認為，為了保證「自然狀態」下得到的自由、平等、獨立不受到侵犯，於是人們便「協議聯合組成一個共同體」，「當某些人這樣地同意建立一個共同體或政府時，他們因此就立刻結合起來組成一個國家。」而當人們透過締結「契約」建立一個共同體的時候，他們便也脫離了「自由狀態」，進入了「社會狀態」。從洛克這一有關國家起源的「契約論」者的經典看法，自然地就會從邏輯上得出這樣的結論「社會是為了人而組成的，而不是人為了社會⋯⋯必須始終把人當做目的而不是手段來看待，個人在邏輯上和道義上都要處於優先的地位」[144]。

　　連橫十分嚮往盧梭的「民約論」（即「社會契約論」），他熱情洋溢地讚美說，「平生最愛盧梭子，民約思潮湧大球。革命已成專制死，文人筆戰勝王侯。」[145]「一篇民約論，革命湧全球。專制餘威死，西歐熱血流。」[146]

　　章太炎對「社會契約」型國家思想持質疑和否定態度。第一個方面，關於國家的形成。章太炎認為國家是由武力形成的，他說，「國家初設，本以禦外為期。」[147]「原政府之初設也，本非以法律衛民而成，乃以爭地劫人而成。」[148]「社會契約論」宣揚國家是由民眾自願和自由締結「契約」而成，章太炎關於國家的「爭戰（武力）起源說」與「社會契約論」是南轅北轍的。第二個方面，關於國家與「人」（民眾）之間本質關係的判定。國家的「爭戰（武力）起源說」本來容易將國家的本質看成是「統治」（就像近代德國著名的政治學大師奧本海默那樣），也就相應地得出將國家放在「第一義」而將「保護大眾」當做附屬的「第二義」的結論，這將會與「契約論」者的「人本主義」的國家觀正好相反。但是章太炎並沒有由此形成這樣的「國家主義」的國家觀，他透過對於國家「自性」的分析，最終同「契約論」者一樣，將「人」（民眾）置於主體的、第一義的地位，而將「國家」（「政府」）置於客體的、第二義的地位。可見，章太炎與連橫關於國家與「人」（民眾）之間本質關係的判定，雖然我們看到的最終結果可能一樣，可謂是「同歸」，但不能忽略兩者的「殊途」[149]。第三個方面，關於國家（地區）之間「契約」的現實功效。章太炎舉例說，「滇、桂、閩、廣、越南、暹羅，雖與法國同

時無政府,南海之民猶為法人所侵掠也。是何也?既依聚落地著而居,則氣候之相較有溫寒,面積之相較有廣狹,非法制契約所能平也。」[150] 章太炎認為,國家或聚落(地區)之間,因為氣候、面積等自然條件的客觀差異而導致殺掠、蹂躪悲劇的發生,而這不是法制契約所能制止的。第四個方面,關於普遍意義上「契約論」本身的合理性和可行性(從「齊物論」哲理分析的角度)。章太炎認為認識事理要結合「總相」(普遍性)與「分相」(特殊性)的辯證統一。以時間為例,人的不同年齡段、不同心境處境的人對於時間遲速的感覺是不一樣的——「童齓以往,覺時去遲,中年以來,覺時去速,淫樂戲忘者,少選而歲逝,春挽勤苦者,待限而不盈」,這就是時間感受上的「種種別相,各各不同」,就像是各人吹竽,聲音曲調各不一樣,「無和合似一之相」。即使是使用「晷日望星,挈壺下漏」等所謂公認的「標準」計時器具,「強為契約,責其同然」,但還是不能改變時間感受上的「種種別相」——實際情況依然是「覺時去遲者,其覺日星壺漏之變亦遲,覺時去速者,其覺日星壺漏之變亦速」,這與「以尺比物,定其長短」是一個道理,即「眼識汗漫者,視物長而尺亦長,眼識精諦者,視物短故尺亦短,竟無畢同之法。」總之,以「強為契約,責其同然」達致「畢同之法」,其合理性和可行性是大可值得質疑的[151]。第五個方面,關於「契約建國」的前途。根據章太炎「群學」的相關理念,尤其是他的個體觀念(個體觀念總體上是對於國家契約關係的解構),我們可以推斷出他關於「契約建國」前途的認識:當人們透過締結「契約」建立一個共同體(國家、政府)以後,他們便脫離了「自由狀態」,進入了所謂的「社會狀態」,實際上也就違背「契約建國」的「人本主義」的本意和初衷,使「契約」蛻變為一種新的「公理」,使國家(政府)也相應地異化成為損害國民個人自由和獨立的異己的壓迫性力量。因此,「契約建國」的前途與其初衷勢必形成一種扞格難通的悖論。

注 釋

[1]. 參考李冰:《論「群學」之流變》,《雞西大學學報》,2010年第6期,第70頁。
[2]. 參考李冰:《論「群學」之流變》,《雞西大學學報》,2010年第6期,第70頁。
[3]. 姜義華:《章太炎思想研究》,中國人民大學出版社,2009年12月第1版,第338頁。

第五章 章太炎、連橫「群學」思想之比較——基於民族共同心理倫理的探討（上）

[4].梁啟超著、王德峰編選：《梁啟超文選》，遠東出版社，2011年5月第1版，第247-248頁。

[5].嚴復：《譯〈群學肄言〉自序》，《嚴復集》（第一冊），王栻主編，中華書局1986年版，第123頁。

[6].嚴復：《原強修訂稿》，王栻主編：《嚴復集》（第一冊），第16頁。

[7].湯志鈞編：《康有為政論集》，中華書局，1981年版，第169頁，第172頁。

[8].梁啟超：《梁啟超全集》（第一卷），第109頁。

[9].馬寄：《荀子「群」本位思想芻析》，《太原師範學院學報》（社會科學版），2011年第4期，第34頁。

[10].《荀子》卷第五《王制》，〔唐〕楊倞注、東方朔導讀、王鵬整理，上海古籍出版社，2010年版，第94頁。

[11].丁成際：《「各得其宜」與「群居合一」——荀子「群己之辨」的價值意蘊》，安徽大學學報（哲學社會科學版），2008年第4期，第54頁。

[12].《荀子》卷第五《王制》，第94頁。

[13].《荀子》卷第二《榮辱》，第37頁。

[14].《荀子》卷第八《君道》，第144頁。

[15].孔繁：《荀子評傳》，「中國思想家評傳叢書」，南京大學出版社，1997年版，第37-38頁。

[16].《荀子》卷第五《王制》，第95頁。

[17].樓宇烈整理：《康南海自編年譜（外二種）》，中華書局，1992年9月第1版，第29頁。

[18].梁啟超：《中國積弱溯源論》，《飲冰室全集·論說文類·通論》（第四冊），第24頁。

[19].梁啟超：《中國積弱溯源論》，《飲冰室全集·論說文類·通論》（第四冊），第23-24頁。

[20].梁啟超：《〈說群〉序》，《梁啟超全集》（第一卷），第93頁。

[21].梁啟超：《十種德性相反相成義》，《飲冰室全集·論說文類·通論》（第四冊），第8頁。

[22].嚴復：《譯〈群學肄言〉自序》，王栻主編：《嚴復集》（第一冊），第123頁。

[23].嚴復：《原強》，王栻主編：《嚴復集》（第一冊），第6頁。

[24].汪暉：《現代中國思想的興起》（下卷第一部），生活·讀書·新知三聯書店，2008年版，第1024-1025頁。

[25]. 嚴復：《〈天演論導言十三：制私〉案語》，王栻主編：《嚴復集》（第五冊），第 1347 頁。

[26]. 梁啟超：《論合群》，《飲冰室全集・論說文類・通論》（第二冊），第 24 頁。

[27]. 梁啟超在《〈說群〉序》中說，「啟超問治天下之道於南海先生。先生曰：『以群為體，以變為用。斯二義立，雖治千萬年之天下可已。』」見《梁啟超全集》（第一卷），第 93 頁。

[28]. 梁啟超：《說群一 群理一》，《梁啟超全集》（第一卷），第 94 頁。

[29]. 梁啟超：《說群一 群理一》，《梁啟超全集》（第一卷），第 94 頁。

[30]. 汪暉：《汪暉自選集》，廣西師範大學出版社，1997 年版，第 71 頁。

[31]. 參考唐文權、羅福惠：《章太炎思想研究》，華中師範大學出版社，1986 年版，第 106-107 頁。

[32]. 王玉華：《多元化視野與傳統的合理化——章太炎思想的闡釋》，第 241 頁。

[33]. 章太炎：《訄書（初刻本）・明獨》，《章太炎全集》（三），上海人民出版社，1984 年版，第 53-54 頁。

[34]. 章太炎：《訄書（初刻本）・明獨》，《章太炎全集》（三），第 54 頁。

[35]. （臺灣）王汎森：《「群」與倫理結構的破壞》，《章太炎的思想（1868-1919）及其對儒學傳統的衝擊》，時報文化出版事業有限公司，1985 年版，第 244 頁。

[36]. 章太炎：《訄書（初刻本）・明獨》，《章太炎全集》（三），第 55 頁。

[37]. 章太炎：《訄書（初刻本）・明獨》，《章太炎全集》（三），第 54 頁。

[38]. 章太炎：《訄書（初刻本）・明獨》，《章太炎全集》（三），第 54-55 頁。

[39]. 章太炎：《訄書（初刻本）・明獨》，《章太炎全集》（三），第 54 頁。

[40]. 章太炎：《訄書（初刻本）・明獨》，《章太炎全集》（三），第 54 頁。

[41]. 章太炎：《訄書（初刻本）・明獨》，《章太炎全集》（三），第 54 頁。

[42]. 章太炎：《菌說》，《章太炎選集》（註釋本），第 79-80 頁。

[43]. 章太炎：《訄書（初刻本）・明獨》，《章太炎全集》（三），第 55 頁。

[44]. 章太炎：《〈無政府主義〉序》，《章太炎全集》（四），上海人民出版社，1985 年 9 月第 1 版，第 385 頁。

[45]. 章太炎：《訄書（初刻本）・明獨》，《章太炎全集》（三），第 51 頁。

[46]. 章太炎：《訄書（初刻本）・明群》，《章太炎全集》（三），第 51 頁。

[47]. 章太炎：《訄書（初刻本）・明獨》，《章太炎全集》（三），第 55 頁。

[48]. 章太炎：《訄書（初刻本）・明群》，《章太炎全集》（三），第 51 頁。

[49]. 汪暉：《現代中國思想的興起》（下卷第一部），生活·讀書·新知三聯書店，2008年版，第1023頁。

[50]. 唐文權、羅福惠：《章太炎思想研究》，第108頁。

[51]. 章太炎：《四惑論》，《章太炎全集》（四），第445頁。

[52]. 章太炎：《四惑論》，《章太炎全集》（四），第444-445頁。

[53]. 章太炎：《革命之道德》，湯志鈞編：《章太炎政論選集》，中華書局，1977年版，第316頁。

[54]. 章太炎：《五無論》，《章太炎全集》（四），第438頁。

[55]. 章太炎：《四惑論》，《章太炎全集》（四），第448頁。

[56]. 章太炎：《四惑論》，《章太炎全集》（四），第448頁。

[57]. 章太炎：《四惑論》，《章太炎全集》（四），第444頁。

[58]. 汪暉：《現代中國思想的興起》（下卷第一部），第1039頁。

[59]. 汪暉：《現代中國思想的興起》（下卷第一部），第1039頁。

[60]. 章太炎：《四惑論》，《章太炎全集》（四），第445-446頁。

[61]. 章太炎：《國家論》，《章太炎全集》（四），第457頁。

[62]. 章太炎：《國家論》，《章太炎全集》（四），第457頁。

[63]. 章太炎：《國家論》，《章太炎全集》（四），第457-458頁。

[64]. 章太炎：《國家論》，《章太炎全集》（四），第458頁。

[65]. 章太炎：《國家論》，《章太炎全集》（四），第458-459頁。

[66]. 章太炎：《國家論》，《章太炎全集》（四），第461頁。

[67]. 章太炎：《國家論》，《章太炎全集》（四），第461頁。

[68]. 章太炎：《國家論》，《章太炎全集》（四），第461頁。

[69]. 章太炎：《國家論》，《章太炎全集》（四），第462頁。

[70]. 章太炎：《國家論》，《章太炎全集》（四），第465頁。

[71]. 章太炎：《國家論》，《章太炎全集》（四），第462頁。

[72]. 參見唐文權、羅福惠：《章太炎思想研究》，第109頁。

[73]. 連橫：《連雅堂先生全集·臺灣通史》，凡例。

[74]. 連橫：《戶役志》，《連雅堂先生全集·臺灣通史》，第181頁。

[75]. 連橫：《大陸遊記》，《連雅堂先生全集·雅堂先生餘集》，第26頁。

[76]. 連橫：《大陸遊記》，《連雅堂先生全集·雅堂先生餘集》，第98-99頁。

[77]. 連橫：《謁明孝陵》，《連雅堂先生全集‧劍花室詩集》，第 2 頁。

[78]. 連橫：《重過怡園晤林景商》，《連雅堂先生全集‧劍花室詩集》，第 91 頁。

[79]. 連橫：《招俠》，《連雅堂先生全集‧劍花室詩集》，第 119-120 頁。

[80]. 連橫：《撫墾志》，《連雅堂先生全集‧臺灣通史》，第 482-483 頁。

[81]. 連橫：《詩薈餘墨》，《連雅堂先生全集‧雅堂文集》，第 273 頁。

[82]. 連橫：《東西科學考證》，《連雅堂先生全集‧雅堂文集》，第 23 頁。

[83]. 趙明《評中國古代哲學家的群己關係觀》指出儒家的「仁愛」與「墨家」的區別：「儒家的仁愛思想中雖然也有『泛愛眾而親仁』 的兼愛或博愛的思想內容，但仁愛的基礎是『親親為大』，推己及人，由親及疏，由近及遠，是有差等的愛；在墨家的『兼愛』 思想中就沒有儒家的這種血緣親情為大的思想，墨家強調愛不應有等級差別，主張不分遠近親疏，平等地愛一切人，愛天下人如愛自己，實行普遍的愛，墨家的兼愛理想是人己兼愛。另外，儒家的仁愛以情感和倫理為本位，重義輕利，而墨家的兼愛則以實利為標準，帶有功利主義色彩。『兼相愛，交相利』 是墨家處理人己關係的基本命題，他們認為，只有實行兼相愛交相利的原則，才能使天下達到和平安定。」見《嘉興學院學報》2004 年第 4 期，第 104 頁。

[84]. 連橫：《答小隱（思想果能統一乎）》，《連雅堂先生全集‧雅堂先生集外集》，第 79 頁。

[85]. 連橫：《詩薈餘墨》，《連雅堂先生全集‧雅堂文集》，第 284 頁。

[86]. 連橫：《〈臺灣詩薈〉發刊序》，《連雅堂先生全集‧雅堂文集》，第 40。連橫：《疆域志》，《連雅堂先生全集‧臺灣通史》，第 142 頁。

[87]. 連橫：《上清史館書》，《連雅堂先生全集‧雅堂文集》，第 126 頁。

[88]. 連橫：《遣懷》，《連雅堂先生全集‧劍花室詩集》，第 140 頁。

[89]. 連橫：《留別林景商》，《連雅堂先生全集‧劍花室詩集》，第 94 頁。

[90]. 連橫：《北郭園雅集，賦示鄭幼香》，《連雅堂先生全集‧劍花室詩集》，第 77 頁。

[91]. 連橫：《東林痴仙，並視臺中諸友》，《連雅堂先生全集‧劍花室詩集》，第 96 頁。

[92]. 連橫：《冬夜讀史有感》，《連雅堂先生全集‧劍花室詩集》，第 118 頁。

[93]. 引語「先公而後私」見連橫：《度支志》，《連雅堂先生全集‧臺灣通史》，第 233-234 頁。

[94]. 連橫：《撫墾志》，《連雅堂先生全集‧臺灣通史》，第 489 頁。

[95]. 連橫：《墨子棄姓說》，《連雅堂先生全集‧雅堂文集》，第 5-6 頁；9 頁。

[96]. 連橫：《疆域志‧鳳山縣》，《連雅堂先生全集‧臺灣通史》，第 127 頁；連橫：《孝義列傳／勇士列傳》，《連雅堂先生全集‧臺灣通史》，第 1109 頁。

第五章 章太炎、連橫「群學」思想之比較——基於民族共同心理倫理的探討（上）

[97]. 引語「為國為民」、「為民為國」分別見連橫：《流寓列傳》，《連雅堂先生全集‧臺灣通史》，第 1066 頁；連橫：《撫墾志》，《連雅堂先生全集‧臺灣通史》，第 489 頁。引語「獨夫」見連橫：《大陸遊記》，《連雅堂先生全集‧雅堂先生餘集》，第 84 頁；第 70 頁。引語「民賊」見連橫：《詠史—黃宗羲》，《連雅堂先生全集‧劍花室詩集》，第 135 頁。引語「暴君汙吏以天下為私有」見連橫：《關征志》，《連雅堂先生全集‧臺灣通史》，第 549 頁。

[98]. 連橫：《郭光侯、施九緞列傳》，《連雅堂先生全集‧臺灣通史》，第 981 頁；連橫：《施琅列傳》，《連雅堂先生全集‧臺灣通史》，第 863 頁。

[99]. 連橫：《思想自由論》，《連雅堂先生全集‧雅堂先生集外集》，第 74 頁；連橫：《思想創造論》，《連雅堂先生全集‧雅堂先生集外集》，第 75 頁。

[100]. 連橫：《大陸遊記》，《連雅堂先生全集‧雅堂先生餘集》，第 35 頁。

[101]. 連橫：《弔林義士崑岡》，《連雅堂先生全集‧劍花室詩集》，第 103 頁。

[102]. 連橫：《大陸遊記》，《連雅堂先生全集‧雅堂先生餘集》，第 72 頁。

[103]. 連橫：《柬林景商》，《連雅堂先生全集‧劍花室詩集》，第 101 頁。

[104]. 本段引文見連橫：《卻隱》，《連雅堂先生全集‧劍花室詩集》，第 119 頁。

[105]. 連橫：《贈施干（有引）》，《連雅堂先生全集‧劍花室詩集》，第 64 頁。

[106]. 連橫：《教育志》，《連雅堂先生全集‧臺灣通史》，第 307 頁。

[107]. 章太炎：《菌說》，姜義華、朱維錚《章太炎選集》（註釋本），第 79-80 頁。

[108]. 章太炎：《訄書（初刻本）‧明獨》，《章太炎全集》（三），第 55 頁。

[109]. 章太炎：《訄書（重訂本）‧族制》，《章太炎全集》（三），第 192 頁。

[110]. 章太炎：《〈無政府主義〉序》，《章太炎全集》（四），第 385 頁。

[111]. 連橫：《孝義列傳／勇士列傳》，《連雅堂先生全集‧臺灣通史》，第 1095 頁。

[112]. 連橫：《五妃廟題壁》，《連雅堂先生全集‧劍花室詩集》，第 87 頁。

[113]. 連橫：《賴斐卿先生墓誌銘》，《連雅堂先生全集‧雅堂文集》，第 82 頁。

[114]. 連橫：《冬夜讀史有感》，《連雅堂先生全集‧劍花室詩集》，第 116 頁；連橫：《臺灣漫錄‧延平祠記》，《連雅堂先生全集‧雅堂文集》，第 141 頁。

[115]. 連橫：《春日謁延平郡王祠》，《連雅頁堂先生全集—劍花室詩集》，第 30 頁。

[116]. 連橫：《臺南鄭氏家廟安座告文（代作）》，《連雅堂先生全集‧雅堂文集》，第 116 頁；連橫：《建國紀》，《連雅堂先生全集‧臺灣通史》，第 61 頁。

[117]. 連橫指出，「婚姻之禮正，然後家齊、國治而天下平也。」見連橫：《惜別吟詩集序》，《連雅堂先生全集‧雅堂文集》，第 48 頁。此外，連橫在談到詩歌的功用時說，「夫以臺灣山川之奇秀，波濤之淜湃，飛潛動㲉之變化，固天然之詩境也。

涵之、潤之、收之、蓄之、張皇之、鼓吹之、發之胸中，驅之腕底，小之為挖雅揚風之篇，大之為道德經綸之具，內之為正心修身之學，外之為齊家治國平天下之道，我詩人之本領，固足以卓立天地也。」從中也可間接得知連橫正心、修身、齊家、治國、平天下的「內聖外王」的理想。見連橫：《〈臺灣詩薈〉發刊序》，《連雅堂先生全集·雅堂文集》，第 40 頁。

[118]. 連橫：《疆域志·坊里》，《連雅堂先生全集·臺灣通史》，第 143 頁。

[119]. 連橫：《臺灣通史序》，《連雅堂先生全集·雅堂文集》，第 32 頁。

[120]. 連橫：《書何孝子跋語》，《連雅堂先生全集·雅堂先生集外集》，第 96 頁。

[121]. 章太炎：《中夏亡國二百四十二年紀念會書》，《章太炎全集》（四），第 188 頁。

[122]. 章太炎：《菌說》，姜義華、朱維錚《章太炎選集》，上海人民出版社，1981 年版，第 65 頁。

[123]. 章太炎：《正名雜義》，《訄書重訂本·訂文》附錄，《章太炎全集》（三），第 230 頁。

[124]. 章太炎：《革命道德說》，《章太炎全集》（四），第 284 頁。

[125]. 章太炎：《菌說》，姜義華、朱維錚《章太炎選集》，第 80 頁。

[126]. 章太炎：《菌說》，姜義華、朱維錚《章太炎選集》，第 65 頁；70 頁。

[127]. 章太炎：《菌說》，姜義華、朱維錚《章太炎選集》，第 70-71 頁。

[128]. 王玉華：《多元視野與傳統的合理化——章太炎思想的闡釋》，第 447 頁。

[129]. 「以求最大多數（人）之最大幸福」見連橫：《思想自由論》，《連雅堂先生全集·雅堂先生集外集》，第 74；又見連橫：《思想創造論》，《連雅堂先生全集·雅堂先生集外集》，第 75 頁。

[130]. 王玉華：《多元視野與傳統的合理化——章太炎思想的闡釋》，第 447 頁。

[131]. 章太炎：《齊物論釋》自序，《章太炎全集》（六），第 3 頁。

[132]. 章太炎：《齊物論釋定本》，《章太炎全集》（六），第 77 頁。

[133]. 章太炎：《齊物論釋定本》，《章太炎全集》（六），第 61 頁。

[134]. 章太炎：《菌說》，《章太炎選集》（註釋本），第 80 頁。

[135].《荀子》卷第五《王制》，第 95 頁。

[136].《荀子》卷第八《君道》，第 144 頁。

[137]. 連橫：《工藝志》，《連雅堂先生全集·臺灣通史》，第 719 頁。

[138]. 連橫：《鄉治志》，《連雅堂先生全集·臺灣通史》，第 631 頁。

[139]. 連橫：《農業志》，《連雅堂先生全集·臺灣通史》，第 727 頁。

[140]. 黃克武、張哲嘉主編：《公與私：近代中國個體與群體之重建》，（臺灣）中央研究院近代史研究所，第 111-112 頁。

[141]. 連橫：《答小隱（思想果能統一乎）》，《連雅堂先生全集・雅堂先生集外集》，第 68 頁。

[142]. 連橫：《詩薈餘墨》，《連雅堂先生全集・雅堂文集》，第 284 頁。

[143]. 連橫：《大陸遊記》，《連雅堂先生全集・雅堂先生餘集》，第 35 頁。

[144]. 〔美〕喬治・霍蘭・薩拜因：《政治學說史》（下卷），鄧正來譯，上海人民出版社，2008 年版，第 491 頁。以上關於「契約論」者的國家學說的論述參考王玉華：《多元視野與傳統的合理化——章太炎思想的闡釋》，第 323-325 頁。

[145]. 連橫：《讀盧梭民約論》，《連雅堂先生全集・劍花室詩集》，第 106 頁。

[146]. 連橫：《詠史・盧梭》，《連雅堂先生全集・劍花室詩集》，第 129 頁。

[147]. 章太炎：《國家論》，《章太炎全集》（四），第 460 頁。

[148]. 章太炎：《五無論》，《章太炎全集》（四），第 438 頁。

[149]. 參見王玉華：《多元化視野與傳統的合理化——章太炎思想的闡釋》，第 325-330 頁。

[150]. 章太炎：《五無論》，《章太炎全集》（四），第 433 頁。

[151]. 章太炎：《齊物論釋定本》，《章太炎全集》（六），第 68-69 頁。

第六章 章太炎、連橫「群學」思想之比較——基於民族共同心理倫理的探討（下）

　　章太炎、連橫培養和提高近代中華民族共同心理倫理素質的最終目標（歸宿）是一致的，但是實現目標的途徑卻存在顯著差別。導致章太炎、連橫之間「群學」思想差異的影響因素中，既有事關兩人的因素，也有主要只關乎一人的因素。

▌第一節 章太炎、連橫「群學」思想的殊途同歸

　　章太炎、連橫都著眼於現實社會和人生，激勵國人自強不息以爭取民族的強大和繁榮，兩人奮力改造中華民族積弱和陳腐已久的近代中華民族共同心理倫理素質，兩人培養和提高民族共同心理倫理素質的最終目標（歸宿）是一致的——重估人的價值，重修「人性」的精義，重建國民（族民）人格，以培養健康的、既符合世界發展的時代趨勢又符合民族文化建設要求的近代中華民族共同心理倫理素質，但是實現目標的途徑卻有不同，甚至在某些方面還是明顯對立的。然而章太炎、連橫分別強調的「個體」（自我）、「群體」（也是相對於自我的「他者」）都潛藏了「道德」的意義和力量，而「道德」是章太炎、連橫所追求的國民素質塑造乃至中華再造的重要條件和基礎。

　　章太炎、連橫「群學」思想的比較，其實也是兩人基於近代中華民族共同心理倫理思想領域的一項重要探討。兩人的「群學」思想在近代中華民族共同心理倫理素質養成上的「和而不同」的複雜體現可以用三個方面的「殊途同歸」來概括。

一、在群己關係定位上，章太炎偏重「一身之我」而連橫偏重「一群之我」

　　章太炎「新個體主義」的個體本位論突破儒家傳統的國家、民族、社會至上的群體本位論，「任個人而排眾數」（魯迅語），在個體自尊、自信和

自立的前提和基礎上來保證和實現民族的自尊、自信和自立。這與章太炎讚賞的日本學者岸本能武太在其著作《社會學》中提出的「社會之目的」的思路大致相同，即「以完具之個人，成完具之社會，得完具之幸福」[1]。如果從其弟子魯迅的「群己觀」來「逆流而上」地反觀章太炎的「群己觀」，我們可以發現魯迅提倡的「人各有己，而群之大覺近矣」的個性解放思想，以及獨自發揚「心聲」、「內曜」的思想，都可以作為章太炎「群己觀」的準確精練的註解。「人各有己，而群之大覺近矣」遵循的其實就是章太炎所主張的先由個體的覺醒解放然後上升到群體的覺醒解放的途徑，正如魯迅所說的那樣，「國人之自覺至，個性張，沙聚之邦，由是轉為人國。人國既建，乃始雄厲無前，屹然獨見於天下」。獨自發揚「心聲」、「內曜」的思想其實也就是章太炎主張的在實現「群己觀」的過程中個體的道德自覺與道德自律（相當於「體仁」、「踐仁」、「致仁」系列中的第一項）。章太炎認為，一個人尤其是一個革命者如果能夠「自尊無畏」、「自貴其心」，具有獨立人格，那麼就可以「排除生死，旁若無人，布衣麻鞋，徑行獨往，上無政黨猥賤之操，下作懦夫奮矜之氣」，「以此揭 ，庶於中國前途有益」[2]。章太炎認為，在個體與群體的關係中，章太炎強調個體的解放和自由，因為「知不獨行不足以樹大旅」。必須樹立起勇敢反抗流俗和社會舊勢力的「大獨」精神，才能徹底改變「大群之將渙」的現狀，才能使四分五裂、萬馬齊喑的中國變成一個團結向上、奮發有為的全新「大群」。

連橫「新群體主義」的「群己觀」，帶有「民主的儒家」的一些色彩，符合儒家的「忠恕之道」和「絜矩之方」，整體特徵可以概括為「自主者由眾主而得名者」。有學者論述清末何啟、胡禮提出的自主之權，我們認為可以作為連橫「群己觀」重要特徵的準確描述：「（他們的自主之權）是個人居於群體之中為規範彼此關係所產生的；他們強調自主之權就是儒家的忠恕與絜矩之道，也就是己立立人，己達達人：

自主之權從何而起，此由人與人相接而然也。今人獨處深山之中，與木石居，與鹿豕遊，則其人之權自若，無庸名以自主之權。惟出而與人遇，參一己於群儕之中，而自主之權以出。是自主者由眾主而得名者也。眾主者謂不能違乎眾也。人人有權，又人人不能違乎眾也。其說何居？曰：權者利也、

益也。人皆欲為利己益己之事,而又必須有利益於眾人,否則亦須無損害於眾人。苟如是,則為人人所悅而界之以自主之權也。人之界我者如是,則我之界人者亦如是。是則忠恕之道,絜矩之方也。」[3]

嚴復所提出的「人得自繇,而必以他人之自繇為界,此則大學絜矩之道,君子所以恃以平天下者矣」[4],可以作為中國近代以來「民主的儒家型」的群體主義關於近代中華民族共同心理倫理素質養成的實現途徑和奮鬥目標（歸宿）的精練概括。這是將中國儒家傳統的「群己觀」與西方個人自由式的「群己觀」結合的結果,也是儒家的倫理道德理想與西方的自由人格理想結合的結果,也可以看做是一種過渡的、折中的「群己觀」。如果單純就「（自）我」的視角而言,章太炎、連橫關於近代中華民族共同心理倫理素質養成途徑的差別可以用兩人分別偏重「一身之我」、偏重「一群之我」加以概括。

二、在群體性文化資源運用上,章太炎「反宗法」而連橫「擬宗法」

章太炎所謂「小群」,如上所述,是指「基於鄉土愛及血緣紐帶所構成的各種小社群,尤其以散布各地的家族為主」的宗族社群。章太炎反對這種宗法社會的「小群」而追求「人群」,具體原因有三方面:其一,他認為從國家、社會發展演變的軌跡來看,「天演極深、程度極高之社會,以一民之小己為本位者也。宗法社會以一族一家為本位者也。以一民之小己為本位者,民皆平等,以與其國之治權直接。」[5] 其二,從維護國家、社會的統一和秩序來看,章太炎認為「祠堂之制今雖差愈於古,亦差愈於歐洲。要其僕 之體,偏陋之見,有害於齊一亦明矣。」[6] 其三,從揭露和駁斥混淆宗法社會與民族主義的謬論及其危害來看,章太炎認為「今之非民族主義者,輒舉宗法社會以相譙讓。民族主義之與宗法社會,固非一事」[7],「嚴氏皮傅其說,以民族主義與宗法社會比而同之。今之政客,疾首於神州之光復,則謂排滿者亦宗法社會之事,於是非固無取,於利害則斷其無幸」[8]。

章太炎指出宗法社會的一個重要特徵是「一民之身皆有所屬,其身統於其家,其家統於其族,其族統於其宗,循條附枝,皦然不紊。故一民之行事,

皆對於所屬而有責任，若子侄、若妻妾、若奴婢，皆家長之所治也。家長受治於族正，族正受治於大宗，此其為制，關於群演者至深」[9]。這種逐層統屬且「統於所尊」的社會層級結構及其蘊涵的群體威權主義理念與章太炎主張的「大獨」精神是明顯背離的。因此，在「外有強敵以乘吾隙」的民族危亡時期，章太炎呼籲「思同德協力以格拒之」，而「推其本原」的結論是，應該是「以四百兆人為一族，而無問其氏姓世系。為察其操術，則曰人人自競，盡樂股肱之力，以與同族相繫維。其支配者，其救援者，皆姬、漢舊邦之巨人，而不必以同廟之親，相煦相濟。其竭力致死、見危授命者，所以盡責於吾民族之國家」，也就是說，要破除千百年以來陳腐的、狹隘的、自私的「同廟之親」式的「家族」和「宗族」觀念，更新為由所有「姬、漢舊邦之巨人」組成的「國族」觀念，也就是將全體國民（包括各民族和各階層民眾）視為統一的「一族」。這就意味著不再拘泥於「身體髮膚，受之父母，雖有毀傷而無所惜」，而是「務其大者遠者」——「盡責於吾民族之國家」。在這裡章太炎把「家族」觀念擴展、提升到現代種族觀念，從而完成了「族」這個極其重要的象徵符號的語義轉換。章太炎認為這樣新興的「軍國社會」相比於傳統「宗法社會」，就社會力量組織和群體力量發揮方面體現出明顯優勢，那就是「夫有奮心，諦觀益習，以趨一致。如是，則向之隔閡者，為之瓦解，猶決涇流之細水，而放之天池也。」[10]

　　章太炎貶低宗法社會而褒揚軍國社會，主要是從有利於「力行民族主義之手段」來著眼的，有學者指出，「要想振興中國，則唯有做到『視同姓之弟昆常不如其內會』的境地，也就是要超越倫理結構，以普遍愛取代有差等的愛，欲達此目的，只有『變祠堂族長之制』，以盡破宗法社會將個人從其束縛中解放出來作為力行民族主義之手段，亦即是把中國的團結建立在打破倫理結構上。」這裡的「有差等的愛」指的是過去儒家傳統社會裡由鄉土、血緣的遠近親疏所決定的宗親的愛[11]。這裡的「內會」指的是民族革命中發展和借助的各種會黨組織。這裡需要說明兩點：第一，「從解散出個人這一個層面看，我們可以將這兩篇文章（指《五無論》與《國家論》——筆者註）視為是《社會通詮商兌》的延續，但二者又有一個明顯的不同：在《商兌》中，解散出來的個人是要再加入軍國社會的，可是在《五無論》與《國家論》中

完全沒有安排這一條出路,《商兌》之後也從不曾再見到章氏倡軍國主義。」[12] 第二,章太炎的「反宗法」的「群獨(己)觀」其實不是完全徹底的,他重視族譜學運用其實也是宗法範疇的重要內容,是「群獨(己)觀」思想領域內宗法批判中保留的部分,但與連橫不同,章太炎在民族—國家革命事業中放棄了宗法的群體主義文化資源的運用,這是與他對「小群」的否定是一致的。

與章太炎整體上的反「宗法」的「群獨／己觀」不同,連橫的「群獨／己觀」與宗法的群體主義文化資源關係密切,這與臺灣「重宗法」的地域文化特點是相關的。連橫指出:「臺人重宗法,敬祖先……其大者則聯全臺之子姓,建立大宗,追祀始祖,深得親親之義。」[13] 連橫的「群己之辨」思想從整體上來看,繼承和運用了漢代以來「以孝治國」的理念(「秉世之綱,孝思維則。既作孝思,以御家國」就是典型寫照)[14],並大幅度地刪改「三綱六紀」學說,具體表現為:「三綱」被刪除,其中「君為臣綱」也可理解為被轉換為「國」與「國民」的關係(根據梁啟超《論近世國民競爭之大勢及中國之前途》中的說法,「國家者,以國為一傢俬產之稱也,古者國之起源,必自家族……國民者,以國為人民公產之稱也,國者積民而成,舍民之外,則無有國」,與連橫所說「夫國以民為本,無民何以立國?」十分接近),相應地也就將臣民忠於國君的「忠」轉換為「國民」(「族民」)忠於國家(民族)的「忠」。連橫曾感嘆說:

中國女權不振,一至於此歟!三綱謬說,錮蔽人心;道德革命,何時出現?夫政治之原,造端夫婦;族制之化,肇立家人。婚姻之禮正,然後家齊、國治而天下平也。晚近士夫,倡言保種,推原於女學不昌,是誠然矣!是誠然矣![15]

習俗移人,賢者不免,餘不為寶玉責,而特罪夫創「父為子綱,夫為妻綱」者之流毒至此也……中原板蕩,國權廢失,欲求國國之平等,先求君民之平等;欲求君民之平等,先求男女之平等。[16]

連橫將「三綱」貶斥為「錮蔽人心」的謬說,視為道德革命理所當然的消滅對象,而將「夫為妻綱」革除後的女權和新婚姻制度和視為齊家、治國、平天下的起點和前提。「六紀」中連橫僅僅保留「父子」、「朋友」二紀,

連橫提出，「父子慈孝之性，朋友死生之誼，人倫之大，王化之原，固不藉詩以傳」[17]。

連橫「群學」思想吸收了中國自漢代以來的「擬宗法化」理念，例如連橫讚賞「分為異姓如兄弟，誓結同心報國家」的報國兄弟和「少服儒冠，長遭國恤，感時仗義，移孝作忠」的鄭成功都是「擬宗法化」理念的體現[18]，「擬宗法化」其實也是家庭倫理的普泛化和擴大化，連橫選擇「孝」這種歷史文化資源作為生成、轉換（「翻譯」）、維繫、鞏固現代種族（民族）思想的邏輯基礎，透過強調「孝」的民族共同心理倫理，使「孝」（於親）擴大到「忠」（於國家、民族），從而使「忠」於華夏（國家、民族）的民族主義思想更加具有邏輯上的合理性、道義上的正當性。在連橫著作中，關於「倡孝」、「勸孝」之論屢見不鮮：

凡我多士及我友朋，惟仁惟孝，義勇奉公，以發揚種性，此則不佞之幟也。[19]

宗法不明，人倫日薄，生育之恩有委之不顧者，而先生拳拳以孝，可謂能識其大者矣。[20]

方今異說猖狂，彝倫攸斁，讀書之士，且唱非孝之說，以鼓惑童蒙。受其毒者，至不知有父母，是誠禽獸之不如矣！吾書永昌，亦所以勸孝也。[21]

連橫不但大力宣揚「移孝作忠」的理念，而且自己也身體力行，有臺灣學者這樣評價連橫：「雅堂不僅能秉承『家風』，且是家庭之孝子。雅堂所以能成為國家民族之孝子，實因他同時亦為家庭父母之孝子。」[22] 連橫充分利用「家國一體」觀念、「忠孝仁義」觀念等儒家重要的思想資源為民族大業服務，在一定程度上接近孫中山的「國族主義」思想（與上述章太炎的「國族」理念根本不同）。孫中山認為中國最崇拜的是家族主義和宗族主義，如果這種對於家族、宗族的團結，擴張到國家，便是中國的民族主義——國族主義。進而，孫中山主張用宗族觀念、鄉土觀念激活中國人的民族主義，「便可以把全國的人都聯絡起來」，組成一個極大的中華民國國族團體。

與章太炎類似的是，連橫運用宗法術語「孝」也是「力行民族主義之手段」，正如有研究者所說的那樣，「根據馮客的看法，『種族』已成為一種

虛構的生物統一體的象徵,在外敵入侵面前,它可與家族的忠誠聯繫在一起。唐納德·普萊斯認為,正是擴張的、重新界定的『孝』使得對於民族的表述得以蘊藏於新的、黃帝的共同子孫這樣的觀念之中。向滿族進行民族復仇現在已經成為子孫必須對祖宗承擔的義務,不管他是不是自己的直接祖先。」[23]

三、在群體進化觀上,章太炎尊重「人道」而連橫崇尚「競爭」

到 19 世紀末期,「社會達爾文主義開始衝擊非西方世界時,它代表了啟蒙理性陰暗的一面;或者說它是啟蒙理性的怪胎兒。」[24]這也就是章太炎所說的「夫以進化之力,使斯世趨於為鬼為魅」[25]。它實際上是說社會達爾文主義體現出了惡劣的種族主義弊端——根據「進化」程度的衡量標準劃分世界上的不同種族,並以「物競天擇」、「適者生存」的進化論原則作為「進步」/「文明」種族統治、侵略、掠奪「落後」/「野蠻」種族的「正義」旗號。近代中國孤立無援,被世界列強瓜分豆剖,成為「帝國主義之群盜」共同欺壓和宰割的對象[26],那麼,站在代表中國、維護中國的立場上,「帝國主義之群盜」與中國之間也可視為一種國際層面上的「群己」關係,章太炎對社會達爾文主義的種族主義弊端的大力抨擊也就可以視為反抗西方「公理群體主義」壓迫的反映。章太炎引用《莊子·齊物論》中「堯伐三子」的寓言故事說:

昔者堯問於舜曰:「我欲伐宗、膾、胥敖,南面而不釋然,其故何也?」舜曰:「夫三子者,猶存乎蓬艾之間,若不釋然,何哉?昔者十日並出,萬物皆照,而況德之進於日者乎?」[27]

宗、膾、胥敖「猶存乎蓬艾之間」,在當時的「文明人」——堯眼裡看來是未開化的「野蠻民族」、「野人國」。「順進化者」也認為「野蠻」歷史階段為「古」而「文明」歷史階段為「今」,即使兩者同時並存於今世,也不能掩蓋「野蠻」歷史階段與「文明」歷史階段之間的進化順序和時代差異,即從宗、膾、胥敖所代表的「野蠻」歷史階段進化為堯所代表的「文明」歷史階段是歷史演化的必然趨勢和必然結果,前者處於「落後時代」而後者處於「先進時代」。章太炎嚴厲批判了這種「文野不齊之見」[28],他指出,由於社會輿論對於「文野不齊之見」的錯誤支持,以至於「懷著獸心的強國」

也把「文野不齊之見」當做併吞弱國的口柄。章太炎以蒙古與英國對待印度的差別為例（蒙古歷史上也曾征服印度），證明「文明愈進者，其踐踏人道亦愈甚。既取我子，又毀我室，而以慈善小補為仁，以寬待囚虜為德，文明之國以偽道德塗人耳目，大略如是」[29]。至於使人類進化和社會進步的「文明」本身，章太炎也深懷「持斯名以挾制人心，然人亦靡然從之者」的悲切和憂慮[30]，他認為「文明」既是社會發展進步的利器，也是人性摧殘和社會價值「物化」的利器，它往往不能帶來社會的平等或個人身心的自由解放，反而致使民眾「勞形苦身」[31]。章太炎還考證「文明」和「野蠻」的詞源，認為「泰西文明之名」本是一種「虛偽不貞」的舊稱，現今已蛻變為一種控制社會、壓迫人類身心的強制性力量，一種病態的、媚俗的時尚，一種金玉其外、敗絮其中的虛假的美名。

章太炎尊重「人道」的社會（群體）進化觀，既反對上述世界強權主義的「文明進步」觀，也反對「自然規則」主義的生物進化觀，而反對的這兩者是密切相關的。雖然崇拜「自然規則」就像崇拜「文明進步」一樣在當時都是時尚的、趨之若鶩的潮流，可是章太炎卻指出「自然規則」主義的生物進化觀所贊成的「黠者之必能詐愚，勇者之必能凌弱」是世界強權和霸權的表現[32]，因而堅決反對。經嚴復《天演論》介紹而章太炎本人也曾譯過的斯賓塞的社會達爾文主義（其精髓就是「生存競爭，弱肉強食」），被他譏斥為「歐洲最淺最陋的學說」，這與他反對「其心獨鷙」的「兼弱攻昧」的道家之說是一致的[33]，其理由主要是：

首先，「自然規則」主義的生物進化觀傾向於只從生存競爭的角度尋找人類合群的原因，而這容易將人類視同為一種特殊的動物——「社會動物」。章太炎贊同日本學者岸本能武太《社會學》中的人類進化觀——「知人類樂群，亦言有非社會性，相與偕動」[34]，即以人心的非社會性因素與生存競爭導致的社會性因素抗衡，從而避免令人淪為「社會動物」的偏失。章太炎認為人類社會的進化不能等同於自然界的生物進化，他認為後者「本嚴飾地球之事，於人道初無與爾」[35]，反對將自然界的生物進化規律直接地、毫無選擇和改造地橫向「移徙」為人類社會的發展規律，以至於使「人類社會」降格和混同為「動物社會」，這正如有學者指出的那樣：

社會達爾文主義利用達爾文關於動植物界生存鬥爭和自然選擇的學說來解釋社會發展的規律性和人與人之間的關係，認為社會上人與人之間的關係也是「生存競爭」的關係，只有「強者」和「適者」才能在競爭中生存下來。它把人降低到一般動物的水平，否定人的社會性和階級性，人類社會也就成了互相殘殺和吞食的生物界。這種反科學的學說的本質在於為資產階級社會辯護。試圖把動物社會的生活規律直接搬到人類社會中，把歷史的發展和錯綜性的全部多種多樣的內容統統包括在貧乏而片面的「生存競爭」公式中，確如恩格斯所批評的是「十足的童稚之見」。[36]

其次，章太炎認為正是由於人類社會進化與自然界的生物進化本質不同，人類社會進化本質上是屬於「人間社會」的範疇，應該適用於「人為規則」而不是「自然規則」。章太炎認為「自然規則」主義的生物進化觀是違背乃至最終會窮盡「人道」精神的，所以應該用「人為規則」來正和治理，才能使民眾得以自立和立足於社會。章太炎所謂的「人為規則」的核心其實就是「人道」精神。

再次，章太炎駁斥「主持進化者，惡人異己，則以違背自然規則彈人」的言行是荒謬的[37]。因為「責人以不求進化」的「妄者」與「責人以不安命」的「愚者」的理據其實是一樣的——將「進化」與「命」都視為「自然規則」，但章太炎認為這兩種所謂的「自然規則」實質上都只是「承志順則，自比於斯養之賤者」，都只是屈服和迷信於上神、宿命和「天鈞」（即進化的「自然規則」）的個體人格卑賤的表現，「凡有人雄無畏者，必不與豎子聚談猥賤之事已」[38]，章太炎將違背「人道」的進化視為「猥賤之事」，是像他那樣的「大雄無畏者」所不屑於談及的，而且即使認可進化為「自然規則」，那這樣的「自然規則」適用、通行的程度和範圍都是受到相當限度的，與「入火必熱、入水必濡」等真正純粹的物理學意義上的自然規律還是有所區別的，何況「於多數不得不然，非於個人不得不然」[39]，進化的自然規則最多也只能適用於多數（群體），對於千差萬別的個體而言不是必定適用的。

可見章太炎除了揭露「公理群體主義」直接體現的「群體暴力」、「多數暴力」以外，也揭露了「自然」、「進化」、「唯物」等事理也都容易「背人道而為殘賊」[40]，成為導致群體主義壓迫和個體人格淪喪的「幫兇」，所

以章太炎區分自然界生物進化與人類社會進化，以「人道」精神抗衡和　偏。有學者指出，「他把『公理』、『唯物』、『進化』、『自然』稱作『四惑』，反對人為物役，要求個體身心的絕對自由，追求『獨立無待』的理想人格，正是中國近代社會這一特定的歷史條件下個人意識的覺醒，這種個人意識是基於對封建社會的、資本主義國家的統治者的貪暴專斷、偽善欺詐的深刻洞見之上的。」[41]

章太炎、連橫都提及了西方不少科學發明（文明）來自中國的論點，例如，章太炎寫有《指南針考》，連橫寫有《東西科學考證》。連橫也有質疑和貶低「文明」之處，在論及「今之學子震於西洋物質之文明，遂以陋自慊，是亦不知歷史之失」時與章太炎觀點一致[42]，也看到了在西方文明繁榮、富庶、民主、溫情的背後有「儘教流血造文明」的極其殘酷的一面[43]，連橫還感慨臺灣原本保留了《詩經‧小雅‧大田》之詩所描述的「彼有遺秉，此有滯穗，伊寡婦之利」的周代農村的醇美風俗[44]，可是在當今的「文明之世」，「今皆已籍沒，而經濟壓迫之苦，遂有失業而自戕者」，連橫感到痛惜，無奈之下只得自嘲曰「是亦文明之惠也歟？」[45]但是與章太炎主要以負面意義解讀「文明」及其歷史演化階段不同，連橫主要還是以正面意義解讀的，例如，「唯我臺灣當此新舊遞嬗之時，東西文明匯合若一。」[46]又如，「中國為文明古國」[47]。在連橫看來，近代文明的弊病固然存在，但從根本上看只是社會發展演化的附屬物，只是文明進步的副產品。總之，與群體（社會）進化論和社會達爾文主義緊密聯繫的群體主義具有雙重意義，章太炎看重其負面意義——民族掠奪和殖民的意義，而連橫則看重正面意義——民族進取和競爭的意義，他說：

塵塵人物界，天演日開張。優劣無分別，吾生貴自強。[48]

競爭循進化，人治戰天行。近世強民族，權輿此論評。[49]

連橫根據波蘭等弱小國家慘遭世界列強瓜分的歷史事實，指出當今世界已經成為崇尚「鐵血」、霸權的「強權世界」，自然界進化的弱肉強食規律已經成為人類社會的「公理」，他說，「瓜分慘禍痛波蘭，一劫風雲國破殘。弱肉固應強者食，有人北望泣南冠。……鐵血飛騰公法晦，強權世界好男兒。」[50]「世界無公理，唯知鐵血強。」[51]「好握霸權伸國力，謾論天演

重人謀。」[52] 與章太炎不同，連橫認為進化論的精髓是「物競天擇、適者生存」、尤其是對競爭的特別崇尚，他說「物競炎炎中，天擇存有幾」[53]，「競爭循進化，人治戰天行。近世強民族，權輿此論評。」[54] 而在當今「強者霸而弱者奴」的世界裡[55]，競爭對於爭取民族生存和民族強大具有不可或缺的重大意義。

總之，章太炎以「人道」（君子人格和德化社會）反對將所謂「自然」的、「唯物」的生物界的「進化」移鳩到「人間社會」，抗議強權世界裡弱肉強食的現實；連橫卻恰恰就是從弱肉強食的現實出發，無奈地接受「唯有鐵血強」的所謂「世界公理」，以「霸道」（以競爭和力量為基本特徵）求保種、強種。

第二節 章太炎、連橫「群學」思想差異性的影響因素

透過以上章太炎、連橫「群學」思想全面的、詳細的比較，我們可以發現：章太炎與連橫的「群學」思想雖然有一些交叉、接近之處，但更基本的還是兩者的差異性——「新個體主義」、「新群體主義」的概括就是兩者差異性的顯著標誌。

我們先來簡單分析導致章太炎、連橫「群學」思想相同性或相近性的影響因素，它們主要有：（1）「外力日擴張，覆亡僅頃刻」的民族危機深重的歷史處境，是導致章太炎、連橫都在不同程度上產生「合群力更強」的群體主義思想的直接影響因素；（2）章家、連家都具有的濃厚的濟困救貧的優良家風是致使兩人產生「愛類」、「樂群」儒家道義型「群獨／己觀」的重要影響因素（關於兩人家風的詳細論述參見第二章相關內容）；（3）兩人在「夷夏之辨」問題上濃厚的「辨類」、「知類」意識是使兩人產生「合群明分」思想的重要影響因素。

章太炎、連橫「群學」思想差異性的影響因素，我們可以從個人氣質、家庭環境、師道傳承、人生經歷、時代主題、地域文化等諸多方面加以分析。例如，連橫家族「奉旨建坊，入祀孝悌祠」的家族殊榮歷史為章太炎家族所

沒有，連橫由其父《臺灣府志》的歷史性託付而引發的「孝於家人·孝於種族、國家」的人生經歷為章太炎所沒有，臺灣具有「遺民忠義精神」堡壘的特點比浙江更突出（以上詳細論述參見第二章相關內容），這些因素都促進了連橫「忠孝仁義—修齊治平型」儒家傳統群體主義思想的形成。此外，導致兩者產生差異的影響因素，我們可以分為三大類。

一、影響兩人「群學」思想的因素

（一）啟蒙或救亡——時代主題選擇方面的影響因素

中國近代的時代主題最重要的選項，大概就是民族救亡與民族啟蒙這兩項。民族救亡所賦予的首要任務是建立具有獨立主權的民族國家，民族啟蒙所賦予的首要任務則是塑造自由平等的近代人格。雖然兩者關於近代中國的國家及社會建設、發展的根本目標有一致性，但是達到這個目標的途徑卻是不完全一致的，有的甚至是大相逕庭的、明顯對立的，可謂殊途同歸。就群學視野中「群獨／己之辨」思想而言，民族救亡偏重於群體的覺悟、群體的精神、群體的力量[56]，而民族啟蒙則偏重於個體的覺悟、個體的精神、個體的力量。比較而言，章太炎、連橫「群學」思想正是與這兩種時代主題的優先選擇有關，因而相應地對兩人「群學」思想的差異產生了直接影響。

這裡需要指出的是，對於章太炎、連橫而言，甲午戰爭及其嚴重後果是影響他們時代主題選擇的十分直接和重大的共同因素。甲午戰爭中國慘敗，被迫簽訂《馬關條約》，強烈的民族屈辱感刺激著國人的心靈，空前嚴重的民族危機促使國人從沉睡中驚醒。梁啟超說，「吾國四千餘年大夢之喚醒，實自甲午戰敗割臺灣償二百兆以後始也。」變法圖存成為社會各界共同的呼聲。這是影響章太炎、連橫「群學」思想和民族思想的共同時代因素，然而這種共同時代因素對於章太炎、連橫「群學」思想和民族思想的具體影響，卻透過相互對立的途徑而表現出相互對立的結果。

就章太炎而言，（甲午戰爭）「敗耗傳來，西子湖畔古色古香的精舍不復平靜了。青年學子們驚愕、悲愴、憤激。章太炎徹夜不眠，拍案而起，奮筆寫下了一篇《獨居記》。」[57]《獨居記》後來修改為《明獨》。可見甲午戰爭前後時代環境的刺激是章太炎「大獨」個性形成的重要契機，因為他從

第六章 章太炎、連橫「群學」思想之比較——基於民族共同心理倫理的探討（下）

此意識到要完成民族救亡的偉業必須重新認識「人」，認識「人」的個性自由和個性尊嚴，必須重視和加強民族運動由群體的、外在的政治運動到個體的、內在的「心力」運動這個「內化」工夫。正如有學者指出的那樣：

> 他的那個時代，是西方帝國主義咄咄逼近的時代……在這個茬口上，章太炎意識到了一種危機，這種危機不是我們平時說的政治的危機、經濟的危機和文化的危機，而更精確地說，是「人」的危機……正是章太炎，體現了中國近代知識分子的精神自覺——他開始意識到中國「人」的危機，中國人的「人格」的危機，開始作為一個獨立的人意識自我，設計自我，發展自我。[58]

就連橫而言，中日甲午戰爭中國戰敗割讓臺灣的歷史慘劇，既是臺灣歷史上空前的民族浩劫，也是連橫「群學」思想、民族思想乃至人生全部思想的關鍵點，對於他國家、民族至上的群體意識以及忠義觀念的形成和鞏固，都是至關重要、不可替代的。有研究者指出，「在某種意義上，乙未割臺成了對臺灣知識分子的一次民族國家之啟蒙。『孤臣』與『棄民』的命運使臺灣知識分子比大陸知識分子更決斷地擺脫了君臣關係的束縛而直接走向現代意義上的『民族認同』。」[59]

這裡需要說明的是，甲午戰爭的時代因素對連橫「群學」思想的影響與連橫的家庭遭遇的影響密不可分，也可以說時代因素的影響主要是透過連橫家庭遭遇的影響而直接表現出來的，並且主要也是連橫所獨有的影響因素，所以留待下文詳細論述。

與時代主題選擇密切相關的，是完成時代主題所賦予任務的心態的選擇。因為中國近代社會危機的嚴重性和峻急性，從整體上和短期內看，社會一般普遍認為是民族救亡應該壓倒民族啟蒙，所以關於「群學」的社會輿論，相應地也就形成了「合群」優先於「大獨」的局面。連橫身處完全殖民地的臺灣，這種局勢更加明顯。在事關民族命運前途的「群獨／己之辨」態度上，連橫追隨時代潮流，優先選擇直接對應民族救亡任務的「合群」，並且注重短期效果，表現得比較急切，甚至有些功利，我們認為這都是自然而然的，也是合情合理、無可厚非的。可是在這方面，章太炎與連橫的表現迥異。當時人們（包括章太炎的革命同志）對他提倡佛教以宣傳革命、改造民眾道德的成

效表示質疑,所謂「處水深火熱之中,乃望此迂緩之學,以收成效,何異於待西江之水以救枯魚?」章太炎卻解釋說,即使是在「彼我勢不相若」的不利局勢下,「光復諸華」仍然還得依靠「治氣定心之術」,並且「當素養」[60]。也就是說,即使挽救和振興民族的任務緊急而艱巨,但也不能急功近利、心氣浮躁、目光短淺,而是要對民眾進行長期和耐心的培養和熏陶,在潛移默化中以收成效,具體到「群獨/己之辨」涉及的近代中華民族共同心理倫理素質的養成問題,章太炎大概也是作如此考慮,所以他還是選擇了由「大獨」而「大群」這樣的「迂緩之學」。

(二)「支流」或「主流」——繼承中國思想文化傳統方面的影響因素

章太炎、連橫的「群學」思想都不是憑空冒出來的,而是受到中國思想文化傳統的影響,只是章太炎、連橫分別選擇繼承支流的和主流的思想文化傳統而已。

中國「依自不依他」的思想文化傳統是對章太炎「新個體主義」的「群學」思想產生重要影響的因素,包括王(陽明)學所擅長的「自尊無畏」、與中國心理相合的禪學的「自貴其心、不援鬼神」等。章太炎認為,「蓋以支那德教,雖各殊途,而根原所在,悉歸於一,曰『依自不依他』耳。上自孔子,至於孟、荀,性善、性惡,互相鬩訟。 宋世,則有程、朱,與程、朱立異者,復有陸、王;與陸、王立異者,復有顏、李。雖虛實不同,拘通異狀,而自貴其心,不以鬼神為奧主,一也。」章太炎將紛繁廣博的「支那德教」的根源定位為「依自不依他」,認定「自貴其心」為中國自孔子以來至今延綿不絕的思想文化傳統,他因此於佛教的淨土宗、密宗有所不取,「以其近於祈禱,猥自卑屈,與勇猛無畏之心相左耳。」[61]

中國自漢代以來倡導的人倫關係的儒學化理念及其體現在群獨(己)關係上的「以孝治國」以及「三綱六紀」學說對於連橫的「群學」思想產生重要影響。中國自漢代以來倡導人倫關係的儒學化理念,把群己之間的和諧落實在人倫的調適上,具體言之,就是「以孝治國」以及「三綱六紀」的確立。「以孝治國」以及「三綱六紀」是相輔相成的,其中「以孝治國」是核心,「三綱六紀」是「以孝治國」的具體和落實。秦漢以後,統治者推崇《孝經》中「君子之事親孝,故忠可移於君」的說法,把孝親與忠君聯繫在一起。但是由於

秦漢以後的大一統政治結構與西周時期的家國天下一統的宗法分封制已經不同，君主與諸侯和臣民之間已經不存在親密的血緣關係，因此，群己關係已經沒有明顯的血緣特徵，所以「移孝作忠」的觀念其實是一種「擬宗法化」的做法，一種是非血緣的等級關係（例如君民關係）被飾以父子關係，非血緣的平級關係被飾以兄弟關係。由此，社會上的非血緣各種關係被宗法化了。從群己關係上看，「擬宗法化」的實質在於營造「天下一家」的色彩[62]。連橫在群獨（己）觀上特別強調「孝」的意義，充分運用「擬宗法化」手法，都是人倫關係的儒學化理念的思想文化傳統影響的顯著表現。

（三）「求真」或「順俗」——「真—俗」思想動態平衡方面的影響因素

「真—俗」思想體系的動態平衡（「真—俗」之間互動轉換、既對立又統一、既兼顧又偏重）是章太炎整個學術思想的重要特徵，他的「群學」思想也是如此，而關於連橫的「群學」思想的論述也可以此作為參照。有研究者對於涉及「群學」思想的「真」、「俗」關係做了一番闡述：

所謂「真」大體指向理性與理想，力圖發現宇宙究竟、人事本然，當然也為「無我」和「斷執」。「真」的精神，即專求理相，但審是非、不計利害，講勝義、求真諦，是非以「存乎己者」為主，高調個人，因此往往也偏於主觀，在方法上以「忠」為主；所謂「俗」，多基於現象界和歷史片段，為「眾生之我」。「俗」的精神，往往兼顧事相，偏重於約定俗成的考慮，不排斥功利與實用，說方便，立假有，是非以「繫乎他者」為主。因此往往在客觀上兼顧群眾，強調「恕」的方法。在思辨的意義上，歷史是具體的、分別的，屬於俗諦的，而哲學是抽象的、無分別的，屬於真諦。從功能的角度而言，求是為真，而致用為俗，往往有知識與道德的分途並進。當然，從整體上看，俗是真之動，真是俗之體，二者的互相聯繫與依存又表明兩個世界原不能分離。[63]

綜合本章上文的分析，並且以上述「真」、「俗」的闡述為依據，我們可以得出這樣的結論：在「真—俗」思想體系動態平衡的視野下，章太炎的「群學」思想兼顧「真」、「俗」但偏重「求真」，連橫的「群學」思想則兼顧「真」、

「俗」但偏重「順俗」。以兩人「隱逸觀」的比較為例，這樣的區別是很明顯的。

章太炎雖然兼顧「俗」——「州居萃處」、「樂群就眾」等與「真」——「獨居深念」、「介特寡交」等的平衡，即「州居萃處，人之情也；及其獨居深念，中有祕藏，肺府周親，憎若蚊蚋，此亦根性然也。故有樂群就眾，亦有介特寡交，人心不同，慮如面頰。」但是他根據「齊物論」的「真理」，在「群」、「獨」的選擇上表現出鮮明的「求真」、「脫俗」的傾向性（傾向於自律、自主的人格以及獨立、自由的意志的選擇），將「群」、「獨」的生活和精神狀態區分為高低三個等級：第一等級是「能平齊人之好惡，知一身之備物，刀割香塗，愛憎不起，黃塵火齊，等無差別者，斯天下之至高也」，第二等級是「恬淡寡營，屏人獨處，持芋栗為穀食，圍木皮作襦，大樂不至，勞苦亦絕」，第三等級是「交相掎持、待群為活」[64]。

連橫雖然偶爾也流露出「我身非我有，萬物同其源。萬物非我有，天地分其根。天地非我有，大造闢其元。大造非我有，佛法轉其輪」的禪道思想，與章太炎「無我」、「一己與萬物同化」的禪道思想接近，表現出「湛然觀自在，一洗眾生喧」那樣的超脫「自我」和一切外界約束而追求「真我」人生的精神境界[65]，並且設想「使吾一旦脫去社會，孑然獨處，如魯敏遜之獨居海島，則將如何」的情境——「吾於是時，心無罣礙，意無恐怖，渾然寂然，與木石居，與鹿豕遊，則吾當學釋迦之枯坐菩提樹下，起而自語曰：『天上地下，唯我獨尊。』」[66]可見在「群學」思想的參照系統內，連橫性情的一面具有中國傳統文化意義上的文人雅士所具有的超凡脫俗、高蹈太虛、妙悟禪機、隱世無我的追求「真趣」的特徵（佛教不承認「我」是實體，而是認為個體的「我」總是有生有滅的，說到底就是「無我」），但是連橫性情的另一面特徵則更恆久、更穩固、更本質，那同樣也是中國傳統文化意義上的文人雅士所具有的追求「塵俗」的特徵——親近凡俗、回歸人世、濟世救民、捨棄「小我」。所以連橫在個人隱逸觀上最終的、也是堅定的選擇是舍「真」（即「如何為國民，沉淪在泉石」）入「俗」（即「人生社會間，當為國家役」），即使隱逸，也當學習諸葛亮，「武侯隱南陽，佐漢討國賊。上以格君心，下以布民澤」[67]。

(四)「獨行‧異端」思想或「忠義‧宗法」精神——地域文化方面的影響因素

就章太炎而言,浙江(古越地)的地域文化精神是促成章太炎特立獨行的個人氣質以及勇於否定和批判的思維方式的重要影響因素。章太炎的家鄉浙江屬於古越國,越地有「被髮佯狂,倜儻負俗」的范蠡,有「問孔」、「刺孟」、「非韓」的王充,有「非湯武薄周孔」、「越名教而任自然」的嵇康,有反對程朱理學、主張「行知合一」的心學大師王陽明,有桀驁不馴、憤世嫉俗的徐文長,有「竄身海外,志在恢復」而客死異國的朱舜水,有大膽鼓吹民族和民主思想、認定「天下之大害者,君而已矣」的黃宗羲,有「但開風氣不為師」的龔自珍,有「綱紀天人」、批判偽史學的章學誠……特立獨行的傳奇人物和離經叛道的「異端」思想在越地層出不窮,這樣的地域文化歷史傳統源遠流長,潛移默化中都會對章太炎「群學」思想產生影響,而章太炎青少年時代幾位老師的影響更加直接而深切,這些老師都是古越精神的優秀傳人,其中俞樾先生是一位氣節高尚、保持賢士晚節的漢學家,章太炎曾深情地回憶他說「余喜獨行赴淵之士,出入八年,相得也」;黃以周先生「平生不為流俗文辭」,「獨泊然如不與世俗成靡者」;高學治先生痛惜惠、戴以降樸學之士「行義無卓絕可稱者」,希望章太炎學習兩漢諸經師「堅苦忍形,遁世而不悶」的精神,對於高先生的諄諄教誨,章太炎「拜受教」,章太炎還記述了高先生病重時叮囑他兒子的話,「居亂世,無飄飄如柳絮。」這些老師的道德、文章對章太炎特立獨行、「依自不依他」思想性格的形成起了重要的陶鑄作用。章太炎自己也承認繼承了古越的精神「血脈」,例如在反映他「群學」思想的重要篇章《明獨》中自稱「越之賤氓」[68]。當他曾經毅然解辮髮以表示與清朝徹底決裂,他宣傳這樣做的一個重要依據就是「余故吳、越間民,去之,亦猶行古之道也」[69]。可見章太炎以越國精神文化的傳人自居的自覺、自信、自許和自豪。「儘管他活動繁忙,但親情、鄉情之戀,使他在公務活動之餘,總能抽空回浙江老家看看。據統計,從 1897 年 12 月離開杭州到 1936 年 6 月 14 日在蘇州病逝時止,太炎先生先後返回故里與杭州大約有十幾次之多。」[70] 章太炎特立獨行的個人氣質和勇於否定和批判的思維方式表現在「群學」思想上,就是他勇於突破儒家傳統的群體(國家、

民族、社會等)本位思想而崇尚個性自由,甚至提出驚世駭俗的「五無」論(即「無政府」、「無聚落」、「無人類」、「無眾生」、「無世界」)。

就連橫而言,臺灣地域文化精神是孕育連橫以節孝忠義為基調的「群學」思想的重要影響因素。關於「遺民忠義精神」堡壘的地域文化特點的詳細論述已見第二章。這裡補充的是,與臺灣「遺民忠義精神」的地域文化特徵相通相近的是臺灣特別注重宗法和注重「村社—鄉紳」社會結構和功能的地域文化特徵,連橫指出,「臺人重宗法,敬祖先,故族大者必立家廟。……其大者則聯全臺之子姓,建立大宗,追祀始祖,深得親親之義。……詩曰:『兄弟鬩於牆,外禦其侮。』為此詩者,其知鄉治之義乎?故曰日月食於外,而賊在其內。」[71]

(五)獨立孤傲的家風或忠義孝悌的家風——家庭環境方面的影響因素

章太炎祖父章鑑「性廉靖,不欲仕宦」,他的父親章濬「素有風操,不肯遊宦」、「不樂仕」[72],這在當時是獨樹一幟、不同流俗的。章濬人生坎坷,頗不得志,他的《長夏偶成》詩寫道:

我有一間屋,不共熱客逐,松棚生陰涼,柴門少剝啄。

清風徐徐來,枕書還倦讀,把卷自科頭,微吟便坦腹。

課兒居其中,猶之牛舐犢,所志在岩阿,餘情樂邁軸。

不種曼倩桃,不植陶潛菊,屋後四圍桑,門前千畝竹。

汲鮮奉高堂,橫經啟家塾,能卻戶外喧,時散爐中馥。

高臥侶羲皇,靜坐休貪沐,夜涼明月生,飛過幾蝙蝠。[73]

在此詩中,章濬描寫了「柴門少剝啄」(「剝啄」指叩門聲)、「能卻戶外喧」的清寂的家庭生活環境。「邁軸」比喻病困,尤其多用於賢人隱居而遭遇病困,或在野困處之意,正是章濬典型生活狀況的自我寫照。「不種曼倩桃,不尷陶潛菊」(漢武帝時代東方朔字「曼倩」)是章濬反用其意,章濬追求的其實正是文人雅士「坦腹」、「高臥」般悠閒以及東方朔般戲謔、狂放的生活情趣,他嚮往的是「高尚淳樸,有羲皇之素」(語見三國時曹冏《漢二祖優劣論》)伏羲氏那樣的遠古時代,而他「不共熱客逐」、「所志在岩阿」

的內心表白也是他志在隱逸、卓爾不群、遠離世俗的人生理想的反映。此詩看似平和閒適，其實飽含孤傲不馴之氣，這也是章濬個性和氣質的縮影。

　　章太炎的父親章濬在《家訓》中寫道：「妄自卑賤，足恭諂笑，為人類中最傭下者。吾自受業親教師外，未嘗拜謁他人門牆。汝曹當知之⋯⋯然果專心一藝，亦足自立，若脫易為之，以眩俗子，斯即謂斗方名士，慎勿墮入。」[74] 章太炎的父親教導他從人格和學術兩個方面要獨立、自尊，不能奴顏媚骨、趨炎附勢和隨波逐流。直至晚年，章太炎還多次書寫父親的家訓，可見家訓在他心目中的地位。章太炎一生念念不忘先人的教誨，當他被迫流亡海外時，心中牽掛的仍然是將章家道德人格的優良風尚傳承給子孫：「炳麟以嫌疑寄帑海上，不得望先人丘墓，大懼舊德不宣，無以詒子孫為世法，故略次事狀如此。」[75] 章家世代嚴守「　皆用深衣殮」的家教，他的外祖父公開向他宣揚「夷夏之防」，「讀書欲光復漢績，先考亦不禁」，這些言行在清朝封建專制主義的時代都是「違禁」的、冒風險的。章太炎在十一二歲時，就能發表「明亡於清，反不如亡於李闖」的獨特見解。這反映了章家的家教家風對他「自尊無畏」、孤傲、不同流俗的個人氣質和學術品質的顯著影響，並且章太炎在個性自由、獨立人格與國家、民族的關係中更強調前者的重要性，冷靜理智地審視、否定國家、社會等「團體性」事物的神聖性，我們可以推斷章太炎的這些「群學」思想也都受到了章家的家教家風一定程度的影響。

　　連家忠義和孝悌家庭環境教育薰陶對於連橫「忠義孝悌」思想觀念的重要影響，其相關闡述已見第二章。

　　總之，無論是章太炎還是連橫，他們都吸取了生活地域文化的滋養，感受了時代脈搏的跳動，接受了家庭傳統的薰陶。各種生活環境的、時代的因素激盪著他們的情感，砥礪著他們的氣節，陶鑄著他的品行，從而與他們的生命和思想都血脈相連、息息相關，當然也包括深刻地影響到他們「群學」思想的形成。

二、影響章太炎「群學」思想的主要因素

影響章太炎「群學」思想的主要因素，首先是章太炎特立獨行的、「狂者」的個人氣質特徵。章太炎曾經宣稱自己「此則侏張獨往之性，亦天選而不可移者也」[76]。章太炎的這種個人氣質特徵還可以從他的相關筆名、別號以及眾多著名學者和他的摯友的評價中得到印證。章太炎曾經使用「戴角」、「獨角」、「窮荒孤客」、「獨立生」等筆名、別號，從一個側面反映出他獨立獨行的個性氣質和理想追求。章太炎被有的學者稱為中國現代思想史上的「異數」[77]，章太炎的摯友宋恕評價章太炎「孤懷高論，與世不諧」[78]，著名的烏目山僧稱譽章太炎說，「先生十數年來，屏謝家室，清操壁立，堅苦卓絕，一意孤行。」[79]

與章太炎特立獨行個人氣質特徵相一致的還有他學術思想「自立門戶與徑行獨往」的學術品格特徵[80]。章太炎在《官制索隱》、《思鄉原上》中自稱「吾今為此，獨奇觚與眾異」、「大氐成氣類則偽，獨行則貞」[81]，其實也是他整個學術品格追求的真實寫照。有研究者指出，「世人常將偏尊一家與自立門戶混為一談，章太炎恰好是主張自立門戶以破偏尊一家的。」「章氏論學的具體內容當然前後有別，可其『不惑時論』、『立說好異前人』，喜獨樹一幟自立門戶，這一點則是始終未變。這與其性情志趣大有關係。《訄書》第一版上有章氏題詞，劈頭便是『幼慕獨行』四字。這四字可以說是其一生立身處世的基本準則。論學時的自立門戶與處世時的特立獨行，其實是一回事。」[82]

這種獨特的個人氣質和學術品格，對於章太炎勇於打破偏尊一家的中國群體型的傳統心理倫理結構，對於他揭露和批判當時社會盛行的、甚至看似勢不可擋的社會達爾文主義的人類（群體）進化觀，對於他堅持汲取中國非主流的「依自不依他」的思想文化傳統等諸多方面——總之，對於章太炎獨特的「群／己獨之辨」思想，勢必都會產生重要的影響。

三、影響連橫「群學」思想的主要因素

影響連橫「群學」思想的主要因素，是連橫慘痛的家庭遭遇和人生經歷，主要體現在它對於連橫「忠孝仁義—修齊治平型」儒家傳統群體主義思想的

影響，尤其是對於連橫「家國一體」、「忠孝一體」的儒家傳統群體主義思想的影響更加顯著，具體體現在兩個方面：

第一，連橫親歷了「國難」導致的「家難」，遭遇先「國破」後「家亡」的雙重不幸，由此深切地感悟到個人命運與民族（國家）命運息息相關、休戚與共，正如他詩歌形容的那樣——「危幕燕難巢，沸釜魚必赤。」[83]連橫曾經在臺南馬兵營故居度過了快樂而優裕的童年和少年時光，「余時雖稚少，顧讀書養花之外，不知有所謂憂患者」[84]。但是國破家亡的變故使18歲的連橫飽嘗憂患之苦，接受了最為刻骨銘心的人生一課。連橫《寧南春望》詩曰：「淒絕釣遊舊時地，夕陽空下馬兵營。」連橫自註曰：「馬兵營，鄭氏駐兵處，在寧南門內，水木明瑟，自吾始祖卜居於此，迨余七世。乙未之役，全莊被遷，余家亦遭毀。此恨綿綿，何時能已！」[85]二十多年以後，連橫仍然對此家國的雙重劫難念念不忘，他沉痛地回憶說：「乙未之後，余家被毀，而余亦漂泊四方，不復有故里釣遊之樂。」[86]在日軍侵犯北臺灣的時候，連橫的父親因為憂慮時局而突然亡故，連橫哀毀骨立，淚盡繼之以血[87]。「家亡國破兵戈裡，憔悴詩人杜少陵」正是連橫此時自我的真實寫照[88]。當時的情形是：「先是乙未之歲，余年十八，奉諱家居，手寫少陵全集，始稍稍學詩，以述其家國淒涼之感。」[89]連橫與杜甫「家國淒涼」的強烈共鳴激發他學習杜甫，立志將個人、家庭的遭遇與國家、民族的命運結合起來，以詩為史，真實地記錄他所經歷的時代。1895年，連橫的家成為劉永福率軍駐紮之所。連橫此時大量收集「臺灣民主國」各種文告，後來成為《臺灣通史》的珍貴史料。連橫多次提及「國破家亡」、「家國難」，例如「後之過者，其亦有感於國破家亡之慟」[90]，「一例同殉家國難，貞忠千古屬夫妻。」[91]其實「國破家亡」、「家國難」都包含了連橫自己的無數感同身受的辛酸淚！總之，連橫親眼見證了正是因為「國亡」才導致「家破」，因此深切感到「家」與「國」總是緊密相連，也由此強化了「家國一體」觀念。

第二，連橫由於「國破家亡」的不幸遭遇而樹立為國家、民族奮鬥的雄心壯志。正如連橫所說，「夫天下大器也，集眾人而成家，集眾家而成國。國之利害，猶家之利害也。故知愛家者必知愛國。夫無家則不可以住，無國且不可以立。」這種心聲可從連橫寫於1895年的《劍》、《鞭》、《留別》

等詩詞反映出來。這三首詩詞表現了連橫效仿祖逖擊楫中流的激越情懷、為驅逐異族請纓效命的豪情壯志,也可以看到連橫從此立志身繫國家民族並不惜為之奮鬥、犧牲的堅定決心和高尚情操,也由此強化了「忠孝一體」觀念。

這裡需要特別指出的是,與章太炎大聲疾呼的「大獨」精神相呼應的,中國大陸還有譚嗣同《仁學》中對「個人之自由」的重視,以及梁啟超《新民說》中對「權利必自個人始」的宣揚,他們都推動了近代中國個性自由意識的覺醒,在不同程度上共同開創了以個人的自由獨立為前提來爭取民族的自由獨立的新時代,而類似情形在同時期的臺灣卻絕少出現,臺灣知識分子大多自覺地走上了像連橫那樣的遵循儒家傳統群體主義的道路,即信奉「家國一體」、崇尚遺民忠義精神,以個人之力報效中華民族和「故國」,這種民族思想和「群學」思想的差異性在同時代海峽兩岸的知識分子中具有相當的普遍性。因為臺灣知識分子在甲午戰爭割讓臺灣以後與連橫一樣都變成了「棄地遺民」,並且不少臺灣知識分子也遭遇過因「國破」而「家亡」的慘痛經歷,從而具有與連橫大致相同的心路歷程,這與大陸知識分子形成了鮮明對比。海峽兩岸知識分子民族思想這方面的整體差異性,我們主要用甲午戰爭前後(以及延續到20世紀初期)的時代因素在海峽兩岸的不同影響來解釋。當然,甲午戰爭前後的時代因素對於海峽兩岸民眾民族思想的不同影響也是與兩岸地域文化的差異性分不開的。

注 釋

[1]. 參見章太炎《〈社會學〉序》,《章太炎選集》(註釋本),第147頁註釋。
[2]. 章太炎:《答鐵錚》,《章太炎全集》(四),第375頁。
[3]. (臺灣)何啟、胡禮垣:《勸學篇書後》,《新政真詮》,第52頁。轉引自黃克武、張哲嘉主編:《公與私:近代中國個體與群體之重建》,「中央研究院」近代史研究所,2000年版,第87頁。
[4]. 嚴復:《〈群己權界論〉譯凡例》,王栻主編:《嚴復集》(第一冊),第132頁。
[5]. 章太炎:《〈社會通銓〉商兌》,《章太炎全集》(四),第325頁。
[6]. 章太炎:《〈社會通銓〉商兌》,《章太炎全集》(四)第333頁。
[7]. 章太炎:《〈社會通銓〉商兌》,《章太炎全集》(四),第324頁。
[8]. 章太炎:《〈社會通銓〉商兌》,《章太炎全集》(四),第322頁。

[9]. 章太炎：《〈社會通詮〉商兌》，《章太炎全集》（四），第 325 頁。

[10]. 章太炎：《〈社會通詮〉商兌》，《章太炎全集》（四）第 333-334 頁。

[11]. （臺灣）王汎森：《章太炎的思想及其對儒學的衝擊》，時報文化出版事業有限公司，1985 年版，第 246-247 頁。

[12]. （臺灣）王汎森：《章太炎的思想及其對儒學的衝擊》，第 247-248 頁。

[13]. 連橫：《鄉治志》，《連雅堂先生全集·臺灣通史》，第 639 頁。

[14]. 連橫：《賴斐卿先生墓誌銘》，《連雅堂先生全集·雅堂文集》，第 82 頁。

[15]. 連橫：《惜別吟詩集序》，《連雅堂先生全集·雅堂文集》，第 48 頁。

[16]. 連橫：《惜別吟詩集序》，《連雅堂先生全集·雅堂文集》，第 48-49 頁。

[17]. 連橫：《厚庵遺草序》，《連雅堂先生全集·雅堂文集》，第 44 頁。

[18]. 連橫：《柬林景商》，《連雅堂先生全集·劍花室詩集》，第 101 頁；連橫：《建國紀》，《連雅堂先生全集·臺灣通史》，第 61 頁。

[19]. 連橫：《臺灣通史序》，《連雅堂先生全集·雅堂文集》，第 31 頁。

[20]. 連橫：《賴斐卿先生墓誌銘》，《連雅堂先生全集·雅堂文集》，第 81 頁。

[21]. 連橫：《書何水昌》，《連雅堂先生全集·雅堂文集》，第 69-70 頁。

[22]. 盧修一：《連雅堂民族思想之研究》，《連雅堂先生全集·連雅堂先生相關論著選輯》（上），第 116 頁。

[23]. （美）杜贊奇著、王憲明、高繼美等合譯：《從民族國家拯救歷史：民族主義話語與中國現代史研究》，江蘇人民出版社，2008 年 6 月，第 74 頁。

[24]. （美）杜贊奇著、王憲明、高繼美等合譯：《從民族國家拯救歷史：民族主義話語與中國現代史研究》，第 74 頁。

[25]. 章太炎：《印度人之論國粹》，《章太炎全集》（四），第 394 頁。

[26]. 章太炎：《送印度鉢邏罕保什二君序》，《章太炎全集》（四），第 360 頁。

[27]. 章太炎：《齊物論釋定本》，《章太炎全集》（六），上海人民出版社，1986 年 12 月第 1 版，第 99-100 頁。

[28]. 章太炎：《齊物論釋定本》，《章太炎全集》（六），第 100 頁。

[29]. 章太炎：《記印度西婆耆王紀念會事》，《章太炎全集》（四），第 357 頁。

[30]. 章太炎：《復仇是非論》，《章太炎全集》（四），第 274 頁。

[31]. 章太炎：《齊物論釋定本》，《章太炎全集》（六），第 101 頁。

[32]. 章太炎：《四惑論》，《章太炎全集》（四），第 455 頁。

[33]. 章太炎：《菌說》，《章太炎選集》（註釋本），第 80 頁。

[34]. 章太炎：《〈社會學〉序》，《章太炎選集》（註釋本），第 147 頁。
[35]. 章太炎：《四惑論》，《章太炎全集》（四），第 455 頁。
[36]. 唐文權、羅福惠：《章太炎思想研究》，第 40 頁。
[37]. 章太炎：《四惑論》，《章太炎全集》（四），第 455 頁。
[38]. 章太炎：《四惑論》，《章太炎全集》（四），第 457 頁。
[39]. 章太炎：《四惑論》，《章太炎全集》（四），第 455 頁。
[40]. 章太炎：《駁神我憲政說》，《章太炎全集》（四），第 312 頁。
[41]. 唐文權、羅福惠：《章太炎思想研究》，第 110-111 頁。
[42]. 連橫：《連雅堂先生全集·雅言》，第 111 頁。
[43]. 連橫：《讀西史有感》，《連雅堂先生全集·劍花室詩集》，第 127 頁。
[44]. 程俊英、蔣見元著：《詩經註析》，中華書局，1991 年，第 674 頁。
[45]. 連橫：《連雅堂先生全集·雅言》，第 110-111 頁。
[46]. 連橫：《東西科學考證》，《連雅堂先生全集·雅堂文集》，第 23 頁。
[47]. 連橫：《周代石鼓記》，《連雅堂先生全集·雅堂文集》，第 97 頁。
[48]. 連橫：《詠史·赫胥黎》，《連雅堂先生全集·劍花室詩集》，第 130 頁。
[49]. 連橫：《詠史·達爾文》，《連雅堂先生全集·劍花室詩集》，第 130 頁。
[50]. 連橫：《讀西史有感》，《連雅堂先生全集·劍花室詩集》，第 126 頁。
[51]. 連橫：《詠史·俾士麥》，《連雅堂先生全集·劍花室詩集》，第 130 頁。
[52]. 連橫：《束林景商》，《連雅堂先生全集·劍花室詩集》，第 100 頁。
[53]. 連橫：《遣懷》，《連雅堂先生全集·劍花室詩集》，第 141 頁。
[54]. 連橫：《詠史·達爾文》，《連雅堂先生全集·劍花室詩集》，第 130 頁。
[55]. 連橫：《大陸遊記》，《連雅堂先生全集·雅堂先生餘集》，第 32 頁。
[56]. 梁啟超《中國積弱溯源論》對當時「群獨之辨」形勢的評估是，「若夫今之漢人，判渙無群，人自為私，獨甚於漢、唐、宋、明之季」，應該是很有代表性的意見。
[57]. 姜義華：《章太炎思想研究》，第 35-36 頁。
[58]. 王富仁：《個人的自覺與文學的自覺》（序言），高俊林：《現代文人與「魏晉風度」——以章太炎、周氏兄弟為個案之研究》，河南人民出版社，2007 年版。
[59]. 蔣小波：《「國粹」與「種姓」：章太炎與連雅堂「語文」思想之比較》，《臺灣研究集刊》，2005 年第 3 期，第 78 頁。
[60]. 章太炎：《答鐵錚》，《章太炎全集》（四），第 369 頁。
[61]. 章太炎：《答鐵錚》，《章太炎全集》（四），第 369 頁。

第六章 章太炎、連橫「群學」思想之比較——基於民族共同心理倫理的探討（下）

[62]. 參見蔣孝軍：《傳統「群己之辨」的展開及其終結》，《哲學動態》，2011 年第 9 期，第 44-45 頁。

[63]. 陳雪虎：《「文」的再認——章太炎文論初探》，第 9-10 頁。

[64]. 章太炎：《〈無政府主義〉序》，《章太炎全集》（四），第 385 頁。

[65]. 連橫：《觀音山》，《連雅堂先生全集·劍花室詩集》，第 51 頁。

[66]. 連橫：《詩薈餘墨》，《連雅堂先生全集·雅堂先生集外集》，第 145 頁。

[67]. 連橫：《卻隱》，《連雅堂先生全集·劍花室詩集》，第 119 頁。

[68]. 《章太炎先生全集》（三），第 240 頁。

[69]. 章太炎：《解辮髮》，《章太炎先生全集》（三），第 347 頁。

[70]. 陳智為：《章太炎與浙江》，《浙江檔案》2000 年第 3 期。

[71]. 連橫：《鄉治志》，《連雅堂先生全集·臺灣通史》，第 639-640 頁。

[72]. 章太炎：《先曾祖訓導君先祖國子君先考知縣君事略》，《章太炎全集》（五），第 196 頁。

[73]. 章濬：《春風草廬剩稿》，見潘衍桐《兩浙輶軒續錄補遺》卷六，轉引自姜義華：《章太炎思想研究》，上海人民出版社，1985 年版，第 6 頁。

[74]. 《章太炎年譜長編》（上），第 3-4 頁。

[75]. 章太炎：《先曾祖訓導君先祖國子君先考知縣君事略》，《章太炎全集》（五），第 196 頁。

[76]. 章太炎：《與吳君遂書九》，轉引自《章太炎年譜長編》，第 142-143 頁。

[77]. 張汝倫：《現代中國思想研究》，上海人民出版社，2001 年版，第 42 頁。

[78]. 宋恕：《又上俞師書》（1899 年 1 月 21 日），《宋恕集》（中國近代人物文集叢書），胡珠生編，中華書局，1993 年版，第 596 頁。

[79]. 《黃宗仰致章太炎先生書》，見 1912 年 5 月 16-17 日《大共和日報》，轉引自姜義華《章炳麟評傳》，南京大學出版社，2002 年版，第 676-677 頁。

[80]. 章太炎「自立門戶與徑行獨往」學術品格的概括見陳平原：《中國現代學術之建立——以章太炎、胡適之為中心》，北京大學出版社，1998 年版，第 244 頁。

[81]. 章太炎：《官制索隱》，《章太炎全集》（四），第 86 頁；章太炎：《思鄉原上》，《章太炎全集》（四），第 130 頁。

[82]. 陳平原：《中國現代學術之建立——以章太炎、胡適之為中心》，北京大學出版社，1998 年版，第 244 頁、第 249 頁。

[83]. 連橫：《卻隱》，《連雅堂先生全集·劍花室詩集》，第 119 頁。

[84]. 連橫：《過故居記》，《連雅堂先生全集·雅堂文集》，第 88 頁。

[85]. 連橫:《寧南春望》,《連雅堂先生全集·劍花室詩集》,第 29 頁。
[86]. 連橫:《寧南詩草自序》,《連雅堂先生全集·雅堂文集》,第 35 頁。
[87]. (臺灣)林文月《青山青史——連雅堂傳》,近代中國出版社,1984 年 4 月再版。
[88]. 連橫:《驪山吊秦始皇陵》,《連雅堂先生全集·劍花室詩集》,第 147 頁。
[89]. 連橫:《臺灣詩社記》,《連雅堂先生全集·雅堂文集》,第 99 頁。
[90]. 連橫:《重修五妃廟記》,《連雅堂先生全集·雅堂文集》,第 88 頁。
[91]. 連橫:《五妃廟題壁》,《連雅堂先生全集·劍花室詩集》,第 87 頁。

第七章 「用國粹激動種姓」——章太炎、連橫關於民族文化宣傳的一致思想

　　章太炎、連橫以國學大家和學者身分而知名，但其實他們一生中比較穩定的職業是新聞撰稿人和報紙雜誌的編輯，兩人都是著名的報刊活動家和報刊政論家，都具有新聞傳播及輿論宣傳的豐富思想和實踐經驗。

　　據統計，從1897年章太炎開始為報刊撰稿起，到1936年他去世之日止，章太炎曾經為海內外的87家報刊（其中包括16家日報和71家期刊——其中26家為政論期刊）撰寫過791篇各類文章，其中有相當大一部分是政論文章。在此期間，他還參加過10家報刊的編輯工作，並且擔任過其中5家報刊的主編。晚年還在他擔任校長的國民大學內設置了報學系，成為新聞教育的倡導者。章太炎曾七被追捕，三入牢獄，其中好幾次都和辦報活動有關。章太炎的一生，與近代中國的報業有著極其密切的聯繫[1]。

　　連橫1902年受聘為廈門《鷺江報》主筆，曾經「縱談人權新說」[2]；1904年他與黃乃裳在廈門創辦《福建日日新報》，鼓吹「排滿」，「時同盟會同志在南洋者，閱報大喜，派閩人林竹痴先生來廈，商改組為同盟會機關報，嗣以清廷忌先生之言論，飭吏向駐廈日本領事館抗議，遂遭封閉，先生不得已又攜眷歸臺，復主《臺南新報》漢文部，越三年，移居臺中，入《臺灣新聞》漢文部。」[3]此外，1905年《福建日日新報》還發表支持「反美禁約」（指美國政府脅迫清政府繼續簽訂限制和排斥華工的條約）的文章，「以文字鼓動閩中社會」，翻印了上海寄來的抵制美貨傳單，廣為散發[4]。連橫因為1903年曾主持過《國民日日報》副刊「黑暗世界」的編輯工作，1905年又到廈門創辦《福建日日新報》，在當時的大陸新聞界享有一定的聲望[5]。連橫於1913年7月來到吉林，先後參與創辦了《新吉林報》和《邊聲報》。連橫提倡民主，堅持臺灣是中國的一部分，並把他激進思想貫穿於報紙編輯出版工作當中，以筆針砭時弊，但是「二次革命」爆發後，袁世凱開始壓制

言論，1913年8月《新吉林報》被查封取締。袁世凱解散國民黨，強行召開國會，連橫對此倍感憤怒，迅速撰文聲討於《邊聲報》。

章太炎、連橫不僅都是新聞和報刊業的長期工作者，而且兩人曾經有過兩次因為報紙而結緣的經歷。第一次是章太炎1899年避難遠赴臺灣並受聘任於《臺灣日日新報》漢文部時，「臺灣治績志說，明治卅一、二年之交，有中國著名學者章炳麟受聘為同社漢文記者，時常刊載詩文……章氏在臺任職期間，因多數日人學者能瞭解中文，且報社有中文部之設置，故不時應和酬唱。據曾任臺灣日日新報主筆的魏清德說：『章氏在臺灣交的日籍朋友有館森鴻（袖海），臺籍友人有李越濤、連橫等。」[6] 第二次是章太炎1904年因「蘇報案」入獄以後，兩人「共事」於《國民日日報》，詳見本章下文相關論述。

章太炎曾論及民族解放和民族革命事業中感情是前提條件，而要成就這感情，最重要的兩件事之一「是用國粹激動種姓，增進愛國的熱腸」[7]。我們認為「用國粹激動種姓」可以用來當做章太炎、連橫兩人有關近代中國民族文化輿論宣傳思想的貼切而準確的概括。在「用國粹激動種姓」的民族文化輿論宣傳的思想體系中，「國粹」既是民族文化輿論宣傳的主體內容（即是回答「輿論宣傳什麼」的問題），又是民族文化輿論宣傳的基本途徑（即是回答「透過什麼來開展輿論宣傳」的問題），還是民族文化輿論宣傳的關鍵手段（即是回答「使用什麼手段達到預定輿論宣傳目標」的問題）。章太炎、連橫「用國粹激動種姓」的民族文化輿論宣傳可謂終其一生孜孜不倦、不遺餘力，並且作為海峽兩岸著名的愛國學者，在近代中國「用國粹激動種姓」的民族文化輿論宣傳的共同事業中，兩人桴鼓相應、聲氣相通，從而成就一段流芳兩岸的文壇傳奇。

第一節 「用國粹激動種姓」輿論宣傳的時代背景

東、西方帝國主義思想文化對「國學」的強勢衝擊和嚴重侵蝕，是章太炎、連橫「用國粹激動種姓」輿論宣傳（本文以下簡稱為國粹宣傳）思想形成的共同時代背景。這裡需要說明的是，在章太炎、連橫的論述中，「國粹」、「國學」、「國故」等大體上是可以互通乃至互換的概念。

第七章 「用國粹激動種姓」——章太炎、連橫關於民族文化宣傳的一致思想

一、章太炎「國粹」宣傳的時代背景

早在 1896 年,章太炎在致書《時務報》(當時著名的維新派報刊)經理汪康年時,提到「方今風教澆訛,群喙異響」的時代背景,並已開始萌生以「國粹」為主啟發民智的思想(所謂「馳騁百家,掎摭子史,旁及西史」),他在《時務報》上寄託了施展這種理想抱負的希望(「小雅不廢,賴有茲編」)[8]。在1897年章太炎為當時維新派的另一重要報刊《實學報》所作的序言中,也同樣提到「《小雅》盡廢,四彝交侵,創痍既深,乃流嘶哽咽以道之,則已日莫途遠」的時代氣氛,並且指出「施之西學,則正負亂;以施之中學,則名實亂」這樣左右為難、進退失據的局面[9]。在這樣的時代環境中,「清末妄人,欲以羅馬字易漢字,謂為易從」,章太炎認為這是十分危險而必須堅決加以抵制的,他還特別提出「昔余講學,未斤斤及此,今則外患孔亟,非專力於此不可」[10]。章太炎對於當時中國的學術界和知識界「歆慕遠西,墮其國性」的狀況痛心疾首,尖銳地將其嘲諷為「與啖人以罌粟膏,醉人以哥羅方,無以異矣」[11]。此外,1910 年章太炎指出,最近十年以來,隨著「八比告替」、「歐學東替」,中國的「濟濟多士」不顧「外禍日急」,卻以「悉舍國故而新是趨」為時代「新風尚」,有些國人甚至暴露出「欲棄國文,恨軒轅、厲山為黃人,令己不得變於夷」的無恥嘴臉,章太炎宣告這就是「國將亡,本必先顛」危亡之世的典型徵兆[12],只有透過「仁種類」、「固蕭牆」,才能實現「禦外侮」、「靖海濱」的目標[13]。

二、連橫「國粹」宣傳的時代背景

處於日本完全殖民統治下的臺灣,「漢學」(限於臺灣特殊的政治和文化環境不能稱為「國學」)遭受日本思想文化衝擊和侵蝕就更加明顯和直接,後果更加嚴重,因為它是一種屬於體制內(「合法」)的、政策強制性的、因而也更難以抵制同化的思想文化殖民。

日本殖民臺灣之初,就開始確定逐步深化的「國語(日語)普及」政策,在籌設「國語」傳習所時,總督府學務部的意見書中明確表示透過日語普及「得人心」並進而「得國」、「得民」的殖民行政需要的用意:

凡得國須得民，而得民須得人心。若欲得人心，首先，非得假借溝通彼此思想的語言工具之力不可。……今日內地人（指日本人）懂土語（指臺語）者甚少，而土人（指臺人）中則幾無懂國語（指日語）者。在如此狀況下，若欲推行治民之術，實頗為困難。故而今設立本傳習所，開啟傳習國語之途，以謀求施政之便利，進而奠定教化之基礎。[14]

　　首任臺灣總督府學務部長伊澤修二原本是日本國家主義教育思想的倡導人之一，他宣稱透過統一「國語」，培養國民的忠君愛國精神，積極推動「國家教育」運動。日本領屬臺灣後，他將此主張在臺灣付諸實施。此外，在「進步的日本」、「落後的亞洲」意識作祟下，日本人產生強制實施日語教育「開化」落後民族（日本人意識中包括蝦夷人、琉球人、韓國人等）的觀念。在領有臺灣後，此一「近代化的日語論」進而轉換為「同化的日語論」，認為日語教育可以同化異民族成為日本國民，此一思想明顯地反映在國語傳習所規則中，該規則第一條明確說：「國語傳習所以教授臺人國（日）語，資其日常生活且養成日本的國民精神為本旨」。1897年7月總督府發布的《臺灣公學校令》第1條也規定公學校「對臺人子弟施行德教」、「以養成日本的國民性格，同時，精通國語為本旨」，第2條規定：「公學校依地方情況別設速成科，利用夜間、假日或其他課外時間教授國語」，清楚地顯示日語教學在公學校教育中的顯赫地位[15]。

　　關於總督府規定公學校壓縮乃至廢棄漢文課的情況，我們可以透過以下進程表獲得直觀的感受：

1898-8-16 將漢文併於讀書課中，每週12小時。

1904-3-11 漢文課獨立為一科，每週漢文課改為5小時。

1907-2-26 五、六學年的漢文課授課時數縮短為每週4小時。

1912-11-28 三、四學年的漢文課授課時數縮短為每週4小時。

1918-3-31 宣稱為減輕學生負擔，將漢文課的時間一律縮短為每週2小時。

第七章 「用國粹激動種姓」——章太炎、連橫關於民族文化宣傳的一致思想

1922-4-1 宣布為因應《臺灣教育令》之「日臺共學」的新措施,將所有漢文課改為每週2小時的「隨意科」(即選修),並可以視地方情勢,廢除漢文課[16]。

臺灣的書房原本都是由臺人經營,以臺灣話(含閩南語、客家話)教授、閱讀和書寫漢文,並且傳授中國舊有的傳統禮教,亦即給幼童灌輸中華思想文化。書房的教育方針顯然不符合總督府教育政策,因此,總督府對書房的授課內容進行了大改造,除了要求書房直接增加教授日語課程以外,書房原有的漢文課也必須使用政府統一頒發的《大日本史略》、《教育敕語》等日語的漢譯本為參考書,並規定臺灣的公學校和書房必須使用以日本為本位的《臺灣教科用書——漢文讀本》,企圖藉此斷絕臺人繼續接受漢民族文化的薰陶[17]。

有臺灣學者指出,雖然在日本殖民臺灣期間,臺灣人反同化意識始終強韌,但在統治階層的壓迫與宰制之下,保持漢文與母語的心志和動力,也隨著時間的向前推移而漸受侵蝕、瓦解。抗日戰爭爆發前,臺灣社會的日語普及率已經達到75%左右。可以說,在戰前日語已是臺灣知識界最普及的用語,而日文也已成為共同的書寫文字,而漢文和閩南語在日本統治者打壓、歧視、排斥、禁止的處境下,命運坎坷,逐漸衰退、萎縮,普遍的現像是臺灣人的漢語和閩南語的表達能力越來越薄弱[18]。戰後,雖然說日語的人慢慢減少了,卻有若干日語詞彙已經融入到臺灣話中,可歸納分類列表如下(共計|二人類228個詞)[19]:

遺留在閩南語中的日語詞彙統計表

種類	閩南語中的日語詞彙	
	數量（個）	比重（％）
衣	20	8.77
食	24	10.52
住	13	5.7
行	18	7.89
教育	11	4.82
音樂	32	14.03
職業	8	3.5
工業	30	13.15

續表

種類	閩南語中的日語詞彙	
	數量（個）	比重（％）
政治	6	2.63
經濟	17	7.45
醫藥	16	7.01
社會生活及其他	33	14.47
總計	228	

連橫認為臺灣的漢學和臺灣的中華傳統思想文化的現狀，可以用「文教衰頹，彝倫攸斁，異說紛紜，人心靡定」來形容[20]，這與中國大陸「群德墜落，民氣蕭條」的情形是類似的[21]。當時臺灣社會人們的語言學習和使用的情況，連橫是這樣描述的：

今之學童，七歲受書；天真未漓，唔初誦，而鄉校已禁其臺語矣。今之青年，負笈東土，期求學問；十載勤勞而歸來，已忘其臺語矣。今之搢紳上士乃至里胥小吏，遨遊官府，附勢趨權，趾高氣揚，自命時 ；而交際之間，已不屑復語臺語矣。[22]

三、時代背景的相似性

在章太炎、連橫生活的近代中國，無論大陸還是臺灣，傳統國粹／國學遭到東西方帝國主義思想文化的強勢衝擊和嚴重侵蝕以後，中國傳統的學術思想體系和倫理道德秩序不再穩固，有的甚至趨於崩潰。在中國大陸，章太炎指出「經術道息……國粹陵夷，慮禹域終不我屬」[23]；在臺灣，連橫指出「臺灣漢文，日趨日下。私塾之設，復加制限。不數十年，將無種子。而當局者不獨無振興之心，且有任其消滅之意。此豈有益於臺灣也哉？」[24] 國粹／國學淪亡的深重災難表現在兩個方面：第一，直接危及國家（主權、政權）的完整和安全，即「國粹淪亡，國於何有？」[25] 因為「一國之所以存立者……有獨至之文辭」，而「獨至之文辭」是「立國之要素」[26]。這裡的「文辭」應該是包括狹義的文學和語文。國粹／國學與國家（主權、政權）之間緊密相關，互相依存，而在一定意義上，只有國粹／國學才對國家（主權、政權）存滅具有某種單向性的決定作用而不是相反，或者說國粹具有更獨立、更穩定、更持久的生命力，即「國學者，國家所以成立之源泉也。吾聞處競爭之世，徒恃國學，不足以立國矣，而吾未聞國學不興而國能自立者也。吾聞有國亡而國學不亡者矣，而吾未聞國學先亡而國仍立者也。故今日國學之無人興起，即將影響國家之存滅，是不亦視前世猶為岌岌乎？」[27] 第二，造成民族自尊心和自信心喪失，民族虛無主義盛行，章太炎、連橫都提到的《顏氏家訓》中「彈琵琶學鮮卑語」就是具有典型象徵意義的例子——這是由「國粹淪亡」而導致的「效法異族」，可是反過來亦如是——「及效法遠西為寵，學子益墮廢國粹」[28]。「效法異族」與「國粹淪亡」之間形成一種彼此惡性影響、彼此惡性循環的關係，並且已經發展到了空前未有的嚴重程度。從長遠的眼光來看，「國粹」淪亡會損害民眾的民族意識、民族自尊和人格獨立，隨之還是會導致民族的奴化和最終的「無以自存」，即「國粹盡亡，不知百年以前事，人與犬馬當何異哉？人無自覺，即為他人陵轢，無以自生；民族無自覺，即為他民族陵轢，無以自存。」[29] 如果透過外國侵略者的「他者」險惡用心來審視「國粹淪亡」與「種姓滅絕」之間的聯繫，這個問題可能也就變得昭然若揭了，「該外人所甚者，莫黃人自覺若，而欲絕其種姓，必先廢其國學，是乃所危心疾首、癙寐反側以求之者也。」[30]

章太炎認為這是由於「學之不正」而導致的「背本」，挽救之道就在於「陸沉泥古之士亦有以激之」[31]，即大力開展「用國粹激動種姓」的民族文化輿論宣傳，才能「保國學於一線」[32]，才能「劫殘國粹相謀保」[33]，因為章太炎、連橫都高度重視情感因素（「思古幽情」）對於培育民族主義精神、民族特性（「種姓」）方面的重要意義：

　　僕以為民族主義如稼　然，要以史籍所載人物、制度、地理、風俗之類為灌溉，則蔚然以興矣。[34]

　　舊者將死、新者未生，吾輩當此青黃不接之時，尤當竭力灌輸，栽培愛護，以孕璀璨之花。[35]

　　章太炎、連橫就是這樣「用國粹激動種姓」，響應時代號召、勇挑時代重任的志士仁人和民族豪杰。

第二節　章太炎、連橫「用國粹激動種姓」輿論宣傳思想分析

　　章太炎、連橫「用國粹激動種姓」的民族文化輿論宣傳思想及其實踐具有十分豐富的內涵。從輿論宣傳的內容而言，涉及中國的歷史（廣義的歷史還包括典章制度、人物事蹟、地理、風俗，甚至有時還包括語言文字）、語文、文學等；從輿論宣傳的媒介而言，涉及著書立說、報刊政論、個人書信、現場演講等；從輿論宣傳的活動軌跡而言，涉及撰述、編輯、出版發行、相關社會活動與輿論宣傳有關的抗爭乃至遭遇的牢獄之災等。此外，輿論宣傳的技巧手法（包括語言選擇）、輿論宣傳的效果和影響等都是本文的研究範疇，也都是值得探討的課題。本文主要選取章太炎、連橫關於漢語言文字領域的一些重要思想觀念，希望能夠舉一反三，藉以反映章太炎、連橫關於「用國粹激動種姓」輿論宣傳思想的基本特徵和面貌。

一、選取的分析樣本領域——民族語文領域

　　為什麼選取漢語言文字（閩南語）作為章太炎、連橫的「用國粹激動種姓」輿論宣傳思想分析樣本領域呢？

第七章 「用國粹激動種姓」——章太炎、連橫關於民族文化宣傳的一致思想

（一）兩人都高度評價漢語（閩南語）對華夏「國粹」的重大意義

章太炎認為國粹大體上相當於「我們漢種的歷史」，而這廣義的「歷史」則包括語言文字、典章制度、人物事蹟三項[36]。「今欲知國學，則不得不先知語言文字。」[37]「非研精小學，則古籍無以理解，『郢書燕說』，其咎多矣。故僕國學以《說文》、《爾雅》為根極。」[38]由此可見，章太炎認為漢語文對於中國「國粹」意義十分重要，或將漢語文視為中國「國粹」的關鍵性因素之一。連橫也持有同樣的觀點，這可以從以下的論述中推斷出來。連橫說，「（滿人）舉其文字語言而亦亡之。是滿人雖據有諸夏，而國粹早已消滅，族安得而不弱哉」[39]。

（二）兩人都充分重視民族語言與「種姓」之間的密切關係

語言學家愛德華·沙派爾說，「語言和文化之間的關係是一體兩面的，語言是不能脫離文化而存在的，文化是在社會內遺留下來，它決定了我們生活面貌的風俗和信仰。文化解釋一個社會所思考和所做的事，而語言正是一種思考模式。」語言與文化是一種共存亡、同興衰，唇齒相依、相輔相成的關係[40]。章太炎認為「吾土舊有之文，所以旌表國民之性情節族」[41]，「國於天地，必有與立，非獨政教飭治而已，所以衛國性、類種族者，惟語言、歷史為亟。」[42]連橫也認為民族語言是深刻影響民族文化乃至種族（國家）存亡的要素之一，「文化而在，則民族之精神不泯」[43]，「中國而果無漢文，則五胡之儳擾，蒙古之併吞，覺羅之耗斁，種且滅矣，國於何有！而今日能存者，則漢文之功也。」[44]連橫敘述滿族被漢族同化的事例，指出滿族因為其風俗和文字語言消滅而導致滿族種族特徵的消失乃至種族的衰弱，以此為歷史之警戒。從反面證明民族語言與「種姓」密切關係的很有說服力的兩個例證是：其一是章太炎所指出的，「該外人所甚者，莫黃人自覺若，而欲絕其種姓，必先廢其國學，是乃所危心疾首、寤寐反側以求之者也。」並舉例說，「美之返歲幣也，以助中國興學為辭」，實際上「令宣教師往主學校，卒令山西大學堂專崇歐語，幾有不識漢字者」，而「專崇歐語」的本質是「鼓鑄漢奸之長策」[45]。其二是日治時期曾有《臺灣民報》揭露和批駁臺灣公學校推行日語教學並打壓、廢黜漢文科以達到同化乃至轉變華夏種族本性（「變種」）的險惡用意，將公學校指斥為「人種變造所」：

公學校用國語教授,是同化政策的表現……可見公學校不是學校,簡直是人種變造所,是要將臺灣兒童變造日本兒童,不是要教他學問,啟發他的智識,僅僅是要使他變種,變做日本人種。所以知道公學校廢止漢文科或將漢文科改為隨意科的原因,並不是因為要減輕兒童的負擔,是要減卻民族觀念,使兒童容易日本化的緣故。[46]

(三)兩人語文領域的著述成果豐富並且影響廣泛

章太炎、連橫的語文學著述成果豐碩,影響廣泛,這使相關研究材料豐富、全面,也增強了相關研究的可信度和典型性。

章太炎自認為在「究極語言,審定國音,整齊文字」上「於今世有一日之長,一飯之先」[47],他對於《新方言》的自我評價是「是三百七十事者,文理密察,知言之選,自謂懸諸日月不刊之書矣!自子雲以後,未有如余者也」[48]。章太炎確實是一位卓有成就的語言學大師,被公認為中國現代語言學的開山鼻祖,他的《國故論衡‧小學》、《新方言》、《文始》、《小學答問》等都無愧為近代以來中國語文學的名著。連橫對《臺灣語典》的自我評價是「他日刊行,頒之海內,不特可以發揮臺灣語之本色,而於中國之文字學、音韻學、方言學亦不無少補也。」[49]應該說這並非虛飾誇大之辭,他的《臺灣語典》、《雅言》等確實是研究閩南語的經典之作,長久以來、尤其在日治臺灣的特殊歷史時期,其社會影響是廣泛而深遠的。

二、章太炎「用國粹激動種姓」宣傳思想分析

(一)普遍意義上的「用國粹激動種姓」的輿論宣傳思想

所謂普遍意義上的「用國粹激動種姓」的輿論宣傳思想,是就歷史、風俗、典章等廣泛領域而言的。

關於輿論宣傳的主體方面。章太炎認為,「用國粹激動種姓」民族文化輿論宣傳的主體(即輿論宣傳者)應該具備的良好素質包括以下幾個方面:

理想追求方面的良好素質。章太炎認為「用國粹激動種姓」宣傳的主體應該具備「上天以國粹付余」的宣揚「國粹」的神聖使命感和自覺責任心,應該具備「素王素臣之跡是踐」並且不僅僅「抱殘守缺」而是「恢明而廣大之」

第七章 「用國粹激動種姓」——章太炎、連橫關於民族文化宣傳的一致思想

的宣揚「國粹」的雄偉開闊的學術理想追求，應該具備「國故民紀，絕於余手，是則余之罪」的宣揚國粹的勇於命運擔當和嚴於「罪己」的高尚情懷[50]。章太炎的得意門生黃侃曾在《太炎先生行事記》中回憶起章太炎在日本講授國學時的情景：「寓廬至數月不舉火，日以百錢市麥餅以自度，衣被三年不浣。困阨如此，而德行彌厲。其授人國學也，以謂國不幸衰亡，學術不絕，民猶有所觀感，庶幾收碩陽之效，有復陽之望。故勤勤懇懇，不憚其勞，弟子至數百人。」可見章太炎對於弘揚和傳播國學充滿熱情，可謂殫精竭慮、誨人不倦，這是他用漢語文「激動種姓」輿論宣傳言行致效的有利條件，也是他在此輿論宣傳事業中理想追求方面良好素質的體現。

知識貯備方面的良好素質。章太炎認為「用國粹激動種姓」民族文化輿論宣傳的主體（即輿論宣傳者）應該儲備廣博厚實的國學知識，必須對國學「輿於深造自得」，否則「與帖括房行」相差無幾[51]。章太炎嘲諷「今之言國粹者」根本談不上具備基本的國學功底，他們「書字未識偏旁，高談稷、契；讀書未知句度，下視服、鄭」[52]。

心理和心態方面的良好素質。章太炎都是從反面——必須避免和批判的不良心理和心態的角度來加以闡述的。其一，章太炎認為「學以求是，不以致用，用以親民，不以干祿」[53]，章太炎在這裡聲明對待「國學」的恰當心態，分為大小兩個層次的對比選擇。大的層次——「求是」與「致用」：「求是」高於、優於「致用」；小的層次——「致用」之內的「親民」與「干祿」：「親民」高於、優於「干祿」。根據這樣的標準，章太炎批判了國學運用和輿論宣傳上唯利是圖、趨炎附勢的庸俗心態，以「國學講習會發起人」名義撰寫的《國學講習會序》舉例說，章太炎的《訄書》由於「其文艱深」、「大遠於應世俗學」的原因遭遇冷落，而「湯蟄仙之《三通考輯要》當經濟特科之頃則不勝而走天下」，章太炎將其指斥為「治學者之劣根性」。該序文認為「知國學者，未有能訛為無用者也」[54]。其二，章太炎指出，「欲提倡國粹」不應像「鈔撮成言，加以論議，萬言之文，馨欬可了」那樣匆忙草率地敷衍交差了事[55]，因為「實事求是之學，慮非可臨時卒辦」，章太炎以自己作《新方言》為例，說「亦尚費歲餘考索」才得以完成[56]。章太炎在此批判了國粹學習和輿論宣傳中急躁冒進、急功近利的不良心態。其三，章太炎指出他對

243

於當今學者憂慮的是「誇以言治」、「麗以之淫」、「琦傀以近識」、「雜以亂實」、「繳繞以諔古」,即浮誇虛偽、好大喜功、華而不實等不良心態[57]。其四,章太炎指出,「只佩服別國的學說,對著本國的學說,不論精粗美惡,一概不採,這是第一種偏心。」[58]「本國沒有學說,自己沒有心得,那種國,那種人,教育的方法,只得跟別人走。」「大凡講學問施教育的,不可像賣古玩一樣,一時許多客人來看,就貴到非常的貴;一時沒有客人來看,就賤到半文不值。自國的人,該講自國的學問,施自國的教育。」[59]章太炎在此批判了妄自菲薄、崇洋媚外以及隨波逐流、隨聲附和、喪失堅定主見和獨立立場的帶有濃厚民族虛無主義色彩的學術風氣。其五,章太炎倡導「國粹」輿論宣傳教育,強調「講自國的學問,施自國的教育」,也批評了妄自尊大、盲目樂觀的心態,批評所謂「西學東源」說的觀點。他指出,「斷不可學《格致古微》的口吻,說別國的好學說,中國古來都現成有的。要知道凡事不可棄己所長,也不可攘人之善。」[60]

關於輿論宣傳的內容方面。在「用國粹激動種姓」民族文化輿論宣傳思想中,確定「國粹」概念的恰當的內涵和外延具有基礎性的意義。

章太炎認為「國粹」的基本內涵是獨特性、徵實性。首先是「國粹」的獨特性,章太炎指出,「環球諸邦,興滅無常,其能屹立數千載而永存者,必有特異之學術,足以發揚其種姓,擁護其民德者在焉。」[61]「自余學術,皆普通之技,惟國粹則為特別。譬如人有里籍,與其祖父姓名,他人不知,無害為明哲;己不知,則非至童昏莫屬也!」[62]正是因為「國粹」具有舉世獨一無二的獨特性,才會從它與其他民族的差別出發相應產生「民族之自覺心」、民族的獨立自主意識、民族優越意識和民族的自豪感,才會在「用國粹激動種姓」的民族文化輿論宣傳中獲取無窮動力。其次是「國粹」的徵實性。章太炎指出「國粹/國學」應該是「實事求是之學」,從「國粹」的名稱考證,「學名國粹,當研精覃思,鉤發沉伏,字字徵實,不蹈空言,語語心得,不因成說,斯乃形名相稱。」[63]「鄙意提倡國學,在樸說而不在華辭。文學誠優,亦足疏錄然壯吉自肆者,宜歸洮汰,經術則專主古文,無取齊學。」[64]章太炎認為只有在「國粹」輿論宣傳中避免「苟弄筆札者,或變為猖狂無驗之辭,以相詿耀」的弊端,才能「光大國學之原」[65],或者可以理解為在

第七章 「用國粹激動種姓」——章太炎、連橫關於民族文化宣傳的一致思想

章太炎的心目中,「其文可質驗」的漢學才是值得宣傳的正宗的「國粹/國學」。可見章太炎的「國粹」輿論宣傳年具有典型的古文經學的思想學術背景。

章太炎認為「國粹」概念的外延應該從三個方面理解:第一,從「國粹」涉及的文化、學術的領域來看,「國粹」以廣義的「歷史」為主,或者大體上相當於廣義的「歷史」,包括語言文字、典章制度、人物事蹟等三項內容[66]。章太炎還提出「群之大者,在建國家、辨種族。其條例所繫,曰言語、風俗、歷史。三者喪一,其萌不殖。俄羅斯滅波蘭而易其言語,突厥滅東羅馬而變其風俗,滿洲滅支那而毀其歷史」[67],據此文義推測,章太炎也可能將「風俗」包含在「國粹」範疇之內。第二,從「國粹」涉及的主觀上的是非(「義」)和客觀上的細大(「事」)來看,章太炎認為所謂「國粹」以「事」為準,不因「義」而取捨。有人提出「殘賊做奸之事,具在史書國典」的內容「志之無益,徒蹂躪人道」,因此不應該包含在「國粹」的範圍之內,章太炎針對這種說法加以辯駁,提出「義有是非,取是舍非者,主觀之分;事有細大,舉大而不遺細者,客觀之分。國粹誠未必皆是,抑其記載故言,情狀具在,舍是非而徵事蹟,此於人道損益何與?」防止有人根據自己的主觀好惡甚至一偏之見而「遮撥國粹」[68],從而損害「國粹」的完整性和統一性。第二,從「國粹」涉及的書籍和文體來看,章太炎認為「與眾異」之「奇觚」(所謂「怪書」)以及「雖其瀾濫戔余」之「傳記之成事,文言之本剽」,都是「不敢棄」的[69]。當然,章太炎也對此有兩點重要的補充聲明;其一是他對於那些炫耀學識、喧嘩於世的「誦數九能之士,文昉其外者」是很嫉恨的[70],其二是「所謂國學者,亦當有所抉擇」[71],因為「學術所至,不簡擇則害愈況」[72]。

關於輿論宣傳的時代因素方面。章太炎闡述應該如何看待「國學」與「新學」的關係。《國學講學會序》指出,「真新學者,未有不能與國學相契合者也。」「今之言國學者,不可不兼合新知。」指出了國學應該借鑒、吸取「真新學」,國學與「真新學」之間應該建立起良性的兼容的關係。序文認為關於中學、西學之間的關係,當時盛行的「主張體用、主輔說者」,其實「或未能深抉中西學術之藩,其所言適足供世人非驢非馬之觀,而毫無足以壓兩

245

方之意」。他認為「中體西用說」、「中主西輔說」其實沒能真正揭示「中學」(「國學」)與「西學」之間的本質定位和聯繫,最終只能是左右失據、不倫不類。

章太炎指出當時流行的大都是「偽新學」而非「真新學」,這些「偽新學」的弊端和危害主要有:其一,就「偽新學」的功用而言,《國學講學會序》指出有人「以科舉之道」從事「新學」,把新學當作「利祿之階梯」;其二,就「偽新學」的對外之道而言,《國學講學會序》指出有人「略識西學」,就「奴於西人,鄙夷國學為無可道者」,這也就是那些「震於泰西文明之名」的「新學諸 」[73],是「事事崇信日本」乃至所有東西列強、「輕其家丘」的「新學小生」[74]。其三,就「偽新學」的對內之道而言,以顧炎武、黃宗羲、王夫之等六君子提出的政事、民俗主張為例,這些主張都是「本以求治」而非「誣民」的(其中顧炎武提出的「豪強自治」的主張,章太炎認為它表面看起來在為有效維護清王朝的統治出謀劃策,而隱含的真正主旨在於建立地方自治即「封建」政體,削弱中央集權和君權,為清王朝的分裂和最終崩潰做準備),新學小生號稱博學中西,自詡能將中西學術融會貫通,而其實這些「妄聞人」只是「摭其一端,內契於愚心,外合於殊國」,看似「持之有故」,可是「其實受欺於成說」[75],他們不理解六君子的真正用心,卻頗能譁眾取寵,迷惑世人。

章太炎憂心忡忡地感嘆說,「新學暱至,滅我聖文,粲而不蟬,非一隅之憂也!」[76]而《國學講習會序》文特別指出時代因素的重大影響,認為「科舉時代,昌明絕學猶較易」,可是「新學潰裂時代而含種種混雜之原因,而國學必至於不興」,因而「亡中國者必新學也」[77]。

(二)透過論證漢語文的獨特和優長以「激動種姓」

章太炎提出,「若是提倡小學,能夠達到文學復古的時候,這愛國保種的力量,不由你不偉大的。」[78]這是章太炎以「小學」(漢語文)「激動種姓」的輿論宣傳思想的直接表達,不過這種直接表達是很少出現的。章太炎以「小學」(漢語文)「激動種姓」的輿論宣傳思想基本上是透過論證漢語文的獨特和優長的屬性來間接表達的——他提出「特異之學術,足以發揚其種姓」[79],而漢語文就屬於這樣「特異之學術」,那麼,漢語文也就「足以發揚其

第七章 「用國粹激動種姓」——章太炎、連橫關於民族文化宣傳的一致思想

種姓」（即能發揮「激動種姓」的輿論宣傳思想功效）了。此外，章太炎還指出「我中國特別的長處」之一就是中國語言文字[80]，而只要曉得中國的長處，「就是全無心肝的人，那愛國愛種的心，必定風發泉湧，不可遏抑的。」[81] 這同樣也可以理解為：只要曉得中國語言文字的長處，就能發揮「激動種姓」的輿論宣傳思想功效。章太炎有不少關於中國語文獨特性和優長的論述。

關於中國語言文字的獨特性。文字依附於語言，語言以聲音為「綱」、為「魂」，幾乎是世界上所有語言文字的通則，漢語文也不例外，章太炎也充分認識到這一點，但是，章太炎又特別強調漢語文的文字具有相對獨立性和自主性，「文」與「言」的不完全契合性，「以文字為準」的「漢字文化論」思想文化類型區別於西方以語音（語言）為中心的「語言文化論」思想文化類型。此外，章太炎還從整體上闡述中國語文的獨特性：

中國之小學及歷史，此二者，中國獨有之學，非共同之學。[82]

中國文字，與地球各國絕異，每一個字，有他的本義，又有引申之義。若在他國，引申之義，必有語尾變化，不得同是一字，含有數義。中國之字，卻是不然……所以有《說文》、《爾雅》、《釋名》等書，說那轉注、假借的道理……所以《爾雅》以外，更有《方言》，說那同義異文的道理。這一種學問，中國稱為「小學」，與那歐洲「比較語言」的學，範圍不同……[83]

章太炎對於各種民族語文都具有其各自獨特性的原因是從兩個方面解釋的：其一，從語言的本質和衡量標準來看，語言本質上是人類心理和思維的標記，起源於人為，而人為性導致其獨特性（「國性」），即「故大體以人事為準。人事有不齊，故言語之字亦不可齊者。」[84]「社會者，自人而作。以自人而作，故其語言各含國性以成名」[85]。其二，從民族語言的屬性和參照「典型」來看，「凡在心在物之學，體自周圓，無間方國，獨於言文歷史，其體則方，自以己國為典型，而不能取之域外，斯理易明。」[86]

關於中國語言文字的優長。章太炎論證漢語文具有嚴謹、周密、自足、完備、方便、豐富、穩定、延續等方面的優長，是一套具有記錄、表達、交流和傳播功能的完善的符號系統，從而論證漢語文是一種成熟、發達的語言，尤其論證漢語文是「因任（自身）」而非「儀型（他者）」的語言。他提出「中

國制法自己……自棄其重,而倚於人,君子恥之,焉始反本以言國粹」[87],在漢語文領域,這種關於「國粹」學習、教育、輿論宣傳的整體思想得到了集中體現。

　　章太炎認為中國語文的優長之一,是漢語文具有精密完善的系統性。章太炎指出,「以為學問之道,不當但求文字,文字用表語言,當進而求之語言。語言有所起,人、仁,天、顛,義率有緣,由此尋索,覺語言統系秩然。」[88] 在章太炎的語文學思想體系中,漢語文精密完善的系統性(「語言統系秩然」)的觀念占據十分重要的地位,它也針對性批駁了當時《新世紀》學派提出的「漢文紛雜,非有準則,不能視形而知其字,故當以萬國新語代之」的荒謬觀點[89],具有重大的時代意義和深遠的歷史意義。漢語文精密完善的系統性表現在以下幾個方面:

　　漢語文的這種精密完善的系統性表現在漢字內部音、形、義三者之間。章太炎指出,「言形體者始《說文》,言故訓者始《爾雅》,言音韻者始《聲類》。三者偏廢,則小學失官。」[90] 言下之意,如果「言形體」、「言故訓」、「言音韻」三者不偏廢,則小學取法謹嚴,即文字的音、形、義三者的體系秩序謹嚴。章太炎不僅繼承了先師「因聲求義」理論,不但知其然而且知其所以然——發現語言音、義之間普遍存在的緊密聯繫,探討了「因聲」為何能「求義」的內在理據,真正理解如何抓住語言之「根」取求語言之義。

　　漢語文的這種精密完善的系統性也表現在漢語文的語音、詞義、文字三個要素,有研究者就此指出:

　　表現在語音上,是「對轉旁轉,源於一聲」,所以他定二十三部音準,把漢語的韻部通轉關係設計為圓形的「成均圖」,使人想到「八卦圖」,想到莊子的「七竅合一」和老子的「九九八十一章」,想到《說文》的「始一終亥」和「六九五百四十部」;表現在詞義上,是「析言有別,渾言則通」,所以把《說文》當作一個詞義大系統來研究,整體把握,普遍繫連,反覆講讀,分類排比並進行文化觀照,最後用這些材料寫成許壽裳等弟子稱為「體大思精」的《文始》一書,系源理流,「統系秩然」,以至他自己有「千載之祕,睹於一曙」的自得。[91]

第七章 「用國粹激動種姓」——章太炎、連橫關於民族文化宣傳的一致思想

　　至於文字的系統性，主要透過漢字構造的「六書」的系統性體現出來。章太炎指出，「原來六書的條例，最是精密，斷不是和埃及人只有幾個像形字一樣。」[92]以假借與轉注為例，「轉注者，繁而不殺，恣文字之孳乳者也；假借者，志而如晦，節文字之孳乳者也。二者消息相殊，正負相待，造字者以為繁省大例。」[93]轉注與假借的功用（「恣文字之孳乳者」與「節文字之孳乳者」）之間是相反相成、對立統一、互動平衡的良性關係，並且，「方語有殊，名義一也，其音或雙聲相轉，疊韻相迻，則為更制一字，此所謂轉注也。孳乳日繁，即又為之節制，故有意相引申，音相切合者，義雖少變，則不為更制一字，此所謂假借也。」[94]可見無論是轉注的「更制一字」，還是假借的「不為更制一字」，都是語言內部規律和語言溝通需求共同作用的結果，也是自然而合理的「配對」。

　　漢語文的這種精密完善的系統性還表現在漢語文的「古—今」以及「南／東—北／西」之間的密切聯繫。這個系統性得以實現的關鍵之一，在於方言在時間（縱向）以及空間（橫向）坐標上的溝通、轉換、延續的功能。例如，章太炎提出「編次《新方言》以見古今語言，雖遞相嬗代，未有不歸其宗，故今語猶古語也」[95]。因為今語與古語相通而聯繫到漢語文的一個重要特性——純潔性，正如章太炎所說，「今語雖多異古，求之《爾雅》、《方言》、《說文》，必有其字，故漢語最純潔不雜。」[96]

　　漢語文「古—今」之間的系統性極其重要的表現是「源」（「本」）與「流」（「末」）之間的系統性。章太炎特別強調「明語源」（端緒）、「見本字」（本株）、「求語基」（語柢），特別強調「為國學者自先正道其源」[97]，除了「考合舊文，索尋古語，庶使夏聲不墜」的直接的民族主義理想的追求以外[98]，還因為他希望透過「知原」、「返本」的探索和確認，證明中國語文具有源、流關係（「流變之跡」）確切可查、語言發展演變的脈絡清晰可辨的優長，從而證明漢語文是源遠流長、薪盡火傳的民族語文，是生生不息、具有頑強綿長生命力的民族語文——由此也就證明了漢語文整體上純粹雅正（「純潔不雜」）的優長，而不是像遠西諸國語言那樣源流不清、「雅、鄭相貿」、「一無是正」，尤其是「古今異撰，弗可矯揉」[99]——實質上只是一種「斷流

（「斷層」）的而非接續的、零碎的而非系統的、變形的而不可矯正的民族語文。

總之，「太炎先生揭示了體現在漢語漢字諸方面中的漢文化總體精神」和「中國哲學的總體精神」，即「成系統而尚變通，天人合一而陰陽互轉」[100]。

章太炎認為中國語文的優長之二，是漢語文擁有豐富的詞彙儲備和強大的自我更新轉換能力，共同體現出旺盛恆久的生命力和自備、自創、自足、自存的適應能力，令人聯想到自強不息、生生不已的民族精神。

以漢語文創造新詞語為例，章太炎指出，「凡諸通都省會之間，舊語存者以千百數，其字或世儒所不識，而按之雅記，皆有自來，即前所舉油光凌、偏凍雨諸條，皆非窮鄉奇譎之言也。綜而存之，其字數當過常文三倍。」[101] 因此，「萬國新語論」者和「漢字統一論」者所謂「普通」漢字範圍和數量的認識，其實是片面的、偏頗的，漢語文具有豐富的詞彙儲備（超過所謂「普通」詞彙即「常文」的三倍），這也是漢語文創造新詞的堅實基礎和有利前提。章太炎不同意日本學者武島又次郎有關「外來、新造，有時需用；廢棄語則直為官師所不材」的觀點，認為漢語文具有強大的自我更新能力，他提出所謂新造語也可用所謂廢棄語「相攝代」，「頃歲或需新造，尋檢《蒼》、《雅》，則廢語多有可用為新語者，若奘、日匕、輟、暨諸文是也。」[102] 漢語文的新造語要發揮「腐臭之化神奇」的善於改造的精神和智慧（例如，「古義有精眇詳實者，而今弗用，舉而措之，亦猶修廢官也。如火車中止，少頃即行，此宜用輟字古義。如鐵路中斷，濟水復屬，此宜特為製字。」）[103]，而不是將漢語文詞彙「寶庫」——大量的古舊語廢棄不用，這與章太炎「窮原反本」、「隨俗雅化」、「蛻故成新」的歷史演化觀是相一致的。武島又次郎提出「世人或取丘墓死語，強令蘇生」，認為利用廢棄語來新創詞彙將會導致「人所不曉，致滅神味」，章太炎對此說法也頗為不滿，他認為，「夫廢棄之語，固有施於文辭，則為間見；行於謠諺，反為達稱者也。……此並曠絕千年，或數百稔，不見於文辭久矣！然耕夫販婦，尚人人能言之。至於今日，斯例尤多。」即漢語文的活力和生機存在並依賴於廣大百姓的長期運用和現實需要，對於詞彙的認識和掌握真實情況是「不曉者僅一部之文人，而曉者乃散

第七章 「用國粹激動種姓」——章太炎、連橫關於民族文化宣傳的一致思想

在全部之國民」。章太炎的結論是「廢棄語之待用，亦與外來、新造無殊，特當審舉而戒濫耳」[104]。

章太炎認為中國語文的優長之三，是漢語文學習、使用起來十分方便。章太炎否定了有人提出的漢語文識字難的說法，他認為只要方法得當，漢語文的學習其實是很方便的：「若說小孩子識字煩難，也有一個方便法門，叫他易識。第一，要把《說文》五百四十個部首，使他識得，就曉得造字的例，不是隨意湊成的，領會得一點，就不用專靠強記。第二，要懂得反切的道理，反切也是和拼音相近……大凡小孩子們識了五十八個字，就個個字都反切得出來了。……第三，要兼學草書，為臨時快寫的方便。」[105]

章太炎指出，漢語文使用的方便表現在兩個方面。第一方面，中國字至今用象形字而不改用拼音字，從地域的使用範圍來看，「北到遼東，南到廣東，聲氣雖然各樣，寫一張字，就彼此都懂得。若換了拼音字，莫說遼東人不懂廣東字，廣東人不懂遼東字，出了一省，恐怕也就不能通行得去，豈不是令中國分為幾十國麼？」從時間的使用範圍來看，「古今聲氣，略有改變，聲氣換了，字不換，還可以懂得古人的文理；聲氣換了，連字也換，就不能懂得古人的文理。」正是因為這樣，「若看文章，八百年前宋朝歐陽修、王安石的文章，仍是和現在一樣。懂得現在的文章，也就懂得宋朝的文章。若看白話，四百年前明朝人做的《水滸傳》，現在也都懂得。就是八百年前宋朝人的《語錄》，也沒有什麼難解。若用了拼音字，連《水滸傳》也看不成，何況別的文章？」而比較而言，「英國人讀他本國三百年前的文章，就說是古文，難得瞭解」，兩者效果差別是很大的，中國不使用拼音字的方便性也是很明顯的[106]。第二個方面，中國字作為合體字，無論是書寫還是認識，都並不比拚音字難。就書寫而言，「中國的單音語，一字只有一音，就多也不過二三十筆；外國的複音語，幾個音拼成一音，幾個音連成一字，筆畫也很不少。中國人若是兼學草書，寫起來只有比拚音字快，沒有慢的。」就認識而言，雖然作為合體字的中國字認識其讀音不如拼字容易，但是「看見魚旁的字，不是魚的名，就是魚的事；看見鳥旁的字，不是鳥的名，就是鳥的事；識義倒反容易一點」，所以「兩邊的長短相較，也是一樣」[107]。

（三）章太炎國粹宣傳思想的典型例證——《駁中國用萬國新語說》

在「舊學放失,怪說昌披」的時代氛圍裡[108],「中國用萬國新語說」被章太炎視為「徒知以變語求新學,令文化得交相灌輸,而不悟本實已先撥」的所謂新潮學術的一個典型樣板[109],被視為「效法遠西為寵,學子益墮廢國粹」的時代頑疾的一種典型症狀[110],被視為顏之推所嘲諷的「彈琵琶學鮮卑語」的社會心態的一次再現,對「中國用萬國新語說」的反駁因而成為漢語文領域內體現章太炎「用國粹激動種姓」輿論宣傳思想的一個典型例證。

章太炎批駁中國用「萬國新語」,分為主論和附論兩部分。主論部分的批駁理據主要有四點:

其一,從「萬國新語」命名的合理性來看,章太炎認定「萬國新語」沒有做到、也不可能做到名(所謂「萬國」)實(普適性)相副。因為就「萬國新語」的製作標準及其適用範圍而言,「萬國新語者,本以歐洲為準……明其語不足以方行世界,獨在歐洲有交通之便而已」;還因為就「萬國新語」理應遵循的哲學原理而言,「風律不同,視五土之宜」,就像是「吹萬不同,使其自已,前者唱喁,後者唱於,雖大巧莫能齊也」[111],可是「萬國新語」卻是強制統一(齊一)原本各不相同的多種民族語言,其本質是「強不齊以使齊」,就像是「剟髀肉以補鼻上」的隆準術。對於《新世紀》記者宣揚「萬國新語」,章太炎質問說,難道他們是要將人類比為留聲器嗎?[112] 留聲機比喻人云亦云、沒有獨立思想、雷同模鑄而成的留聲和傳聲機器。「強不齊以使齊」另一危害就是致使地方特色文化的粉碎化,就像是「獻芥而及薑」[113]。

其二,從「萬國新語」與漢語文的優劣比較來看,屬於合音語言系統的「萬國新語」與屬於象形語言系統的漢語文相比,整體上並無優越性,已如前論。章太炎由此推斷出「國人能遍知文字以否,在強迫教育之有無,不在象形、合音之別」[114]。

其三,從「萬國新語」與漢語文的相關隔閡來看,消除漢語文各地方言之間音義隔閡的難度,遠遠低於消除漢語文與「萬國新語」之間隔閡的難度。因為就漢語方言之間的隔閡而言,語音方面,「今各省語雖小異,其根柢固大同。若為便俗致用,習效官音,慮非難事」,並且可以用「旁采州國,以成夏聲」的途徑統一中國語音[115]。語義方面,並非「邊方無典語」、「中

第七章 「用國粹激動種姓」——章太炎、連橫關於民族文化宣傳的一致思想

原無別語」，也就是意味著在漢語文的實際使用中，無論是邊方還是中原，都是典語與別語共通共用的，只要善於利用「故訓」進行方言語義之間串聯、溝通，是能夠做到「調均殊語，以為一家」的[116]。相比之下，漢語文與「萬國新語」的隔閡是屬於異質語言之間的，是不相通融的和無法消解的。

其四，從語文自身的結構和規律來看，「必欲盡廢漢文，而用萬國新語」是荒謬的。其一，歐洲諸族使用「萬國新語」感到徑易，因為歐洲諸族原來的語言與「萬國新語」之間「無大差違」，但是漢語文與「萬國新語」之間存在著「排列先後之異，紐母繁簡之殊，韻部多寡之分，器物有無之別」等多項差異，何況兩者之間「偏冒眾有，人情互異，雖欲轉變無由」，正像杜爾斯兌所說的，「中國『道』字，他方任用何文，皆不能譯」。章太炎指出，「轉變語言，必使源流相當而後可」，可是假如將漢語文轉變為「萬國新語」，其結果只能是人為打亂、破壞漢語文原有的內在邏輯聯繫和源流承續軌跡，「泛則失實，切則失情」，歸根到底是沒有辦法轉變的[117]。其二，章太炎認為，綜合各種語言普遍規律來說，「聲繁則易別而為優，聲簡則難別而為劣」，而漢語文紐、韻的繁富在世界上都是數一數二的，「縱分音紐，自梵土悉曇而外，紐之繁富，未有過於漢土者也。橫分音韻，梵韻復不若漢韻繁矣。」因此相比之下，「視歐洲音，直嗀語耳！」[118]

章太炎批駁中國用「萬國新語」的附議部分主要有三點：其一是「欲使漢語詞氣，種種與萬國新語相當」，其二是「漢字當用其最普通者，其他悉從淘汰」，其二是「習用鉛筆計」。章太炎充分運用虞博淵深的國學知識一一加以批駁，很有信服力。例如，他為了貶低「萬國新語論」者所崇尚的歐洲語言的書寫工具鉛筆，不厭其煩地列舉「漢土嘗用鉛筆」的悠久歷史：

揚雄《與劉歆書》，言「以鉛摘次之於槧」；《緯書》記孔子讀《易》，復有「鐵摘三折」之文。是鉛、鐵並可作筆也。然後生覺其匡刺，而以鹿毫、兔毫代之，揚雄書中已云「三寸弱翰」，尚觀武王銘筆，亦且云「毫毛茂茂」矣。蓋上世惟用鉛、鐵，周、漢之間，鹿毫始作，猶與鉛、鐵並用。崔豹《古今註》曰：蒙恬始作秦筆，以拓木為管，鹿毛為柱，羊毛為被。所謂鹿毫，非兔毫竹管也。王羲之《筆經》曰：「漢時諸郡獻兔毫，唯有趙國豪中用，

是時兔毫作矣。」……展轉蛻變，毫之製造愈良，而鉛遂廢不用，歐洲則迄今未改。[119]

章太炎據此嘲諷說，「以筆言之，亦見漢土所用為已進化，而歐洲所用為未進化也。彼固以進化為美談者，曷不曰歐人作書，當改如漢文形態……趨時之士，冥行盲步，以逐文明，乃往往得其最野者，亦何可勝道哉？」[120] 章太炎以鉛筆的「文野觀」為切入點，對「萬國新語」和歐洲語言「去光環」、「去中心」，並以其人之道還治其人之身，對於「萬國新語論」者的理論根基——「文明論」和「進化論」給予了沉重的一擊！

由以上論證可知，漢語文具有「萬國新語」所沒有的諸多獨特和優長之處，因此不應該、也絕不可能被「萬國新語」取代，這是不容置疑的。章太炎對於「萬國新語」取代漢語文謬論的成功反駁，也有力地證明和支持了他有關各個國家和民族文化學術相互關係和地位的整體觀念——它們之間本質上是「種種別相，各各不同」、「竟無畢同之法」[121]，「彼是不能相貿」（互相交換、取代、遮蔽等）[122]。因而「人情習俗，方國相殊，他國之法，未嘗盡從一概，獨欲屈中國之人情習俗以就異方，此古所謂削足適履者矣」[123]，章太炎希望透過包括民族語文在內的所有中國「國粹」的獨特性和優長的論證，醫治那種東施效顰、喜好模仿他人的「中國國民之病根」[124]，掃除民族文化（「國粹」）學習、建設和輿論宣傳中出現的迷茫、自卑、跟風、虛無的不良心態和風氣，增強民族自尊心和自信心，從而為大力弘揚和有效建設健康的、獨立的、富有生機和活力的民族文化做好思想認識和輿論宣傳方面的準備。總之，民族語文的「自性」足以堅守一種文明的稟性。不過，章太炎在語文研究和輿論宣傳中堅持中國本位和全球眼光的相反相成、相得益彰，因而其視野不是狹隘的而是開闊的。

三、連橫「用國粹激動種姓」宣傳思想分析

雖然在日本殖民統治下的臺灣，所謂「國語」只能指日語，中國使用的「國粹」、「國學」概念一般只能用「漢學」之名代替，但連橫還是勇於宣稱「廿紀風潮翻地軸，千秋事業任天民。劫殘國粹相謀保，尼父春秋痛獲麟。」[125] 這裡的「謀保國粹」即近代以來中國的「保學」（保護中國特有之學術、

第七章 「用國粹激動種姓」——章太炎、連橫關於民族文化宣傳的一致思想

學問），是與「保種」、「保國」相提並論、鼎足而三存在的，「保學」少不了「天民」（先知先覺的人）身體力行的行動，其中也包括對「國粹／國學」的輿論宣傳——包括對於認識「國粹」、掌握「國粹」、運用「國粹」、弘揚「國粹」的積極倡導和大力呼籲。「保學」、「保種」、「保國」總是與「用國粹激動種姓」的民族文化輿論宣傳緊密聯繫在一起的。在某種意義上，也可以將「用國粹激動種姓」的輿論宣傳視為「保學」、「保種」、「保國」的不可或缺的重要部分，連橫就是以繼承和發揚這樣的「千秋事業」的「天民」自命和自任的。

這裡需要說明的是，語文領域內連橫「用國粹激動種姓」的輿論宣傳主要立足於閩南語而非整個漢語文的宣傳，這是與章太炎不同的。連橫聲稱，「我輩臺灣人，凡臺灣之歷史、語言、文學，皆當保存之，宣傳之，發皇而光大之，而後足以對我先民……今又研究方言，亦聊以盡臺灣人之責任爾。」[126] 因為閩南語是漢語文的一支方言，而連橫心目中「國粹」的概念和涵義與章太炎是一致的，所以可以視為連橫仍然與章太炎共用「用國粹激動種姓」的研究、探討框架。

（一）詩歌領域內「用國粹激動種姓」輿論宣傳思想

詩被連橫視為「國粹」，他認為，「緬懷先哲，喚起國魂，詩人之分內事也。羅山詩君子而能以此提倡，則其對於民族前途豈鮮少哉！」[127] 可見連橫認識到作為「國粹」的詩歌所具有的「激動種姓」方面的輿論宣傳職責和功效。被連橫視為「國粹」的詩，僅指中國的古典詩歌而非現代新詩，因此對於傳統詩律、詩教特別重視：「夫詩豈有新舊哉？……風雅頌變而為楚辭，為樂府，為歌行，為律絕，複變而為詞為曲，莫不有韻，以盡其抑揚宛轉之妙，而皆為詩之系統也……而為新體詩者，乃以優美之國粹而盡斥之，何其夷也！」[128] 可以看出連橫將詩韻當做所有「詩之系統」（風雅、楚辭、樂府、歌行、律絕、詞、曲等）成為「國粹」的基本條件和主要標誌，並且從中國詩歌發展歷史和詩歌自身的音義規律來看，連橫認為歌謠自從產生之初「莫不有韻」、「韻之長短，出於天然。否則不足以盡抑揚宛轉之妙」[129]，他引用杜甫、梁啟超有關詩律的觀念作為論據：

少陵詩曰:「老去漸知詩律細。」嗚呼!詩律之謹嚴,非少陵其誰知之?而少陵猶老去漸知。吾輩初學作詩,便欲放縱,目無古人,是猶無律之兵,一遇大敵,其不轍亂旗靡耶?[130]

梁任公謂余:「少時作詩,亦欲革命。後讀唐宋人集,復得趙堯生指道,乃知詩為國粹,非如制度物采可以隨時改易,深悔孟浪。」任公為中國文學革命之人,而所言若此,今之所謂新體詩者又如何?[131]

此外,連橫還指出「重寫實」的當今所謂新體詩因為不懂「六義」,尤其不能運用「比興」,所以不能達到中國傳統詩歌的優美意境和雋永韻味,他舉例說,「余曾以少陵之『露從今夜白,月是故鄉明』二語,問之當如何寫法,竟不能寫。即能寫矣,亦必不能如此十字之寫景寫情耐人尋味也」[132]。從這個意義上講,連橫認為「今之所謂新體詩者,誠不如古之打油詩」[133]。

總之,連橫在詩歌領域內「用國粹激動種姓」的民族文化輿論宣傳,是透過對於中國古典詩歌格律、「四始六義」等中國傳統詩學觀、「文以載道」等中國傳統詩教觀的高度重視和大力呼籲得以實現的[134]。這其實部分地反映了連橫「用國粹激動種姓」的民族文化輿論宣傳思想的另一項重要內容——在「用國粹激動種姓」的輿論宣傳中如何看待所謂「新學」,如何處理「國粹」與所謂「新學」的關係。在連橫看來,所謂「新學」只是「怯懦浮薄之徒,動輒嘗歐米之糟粕,畏漢學如蛇蠍」的表現[135],其本質只是「粃糠故籍,自命時髦」的時代病症的代名詞而已,是真正「國粹」的對立面和消解成分,是「用國粹激動種姓」的輿論宣傳應該引起注意和著力克服的消極不利因素。連橫指出:

今之學子,口未讀六藝之書,目未接百家之論,耳未聆離騷、樂府之音,而囂囂然曰:「漢文可廢,漢文可廢!」甚而提倡新文學,鼓吹新體詩,粃糠故籍,自命時髦,吾不知其所謂新者何在?其所謂新者,特西人小說、戲劇之餘,丐其一滴,沾沾(沾沾當作沾沾——編者原註)自喜。是誠　井之蛙,不足以語汪洋之海也。[136]

(二)論證閩南語「傳自中國」以及閩南語的特長

第七章 「用國粹激動種姓」——章太炎、連橫關於民族文化宣傳的一致思想

連橫既論證閩南語「傳自中國」的密切淵源關係,並指出這種淵源關係相應給閩南語帶來源遠流長、歷史悠久的特徵。他說,「臺灣之語,傳自漳、泉,而漳、泉之語,傳自中國,其源既遠,其流又長,張皇幽渺,墜緒微茫,豈真南蠻鴃舌之音而不可以調宮商也哉?」[137] 連橫又論證因為「臺灣語中既函古音古義,復多周漢雅言」,所以會出現古代漢語的詞彙、語音、語義「中國今日已亡而臺灣尚存」的現象[138],或者可以這樣理解:這種現象也是閩南語「傳自中國」的密切淵源關係的有力歷史證據。

連橫認為,「通小學」則「知社會之變遷」,「識古音」則「念民族之進化」[139]。連橫從閩南語的來龍去脈的歷史沿革上,尤其是從「水源木本」上,入手論證閩南語的優長,其實是為了論證閩南語擁有正宗、正統、地道的「血脈」和「出身」,甚至可以說是為了論證閩南語純正高貴的「前世」和「今生」,這對於日本殖民統治者以及部分矇昧的臺灣民眾所謂閩南語是「南蠻鴃舌之音」的謬論造成了根源上的、顛覆性的否定作用。連橫舉例說:

「泔轉」為烹魚之辭,臺南婦女皆知之。《集韻》:「『泔』音『甘』」;臺呼「庵」。《荀子·大略篇》:「曾子食魚有餘,曰泔之。」楊倞註:「泔者,烹和之名」。……不圖二千年前之語,且為魯人烹和之名,尚存於臺南一隅,寧不可貴![140]

《管子·形勢篇》:「抱蜀不言」。註:「則抱一。」《方言》:「一,蜀也。」《廣雅》:「蜀,一也。」此為齊語,音若束。而今福州人呼「一」為「蜀」;蓋當漢初平定閩越,齊人從軍,故傳其語。《方言》謂蜀人呼母為「姐」,而泉州之深滬亦呼為「姐」。余友蔡培楚,深滬人也。其姪孫生一年有四月,牙牙學語,則呼其母為「阿姐」。余細察其音,與「姊」不同:「姊」音為「薺」而「姐」若者。是「阿姐」一語,由四川而入福建,復由福建而入臺灣,其語源固有可尋也。[141]

連橫研究方言的體會是,「研究方言,饒有興趣。每有一語一音而知古代民族之交通,此歷史家之要務也」,例如,閩臺地區呼「一」為「蜀」為齊語的遺留,來源於「漢初平定閩越,齊人從軍,故傳其語」,而呼母為「姐」的方言稱謂的傳播遷徙路線是四川→福建→臺灣,從語言(方言)發展演變

的線索來看都是源流清晰、脈絡分明的,從相關的考證來看也都是注重證據、結論可靠的。

連橫在反覆強調閩南語「傳自中國」、「出自中國」的密切淵源關係的前提之下,又透過論證閩南語的獨特和優長,努力使臺灣民眾明白閩南語是有淵源可溯、有理據可依的、成熟、規範的語言(方言),努力改善閩南語的形象、提升閩南語的地位,增強閩南語的吸引力、號召力、親和力,努力使臺灣民眾明白閩南語是值得珍惜和保存的無可替代的民族歷史文化資源,是不能貿然變革、更不能輕易毀棄(無論是自毀還是被毀)的民族精神財富和民族心靈養分。連橫將此論證放置於「現代化」、殖民化、全球化文化政治思潮衝擊時「漢學式微,綱紀墜地。趨時之士,競逐浮華」的社會氛圍之中[142],力求使民眾養成自尊自信而不是自卑自虐的民族語文觀,例如,連橫指出,「臺灣語中有所謂『食教話』者,別成一種……牧師操之、傳道者亦操之、入教者復操之,遂成別調。其最壞者,則稱英國為『祖家』、謂英國之貨為『祖家貨』,竟自忘其為何國人,哀哉!」[143]

首先,從閩南語的品質來看,它是「高尚優雅」的語言。閩南語這種「高尚優雅」的品質往往是與其古遠、古樸的品性聯繫在一起的,具有很高的歷史文化價值。連橫舉例說:

臺灣語之高尚典雅,有婦女輩能言而士大夫不能書者,試以灶下之語言之,曰「　」、曰「煮糜」、曰「渧泔」、曰「倒潘」、曰「餾粿」、曰「芼麵」、曰「　肉」、曰「刉魚」;凡此八語,聞之甚熟,而讀書十年者恐不能知其出處。然則,臺灣語為鄙俗乎?為典雅乎?[144]

閩南語「高尚優雅」之品性還表現在部分閩南語對於外來語的改造和轉化(轉譯)上。例如臺灣地名「如秀姑巒、璞石谷、斗六門、葫蘆墩,雖本番語,而一經點染,便覺典贍。」[145]又如,「海通以來,外貨輸入,每冠以『番仔』二字……臺中且呼肥皂為『番仔茶粕』;唯臺南稱曰『雪文』,譯其音且譯其義。雪,灑也;《莊子》:『澡雪而精神。』文,文理也,又為文采。是一譯名,音義俱備,可謂達而雅矣。」[146]對於閩南語轉譯外來語,連橫欣賞和提倡「音義俱備」並且「達而雅」的譯名,因為這繼續保證乃至

第七章 「用國粹激動種姓」——章太炎、連橫關於民族文化宣傳的一致思想

增進閩南語「高尚優雅」之品性，連橫將這樣的轉譯視為閩南語與外來語的接觸和交流值得努力的方向。

其次，從閩南語的理據（自身邏輯）來看，閩南語不但有（語）音而且有字，既有來歷可查，也有規律可循，是成熟典範的方言。主要表現在以下幾方面：

一是閩南語的文字表達。「臺灣之語，無一語無字，則無一字無來歷」，即使「其有用之不同，不與諸夏共通者，則方言也」[147]。連橫指出「淺人不察，以為有音無字，隨便亂書，致多爽實」只是閩南語使用的不正常的現象，他認為如果真的聽信了閩南語有音無字的謬論並任由其惡性發展，就會將越來越多的莫名其妙的非漢字類記音符號混雜於閩南語，這樣誤導的嚴重後果：一是閩南語的表達載體因為放棄了統一規範的漢字形式，就會造成閩南語記錄和傳播上的各行其是、混亂失序；二是遮蔽、淆亂、遺失閩南語本身真正的意義（即原本由漢字表達的意義）；三是導致閩南語文章「黑白參半」、「非驢、非馬」[148]，淪為不倫不類的文字垃圾。「昧者」不根據閩南語「各有來歷」而「隨便亂書」導致「以訛傳訛」的例如：

臺人謂宰殺曰「刣」，而俗作「　」字；謂不明曰「普」，而俗作「氆」字；謂緩行曰「徐」，而俗作「趖」字。考《集韻》：「　，音鐘，　削物也」；非宰殺之義。「氆，音榜，西夷織絨也」；非不明之義。而《廣韻》：「趖，音梭，疾行也。」與緩相反。蓋因小儒市儈不知《說文》，不明經傳，故有此謬。而讀書不求甚解者亦沿其謬，無怪俗子輩奉《日臺大辭典》為金科玉律也。[149]

二是閩南語的語音表達。（臺灣語言）「多沿漳、泉……有古音、有正音、有變音、有轉音。昧者不察，以為臺灣語有音無字，此則淺薄之見。」連橫指出，世人所謂的閩南語有音無字，實際上「或為轉接語、或為外來語，不過百分之一、二耳。以百分之一、二而謂臺灣語有音無字，何其俱耶！」[150] 例如：

臺灣之語既有古音古義，又有中土正音，如「紀綱」之呼「起江」、「彭亨」之呼「捀風」、「高興」之呼「交興」、「都好」之呼「誅好」，則其明著者也。[151]

三是閩南語的語義表達。「臺灣方言有沿用漳、泉者……若以轉注、假借之例釋之，其義自明。」例如方言詞「恁、厝」、「阮、兜」、「即、搭」、「或、位」的語義都與居處、聚集之所等有關，意義彼此相通：

「恁，汝等也」；「厝，置也」，引申為居。「阮，我等也」；「兜，圍也」，引申為聚。「即，就也」；「搭，附也」，附則為集。「或，未定也」；「位，猶所也」。雖屬方言而意可通。[152]

四是閩南語的語法表達。「臺灣語之組織自有文法，名詞、動詞、介詞、助詞亦有規律。」連橫舉例說：

《孟子・齊人》一章，為一短篇小說。余以純粹臺灣語譯之，毫無阻滯。曩在臺北臺灣語研究會上，曾講孫中山先生之「三民主義」；命會員筆記，語既融和，辭又達意。[153]

綜合以上關於閩南語的構成系統——文字、語音、語義和語法表達四個方面的全面分析，連橫力求論證：閩南語確實「各有來歷」，是成熟、規範、高效的方言系統，而別有用心的殖民者及其御用文人（他們的代表作是總督府編輯的《日臺大辭典》，被連橫點名批評為「錯謬之多，不遑枚舉」）[154]，加上一些愚昧無知或受矇蔽的臺灣人，他們所宣揚的閩南語有音無字、不可考求的謬論是根本站不住腳的。連橫有力地反駁了針對閩南語的誣衊攻擊，恢復了閩南語的本來面目。

再次，從閩南語的地域特色來看，閩南語中的俚俗語和民間謠諺等展現臺灣獨特的地域文化。

一是閩南語展現臺灣獨特的「遺民忠義精神」，例如：

臺灣有特別之語而與諸夏不同者，臺人謂畜生曰「清生」、犬曰「覺羅」、豕曰「胡亞」。覺羅氏以東胡之族，入主中國，建號曰清；我延平郡王起而

第七章 「用國粹激動種姓」——章太炎、連橫關於民族文化宣傳的一致思想

逐之,視如犬豕。而我先民之奔走疏附者,漸忠厲義,共麾天戈,以挽落日;事雖未成,而民族精神永留天壤,亦可為子孫之策勵也。[155]

二是閩南語展現臺灣獨特的「移民拓殖文化」,例如:

「佗去」(即蛇離開——筆者註)、「食未」兩語,為臺人相見相問之辭。細思其言,饒有意義。臺為海上荒土,我先民入而拓之,草萊蒙葳,野獸橫行,土番起沒;一出家門,輒有災害。故詢以「佗去」,用戒不虞;亦守望相助之義也。鑿井而飲,耕田而食,手足胼胝,盡力畎畝,猶憂歲歉;故問以「食未」,以祝其平安無事之意。則此兩語,可見我先民慘淡經營之苦。我輩今日之得衣食於斯者,受其賜也。[156]

三是閩南語展現臺灣民眾睿智的人生哲學,例如:

「雖有智慧不如乘勢」;此孟子所引之齊諺也。「得時不怠,時不再來」;此范蠡所引之越諺也……臺之諺亦有可取者,如曰「作雞著挌,作人著秉」;此立志論之言也。又曰:「三代粒積,一旦傾筐」;此失敗論之言也。又曰:「賣瓷兮食缺,織席兮困椅」;此自約論之言也。又曰:「三年水流東,三年水流西」;此循環論之言也。余曾捃摭數十語,為之演繹;擬撰一書,名曰《臺灣語學上之人生哲學》。[157]

四是閩南語展現臺灣民眾傳統的倫理道德,例如:

「男女居室,人之大倫」;「二姓合婚,百年偕老」;此定盟之頌辭也。故里諺曰:「嫁護雞,隸雞飛;嫁護狗,隸狗走。嫁護乞食,䕼(抆初生的蘆葦為食——筆者註)注斗。」蓋以女子從一而終,雖遭困阨,不忍離異。自戀愛之說興,朝為求鳳、暮賦離鸞,而伉儷之情薄矣。他日有研究臺灣道德之變化者,當就里諺而求之。[158]

閩南語中的俚俗語和民間謠諺等豐富多彩而又短小精練,有的富有哲理而又生動活潑,有的引人深思且又耐人尋味,具有「入腦」、「入心」的感人力量,對於臺灣民眾正面的民族意識和精神品質的養成、鞏固發揮著潛移默化的教育熏陶作用,例如關於滿族(清朝)以及「伉儷之情」的閩南語俚諺(連橫對此還闡釋說「謂夫婦須同甘苦,不以貧窮易志也」)就是如此[159]。此外,閩南語對於臺灣獨特地域文化的展示,在一定程度上揭示臺灣社會真

實狀況、塑造臺灣和臺灣民眾形象,也使海內外中國人透過閩南語的渠道認識臺灣,並由此關注臺灣。

連橫關於閩南語「傳自中國」以及閩南語獨特和優長的論證,不僅是語文學術領域內的探討,在深層次上更是民族情感、民族立場的闡釋,即連橫透過閩南語與中國的密切淵源以及閩南語獨特和優長的可靠證明和全面宣揚,希求減緩、阻止日語同化和取代閩南語的進程,增強臺灣民眾對閩南語的認同感和喜愛度,激發臺灣民眾的中華民族自覺意識和認同意識,從而達到語文領域內「以國粹激動種姓」的輿論宣傳的目的。這裡還值得一提的是,連橫在閩南語考釋中,多次直接引用章太炎《新方言》的研究結論,可見章太炎的方言研究對連橫的重要影響。

連橫雖然高度肯定閩南語的特色和優長,甚至有時還凸顯閩南語在某些方面「青出藍而勝於藍」,不乏超越漢語文之處,例如,《臺語考釋》在對比了中國官話與閩南語對幾組詞義的不同表達之後,讚歎閩南語「高尚典雅」的品質,說「若以臺語較之,豈非章甫之與褐衣、白璧之與燕石也哉!」[160]褒貶揚抑之意溢於言表。但是,這只是屬於少部分情況,就閩南語與漢語文的整體和根本而言,連橫還是自覺承認和盡力維護漢語文相對於閩南語的「水源木本」地位,將閩南語視為漢語文的一支方言,並客觀地指出:閩南語作為方言,其表達和傳遞思想文化具有難以克服的侷限性,在表達和傳遞思想文化的普適性和久遠性方面,閩南語相對於漢語文存在與生俱來的差距,例如他說,「以臺灣語而為小說,臺灣人諒亦能知,但恐行之不遠耳。餘意短篇尺簡,可用方言;而灌輸學術、發表思潮,當用簡潔淺白之華文,以求盡人能知而後可收其效。」[161]

總之,連橫兼顧了閩南語優長、獨立的一面與侷限、從屬的一面,準確地定位和評價了作為方言的閩南語與作為「母語」的漢語文之間的關係。連橫既堅持和宣揚了閩南語的臺灣地方文化特色和優長,也維護和宣揚了閩南語不應遺忘和離棄「母語」、也不能遺忘和離棄「母語」的本分和本色。這為連橫在語文領域內「用國粹激動種姓」的輿論宣傳確保了穩妥的理論框架和冷靜的理論風格。

(三)連橫「國粹」宣傳思想的典型例證——《臺灣語典》

第七章 「用國粹激動種姓」——章太炎、連橫關於民族文化宣傳的一致思想

《臺語考釋》宣示整理和考釋閩南語的時代背景。殖民當局的教育政策「禁其臺語」，青年學子求學「忘其臺語」，搢紳上士和里胥小吏「不屑復語臺語」，閩南語的教、學、用三個方面都受到嚴重的忽略和阻礙，臺灣社會瀰漫著「操鮮卑語、彈琵琶以事貴人」的不良風氣——顏之推所憂慮和嘲諷的喪失民族氣節和本族文化認同、諂媚於異族及異族文化的風氣[162]，正如連橫所概括的，「臺灣漢文，日趨日下。私塾之設，復加制限。不數十年，將無種子。而當局者不獨無振興之心，且有任其消滅之意。」[163] 漢語文和閩南語及其承續的中華思想文化在臺灣的生存和延續面臨前所未有的「將無種子」的深刻危機。

《臺語考釋》宣示整理和考釋閩南語的追求目標。第一個層次的追求目標是，身為臺灣人，為「能操臺灣之語而不能書臺灣語之字，且不能明臺語之義」而深感慚愧[164]，連橫希望透過整理、考釋和宣揚閩南語解決這個令臺灣人尷尬的問題，這也是達成在此課題上更深層次追求目標的基礎和前提。第二個層次的追求目標是，透過證明臺灣之語「源遠流長」、「高尚優雅」等優長[165]，幫助臺灣民眾正確、全面地認識和評價閩南語，「一以保存，一謀發達」，意在增強臺灣民眾對於民族語文的自豪感和認同感，為閩南語抵制日語的侵蝕同化而出力。例如：

臺語謂穀道曰尻川，言之甚鄙，而名甚古。尻字出於《楚辭》、川字載於《山海經》，此又豈俗儒之所能曉乎！至於累字之名，尤多典雅：餬口之於《左傳》、挏力之於《南華》、拗蠻之於《周禮》、停囚之於《漢書》，其載於六藝、九流，徵之故書、雅記，指不勝屈。然則臺語之源遠流長，寧不足以自誇乎？[166]

第三個層次的追求目標是，「苟從此而整理之、演繹之、發揚之，民族精神賴以不墜」[167]。而從反面來說，「滅人之國」、「隳人之枋、敗人之綱紀」、「絕人之材、湮塞人之教」都是「必先去其史」（語文是廣義的歷史的關鍵要素），因而整理、考釋和宣揚閩南語的目的上升到了維繫民族精神和「保國」、「保種」、「保教」的高度。

《臺語考釋》宣示整理和考釋閩南語的堅定決心。《臺語考釋·自序》指出整理和考釋閩南語有「三難」：「非明六書之轉注、假借，則不能知其義，

其難一也」;「非明古韻之轉變,則不能讀其音,其難二也」;「非明方言之傳播,則不能指其字,其難三也」。[168] 雖然如此困難重重,然而連橫對於閩南語的研究和著述還是充滿熱心和耐心的,他以臺灣人自勉和自責,「雖知其難而未敢以為難。早夜以思、飲食以思、寐寤以思」,為整理、考釋、宣揚閩南語而嘔心瀝血、矢志不渝。

《臺灣語典》充分肯定閩南語「高尚典贍」的優越品性。例如:

大家姑曰大家。大呼平聲,敬辭也。《後漢書》: 扶風曹世叔妻班昭有才德,入宮教授妃嬪,稱曹大家。按臺語之大官、大家,勝於中國之稱老爺、太太。禮失而求諸野,臺語之高尚典贍,誠可矜貴。[169]

《臺灣語典》充分肯定閩南語的古語保存的優越功能。閩南語保存了大量的漢語文的古語(古詞、古音、古義等)和一些少見的字詞,從而對於漢語文造成了一定程度有益的補充、豐富的作用。例如,閩南語的小型詞義系統「者—也—者久」的內部結構以及它對漢語古代詞義的保留情況是這樣的:

者,此也。或呼平聲。 按古人言者番、者個,後人多用這番、這個。《集韻》「這音　,迎也」,音義俱失,而臺語猶存其真。[170]

也,彼也。……鄙意: 許氏以它訓蟲,義甚明; 以也訓女陰,則謬。而臺語以者為此、以也為彼,義猶近古。[171]

者久則許久。猶言此頃也。《增韻》:者、此也。如者般、者番之辭。按者字語源甚古,今中國多用「這」字。《增韻》:這,魚戰切;迎也。而臺語如者大、者細、者近、者遠,所用甚廣。是臺灣猶保存古語,不為俗字所混也。[172]

由此可見,語源甚古的閩南語單音詞「者」、「也」本義分別為「此」(即相當於「這」)和「彼」,閩南語雙音詞「者久」中的「者」仍然與單音詞「者」同義。因為「者」後來逐漸被假借為句尾語氣助詞,並且「久借不還」,即「者」的本義——指事代詞「此」的意義完全被借義——句尾語氣助詞的意義所取代,那麼,「者」的本義留下的「空缺」由新詞「這」填補,而「這」的本義「迎」又遭放逐而流失。閩南語單音詞「也」的詞義衍變情況與「者」相似。像「者—也—者久」那樣保留了古代漢語(包括詞、音、義)的閩南

第七章 「用國粹激動種姓」——章太炎、連橫關於民族文化宣傳的一致思想

語首先具有重要的語言學價值，因為它再現了漢語發展歷史中一個不可或缺環節，對於精密分析和有效重建漢語文的詞、音、義完整系統和衍變過程是很重要的。更進一步的意義則反映在它對於構建完整可信的民族語文系統的貢獻上，而民族語文建設是整個民族文化建設的關鍵內容之一，是「用國粹激動種姓」輿論宣傳重要的實現途徑——正是基於這樣環環相扣的邏輯關係，閩南語的各項優越性能確實與「用國粹激動種姓」的輿論宣傳聯繫起來，並表現為正面的、積極的宣傳效應。

《臺灣語典》充分肯定閩南語的細微區分和有效糾錯的優越功能。閩南語嚴謹精確，能夠區分字形、詞義的細微差別，並糾正長久以來因為混淆字形、詞義的細微差別而導致的錯誤用法，從而對於漢語文造成了一定程度有益的純潔化、規範化的作用。例如：

潘，淅米水也。《玉篇》：孚袁切。《說文》：潘，淅米汁也。《左傳》：使疾而遺之潘沐，備酒肉焉。杜註：潘，淅米汁，可以沭頭（按潘從米田，孚袁切；潘從采田，普官切：音義不同。自小篆合而為一，《說文》亦從其誤，唯臺語尚能分別）。[173]

餾，飯冷而再蒸之也。《說文》：餾，飯氣蒸也。《爾雅》餾，稔也。郭璞註：飯為饙，饙熟為餾。按朱駿聲《說文通訓定聲》謂米一蒸為饙、再蒸為餾，與臺語正合。[174]

廣泛、詳細、嚴謹的學術研究。首先，《臺灣語典》根據典雅、廣博的標準收錄詞彙。《臺灣語典》的收詞有比較嚴格的標準，首先是「保存高尚典雅之言」：

林茂生氏謂余：「子撰《臺灣語典》，蒐羅既廣，而從來訾罵之言亦曾收歟？」余曰：「否。余之《語典》，將以保存高尚典雅之言，俾傳久遠；而粗獷者、淫穢者，俱在屏棄之列。……臺灣語之高尚典雅，無人知之；而余為之表明，是余之志也。豈可以侮人之言而自侮哉！」[175] 作為一位為傳承和弘揚民族文化事業而兼「立德」、「立功」、「立言」於一身的志士仁人，連橫的《臺灣語典》「保存高尚典雅之言」的收詞標準與他關於閩南語品質

的認識是相一致的,與他追求的「以國粹激動種姓」的輿論宣傳能夠達到「俾傳久遠」的目標也是相一致的。

《臺灣語典》的收詞除典雅的標準以外,還有廣博的標準。《臺灣語典》收錄的的閩南語詞彙(或者閩南語詞語的音、義),只有少部分源於外來語[176],更多的是源於中國大陸。在源於大陸的閩南語中,從時間的坐標看,有出於周、秦之際者,例如:「泔也、潘也,名自《禮記》;臺之婦孺能言之,而中國之士夫不能言。夫中國之雅言,舊稱官話,乃不曰泔而曰飯湯、不曰潘而曰浙米水。」[177] 從空間的坐標來看,有現今僅保留於臺灣而在大陸已失傳或隱晦者,例如:

八,識也。能辨別也。《說文》:八,別也;像分別相背之形。按八為倉頡初文;逮今五千年,中國久已不用,而臺灣獨存其語,音義不爽。[178]

泔,調味煮魚也。 如曰泔轉。《韻會》: 音甘,呼如庵。《荀子》:曾子食魚有餘;曰:泔之。楊倞註:泔者,烹和之名。按泔轉一語,中國久已失傳,臺灣亦少知者。不圖二千餘年後尚存於臺南婦女口中,寧不可貴。[179]

且,以盤奉物也。 如曰且佛。《說文》: 且,薦也。 從幾。足有二橫,一其下地也。按此為且之本義,故俎從且。中國今已隱晦,而臺語尚存。[180]

在源於大陸的閩南語中,有很大比例源於漳州、泉州方言者,也有源於其他各地方言者,例如,京師語「王祿」(謂市中賣術者)[181],上海語「啥人」(謂何人)[182],廣州語之變音「淡　」(點心)[183],而「較猛」(急遽)則為兩地方言的結合:「較,如魯人獵較之較;猛呼如勉,潮州語。猶言猛進也。」[184]

連橫《臺灣語典》廣博的收詞標準既是閩南語本身廣博的造詞、成詞途徑的如實反映,也是連橫著意「以國粹激動種姓」的輿論宣傳造勢的反映。他力求證明和宣揚:閩南語與中國大陸無論是古今長久的歷史、還是南北廣闊的地域都存在緊密的淵源關係;閩南語擁有廣採博收、不拒細流的寬廣胸懷和雍容氣度,這都是閩南語能夠發揮「激動種姓」輿論宣傳功效的有利條件和重要原因。

第七章 「用國粹激動種姓」——章太炎、連橫關於民族文化宣傳的一致思想

其次，《臺灣語典》的考證整體上講求嚴謹、精細、「溯源」。

有研究者統計指出，「《語典》重在詞的考證，每字詮釋考證其本義、引申、假借等，一部分字加注音，有古音、今音、本土音、轉音、變音。其中一部分詞語只註釋意義或加推論，沒有考證。此類詞中單音詞 131 個，占全部單音詞的 30.3%；雙音詞 249 個，占 33.5%，也就是占收詞總數的 1/3 左右。」[185] 這從整體上反映了《臺灣語典》考證詞語和風格，我們再看《臺灣語典》中考證閩南語詞「載志」的具體例子[186]，有研究者讚歎說，「先生對『載志』的音義考證，先考音，從先秦《詩》載戴，古音同，至宋《集韻》，載與戴，音通。次釋義，載，戴，釋事，引先秦《左傳》，迄漢《漢書》加以闡明，後引章太炎《新方言》，事、載本一聲之轉。源流脈絡清晰。這個詞，前後共引 12 條經傳文字與音韻典籍，考證信實可靠，為後代考釋方言詞音義的範例。」[187]

連橫《臺灣語典》的考證整體上講求嚴謹、精細、「溯源」，保證了《臺灣語典》考證較高的可信度和質量，而《臺灣語典》考證的重要內容包括了閩南語與中國大陸之間的密切淵源關係以及閩南語的諸多優越性能，因此《臺灣語典》考證的高信度和高質量有力地支持了連橫有關閩南語研究的重要論斷（例如閩南語的淵源和優越性），為連橫在語文領域內「用國粹激動種姓」輿論宣傳打好扎實的基礎。

再次，《臺灣語典》引用豐富多樣的工具書和典籍。我們透過以下幾個附表，可以發現這一點[188]。

附表一：《臺灣語典》引用歷代工具書一覽表

書名	作者	朝代	《台灣語典》引用頻率（次）	
			其中432個單音詞引用頻率	其中744個合成詞、短語引用頻率
爾雅			11	12
方言	揚雄	西漢	19	23
說文解字	許慎	東漢	115	111
釋名	劉熙	東漢	4	3
廣雅	張揖	魏	29	10
玉篇	顧野王	梁	11	17
廣韻	陳彭年	北宋	4	11
集韻	丁度	北宋	42	36
類篇	司馬光等	北宋	1	6
增韻	毛晃	南宋	2	16
韻會	熊忠	元	4	5
正韻	樂韶鳳等	明	1	4
字匯	梅膺祚	明	2	3
新方言	章太炎	清	2	4
恒言錄	錢大昕	清	2	2
其他工具書引用頻率			唐韻2；說文通訓定聲1；倉頡篇2；埤蒼2；通俗篇2；正字通1；六書考1字類補1，字書9	倉頡篇1；埤蒼2；埤雅2；字林1；篇海1；通俗篇2；字苑1；正字通1；康熙字典1
引用工具書數量、頻率合計			25部，272次	24部，274次

附表二：《臺灣語典》單音詞引用書名、頻率一覽表

第七章 「用國粹激動種姓」——章太炎、連橫關於民族文化宣傳的一致思想

(合計：39部，176次)

經部	書名	易經	尚書	詩經	周禮	儀禮	禮經	孝經	論語	孟子	左傳	穀梁傳	公羊傳	小計 12部
	頻率	7	3	24	3	3	9	1	4	8	25	3	10	100次
史部	書名	周書	國語	戰國策	史記	漢書	後漢書	三國志	明史					8部
	頻率	1	2	4	10	14	5	1	1					38次
子部	書名	素問	管子	荀子	呂氏春秋	莊子	韓非子	山海經						7部
	頻率	1	1	6	2	5	1	1						17次
集部	書名	楚辭	文選	藝文類聚	齊東野語	李白詩文	白居易詩文	柳州文集	閩雜記	閩小記	楊椒山家書	繼世紀聞	青箱雜記	12部
	頻率	8	1	1	1	1	1	1	1	1	1	1	1	19次

附表三：《臺灣語典》合成詞、短語引用書名、頻率一覽表

(合計：88部，354次，詳表略)

《臺灣語典》引用如此豐富多樣的工具書和典籍，是其嚴謹踏實的學術風格的反映，是其優良學術品質的重要保證，也像閩南語考證的嚴謹、精細一樣是其較高可信度和質量的重要保證。此外，《臺灣語典》引用如此豐富多樣的工具書和典籍，能使臺灣民眾認識到中國文化典籍的浩繁和中華文化的博大，有助於臺灣民眾熟悉中國和中國文化並激發中華民族自覺意識。這些都是《臺灣語典》及閩南語發揮「激動種姓」輿論宣傳的有利條件。

第三節 《國民日日報》：章太炎、連橫「國粹」宣傳思想的重要載體

《國民日日報》1903年8月7日創刊，發刊不久即風行一時，成為當時中國最重要的資產階級革命派報紙。《國民日日報》明確昭示辦報目的在於「圖國民之事業」，願作國民之「公僕」，「為警鐘木鐸」，企望「此報出世之期，為國民重生之日」，攻擊清廷不遺餘力，被譽為「《蘇報》第二」。從創刊的第一天起，該報就不使用光緒年號，而改用黃帝紀元，「以發漢種民族之觀念」，成為中國近代第一個用黃帝紀元來紀年的革命派報紙。清政

府曾以「昌言無忍」、「慫人視聽」、「擾害大局」等罪名，通令長江流域各省嚴禁售閱。

《國民日日報》與章太炎淵源極深：該報由原《蘇報》部分編撰人員以及中國教育會、愛國學社等進步團體的成員共同主辦，章士釗擔任主編。此外，該報對「蘇報案」的審理進行了跟蹤報導，發表了大量評論文章，對章炳麟、鄒容在獄中的抗爭予以大力聲援，並刊載章、鄒二人在獄中撰寫的多篇文章，鼓舞士氣。《國民日日報》辟有名曰《黑暗世界》的副刊，由連橫主持編輯。雖然章太炎、連橫在《國民日日報》發行時期並未謀面，但是他們兩人卻因為《國民日日報》的共同紐帶而聯繫在一起，我們還是可以「共事」命名之。

章太炎、連橫「共事」於《國民日日報》的思想成果（章太炎發表於該報的詩文、連橫在該報編輯的欄目）是兩人「用國粹激動種姓」輿論宣傳的一個窗口，也是兩人「用國粹激動種姓」的輿論宣傳思想乃至兩人整個民族文化思想研究的一份珍貴樣本，《國民日日報》是章太炎、連橫「國粹」宣傳思想的重要載體。

一、章太炎在《國民日日報》中的「國粹」宣傳思想

章太炎刊發於《國民日日報》的詩文，包括《論承用維新二字之荒謬》、《祭沈禹希文》、《獄中聞沈禹希見殺》、《讀王船山先生遺書》、《雜詠》等[189]。

在「用國粹激動種姓」的輿論宣傳思想中，「國粹」是輿論宣傳的主體內容、基本途徑和關鍵技巧的合一，也是「用國粹激動種姓」的輿論宣傳思想的核心特徵，章太炎刊發於《國民日日報》的多篇詩文也體現出這樣的特徵，其中《論承用維新二字之荒謬》一文尤其典型。

章太炎《論承用維新二字之荒謬》1903年寫於獄中。「維新」是康有為、梁啟超等人當時社會政治運動的旗幟和口號，具有相當大的輿論號召力和影響力，但康、梁此時的「維新」已不再是戊戌變法時的「維新」了，本質上只是借「維新」之名行保皇之實，阻礙真正的民族政治和文化的革命，其輿

第七章 「用國粹激動種姓」——章太炎、連橫關於民族文化宣傳的一致思想

論宣傳具有極大的迷惑性和欺騙性。在《論承用維新二字之荒謬》中，章太炎充分地發揮了歷史和語文——「國粹」的兩大關鍵性因素的宣傳功用。

就歷史因素而言，《論承用維新二字之荒謬》對比了西周和清朝建立歷史的差別，尤其是兩個朝代稱謂「新命」的歷史依據、「新」的歷史階段的差別，章太炎指出，西周「新命」稱謂的歷史依據是「以千數百年西岐之侯國，忽焉寵受帝眷，統一神州，而為萬國之共主，是故謂之新命」，但清朝與此不同，即「若今之政府，則帝制自為也久矣，更安有所謂其命維新者」。西周「新」的歷史階段是指它超越「舊邦」——原來的侯國、躍升為「萬國之共主」而開創的嶄新的欣欣向榮的王朝歷史，但是，「滿洲之新，在康熙、雍正二世。今之政府，腐敗蠹蝕，其材已不可復用。」由此可見，從歷史的角度來看，康、梁當時所謂的「維新」已經完全失去了歷史價值，也不再符合歷史規律，實質上不是真正的「維新」，他們也不可能再現、復興西周歷史那樣的「維新」。

就語文因素而言，《論承用維新二字之荒謬》立足「名實相符」的原則、運用概念闡釋的方法，集中對於「維新」和「新」的詞義進行了嚴格的「界說」，在「遠因於古訓」與「近創於己見」之間，明顯地傾向於前者。關於「維新」的名實情況，《論承用維新二字之荒謬》從兩方面進行檢驗：其一，該文指出「維新之語」的詞源出處是「始見於《大雅》，再見於偽古文《尚書》」，符合歷史本義的「維新」的歷史機遇已經不復存在了，「此維新」（康、梁等人宣揚的「維新」）已非「彼維新」（西周式的「維新」）了。其二，「維新」的另一重要涵義是「英雄崛起，曆數在躬」，可是「妄者以維新為變法」，則名不副實。關於「新」的名實情況，《論承用維新二字之荒謬》從「新」的本義和兩層引申義逐層展開闡釋。首先指出「新」的本義是「衣之始裁為之初，木之始伐謂之新」，由此得出第一層引申義，並以兩種涵義對比（包括「新—枯」對比、「新—修飾」對比）的方式幫助理解：「衣一成後，不可復得初名，木一枯後，不可復得新名，猶人既老耄，無可以復得幼稚之名也。衣成矣，加以修飾，未嘗不燦然耀目，而可以謂之修飾，不可以謂之初。木枯矣，加以黝堊，未嘗不掩其朽腐，而可以謂之黝堊，不可以謂之新。」在此基礎上得出第二層引申義：「新者，一人一代，不過一新而不可再。」

再由這第二層引申義得出「滿洲之新,在康熙、雍正二世……欲責其再新,是何異責垂死之翁以呱啼哺乳也」的結論也就順理成章、水到渠成了。

二、連橫在《國民日日報》中的「國粹」宣傳思想

(一)《黑暗世界現狀》的「國粹」宣傳思想

相當於「黑暗世界」刊首語的《黑暗世界現狀》開頭即稱:「其神昏昏,其欲逐逐,不識不知,渾渾噩噩,今日中國全國黑暗之景象也。」該文接著一一列舉「樞府之黑暗」、「閹寺之黑暗」、「宮闈之黑暗」、「官場之黑暗」、「士林之黑暗」、「田野之黑暗」、「商旅之黑暗」,可是面對如此深重、無所不在的黑暗,我們的國民和社會的反映是「黨會亦沉於黑暗」、「志士亦沉於黑暗」、「遊學生亦沉於黑暗」、「學堂亦沉於黑暗」,該文最後對於這樣的「黑暗世界」發出「十八層地獄未足喻其苦,三千年浩劫未足窮其終」的悲嘆!連橫正是深刻地察覺到中國的黑暗腐朽而全國民眾卻都「沉於黑暗」的觸目驚心的現狀,所以「黑暗世界」欄目才不遺餘力地宣揚民主自主和「國粹」,力求以此警醒民眾麻木不仁的神經、破除根深蒂固的奴隸性等「國民劣根性」、激發民族自覺意識。

(二)「黑暗世界」欄目的國粹宣傳思想

「黑暗世界」欄目內容分類及各類詩文標題列舉如下(除詩歌類以外皆未署名,其中部分內容可能為連橫親自編寫或撰寫),我們從中也可以大概推斷該欄目的編輯方針也是在一定程度上體現「用國粹激動種姓」的輿論宣傳思想的。

論著類有《黑暗世界現狀》、《原叛》、《卒業生之怪相》、《敬告吾國之所謂富家翁者》、《公祭沈愚溪先生文》、《上海公祭沈愚溪國士文》、《奴隸獄序》、《箴少年》、《吊猶太文》、《陳新膏與鴉片煙書》、《團體奇喻》、《聲瞽啞合傳》、《商部侍郎陳璧之怪相》;掌故類有《野語祕匯》、《黃端伯先生》、《愛國英雄之廟聯》、《亡國之慘》、《黃士俊薙髮》、《左懋第之死節》、《貞女絕命詩》、《懸首》、《乞丐詩》、《傅作霖絕命詩》、《浩氣吟》、《頑民》、《剝皮》、《閩省奇禍》、《異族同化》、《朝鮮不忘中國》、《岳飛之倔強》、《赤心為主》、《錢謙益》等;筆記類有《不

第七章 「用國粹激動種姓」——章太炎、連橫關於民族文化宣傳的一致思想

忘國仇》、《庚子辱國記》、《沈藎軼事》、《盜竊家之康南海》、《唐才常遺詞》、《奴才不如乞丐》、《最古之藏書樓》等；譏刺類有《清風不識字》、《龔定庵》、《張之洞對語》、《浙江新場科聯》、《祭鄉試諸君》、《謀差之手段》、《大人》、《詼諧趣語》等；遊冶類有《某福晉》、《十三旦》等。詩歌類有《猛虎行》、《軍國民歌》、《題水滸》、《讀定庵詩》、《讀俄羅斯大風潮》、《題明皇陵壁》、《讀黑奴籲天錄》、《讀日本維新英雄兒女奇遇記》、《有感革命黨》、《留聲機器》、《次沈藎紀命詩》、《官場雜聞》、《革命》、《讀美國獨立史》、《覽演中日戰爭幻燈有感》、《東三省》、「新事新樂府」系列（例如《二毛子》、《順民旗》、《洋大人》等）、「新童謠」系列（例如《紅頂子》、《去鄉試》、《豬尾奴》）等。

（三）典型例證——《野語祕匯》、《畫網巾先生》歷史掌故系列

《野語祕匯》云：

野語祕匯者，自天啟辛巳至順治癸巳，詳記江南事，而於蘇州為尤詳……今略舉幾例，則足以見當日兵禍之慘贖，而吾吳士民蹂躪於兵馬、膏塗於當日之狀況，蓋歷歷如繪矣。揚州十日、嘉定三屠，此又其一也。

城中士民，自前月十一日以來，上官止許項上留甌大一圈，修之又修，如武者多矣。乃郊外之民，多木刈髮，其有冒昧入城，致多罹鋒鏑者，未可枚舉……江陰屢挫兵鋒……乃於八月二十二日下之。聞屠遍城中，及城外三四十里俱盡。

九月二十日，馮守延避跡西洞庭山，不肯剃髮。吳口乃埶（「埶」應為「執」——筆者註）其家屬，不為動，遂斬之，而剖其腹，棄屍湖中。

四月初八日，蘇松新兵道行牌云：大兵將至，士庶不許方巾大袖，速更滿洲衣帽。八月十日，揚州鎮因吳江有白布裹頭之輩，遂往審究，二十二日回蘇，謂共斬四五十人。

《畫網巾先生》云：

畫網巾先生，福建人，不知其姓氏里居……總鎮池鳳鳴令去其主僕網巾。先生乃呼其僕曰：為我畫網巾。畫畢，二僕亦互相畫之。……（左路總兵）

之綱勒令薙髮,則唾曰:「汝何痴!吾網巾尚不肯去,況欲去髮乎?」遂大罵不絕口。之綱怒,令先斬其二僕,群卒捽之,二僕唾曰:「我一人豈怕死者,但死自有禮,當一辭我主人耳。」於是二僕拜辭主人曰:「奴輩得掃除地下矣!」遂欣然就刑。主人亦慷慨授命。

《野語祕匯》以詳實可信的歷史檔案式的記載再現了清兵屠戮江南的「當日兵禍之慘黷」,可謂慘絕人寰、觸目驚心!章太炎也有關於「揚州十日、嘉定三屠」等類似內容的著述。章太炎在聲討滿洲的檄文中列舉滿洲的罪狀之四即為「虜下江南,遂悉殘破……漢民無罪,盡為鯨　」[190],他以浙江為例,描述當時的慘烈情景是「金華屠,嘉興殘,二郡之間,殭屍蔽野,流血頃畝……王師一至,芟夷斬艾,如草木焉」[191]。連橫編輯的《野語祕匯》和章太炎關於清兵兇殘地屠戮江南民眾的相關歷史描述和歷史評價是一致的,他們對這段「亡國慘禍」的歷史耿耿於懷並口誅筆伐,目的在於用這段慘痛的民族歷史喚醒也許已經被逐漸淡忘的民族集體記憶,激發漢族民眾「夷夏之辨」和「復九世之仇」的春秋大義。

如果說《野語祕匯》反映的是清軍強暴地屠戮漢民、野蠻地「瀆亂華俗」的慘痛歷史,那麼《畫網巾先生》反映的則是漢民誓死捍衛民族尊嚴、維護華夏「禮樂衣冠」的悲壯歷史,兩者在思想內容上是前後呼應、相輔相成的一個整體,所以我們以《野語祕匯》、《畫網巾先生》歷史掌故系列命名之(「黑暗世界‧掌故類」中反映類似思想內容的歷史掌故還有不少,都可以用此名囊括之)。

三、章太炎、連橫在《國民日日報》中的「國粹」宣傳思想的一致性

《野語祕匯》、《畫網巾先生》歷史掌故系列體現出的「用國粹激動種姓」的輿論宣傳思想與章太炎是一致的。章、連二人這方面宣傳思想能達成一致,是與其一項重要思想認識的一致性分不開的,那就是:章太炎、連橫都認為華夏禮樂風俗(風俗包括宮室、婚喪、歌謠等,尤其以服飾為重)事關華夏文明和「正朔」的認同甚至存亡。我們對比章太炎、連橫的相關論述,可以發現這種一致性:

第七章 「用國粹激動種姓」——章太炎、連橫關於民族文化宣傳的一致思想

群之大者,在建國家、辨種族。其條例所繫,曰言語、風俗、歷史。三者喪一,其萌不植……突厥滅東羅馬而變其風俗……[192]

《孝經》、《大學》、《儒行》之外,在今日未亡將亡,而吾輩亟須保存者,厥惟《儀禮》中之《喪服》,此事於人情厚薄至有關係,中華之異於他族,亦即在此。[193]

風俗之成,或數百年,或數十年,或遠至千年。潛移默化,中於人心,而萃為群德,故其所以繫於民族者實大。[194]

正朔存荒服,衣冠守漢祿。[195]

就章太炎而言,他將「衣冠之國」作為華夏文明之國的象徵,將「夷言被髮,瀆亂華俗」、「使我衣冠禮樂,夷為牛馬」作為滿洲的重大罪證[196],將「裂冠毀冕」作為「犬羊殊族非我親昵」的鐵證[197],將「端冕淪為辮髮,坐論易以長跽」、「冠帶遺民,悉為虜有」視為華夏族眾亡國滅種的標誌和奇恥大辱[198],也由此將「余年已立,而猶被戎狄之服,不違咫尺,弗能翦除」視為自己身為華夏之民不可饒恕的罪過,而將「斷髮易服」視為與清政府徹底決裂的標誌性革命行動[199]。章太炎也因此孜孜不倦將包括《喪服》在內的四經作為「振民志」而推廣至全國的規範性經典[200],並將撰寫《喪服依開元禮儀》自許為「輔微之事」[201]。

就連橫而言,臺灣既是被異國占領的完全殖民地,又是傳播、延續華夏「禮樂衣冠」文化的最後根據地(所謂「東都肇造之時,中上上大大奉冠裳而渡鹿耳者蓋七百餘人。」)[202],連橫將「漢族衣冠賴以不墜」當做是臺灣鄭氏政權的重大歷史功績及其正統性存在的主要依據[203]。身為臺灣人,連橫將清制服飾——所謂清之章服的紅纓、馬蹄、朝珠、補褂形容為「狀頗詭異」[204],而對於臺灣朱一貴起事「威儀復漢官」的壯舉則深表敬佩和嚮往[205]。連橫還記載明朝遺民「三不降」的約定[206],而「清代官服皆有品級,而胥吏仍舊」、臺灣女子婚時「鳳冠、蟒祆、紅裙、繡韡,儼然明代宮裝」、「入殮之時,男女皆用明服,唯有功名者始從清制」,連橫推斷這分別是從衣服風俗上保留了「三不降」(「官降吏不降」、「男降女不降」、「生降死不降」)的遺民風尚[207]。連橫從臺灣衣服風俗上所保留的「三不降」風俗中、

也從家族祖先「方巾寬衣，威儀穆棣」的堂中畫像中都領悟到了「故國之思，悠然遠矣」的民族思想的深切含義[208]。連橫這種壓抑已久的故國之思從效命宗邦的兒子連震東寄回臺灣的照片中得到了釋放，他在給兒子的家書中寫道：「照相已到，汝母見之大喜，以汝已為中國人，而服中國衣冠，蓋以慰余之宿望也。」[209]

　　章太炎、連橫用禮樂風俗的「國粹」來「激動種姓」的輿論宣傳思想的一致性在於：透過重現異族野蠻毀壞華夏禮樂風俗而漢族誓死維護華夏禮樂風俗的驚心動魄的鬥爭史，喚醒身為「冠帶遺民」的民眾那段慘痛的歷史記憶，使身為「冠帶遺民」的民眾在屈辱感（民族歷史遭遇所導致）與自豪感（民族文化優越感所導致）的對比共存中，感悟到「國粹」的存亡繼絕意識及其催化的民族認同意識，從而促進用禮樂風俗的「國粹」來「激動種姓」的輿論宣傳[210]。章太炎、連橫對於華夏禮樂風俗尤其是服飾體現的民族文化象徵意義及宣傳意義高度重視，與他們家庭「先世遺教」的熏陶密切相關。章太炎的父親曾表白說，「吾家入清已七八世，皆用深衣殮。吾雖得職事官，未嘗詣吏部。吾即死，不敢違家教，無加清時章服。」[211]連家與章家一樣，也恪守著明朝遺民「生降死不降」的誓約（在服飾上反映出來）：「自興位公以至我祖我父，皆遺命以明服殮。」[212]

注　釋

[1]. 方漢奇：《章太炎與近代中國報業》，《社會科學戰線》，2010年第9期，第213頁。

[2]. 連橫：《惜別吟詩集序》，《連雅堂先生全集·雅堂文集》，第48頁。

[3]. 連震東：《連雅堂先生家傳》，《臺灣通史》附錄，臺灣省文獻委員會，1994年版，第797頁。

[4]. 洪卜仁主編：《廈門舊報尋蹤》，廈門大學出版社，2010年版，第13頁。

[5]. 陳揚明、陳飛寶、吳永長：《臺灣新聞事業史》，中國財政經濟出版社，2001年版，方漢奇序言。

[6]. （臺灣）洪桂：《光復以前之臺灣報業》，李瞻主編：《中國新聞史》，學生書局，1969年版，第540頁。

[7]. 章太炎：《東京留學生歡迎會演說辭》，《章太炎的白話文》附錄，貴州教育出版社，2001年版，第112頁。

第七章 「用國粹激動種姓」——章太炎、連橫關於民族文化宣傳的一致思想

[8]. 章太炎：《致書汪康年》，《章太炎年譜長編》，第36-37頁。

[9]. 章太炎：《實學報敘》，《章太炎年譜長編》，第50頁。

[10]. 潘重規：《章太炎先生之氣節》，《章太炎先生生平與學術》，生活·讀書·新知三聯書店，1988年版，第37頁。

[11]. 章太炎：《救學弊論》，《章太炎全集》（五），第101頁。

[12]. 章太炎：《刊行教育今語雜誌之緣起》，《章太炎年譜長編》，第321頁。

[13].「仁種類」、「固蕭牆」、「御外侮」、「靖海濱」等見章太炎：《正學報緣起》，《章太炎年譜長編》，第68頁。

[14]. 臺灣教育會編：《臺灣教育沿革志》，臺北：臺灣教育會，1939年版，第165-166頁。

[15]. 參見（臺灣）吳文星：《日治時期臺灣的社會領導階層》，五南圖書出版公司，2008年版，第258-262頁。

[16].（臺灣）王順隆：《日治時期臺灣人「漢文教育」的時代意義》，《臺灣風物》第49卷第4期，1999年12月31日，第116-117頁。

[17].（臺灣）王順隆：《日治時期臺灣人「漢文教育」的時代意義》，《臺灣風物》第49卷第4期，第107-108頁。

[18].（臺灣）邱敏捷：《論日治時期臺灣語言政策》，《臺灣風物》第48卷第3期，1998年9月30日，第52-53頁。

[19].（臺灣）曹素香：《從語言和歷史文化的關係淺論遺留在臺語中的日語》，轉引自邱敏捷：《論日治時期臺灣語言政策》，第55頁。

[20]. 連橫：《詩薈餘墨》，《連雅堂先生全集·雅堂文集》，第304-305頁。

[21]. 連橫：《大陸遊記》，《連雅堂先生全集·雅堂先生餘集》，第8頁。

[22]. 連橫：《臺灣語典·自序二》，《連雅堂先生全集·臺灣語典》。

[23]. 章太炎：《與孫仲容書》，《章太炎年譜長編》第246-247頁。

[24]. 連橫：《詩薈餘墨》，《連雅堂先生全集·雅堂文集》，第297頁。

[25]. 章太炎：《〈華國月刊〉發刊辭》，《華國月刊》第一卷第一期，轉引自《章太炎年譜長編》，第728頁。

[26]. 國學講習會發起人：《國學講習會序》，《民報》，《中國近代期刊匯刊》（第二輯），中華書局，2006年版，第1054-1055頁。

[27]. 國學講習會發起人：《國學講習會序》，《民報》第1054頁。

[28]. 章太炎：《規〈新世紀〉》，《民報》第3771-3772頁。

[29]. 章太炎：《印度人之論國粹》，《章太炎全集》（四），第366頁。

[30]. 章太炎：《清美同盟之利病》，《民報》第 24 號時評，《章太炎年譜長編》，第 282 頁。

[31]. 章太炎：《正學報緣起》，《章太炎年譜長編》，第 68 頁。

[32]. 章太炎：《致馬宗霍函》，《章太炎年譜長編》，第 924 頁。

[33]. 連橫：《柬林痴仙，並視臺中諸友》，《連雅堂先生全集·劍花室詩集》，第 96 頁。

[34]. 章太炎：《答鐵錚》，《章太炎全集》（四），第 370-371 頁。

[35]. 連橫：《連雅堂先生全集·雅言》，第 128-129 頁。

[36]. 章太炎：《東京留學生歡迎會演說辭》，陳平原編：《章太炎的白話文》，第 115 頁。

[37]. 章太炎：《論語言文字之學》，《國故論衡》附錄，第 207 頁。

[38]. 章太炎：《與鐘正懋》，馬勇編：《章太炎書信集》，河北人民出版社，2003 年版，第 250 頁。

[39]. 連橫：《大陸遊記》，《連雅堂先生全集·雅堂先生餘集》，第 91-92 頁。

[40]. 參見（臺灣）邱敏捷：《論日治時期臺灣語言政策》，《臺灣風物》，第 48 卷第三期，第 41 頁。

[41]. 章太炎：《規〈新世紀〉》，《民報》第 24 號，第 3781 頁。

[42]. 章太炎：《重刊〈古韻標準〉序》，《章太炎全集》（四），第 203 頁。

[43]. 連橫：《連雅堂先生全集·雅言》，第 1-2 頁。

[44]. 連橫：《詩薈餘墨》，《連雅堂先生全集·雅堂文集》，第 269-270 頁。

[45]. 章太炎：《清美同盟之利病》，《章太炎年譜長編》，第 282 頁。

[46]. （臺灣）王順隆：《日治時期臺灣人「漢文教育」的時代意義》，《臺灣風物》第 49 卷第 4 期，1999 年 12 月 31 日，第 119 頁。

[47]. 章太炎：《致山田飲江書》，《章太炎年譜長編》，第 498 頁。

[48]. 章太炎：《論漢字統一會》，《章太炎全集》（四），第 321 頁。

[49]. 連橫：《與李獻璋書》，《連雅堂先生全集·雅堂文集》，第 131-132 頁。

[50]. 章太炎：《癸卯獄中自記》，《章太炎全集（四）》，第 144 頁。

[51]. 章太炎：《與人論國學書》，《章太炎全集》（四），第 354 頁。

[52]. 章太炎：《與人論國學書》，《章太炎全集》（四），第 353 頁。

[53]. 章太炎：《〈國粹學報〉祝辭》，《章太炎全集》（四），第 208 頁。

[54]. 國學講習會發起人：《國學講習會序》，《民報》第 7 號，第 1057 頁。

[55]. 章太炎：《再與人論國學書》，《章太炎全集》（四），第 355 頁。

第七章 「用國粹激動種姓」——章太炎、連橫關於民族文化宣傳的一致思想

[56]. 章太炎：《與人論國學書》，《章太炎全集》（四），第355頁。

[57]. 章太炎：《〈國粹學報〉祝辭》，《章太炎全集》（四），第208頁。

[58]. 章太炎：《教育的根本要從自國自心發出來》，陳平原編：《章太炎的白話文》，第91頁。

[59]. 章太炎：《教育的根本要從自國自心發出來》，陳平原編：《章太炎的白話文》，第99頁。

[60]. 章太炎：《教育的根本要從自國自心發出來》，陳平原編：《章太炎的白話文》，第99頁。

[61]. 章太炎：《刊行教育今語雜誌之緣起》，《章太炎年譜長編》第321頁。

[62]. 章太炎：《印度人之論國粹》，《章太炎全集》（四），第366頁。

[63]. 章太炎：《再與人論國學書》，《章太炎全集》（四），第355頁。

[64]. 章太炎：《與劉光漢書三》，《章太炎年譜長編》，第233頁。

[65]. 章太炎：《致國粹學報社書》，《章太炎年譜長編》，第306頁。

[66]. 章太炎：《東京留學生歡迎會演說辭》，《章太炎的白話文》，第115頁。

[67]. 章太炎：《訄書（重訂本）·哀焚書》，《章太炎全集》（三），第323-324頁。

[68]. 章太炎：《印度人之論國粹》，《章太炎全集》（四），第366頁。

[69]. 章太炎：《〈國粹學報〉祝辭》，《章太炎全集》（四），第207頁。

[70]. 章太炎：《〈國粹學報〉祝辭》，《章太炎全集》（四），第207頁。

[71]. 章太炎：《救學弊論》，《章太炎全集》（五），第102頁。

[72]. 章太炎：《〈國粹學報〉祝辭》，《章太炎全集》（四），第207頁。

[73]. 章太炎：《討滿洲檄》，《章太炎全集》（四），第193頁。

[74]. 章太炎：《論漢字統一會》，《章太炎全集》（四），第321頁。

[75]. 章太炎：《〈國粹學報〉祝辭》，《章太炎全集》（四），第208頁。

[76]. 章太炎：《俞先生傳》，《章太炎全集》（四），第212頁。

[77]. 國學講習會發起人：《國學講習會序》，《民報》第7號，第1057頁。

[78]. 章太炎：《東京留學生歡迎會演說辭》，《章太炎的白話文》附錄，第116頁。

[79]. 章太炎：《刊行教育今語雜誌之緣起》，《章太炎年譜長編》，第321頁。

[80]. 章太炎：《東京留學生歡迎會演說辭》，《章太炎的白話文》附錄，第115-116頁。

[81]. 章太炎：《東京留學生歡迎會演說辭》，《章太炎的白話文》附錄，第115頁。

[82]. 章太炎講學記錄《章太炎先生答問》，《章太炎年譜長編》，第295頁。

[83]. 章太炎：《東京留學生歡迎會演說辭》，陳平原編：《章太炎的白話文》附錄，第 115-116 頁。

[84]. 章太炎：《規〈新世紀〉》，《民報》第 24 號，第 3777 頁。

[85]. 章太炎：《規〈新世紀〉》，《民報》第 24 號，第 3778 頁。

[86]. 章太炎：《自述學術次第》，《菿漢三言》附錄，遼寧教育出版社，第 170 頁。

[87]. 章太炎：《〈國粹學報〉祝辭》，《章太炎全集》（四），第 207 頁。

[88]. 諸祖耿：《記本師章公自述治學之功夫及志向》，《制言》第二十五期，廣陵書社影印本，第 2714 頁。

[89]. 章太炎：《駁中國用萬國新語說》，《章太炎全集》（四），第 337 頁。

[90]. 章太炎：《小學略說》，《國故論衡》，第 1 版，第 8-9 頁。

[91]. 萬獻初：《章太炎的說文講授筆記及其文化闡釋》，《中國典籍與文化》第 36 期，第 23 頁。

[92]. 章太炎：《中國文化的根源和近代學問的發達》，陳平原編：《章太炎的白話文》，第 64-65 頁。

[93]. 章太炎：《轉注假借說》，《國故論衡》，第 39 頁。

[94]. 章太炎：《轉注假借說》，《國故論衡》，第 36 頁。

[95]. 章太炎：《自述學術次第》，《菿漢三言》附錄，第 170 頁。

[96]. 章太炎：《規〈新世紀〉》，《民報》第 24 號，《中國近代期刊匯刊-民報》，第 3778 頁。

[97]. 章太炎：《規〈新世紀〉》，《民報》第 24 號，《中國近代期刊匯刊-民報》，第 3785 頁。

[98]. 章太炎：《正言論》，《國故論衡》，第 44 頁。

[99]. 章太炎：《駁中國用萬國新語說》，《章太炎全集》（四），第 337-338 頁。

[100]. 萬獻初：《章太炎的說文講授筆記及其文化闡釋》，《中國典籍與文化》第 36 期，第 23 頁。

[101]. 章太炎：《駁中國用萬國新語說》，《章太炎全集》（四），第 352 頁。

[102]. 章太炎：《正名雜義》，《訄書（重訂本）·訂文》附錄，《章太炎全集》（三），第 228 頁。

[103]. 章太炎：《正名雜義》，《訄書（重訂本）·訂文》附錄，《章太炎全集》（三），第 217 頁。

[104]. 章太炎：《正名雜義》，《章太炎全集》（三），第 228-229 頁。

[105]. 章太炎：《中國文化的根源和近代學術的發達》，《章太炎的白話文》，第 65 頁。

第七章 「用國粹激動種姓」——章太炎、連橫關於民族文化宣傳的一致思想

[106]. 章太炎：《中國文化的根源和近代學問的發達》，《章太炎的白話文》，第64頁。

[107]. 章太炎：《中國文化的根源和近代學問的發達》，《章太炎的白話文》，第64-65頁。

[108]. 章太炎：《與孫仲容書》，《章太炎全集》（四），第162頁。

[109]. 章太炎：《規〈新世紀〉》，《民報》第24號，《中國近代期刊匯刊-民報》，第3781頁。

[110]. 章太炎：《規〈新世紀〉》，《民報》第24號，《中國近代期刊匯刊-民報》，第3771-3772頁。

[111]. 章太炎：《駁中國用萬國新語說》，《章太炎全集》（四），第337-338頁。

[112]. 章太炎：《規〈新世紀〉》，《民報》第24號，《民報》，第3779頁。

[113]. 章太炎：《規〈新世紀〉》，《民報》第24號，《民報》，第3778頁。

[114]. 章太炎：《駁中國用萬國新語說》，《章太炎全集》（四），第338頁。

[115]. 章太炎：《駁中國用萬國新語說》，《章太炎全集》（四），第340頁。

[116]. 章太炎：《駁中國用萬國新語說》，《章太炎全集》（四），第340頁。

[117]. 章太炎：《駁中國用萬國新語說》，《章太炎全集》（四），第340-341頁。

[118]. 章太炎：《駁中國用萬國新語說》，《章太炎全集》（四），第342-344頁。

[119]. 章太炎：《駁中國用萬國新語說》，《章太炎全集》（四），第352-353頁。

[120]. 章太炎：《駁中國用萬國新語說》，《章太炎全集》（四），第352-353頁。

[121]. 章太炎：《齊物論釋定本》，《章太炎全集》（六），第68-69頁。

[122]. 章太炎：《原學》，《國故論衡》，第103頁。

[123]. 章太炎：《自述學術次第》，《章太炎年譜長編》，第380頁。

[124]. 1926年4月13日，章太炎在國民外交協會第二次同志餐聚會上講話說，「中國向來以模仿為我之思想，此實中國國民之病根。」《申報》1926年4月19日「本埠新聞」《國民外交協會聚餐記》，轉引自《章太炎年譜長編》，第857頁。

[125]. 連橫：《柬林痴仙，並視臺中諸友》，《連雅堂先生全集·劍花室詩集》，第96頁。

[126]. 連橫：《與李獻璋書》，《連雅堂先生全集·雅堂文集》，第130頁。

[127]. 連橫：《詩薈餘墨》，《連雅堂先生全集·雅堂文集》，第282頁。

[128]. 連橫：《詩薈餘墨》，《連雅堂先生全集·雅堂文集》，第288-289頁。

[129]. 連橫：《詩薈餘墨》，《連雅堂先生全集·雅堂文集》，第288頁。

[130]. 連橫：《詩薈餘墨》，《連雅堂先生全集·雅堂文集》，第261頁。

[131]. 連橫：《詩薈餘墨》，《連雅堂先生全集‧雅堂文集》，第 267 頁。

[132]. 連橫：《詩薈餘墨》，《連雅堂先生全集‧雅堂文集》，第 289 頁。

[133]. 連橫：《詩薈餘墨》，《連雅堂先生全集‧雅堂文集》，第 289 頁。

[134]. 連橫指出：「今之作詩者多矣，然多不求其本。香草籤能誦矣，疑雨集能讀矣，而四始六義不識，是猶南行而北轍、渡江而舍楫也。難矣哉！」見連橫：《詩薈餘墨》，《連雅堂先生全集‧雅堂文集》，第 261 頁。

[135]. 連橫：《詩薈餘墨》，《連雅堂先生全集‧雅堂文集》，第 297-298 頁。

[136]. 連橫：《臺灣詠史跋》，《連雅堂先生全集‧雅堂先生集外集》，第 91 頁。

[137]. 連橫：《臺語考釋序一》，《連雅堂先生全集‧雅堂文集》，第 35 頁。

[138]. 連橫：《與李獻璋書》，《連雅堂先生全集‧雅堂文集》，第 130-131 頁。

[139]. 連橫：《臺灣贅談》，《連雅堂先生全集‧雅堂先生餘集》，第 109 頁。

[140]. 連橫：《連雅堂先生全集‧雅言》，第 83 頁。

[141]. 連橫：《連雅堂先生全集‧雅言》，第 120 頁。

[142]. 連橫：《　峰詩集序》，《連雅堂先生全集‧雅堂文集》，第 43 頁。

[143]. 連橫：《連雅堂先生全集‧雅言》，第 120 頁。

[144]. 連橫：《連雅堂先生全集‧雅言》，第 8 頁。

[145]. 連橫：《連雅堂先生全集‧雅言》，第 125 頁。

[146]. 連橫：《連雅堂先生全集‧雅言》，第 89 頁。

[147]. 連橫：《連雅堂先生全集‧雅言》，第 2 頁。

[148]. 引語「黑白參半」、「非驢、非馬」見連橫：《連雅堂先生全集‧雅言》，第 20 頁。

[149]. 連橫：《連雅堂先生全集‧雅言》，第 9 頁。

[150]. 連橫：《連雅堂先生全集‧雅言》，第 2 頁。

[151]. 連橫：《連雅堂先生全集‧雅言》，第 9 頁。

[152]. 連橫：《連雅堂先生全集‧雅言》，第 11 頁。

[153]. 連橫：《連雅堂先生全集‧雅言》，第 20 頁。

[154]. 連橫：《連雅堂先生全集‧雅言》，第 8-9 頁。

[155]. 連橫：《連雅堂先生全集‧雅言》，第 11-12 頁。

[156]. 連橫：《連雅堂先生全集‧雅言》，第 13 頁。

[157]. 連橫：《連雅堂先生全集‧雅言》，第 13-14 頁。

[158]. 連橫：《連雅堂先生全集‧雅言》，第 15 頁。

第七章 「用國粹激動種姓」——章太炎、連橫關於民族文化宣傳的一致思想

[159]. 連橫：《連雅堂先生全集・臺灣語典》，第 19 頁。

[160]. 連橫：《臺語考釋序一》，《連雅堂先生全集・雅堂文集》，第 35 頁。

[161]. 連橫：《連雅堂先生全集・雅言》，第 20-21 頁。

[162]. 連橫：《臺語考釋序二》，《連雅堂先生全集・雅堂文集》，第 37-38 頁。

[163]. 連橫：《詩薈餘墨》，《連雅堂先生全集・雅堂文集》，第 297 頁。

[164]. 連橫：《臺語考釋序一》，《連雅堂先生全集・雅堂文集》，第 35-36 頁。

[165]. 連橫：《臺語考釋序一》，《連雅堂先生全集・雅堂文集》，第 36 頁。

[166]. 連橫：《臺語考釋序一》，《連雅堂先生全集・雅堂文集》，第 35-36 頁。

[167]. 連橫：《臺語考釋序二》，《連雅堂先生全集・雅堂文集》，第 38 頁。

[168]. 連橫：《臺語考釋序一》，《連雅堂先生全集・雅堂文集》，第 36-37 頁。

[169]. 連橫：《連雅堂先生全集・臺灣語典》，第 64 頁。

[170]. 連橫：《連雅堂先生全集・臺灣語典》，第 1 頁。引文標點有改動。

[171]. 連橫：《連雅堂先生全集・臺灣語典》，第 1-2 頁。

[172]. 連橫：《連雅堂先生全集・臺灣語典》，第 39-40 頁。

[173]. 連橫：《連雅堂先生全集・臺灣語典》，第 22 頁。

[174]. 連橫：《連雅堂先生全集・臺灣語典》，第 22-23 頁。

[175]. 連橫：《連雅堂先生全集・雅言》，第 127-128 頁。

[176]. 例如，「甲為量地之名。荷蘭語。」見連橫：《連雅堂先生全集・臺灣語典》，第 31 頁。又如，「蟒甲為獨木舟；土番語。或作艋舺。」見連橫：《連雅堂先生全集・臺灣語典》，第 75 頁。

[177]. 連橫：《臺語考釋序一》，《連雅堂先生全集・雅堂文集》，第 35 36 頁。

[178]. 連橫：《連雅堂先生全集・臺灣語典》，第 8 頁。

[179]. 連橫：《連雅堂先生全集・臺灣語典》，第 23 頁。

[180]. 連橫：《連雅堂先生全集・臺灣語典》，第 15 頁。

[181]. 連橫：《連雅堂先生全集・臺灣語典》，第 69 頁。

[182]. 連橫：《連雅堂先生全集・臺灣語典》，第 19 頁。

[183]. 連橫：《連雅堂先生全集・臺灣語典》，第 61 頁。

[184]. 連橫：《連雅堂先生全集・臺灣語典》，第 56 頁。

[185]. 郭錦颽：《略論連橫的方言研究》，汪毅夫主編：《連橫研究論文選》，廈門大學出版社，2006 年版，第 277 頁。

[186]. 連橫：《連雅堂先生全集・臺灣語典》，第 87 頁。

[187]. 陳炳昭：《〈臺灣語典〉的「愛國保種」思想及其學術意義》，汪毅夫主編：《連橫研究論文選》，第294頁。

[188]. 綜合陳炳昭：《〈臺灣語典〉的「愛國保種」思想及其學術意義》附表一至附表四相關內容，汪毅夫主編：《連橫研究論文選》，第289-292頁。

[189].《章太炎年譜長編》於1903年「著作繫年」指出：章太炎的《祭沈禹希文》錄自《浙江潮》第9期，1903年11月18日出版；又見《國民日日報彙編》第4集（1904年9月，東大陸圖書譯印局本，題為《上海公祭沈愚溪國士文》）。

[190]. 章太炎：《討滿洲檄》，《章太炎全集》（四），第191頁。

[191]. 章太炎：《興浙會序》，《章太炎選集》（註釋本），第13頁。

[192]. 章太炎：《訄書（重訂本）·哀焚書》，《章太炎全集》（三），第323頁。

[193]. 章太炎講、諸祖耿記：《國學之統宗》（見《章太炎年譜長編》，第928頁，此為1932年3月14日章太炎在無錫國學專門學校之講演），《制言》第五十四期，廣陵書社合訂影印本，第6012頁。原文僅有句讀，標點為筆者所加。

[194]. 連橫：《風俗志·衣服》，《連雅堂先生全集·臺灣通史》，第675頁。

[195]. 連橫：《臺灣詩薈發行，賦示騷壇諸君子》，《連雅堂先生全集·劍花室詩集》，第63頁。

[196]. 章太炎：《討滿洲檄》，《章太炎全集》（四）第190，第192頁。

[197]. 章太炎：《革命道德說》，《章太炎全集》（四），第277頁。

[198]. 章太炎：《中夏亡國二百四十二年紀念會書》，《章太炎全集》（四），第188頁；章太炎：《討滿洲檄》，《章太炎全集》（四），第191頁。

[199]. 章太炎：《訄書重訂本·解辮髮》，《章太炎全集》（三），第347頁。

[200]. 章太炎：《國學會會刊宣言》，《章太炎全集》（五），第158頁。

[201]. 章太炎：《與吳承仕論春秋答問作意書》（其二），《春秋學研究》，第358頁。

[202]. 連橫：《連雅堂先生全集·雅言》，第77頁。

[203]. 連橫：《臺灣史蹟志-承天故府》，《連雅堂先生全集·雅堂文集》，第197頁。

[204]. 連橫：《連雅堂先生全集·雅言》，第77頁。

[205]. 連橫：《詠史》，《連雅堂先生全集·劍花室詩集》，第137頁。

[206]. 連橫：《連雅堂先生全集·雅言》，第77頁。

[207]. 連橫：《風俗志·衣服》，《連雅堂先生全集·臺灣通史》，第684頁。

[208]. 連橫：《連雅堂先生全集·雅言》，第77頁。

[209]. 連橫：《連雅堂先生全集·雅堂先生家書》，第61頁。

第七章 「用國粹激動種姓」——章太炎、連橫關於民族文化宣傳的一致思想

[210]. 章太炎：《討滿洲檄》，《章太炎全集》（四），第 191 頁。
[211]. 章太炎：《先曾祖訓導君先祖國子君先考知縣君事略》，《章太炎全集》（五），第 196 頁。
[212]. 連橫：《諸老列傳》，《連雅堂先生全集·臺灣通史》，第 844 頁。

結語

在「方今華夏凋瘁，國聞淪失，西來殊學，蕩滅舊貫」的深重民族文化危機面前[1]，章太炎、連橫「遭世衰微，不忘經國」，都力求「研求古學，刷垢磨光」，即重新挖掘和詮釋華夏民族傳統文化，從中「發現」（自然的發現和特意製造的「發現」）時代所需的新的文化價值以及文化符號系統。為此，他們不但要維繫華夏各項文化傳統以「存亡繼絕」（例如「延國學於一線」），而且還要「光祖宗之玄靈，振大漢之天聲」以「激動種姓」，啟蒙民眾。在發掘、保存、建設和宣傳民族文化的宏偉事業中，章太炎、連橫都殫精竭慮而且桴鼓相應，為「振夏聲之盛」、「起文運之衰」，為中華未喪斯文、即使亡國也不「亡天下」做出了身為華夏「遺民」的卓越貢獻。

章太炎、連橫的民族文化思想重要的共同來源是儒家「春秋大義」蘊涵的民族思想（包含「夷夏之辨」、「存亡繼絕」、「九世復仇」等），兩者區別在於章太炎明顯地傾向於古文經學而連橫更多吸取了今文經學的觀念。章太炎，連橫都在一定程度上繼承和運用宗法思想文化資源，但章太炎更警惕宗法性質的「小群」對於建立真正「大群」的負面影響，而連橫則更傾向於由「家族」至「國族」，由「內聖」至「外王」的民族心理倫理養成的思路，更傾向於把儒家倫理道德（例如「仁」、「義」、「忠」、「孝」）的文化價值作為民族認同的共同符號和民族素質的共同追求。對連橫「群學」觀來說，西方的民主、民權等思想觀念雖然不無影響，但畢竟只是「外圍」影響因素，不敵中國儒家傳統的「合群」、「大公無私」等群體主義思想觀念根柢於心的深入影響。

章太炎、連橫都堅持中國文化的獨特性質和獨立價值觀念，但章太炎更徹底更全面，這是他自始至終堅持「依自不依他」的文化哲學以及與此相輔相成的《莊子》「十日並出，萬物皆照」多元文化觀的結果。相比較而言，「外來衝擊→接受影響→產生反應」的文化應激模式在連橫身上表現得更直

接和更顯明。章太炎明確地反對「中體（源）西用」的文化觀，而連橫則明顯地帶有「中體（源）西用」文化觀的痕跡。有研究者認為，「中體西用說」是中國文化受外來文化衝擊時，出於一種民族自覺而作出的本能性反應。面對洶湧澎湃的「現代化」浪潮，連橫注重從華夏傳統思想文化尤其是儒家「正統」思想文化中汲取應對僵局和危局的力量、智慧和勇氣，同時也及時順應「西力東漸，大地溝通，運會之趨，莫可阻遏」的時代趨勢，表現出宏闊的眼光和胸懷；章太炎則認為單靠傳統儒學已經無以濟世救世，而是更加注重立足於整個華夏傳統思想文化的「根源盛大處」（包括借助佛學的一些思想文化資源），更加強調中國傳統思想文化的「自性」的意義，例如他對於中國「以文字為準」的文學文化思想和中國「文字型文化系統」（區別於西方的「語言型文化系統」）的發現和宣揚，當然章太炎也善於消化吸收西學的養分，同樣表現出宏闊的眼光和胸懷。

章太炎關於「夷夏之辨」的界定標準與連橫單純的文化（禮教）標準不同，融合了血緣、地域等因素。章太炎的「國粹」定義，並不限於當時「國粹派」所主張的「有優美而無粗垿，有壯旺而無稚弱，有開通而無錮蔽」的「優選」範圍，而是「記載故言，情狀具在，舍是非而徵事蹟」。章太炎「新個體主義」的「群學」觀既抵制和消解東西方群體主義思想權威，又力求維持「群」與「獨」的平衡協調的關係。章太炎的民族文化思想，前後確有一些側重點的不同，甚至有一些矛盾之處，但往往有一以貫之的思想主旨和線索。章太炎由「小學復古」到「文學復古」的理想、「齊雅俗」觀念、「大歷史」概念，都是意在打通他所認為不必要的思想文化分割，建立起厚實寬闊的、「化腐朽為神奇」的、整體化的民族文化體系。長期以來，對於以上諸如此類的章太炎民族文化思想的不理解、甚至曲解和誤解一直存在，需要我們加以澄清。

作為處於民族危亡之際的中國傳統文人的典型代表，章太炎、連橫展示了共性與個性兼備的生動豐富的學術姿態和生命姿態。他們兩人都對於「欲將何術拯姬姜」的時代共同課題做出了自己的回答，都認為自己的濟世方案深刻地切入了民眾的內心和中國的歷史現實處境，其中有的答案設計是和而不同、殊途同歸的，體現了海峽兩岸志士仁人對於時代共同課題答案設計的

第七章 「用國粹激動種姓」——章太炎、連橫關於民族文化宣傳的一致思想

互動性和互補性，也體現了各自特色和價值。章太炎、連橫可視為中國近代以來海峽兩岸思想文化交流的經典範例。

注　釋

[1]. 黃侃：《〈國故論衡〉贊》，《國故論衡》，章太炎著、陳平原導讀，上海古籍出版社，2003 年版。

附錄　章太炎「以文字為準」的文學文化思想分析——與連橫比較的視角

章太炎定義「文學」不同於中國文學史上以往的文學定義，在當時獨樹一幟，不為當時人們所理解和接受。許壽裳曾回憶起他們在東京聽章太炎講學的情景，魯迅被問及文學的定義如何，魯迅答道：「文學和學說不同，學說所以啟人思，文學所以增人感。」章太炎聽了說：這樣分法雖較勝於前，然仍有不當。郭璞的《江賦》，木華的《海賦》，何嘗能動人哀樂呢。魯迅默然不服，退而對許壽裳說：「先生詮釋文學，範圍過於寬泛，把有句讀的和無句讀的悉數歸入文學。其實文字與文學固當有分別的，《江賦》、《海賦》之類，辭雖奧博，而其文學價值就很難說。」[1]其實魯迅對章太炎文學定義的不服也是當時乃至以後不少人的同感。章太炎關於文學的定義「以文字為準」：

文學者，以有文字著於竹帛，故謂之文。論其法式，謂之文學。凡文理、文字、文辭，皆言文。言其采色發揚謂之　。以作樂有闋，施之筆札，謂之章。《說文》云：「文，錯畫也，象交文。」「章，樂竟為一章。」「　，彧也。」「彰，文彰也。」或謂「乂章」當作「　彰」，則異議自此起。……大命其形質曰文，狀其華美曰　，指其起止曰章，道其素絢曰彰，凡　者必皆成文，凡成文者不皆　。是故權論文學，以文字為準，不以　彰為準。[2]

一、章太炎「以文字為準」文學文化思想的基本內涵

（一）「以文字為準」的內容範圍

「文（章）」包含「　（彰）」在內。章太炎定義的「文學」在這裡相當於「文章」，包括一切「有文字著於竹帛」者，而「　彰」僅僅專指「文章」中有審美特質的、有文采、能感人的那部分（即魯迅所說的「所以增人感」

的文學，也是我們現在通常意義上所說的「文學」）。在章太炎看來，「文章」是大概念，「彰」是小概念，「文（章）」包含「（彰）」在內，所謂「凡者必皆成文，凡成文者不皆」[3]。

「文」包含「無句讀文」和「成句讀文」兩大類。章太炎曾以表格形式列舉文學各科內容，現簡化如下：

「文」：以文字為準	無句讀文		地圖
			表譜
			簿錄
			算草
	成句讀文	無韻之文	學說
			歷史
			公牘
			典章
			雜文
			小說
		有韻之文	詞曲
			古今體詩
			占繇
			箴銘
			哀誄
			賦頌

（二）「以文字為準」的形成原因

章太炎「以文字為準」文學的形成，主要是由中國語文的獨特性決定的，尤其是中國文字與中國語言之間的獨特關係決定的。中國的語言文字與世界其他各國語言文字相比較，有共性也有個性。

關於共性，章太炎指出，「文字原是言語的符號」[4]，「文字者，詞言之符」[5]，「吾聞斯賓塞爾之言曰：有語言然後有文字」[6]，「字之未造，語言先之矣；以文字代語言，各循其聲」[7]，章太炎認為，文字是記錄、代替

第七章 「用國粹激動種姓」——章太炎、連橫關於民族文化宣傳的一致思想

語言的符號，文字是在語言之後出現的，文字在根本上和整體上都是附屬於語言的，就這樣的基本屬性而言，中國的文字與語言也不例外。

關於個性——中國語言、中國文字的不完全一致性，章太炎認為表現在三個方面：第一，就中國語言、中國文字分離、「分配」文學的歷史事實而言，雖然「語言文字出於一本」[8]，但是中國文字出現後逐漸產生與中國語言分離的傾向，以至於「別文字於言語」[9]。第二，就中國語言、中國文字之間的相互地位而言，「且夫文因於言，其末則言掣迫而因於文」[10]。在一定條件下，中國文字反而會引導、支配中國語言的創新和發展，以解決「名實眩惑」的問題，中國文字相對於中國語言就具有了一定程度的獨立地位。第三，就中國語言和中國文字各自的功用而言，「言語僅可成線」而「文字之用，足以成面，故表譜圖書之術興焉」。可見「文字本以代言，其用則有獨至」，而「凡無句讀文，皆文字所專屬者也，以是為主」[11]。此即「文字語言之不共性」，也是文學的「質素」，章太炎認為「文字所專屬」的無句讀文才是「純得文稱」的純正文學：

既知文有無句讀、有句讀之分，而後文學之歸趣可得言矣。無句讀者，純得文稱，文字語言之不共性也；有句讀者，文而兼得辭稱，文字語言之共性也。論文學者，雖多就共性言，而必以不共性為其質素。[12]

與以上三個方面的個性相應的是，「文學之始，蓋權輿於言語。自書契既作，遞有接構，則二者殊流，尚矣」，也就是說自從中國書契（文字）製作出來以後，中國文學不再是單純的「中國語言支配型」，而是發展為復合的「中國語言‧文字共同支配型」，並且文字單獨支配的特徵相當明顯，這也是與「文字文化類型」而非「語言文化類型」相符合的。

（三）「以文字為準」的文化類型歸屬

「以文字為準」的文學文化思想論點可以概括為「文字文化論」：

鑑於他所界說的「文」主要是一種以文字為中心和代表的符號性文化，其「總略」是一種把文化落實為「文」（文字符號，或以文字符號為中心）的文化論，我們不妨稱之為「文字文化論」。[13]

相應地，體現「以文字為準」的文化類型可以歸屬為「文字型文化」。這裡需要說明兩點。其一，這種「文字型文化」是與「語言型文化」相對立而存在的。其中「文字型文化」與中國象形文字的表意文字特徵聯繫在一起，而「語言型文化」則與西方拼音文字的表音文字特徵聯繫在一起。其二，在大的層次，章太炎在「文」——整個漢語文學乃至整個漢語文化系統中，以文字為關鍵，即章太炎所說的「以文字為準」；在小的層次，章太炎在「字」——字音、字形、字義構成的漢字系統中，以字音為關鍵，幾乎可以概括為「以字音為準」，而緊緊依賴字音的線索卻又是語言學的而非文字學的研究方法，所以在一定意義上又大致相當於在漢字系統中「以語言為準」。大小兩個層次的關鍵因素不相一致，是由於與世界語文比較而言中國語文的共性特徵、個性特徵的矛盾並存引起的。

二、章太炎「以文字為準」思想與連橫相關思想之比較

（一）關於「文字是文辭之本」思想之比較

章太炎反覆強調文字和小學對於文學創作和文學研究的極端重要性，他宣稱文字是文辭（文學）的來源、根本和主體，識字（精練小學）是文學創作的前提條件和必要素質：

文生於名，名生於形。（「名」指文字，「形」指文字的形體。——筆者註）[14]

文辭之本，在乎文字，未有不識字而能為文者。[15]

研論文學，當以文字為主。[16]

世有精練小學而拙於文辭者矣，未有不知小學而可言文者也。（《文學說略》）

若欲專求文學，更非小學不可。漢時相如、子雲，唐時韓、柳，皆通小學，故其文字閎深淵雅，迥非後人所及。中間東漢、六朝諸文學家，亦無不通小學者。一披《文選》，便可略知梗概。……詩人當通小學，較之專為筆語者，尤為緊要。[17]

第七章 「用國粹激動種姓」——章太炎、連橫關於民族文化宣傳的一致思想

連橫關於文字和小學對於文學創作和研究的重要性雖然也有所認識，但是遠遠不如章太炎那樣極端重視。連橫沒有明確提出文字作為文辭之本的思想，只是一般性地闡述了「知小學」、「識字」、「讀書」、「作詩」之間依次推進的邏輯關係：

作詩必須讀書，讀書必須識字，識字必須知小學。[18]

顧余尤有言者：凡欲讀書，須先識字，則《爾雅》、《說文》不可不讀……夫六書為讀書之基礎，而臺人多不講求，則不能讀古書，而微言要義，隱晦不彰矣。[19]

（二）關於「文以明道」、「文以載道」思想之比較

「文以明道」、「文以載道」是唐宋以後儒家文論的主流認識，也常常被信奉為儒家的「道統」和「文統」。章太炎則認為，「文以明道」、「文以載道」文論的產生，是由於文士儒士們一開始就不瞭解「書籍得名，實憑傅竹木而起」的歷史淵源、不明白「言語文字，功能不齊」的分工原理，在此基礎上脫離「書籍」以及「書籍」所載之「文學」原有的質樸的、實在的本義，而根據自己形上的「高尚」追求（包括哲學、道德、倫理等多方面的）和「聖道」教化等功利目標，將「經」（包括《論語》之「論」）、「傳」、「肄業」等名稱概念刻意拔高和敷衍，使其不斷地高雅化、宏大化、神聖化，「文以明道」、「文以載道」文論於是得以形成。章太炎闡釋這個現象時說：

余以書籍得名，實憑傅竹木而起，以此見言語文字，功能不齊。世人以「經」為「常」，以「傳」為「轉」，以「論」為「倫」。此皆後儒訓說，非必睹其本真。案「經」者，編絲綴屬之稱，異於百名以下用版者……「傳」者，「專」之假借……引申為書籍記事之稱。書籍名簿，亦名為專。專之得名，以其體短，有異於經……「論」者，古但作「侖」，比竹成冊，各就次第，是之謂侖……是故繩線聯貫謂之經，簿書記事謂之專，比竹成冊謂之侖，各從其質以為之名，亦猶古言「方策」，漢言「尺牘」，今言「札記」矣。……凡此皆從其質為名，所以別文字於語言也。[20]

章太炎指出，如果嚴格根據文字初創時的本義來理解，「經」（包括《論語》之「論」）、「傳」、「肄業」之「肄」等都只是普通書籍之稱，而「世

人以『經』為『常』,以『傳』為『轉』,以『論』為『倫』」,都是語言發展(尤其是語義的變化)的結果,也是「後儒訓說」(包括自覺或不自覺地加以「演義」)的結果,背離了他所強調的「從其質為名」(即「一切書籍,皆依其本始材樸以為名」)。總之,「經」、「傳」等語義變化只是語言學意義上而非文字學意義上的,所以章太炎認為應該回歸到它們文字學的本義上來,恢覆文字「書契記事」、「從其質為名」的原初功能和悠久傳統,這也就是他「別文字於語言」觀點的用意所在。章太炎認為,正是原本樸素的「經」、「論」等被後儒乃至世人「昇華」為經典、倫理等「聖名」,在「原道」、「徵聖」、「宗經」的氛圍中,《論語》等諸多經典從此承擔起「明道」、「載道」之職能。

與章太炎明顯不同的是,連橫沒有批判道儒家傳統的「道聖垂文」的道文觀,沒有以「別文字於語言」的原則來否定關於「經」、「傳」、「論」的「後儒訓說」,卻十分重視語文和文學「明道」、「載道」所體現出來的政教職能。

(三)關於「論文學者,不得以興會神旨為上」思想之比較

章太炎「論文學者,不得以興會神旨為上」思想的得來[21],主要與以下幾個因素有關:第一,如何分類?章太炎從「文者,包絡一切著於竹帛者而為言」的定義出發,將「文學」分為表譜、簿錄等「無句讀文」和歷史(無韻)、詞曲(有韻)等「成句讀文」。第二,何為本柢?章太炎認為「文」職能之本柢在於「書契記事」[22],而「文學」內容之本柢相應地只能是「無句讀文」[23]。第三,何為純正和質素?章太炎認為恰恰是「無句讀文」那一大類「純得文稱」,並且「論文學者必以不共性為其質素」。

為了對照比較章太炎所述「無句讀文」與「成句讀文」各自的系列特點,準確而完整地歸納出兩者之間的聯繫和區別,從而便於理解章太炎「論文學者,不得以興會神旨為上」思想的緣由,現列表展示如下:

第七章 「用國粹激動種姓」——章太炎、連橫關於民族文化宣傳的一致思想

無句讀文	文字語言之不共性	文字所專屬	文字用處有獨至者	純得文稱	論文學者必以不共性為其質素	不必有興會神味
成句讀文	文字語言之共性	文字語言所共屬	文字代替語言者	文而兼得辭稱	論文學者多就共性言	必有興會神味

與「論文學者，不得以興會神旨為上」思想密切相關的是，章太炎反對「學說、文辭對立」，反對「只以 彰為文，遂忘文字」以及因此導致的「學說不 者，乃悍然擯諸文辭之外」的結果[24]。

這裡需要特別指出的是，關於「文」的「興會神味」的論述，章太炎的《文學總略》對之前的《文學論略》進行了重要的修改：

然則文字本以代言，而其用則有獨至。凡無句讀之文，皆文字所專屬者也。文之代言者，必有興會神味。文之不代言者，則不必有興會神味。不代言者，文字所擅場也。故論文學者，不得以感情為主。[25]

然則文字本以代言，其用則有獨至。凡無句讀文，皆文字所專屬者也，以是為主。故論文學者，不得以興會神旨為上。[26]

在上述第一段論述中，章太炎強調「論文學者，不得以感情為主」，而在第二段中，他修改為「論文學者，不得以興會神旨為上」，可見他修改以後對原來所秉持的文學的情感性特徵的否定性結論做了弱化處理。也就是說，在一定程度上，章太炎淡化了以往對文學「從其質以為名」的質實性、「書契記事」的客觀性特徵的認定，而對文學的情感性特徵的認同度略有增強，例如他對於詩歌吟詠性情的特徵是認可的。

連橫整體上十分肯定文學的比興諷喻的性質和功用，例如，他稱讚臺北之採茶歌「即景言情，因物比興，亦國風之遺」[27]，認可「即事言情，興觀群怨」表現「滄桑亂離之感，騷壇酬唱之什」的藝術手法[28]，還讚賞「赫赫宗周，褒姒滅之」反映出來的不懼「不敬之罪」的指控、「以為懲創」的功用[29]。此外，連橫還以孔子提出的「興觀群怨」期許時人，其實亦為自我期許：

孔子之論詩也，曰：「可以興，可以觀，可以群，可以怨」。……今之讀詩者不知有此眼力否？[30]

孔子曰：「詩可以興，可以觀，可以群，可以怨。」尤願與我同人共承斯語，日進無疆，發揮蹈厲，以揚臺灣詩界之天聲。[31]

三、差別成因分析

（一）章太炎滿懷由「小學復古」到「文學復古」的民族文化復興理想

章太炎民族主義理想的一個獨特而重要的方面是期望經由「小學復古」達到「文學復古」，以復古求創新，全面掃除舊時代的文藝垃圾，創造出適應新時代要求的充滿生機和活力的文學藝術。章太炎由「小學復古」到「文學復古」的民族主義理想在以下的一段演講詞中得到比較完整的展現：

文辭的本根，全在文字，唐代以前，文人都通小學，所以文章優美，能動感情。兩宋以後，小學漸衰，一切名詞術語，都是亂攪亂用，也沒有絲毫可以動人之處。……可惜小學日衰，文辭也不成個樣子。若是提倡小學，能夠達到文學復古的時候，這愛國保種的力量，不由你不偉大的。[32]

為什麼說章太炎「以文字為準」的文學文化思想集中體現了他由「小學復古」到「文學復古」的民族主義理想呢？我們認為主要是從以下彼此密切聯繫的三個方面分析得出的。

其一是「文學復古」具有「愛國保種」的偉大力量。章太炎總是將自己的「文學復古」與義大利的「文藝復興」相提並論：

且反古復始，人心所同，裂冠毀冕之既久，而得此數公者，追論姬漢之舊章，尋繹東夏之成事，乃適見犬羊殊族非我親昵。彼義大利之中興，且以文學復古為之前導，漢學亦然，其於種族固有益無損。[33]

近觀羅馬隕祀，國人復求上世文學數百歲，然後義大利興。諸夏覆亦三百歲，自顧炎武、王夫之、全祖望、戴望、孫詒讓之倫，先後述作，迄於余，然後得返舊物。[34]

章太炎的「文學復古」是參照、借鑑義大利的「文藝復興」[35]，透過「窮原反本」、「返舊物」，即在當前民族文化危機重重、發展艱難的處境下，返回中國古老而深厚的歷史文化傳統，勤於開掘，勇於揚棄，以復古為開新，以復古致進取，以復古求生存。正如魯迅所說：「時時上徵，時時反顧，時

時進光明之長途,時時念輝煌之舊有,故其新者日新,而其古亦不死。」章太炎相信這樣的「文學復古」能夠吸取豐富的有益的養料,在中國古典文學文化的繼承和發揚中再造中國民族文化的新命,從而使中國像義大利那樣實現「文藝復興」,在中華民族的發展史上獲得復興的新的契機,並且在「文學復古」過程中,「葆愛舊貫,無忘故常」,「發思古之幽情」,強化夷夏之辨的民族意識。總之,章太炎相信「文學復古」不僅「於種族固有益無損」,而且具有「愛國保種」的偉大力量。

其二是「小學復古」對於實現「文學復古」、乃至整個中國文學文化轉型和建設都具有十分重要的意義。首先,章太炎認為「小學復古」是「文學復古」的必由之路。因為章太炎認為「文辭的本根,全在文字」,「榷論文學,以文字為準」。在「文字文化型」的中國,只有真正實現了「小學復古」,「文學復古」才獲得了堅實的基礎和充分的保證。其次,「以小學為工具去思考文化文學的屬性和品質,並不意味著守舊、機械,如傳統樸學……從小學亦即從語言文字的角度考察文字、文學和文化,在 20 世紀初的文化和文學轉型過程中,恰恰具有相當濃烈的現代性,甚至有著深層次的革命內涵」[36]。再次,中國語文的革新和建設本身就是中國文化整體革新與建設的重要組成部分和參與力量。

其三是實現「小學復古」的前提和關鍵在於「以文字為準」。

(二)關於「興會神旨」的不同文論反映民族文藝思想的不同視角

章太炎提出「論文學者,不得以興會神旨為上」的思想,其主旨是反對將日本的「多以興會神味為主」以及西方(希臘)的「以美之一字橫梗結噎於胸中」的審美觀強行移植到中國文論。章太炎認為前者沒有考慮以「雅」、「俗」作為文學評論的概念和術語,是違背中國古代文化傳統的。「在士子文人那裡,尤其唐宋以降,它幾乎是具有決定性的評價詞彙,孰雅孰俗是對詩文作品、審美趣味乃至文人墨客的基本認證和評定。從一定程度上說,『雅』與『俗』近乎構成中國古代文人價值觀、人格論的根基和中心。章太炎品藻文壇、臧否作品,也好用這組範疇。」[37]此外,章太炎認為西方(希臘)的審美觀只適合於歐洲之文,不應該照搬照抄用於漢文,我們漢人自己更應該自覺抵制。在文學批評領域,如果放棄漢語文學自身「雅(俗)論」

而接受歐洲「美（醜）論」的文學品評標準和文學學術話語，並以此在國人面前炫耀，那真是「不知文」、「未知漢文之所以為漢文」的表現[38]，只能證明這些人對中國文學文化的淺陋無知和忘本。

連橫提倡和實踐「文以載道」、「興會神味」（「興觀群怨」）的文學思想，一是維護和保持了中國儒家傳統的詩教觀，這也是維護和保持中國文學文化傳統和「完全人格」的重要表現，而在異族實施高壓和懷柔的殖民地語言文化政策致使漢文（漢語文和漢文學）迅速衰落的背景下，此舉尤其可貴，甚至不乏悲壯的、可歌可泣的民族主義色彩。此外，「身處異族統治下的臺人，有許多家國之痛、身世之感不便明白敘述，因此連氏對詩的比興寄託作用深有感觸。」[39] 連橫高度評價詩歌文學的自我陶冶和社會教化之功，「小之可以涵養性情，大之可以轉移風化」，「臺灣文化今消沉矣，振興之策雖有各種，而發皇詩教，鼓吹詩風，以造成完全之人格。」[40]「夫孔子以詩為教者也，故曰：『不學詩，無以言』；又曰：『詩可以興』。詩之為用大矣哉！」[41] 有臺灣學者論述道：「從詩的吟詠性情到比興諷喻，說明連氏的詩學理念與傳統詩教是一脈相承的。連氏也曾舉出孔子『詩可以興，可以觀，可以群，可以怨』之說，可知其希望藉漢詩所達到的目標——發揮感染力量、振興人心；反映時代生活；發揮對群體的啟迪和團結作用；批評當時統治者的不良政治以促使政治改善——都可以在詩教中尋得……都有深厚的民族意識埋藏其後。」[42]

（三）對不良文風的批判著眼於民族建設事業的不同途徑

章太炎、連橫對不良文風批判雖然最終都以民族文化建設、民族心靈塑造和民族命運興盛的共同建設事業為歸宿，但是途徑不同，可謂雖「同歸」卻「殊途」。

章太炎在定義文學時強調「文者，包絡一切著於竹帛者為言」，批評「改『文章』為』彰』」的傾向，希望「以書志、疏證之法施之於一切文辭」（符合「文之貴者在乎書志、疏證」的意思）[43]，都是為了提倡一種「斷離為樸」、「修辭立誠」的文風，章太炎希望文最好都像典章類那樣「文尚質實而遠浮華，辭尚直截而無蘊藉」，只有這樣，才能確定並鞏固「文學之本柢」，才能做到「不為壯論浮詞以自蕪穢」[44]。章太炎透過反對文辭的表象主義反對

第七章 「用國粹激動種姓」——章太炎、連橫關於民族文化宣傳的一致思想

浮誇的社會風尚，相信一個國家文風的好壞會影響這個國家社會的盛衰，例如，他認為「亂世之徵，文章匿采」（原註：《荀子》原文作「其文章匿而采」。王先謙集解：「匿，讀為慝。邪也。」）[45]，章太炎對於近代聲名鵲起的魏源、龔自珍等人大加抨擊，主要原因就是章太炎認為他們「乃所謂偽體者」，即「加華辭」、「文辭側媚……猶不如唐甄《潛書》近實。」並且更為嚴重的是，「後生信其狂耀，以為巨子。誠以舒縱易效，又多淫麗之辭，中其所嗜，故少年靡然鄉風。自自珍之文貴，則文學塗地垂盡，將漢種滅亡之妖耶？」[46] 此外，章太炎還對比孫詒讓與龔自珍的學術成就和文風，稱龔自珍等「文士」「不足當牧圉」，因為孫詒讓等「求是者」雖然「無章采」，但「函雅故，通古今」，而龔自珍等「文士」卻「多病先生破碎」，「於樸學無補益」。章太炎認為，如果繼續讓孫詒讓等孤立無援，就有「古先民之遺文，其將墜地」的危險，反之，「令先生得上壽，庶有達者，繼其遺緒，令民志無攜貳，中夏猶可興也。」[47] 章太炎還認為清末發動「文界革命」者，只是「掇拾島國賤儒緒說」，而「後生號之，競相模倣，致使中夏學掃地」（《誅政黨》），此處暗指黃遵憲。

與章太炎形成鮮明差別的是，章太炎對「文選派」形式主義是嚴厲批判的，而連橫卻提出，「文訪謂余：『臺人學詩，當讀《文選》』。余謂《文選》為兩漢魏晉宋齊之精華，以少陵讀破萬卷，下筆有神，猶曰熟精《文選》理；然則我輩何可不讀？」[48] 此外，連橫的詩歌深受龔自珍和黃遵憲的影響。連橫與清末其他許多詩人一樣，以龔自珍為重要的模擬對象，臺灣李漁叔曾這樣評論連橫之詩：「在《大陸詩草》中七律猶不能出龔氏籬樊，故尚少合作。如……皆極見才情，然詞條色澤，多為定庵所囿。」[49] 連橫十分推崇龔自珍的詩歌有兩個重要表現，一是龔自珍雄奇豪邁壯闊與哀艷低回婉轉兩相融合風格濃縮成的「劍」與「簫」意象也常被連橫使用；二是連橫與龔自珍在「詠史」系列的詩詞中所反映出的主張察今探古、經世致用的理念一脈相承[50]。黃遵憲提出「詩界革命」主張，也為連橫所贊同和實踐，包括「以詩為史」、採納方言俗語入詩、以比興手法來達到刺勸作用等三方面，連橫的詩歌基本上與黃遵憲「詩界革命」的確有傳承的一面[51]。

章太炎關於孫詒讓與龔自珍的對比性評價顯示的巨大褒貶差異，很可能與古文經學、今文經學的學派之爭有關，章太炎所批判的文風正是章太炎概括的今文學派的特徵：「以文掩實，其失則巫⋯⋯不足為真理之歸趣⋯⋯或變為猖狂無驗之辭，以相訕耀」[52]，也不無偏頗和誇張之嫌，但是，浮誇、側媚、淫麗、猖狂無驗等不正、不良文風在全民族範圍的肇始萌芽和可能的蔓延普及，章太炎對此密切關注、及時揭示、大力抵制和持續憂慮，不可否認是從民族文化建設、民族心靈塑造和民族命運興衰的高度和深度著眼的，不是杞人憂天，也不是空穴來風，而是章太炎對於中國文學文化的特點、規律和發展前途深刻思考的結果，具有相當的學術價值和現實意義。例如，具體到章太炎的「道文觀」，有學者分析其主旨在於，「『文』即是實在的、即物的、指向現實世界的符號，而用不著牽引其玄遠深厚的人文之道來為之附會。這樣，章太炎便以其樸學的實事求是的精神，擯棄了六朝以降的人文觀念，捨棄了「道聖垂文」的道文觀，從而一下子割斷了附著在『文』之後的巨大的道學尾巴。」因為章太炎認為，「一旦『文』自認超越了『文字著於竹帛』的境界，往往不易腳踏實地，不再著眼於現實的生活和主體的真情實感，不再切實地記錄和闡發現實世界與符號文化間的關係，『文』和『文學』就走向於困境和絕路。」[53]

　　連橫批判不正、不良的文風，也是著眼於民族文化建設、民族心靈塑造和民族命運興衰，只是批判的內容和角度不同於章太炎，批判的深度和廣度不及章太炎，並且身處殖民地臺灣，批判宗旨的揭示有時也不便明確，而只得有所隱曲含蓄。連橫重點批判的對象，主要是「擊鉢吟」詩歌和鄙野的閩南語。

　　連橫認為「擊鉢吟」本質上是「藉資消遣」的「一種遊戲筆墨」[54]，從詩歌的嚴格定義來看，「擊鉢之詩，非詩也」。連橫建議「可偶為之而不可數」，因為「數則詩格日卑而詩之道僅矣。」[55]櫟社前社長蔡啟運先生就是一個典型例子，他本是「風雅士」，「耆年碩德，眾咸敬止」。可是由於慣作「擊鉢吟」詩，最後從他詩中竟然難以選到佳構，尷尬不已[56]。連橫指出臺灣詩壇被「擊鉢吟」壟斷和扭曲的不正常的情形是「今之詩會非擊鉢吟無詩，今之詩人非作擊鉢吟之詩非詩。」[57]連橫批判「擊鉢吟」不符合文人嚴

第七章 「用國粹激動種姓」——章太炎、連橫關於民族文化宣傳的一致思想

肅的社會職責和道義擔當,破壞了中國古典詩歌的正統秩序,違背了「文以載道」的詩教傳統,淪落為一種僅限於「模山範水、染翠渲紅」的形式主義的無聊遊戲[58],連橫從「擊鉢吟」的「詩格自卑」看到了人格自卑,從「擊鉢吟」的「雖工藻 ,僅成土苴」看到了詩人墮落和荒廢的可悲前景[59],認定「擊鉢吟」是「變態之詩學」,必定成為「詩界革新」的對象。

連橫十分反感臺灣歌仔戲「每陷於誨淫敗俗之事」[60],也為臺灣「烏貓烏狗歌」的「事既穢淫,語尤鄙野」而悲哀[61]。他認為這些不正之風都會損害臺灣鄉土文學的健康發展,會影響「文以載道」、「比興諷喻」的成效,是臺灣「民德墜落」乃至民族衰落的反映,「故為違心之言以自汙蔑,是臺人士之恥也」[62]。

注　釋

[1]. 許壽裳:《亡友魯迅印象記》(民國學術文化名著叢書),岳麓書社,2011年版,第23頁。
[2]. 章太炎:《文學總略》,《國故論衡》,第49-50頁。
[3]. 章太炎:《文學總略》,《國故論衡》,第50頁。
[4]. 章太炎:《說新文化與舊文化》,《歷史的重要:章太炎卷》,第50頁。
[5]. 章太炎:《文始敘例》,《章太炎全集》(七),第155頁。
[6]. 章太炎:《訄書(重訂本)·訂文》,《章太炎全集》(三),第207頁。
[7]. 章太炎:《轉注假借說》,《國故論衡》,第36頁。
[8]. 章太炎:《駁中國用萬國新語說》,《章太炎全集》(四),第339頁。
[9]. 章太炎:《文學總略》,《國故論衡》,第54頁。
[10]. 章太炎:《訄書(重訂本)·訂文》,《章太炎全集》(三),第209頁。
[11]. 章太炎:《文學總略》,《國故論衡》,第54頁。
[12]. 章太炎:《文學論略》,《章太炎的白話文》,第147頁。引文原為「文字(語言)之不共性也」,據上下文意改為「文字語言之不共性也」。
[13]. 陳雪虎:《「文」的再認——章太炎文論初探》,第41頁。
[14]. 章太炎:《與鄧實書》,《章太炎全集》(四),第170頁。
[15]. 章太炎:《論語言文字之學》,《國故論衡》附錄,第208頁。

[16]. 章太炎：《論文學》，見《國學講習會略說》，第 33 頁。轉引自姜義華：《章太炎思想研究》，第 360 頁。

[17]. 章太炎：《論語言文字之學》，《國故論衡》，第 207-208 頁。

[18]. 連橫：《詩薈餘墨》，《連雅堂先生全集·雅堂文集》，第 276 頁。

[19]. 連橫：《詩薈餘墨》，《連雅堂先生全集·雅堂文集》，第 293 頁。

[20]. 章太炎：《文學總略》，《國故論衡》，第 53-54 頁。

[21]. 章太炎：《文學總略》，《國故論衡》，第 54 頁。

[22]. 章太炎：《文學總略》，《國故論衡》，第 49 頁。

[23]. 章太炎：《文學總略》，《國故論衡》，第 53 頁。

[24]. 章太炎：《文學總略》，《國故論衡》，第 53 頁。

[25]. 章太炎：《文學論略》，《章太炎的白話文》，第 144 頁。

[26]. 章太炎：《文學總略》，《國故論衡》，第 54 頁。

[27]. 連橫：《詩薈餘墨》，《連雅堂先生全集·雅堂文集》，第 272 頁。

[28]. 連橫：《厚庵遺草序》，《連雅堂先生全集·雅堂文集》，第 44 頁。

[29]. 連橫：《詩薈余墨》，《連雅堂先生全集·雅堂文集》，第 272 頁。

[30]. 連橫：《詩薈余墨》，《連雅堂先生全集·雅堂文集》，第 271-272 頁。

[31]. 連橫：《〈臺灣詩薈〉發刊序》，《連雅堂先生全集·雅堂文集》，第 40 頁。

[32]. 章太炎：《東京留學生歡迎會演說辭》，《章太炎的白話文》，第 116 頁。

[33]. 章太炎：《革命道德說》，《章太炎全集》（四），第 277 頁。

[34]. 章太炎：《檢論·易論》，《章太炎全集》（三），第 384 頁。

[35]. 姜義華甚至提出章太炎的「文學復古」是歐洲「文藝復興」一詞的中譯。見姜義華：《章太炎思想研究》，第 351 頁。

[36]. 陳雪虎：《「文」的再認——章太炎文論初探》，第 20 頁。

[37]. 陳雪虎：《「文」的再認——章太炎文論初探》，第 111 頁。

[38]. 章太炎：《文學論略》，《章太炎的白話文》，第 149 頁。

[39]. （臺灣）黃美玲：《連雅堂文學研究》，文津出版社，2000 年版，第 23 頁。

[40]. 連橫：《詩薈餘墨》，《連雅堂先生全集·雅堂先生集外集》，第 147 頁。

[41]. 連橫：《詩薈餘墨》，《連雅堂先生全集·雅堂文集》，第 287 頁。

[42]. （臺灣）黃美玲：《連雅堂文學研究》，第 25 頁。

[43]. 章太炎：《文學論略》，《章太炎的白話文》，第 149 頁，150 頁。

第七章 「用國粹激動種姓」——章太炎、連橫關於民族文化宣傳的一致思想

[44]. 章太炎：《與人論國學書》，《章太炎全集》（四），第 354 頁。

[45]. 章太炎：《正名雜義》，《章太炎全集》（三），第 215 頁。

[46]. 章太炎：《校文士》，轉引自陳雪虎《「文」的再認——章太炎文論初探》，第 126 頁。

[47]. 章太炎：《瑞安孫先生傷辭》，《章太炎全集》（四），第 225 頁。

[48]. 連橫：《詩薈餘墨》，《連雅堂先生全集·雅堂文集》，第 262 頁。

[49]. （臺灣）李漁叔：《三臺詩傳》，學海出版社，1976 年版，第 43-44 頁，轉引自黃美玲：《連雅堂文學研究》，第 92 頁。

[50]. 黃美玲：《連雅堂文學研究》，第 93-94 頁。

[51]. 黃美玲：《連雅堂文學研究》，第 93-102 頁。

[52]. 章太炎：《致國粹學報社書》，轉引自湯志鈞：《章太炎年譜長編》，第 306 頁。

[53]. 陳雪虎：《章太炎與清末民初漢語形象諸問題》，《福建論壇》（人文社會科學版），2001 年第 6 期，第 36 頁。

[54]. 連橫：《詩薈餘墨》，《連雅堂先生全集·雅堂文集》，第 262 頁。

[55]. 連橫：《連雅堂先生全集·雅言》，第 41 頁。

[56]. 連橫：《詩薈餘墨》，《連雅堂先生全集·雅堂文集》，第 265 頁。

[57]. 連橫：《連雅堂先生全集·雅言》，第 41 頁。

[58]. 連橫：《連雅堂先生全集·雅言》，第 53 頁。

[59]. 連橫：《詩薈餘墨》，《連雅堂先生全集·雅堂文集》，第 294 頁。

[60]. 連橫：《連雅堂先生全集·雅言》，第 33 頁。

[61]. 連橫：《連雅堂先生全集·雅言》，第 38 頁。

[62]. 連橫：《連雅堂先生全集·雅言》，第 38 頁。

參考文獻

一、相關原著及其譯註本

1.《章太炎全集》（第一冊至第八冊），章太炎著，上海人民出版社編，上海人民出版社，1982-1999 年版。

2.《章太炎政論集》，章太炎著，湯志鈞編，中華書局，1977 年版。

3.《章炳麟論學集》，章太炎著，吳承仕藏，北京師範大學出版社，1982 年版。

4.《章太炎的白話文》，章太炎著，陳平原編，貴州教育出版社，2001年版。

5.《國學講演錄》，章太炎著，華東師範大學出版社，1995年版。

6.《章氏國學概論》，章太炎主講，曹聚仁記述，（香港）學林書店，1974年版。

7.《國故論衡》，章太炎著，陳平原導讀，上海古籍出版社，2003版。

8.《國學概論》，章太炎著，曹聚仁整理，湯志鈞導讀，上海古籍出版社，1997年版。

9.《歷史的重要：章太炎卷》，章太炎演說，秦燕春考釋，山東文藝出版社，2006年版。

10.《訄漢三言》，章太炎著，虞雲國標點整理，遼寧教育出版社，2000年版。

11.《太炎先生自定年譜》，章太炎著，上海書店，1986年版。

12.《章太炎書信集》，章太炎著，馬勇編，河北人民出版社，2003年版。

13.《章太炎說文解字授課筆記》，章太炎主講，王寧主持整理，中華書局，2010年版。

14.《制言》半月刊，蘇州章氏國學講習會編，廣陵書社，2009年合訂影印版。

15.《訄書詳註》（上、下冊），章太炎著，徐復註，上海古籍出版社，2000年版。

16.《訄書評註》（上、下冊），章太炎著，梁濤註，陝西人民出版社，2003年版。

17.《章太炎選集》（註釋本），章太炎著，姜義華、朱維錚編註，上海人民出版社，1981年版。

18.《章太炎詩文選譯》，章太炎著，武繼山譯註，巴蜀書社，1997年版。

19.《章太炎詩文選註》（上），章太炎著，章太炎著作編註組編註，上海人民出版社，1976 年版。

20.《臺灣通史》，《連雅堂先生全集》，連橫著，臺灣省文獻委員會，1992 年版。

21.《雅堂文集》，《連雅堂先生全集》，連橫著，臺灣省文獻委員會，1992 年版。

22.《雅堂先生餘集》，《連雅堂先生全集》，連橫著，臺灣省文獻委員會，1992 年版。

23.《雅堂先生集外集·臺灣詩薈雜文鈔》合輯，《連雅堂先生全集》，連橫著，臺灣省文獻委員會，1992 年版。

24.《劍花室詩集》，《連雅堂先生全集》，連橫著，臺灣省文獻委員會，1992 年版。

25.《臺灣語典·雅言》合輯，《連雅堂先生全集》，連橫著，臺灣省文獻委員會，1992 年版。

26.《臺灣詩薈》，《連雅堂先生全集》，連橫著，臺灣省文獻委員會，1992 年版。

27.《臺灣詩乘》，《連雅堂先生全集》，連橫著，臺灣省文獻委員會，1992 年版。

28.《國民日日報彙編》，中國國民黨中央委員會黨史史料編纂委員會，1968 年版。

29.《民報》，《中國近代期刊匯刊》（第二輯），《民報》報館編，中華書局，2006 年版。

30.《清代學術概論》，梁啟超著，朱維錚導讀，上海古籍出版社，1998 年版。

31.《清末文字改革文集》，文字改革出版社，1958 年版。

二、相關研究專著及論文集

1.《章太炎年譜長編》（上、下），湯志鈞編，中華書局，1979年版。

2.《章太炎學術年譜》，姚奠中、董國炎著，山西古籍出版社，1996年版。

3.《章太炎評傳》，姜義華著，百花文藝出版社，1995年版。

4.《章炳麟評傳》，姜義華著，南京大學出版社，2002年版。

5.《章太炎傳》，許壽裳著，百花文藝出版社，2004年版。

6.《章太炎生平與學術》，章念馳編，三聯書店，1988年版。

7.《章太炎生平與思想研究文選》，章念馳編，浙江人民出版社，1986年版。

8.《追憶章太炎》，陳平原、杜玲玲編，中國廣播電視出版社，1997年版。

9.《先驅的足跡——章太炎先生逝世五十週年紀念文集》，章太炎紀念館編，浙江古籍出版社，1988年版。

10.《先哲精神——章太炎逝世六十週年紀念文集》，張振常主編，杭州出版社，1996年版。

11.《我的祖父章太炎》，章念馳著，上海人民出版社，2011年版。

12.《章太炎與章門弟子》，劉克敵、盧建軍著，大象出版社，2010年版。

13.《章太炎思想研究》，姜義華著，中國人民大學出版社，2009年版。

14.《章太炎思想研究》，唐文權、羅福惠著，華中師範大學出版社，1986年版。

15.《論章太炎》，李潤蒼著，四川人民出版社，1985年版。

16.《章太炎散論》，（美）汪榮祖著，中華書局，2008年版。

17.《康章合論》，（美）汪榮祖著，新星出版社，2006年版。

18.《大師章太炎》，金宏達著，黃山書社，2008年版。

第七章 「用國粹激動種姓」——章太炎、連橫關於民族文化宣傳的一致思想

19.《多元視野與傳統的合理化——章太炎思想的闡釋》，王玉華著，中國社會科學出版社，2004年版。

20.《「文」的再認——章太炎文論初探》，陳雪虎著，北京大學出版社，2008年版。

21.Search for Modern Nationaiism：Zhang Bingiin and Revoiutionary China（1869-1936），Young-tsu Wong，Oxford University Press，1989.

22.《章太炎與近代中國學術研討會論文集》，（臺灣）李德超編輯，善同文教基金會，1999年版。

23.《章太炎的思想》，（臺灣）王汎森著，上海人民出版社，2012年版。

24.《儒學近代之境——章太炎儒學思想研究》，張昭軍著，社會科學文獻出版社，2002年版。

25.《章太炎主體性道德哲學研究》，張春香著，中國社會科學出版社，2007年版。

26.《三館論壇》（第1輯、第2輯），杭州章太炎紀念館、杭州張蒼水紀念館、杭州蘇東坡紀念館編印，1993年版，1994年版。

27.《章太炎〈新方言〉研究》，孫畢著，華東師範大學出版社，2006年版。

28.《中國現代學術之建立——以章太炎、胡適之為中心》，陳平原著，北京大學出版社，1998年版。

29.《章太炎、劉師培、梁啟超清史著述之研究》，李帆著，商務印書館，2006年版。

30.《連雅堂先生年譜》，《連雅堂先生全集》，鄭喜夫編撰，臺灣省文獻委員會，1992年版。

31.《青山青史——連雅堂傳》，（臺灣）林文月著，近代中國出版社，1984年版。

32.《連橫傳》，曾乃碩著，臺灣省文獻委員會，1997年版。

33.《連戰家族》，馬琪、馬曉梅著，東方出版社，2007 年版。

34.《連雅堂文學研究》，（臺灣）黃美玲著，文津出版社，2000 年版。

35.《連雅堂先生相關論著選輯》，《連雅堂先生全集》，（臺灣）盧嘉興等著，臺灣省文獻委員會，1992 年版。

36.《連橫學術思想暨學術成就研討會論文選》，海峽文藝出版社，1994 年版。

37.《連橫研究論文選》，汪毅夫主編，廈門大學出版社，2006 年版。

38.《劍花詩研究》，（臺灣）朱學瓊著，臺灣省文獻委員會，1990 年版。

39.《揚子江與阿里山的對話——海峽兩岸文學比較》，楊匡漢主編，上海文藝出版社，1995 年版。

40.《海峽兩岸新文學思潮的淵源和比較》，朱雙一、張羽著，廈門大學出版社，2006 年版。

41.《國家與學術：清末民初關於「國學」的思想論爭》，羅志田著，生活·讀書·新知三聯書店，2003 年版。

42.《學人》（第十輯），江蘇文藝出版社，1996 年版。

43.《中國近代啟蒙思想史》，侯外廬著，黃宣民校訂，人民出版社，1993 年版。

44.《「排滿」與民族主義》，王春霞著，社會科學文獻出版社，2009 年版。

45.《社會的轉型與文化的變動：中國近代史論》，鄭師渠著，商務印書館，2006 年版。

46.《思潮與學派——中國近代思想文化研究》，鄭師渠著，北京師範大學出版社，2005 年版。

47.《中國近代史上的民族主義》，鄭大華、鄒小站主編，社會科學文獻出版社，2007 年版。

48.《民族主義——理論、意識形態、歷史》，（英）安東尼·史密斯著，葉江譯，上海人民出版社，2006年版。

49.《從民族國家拯救歷史：民族主義話語與中國現代史研究》，（美）杜贊奇著，王憲明、高繼美等合譯，江蘇人民出版社，2008年版。

50.《現代性與民族性——中國文學理論建設的雙重追求》，譚好哲等著，社會科學文獻出版社，2005年版。

51.《被壓抑的現代性——晚清小說新論》，（美）王德威著，宋偉杰譯，北京大學出版社，2005年版。

52.《近代中國的國家形象與國家認同》，復旦大學歷史學系、復旦大學中外現代化進程研究中心編，上海古籍出版社，2003年版。

53.《清末民初的思想主脈》，昌切著，東方出版社，1999年版。

54.《進化論與中國激進主義（1859-1924）》，吳丕著，北京大學出版社，2005年版。

55.《春秋學史》，趙伯雄著，山東教育出版社，2004年版。

56.《春秋大義述》，楊樹達著，上海古籍出版社，2007年版。

57.《春秋大義2:隱公元年》，熊逸著，廣西師範大學出版社，2009年版。

58.《春秋學研究》，晁岳佩選編，國家圖書館出版社，2009年版。

59.《〈春秋〉經傳研究》，劉黎明著，巴蜀書社，2008年版。

60.《春秋三傳與經學文化》，方銘主編，長春出版社，2010年版。

61.《現代中國思想的興起》（下卷第一部），汪暉著，生活·讀書·新知三聯書店，2008年版。

62.《20世紀上半期中國文學的現代意識》，張新穎著，復旦大學出版社，2009年修訂版。

63.《晚清至五四：中國文學現代性的發生》，楊聯芬著，北京大學出版社，2003年版。

64.《文學語言與文章體式——從晚清到「五四」》,夏曉紅、王風等著,安徽教育出版社,2006年版。

65.《漢字文化學》,何九盈著,遼寧人民出版社,2000年版。

66.《中國史學上之正統論》,饒宗頤著,上海遠東出版社,1996年版。

67.《荀子評傳》,孔繁著,南京大學出版社,1997年版。

68.《公與私:近代中國個體與群體之重建》,(臺灣)黃克武、張哲嘉主編,「中央研究院」近代史研究所,2000年版。

69.《閩南新聞事業》,許茂清、林念生主編,福建人民出版社,2008年版。

70.《廈門舊報尋蹤》,洪卜仁主編,廈門大學出版社,2009年版。

71.《臺灣文學史》,劉登翰、莊明萱主編,現代教育出版社,2007年版。

72.《簡明臺灣文學史》,古紀堂主編,時事出版社,2002年版。

73.《臺灣與傳統文化》,(臺灣)陳昭瑛著,臺灣大學出版中心,2005年增訂再版。

74.《臺灣儒學:起源、發展與轉化》,(臺灣)陳昭瑛著,臺灣大學出版中心,2008年版。

75.《明清臺灣儒學論》,(臺灣)潘朝陽著,學生書局,2001年版。

76.《日治時期臺灣的社會領導階層》,(臺灣)吳文星著,五南圖書出版公司,2008年版。

77.《日據時代臺灣儒教結社與活動》,(臺灣)李世偉著,文津出版社,1999年版。

78.《從沈光文到賴和——臺灣古典文學的發展與特色》,(臺灣)施懿琳著,春暉出版社,2000年版。

79.《臺灣古典詩面面觀》,(臺灣)江寶釵撰,巨流圖書公司,2002年版。

80.《重層現代性鏡像：日治時代臺灣傳統文人的文化視域與文學想像》，（臺灣）黃美娥著，麥田出版社，2004 年版。

81.《「同化」的同床異夢：日治時期臺灣的語言政策、近代化與認同》，（臺灣）陳培豐著，麥田出版社，2006 年版。

三、相關研究論文

（一）相關學位論文

1.《試論章太炎的早期民族主義思想》，趙悅，天津師範大學 2008 屆碩士學位論文。

2.《用國粹激動種姓——章太炎文化保守主義思想的本質特徵》，劉竑泉，蘇州大學 2005 屆碩士學位論文。

3.《以「一返方言」抵抗「漢字統一」與「萬國新語——章太炎關於語言文字問題的論爭（1906-1911）》，彭春凌，北京大學 2008 屆博士學位論文。

4.《章太炎國家學說與其實踐研究》，（韓）琴地樹，復旦大學 1996 屆博士學位論文。

5.《章太炎春秋左傳學研究》，（臺灣）黃翠芬，東海大學 2005 屆博士學位論文。

6.《連雅堂民族思想之研究》，（臺灣）盧修　，中國文化學院 1966 屆碩士學位論文。

7.《連雅堂學述》，（臺灣）張翠蘭，政治大學 1992 屆碩士學位論文。

8.《日治時代臺灣知識分子的思想風格及其文學表現之研究（1920 1937）》，（臺灣）陳明柔，淡江大學 1993 屆博士學位論文。

9.《日治時期啟蒙思想的五個面向——臺灣殖民地現代性的建立與張深切思想的指標性意義》，（臺灣）簡素淨，輔仁大學 2006 屆博士學位論文。

（二）相關期刊論文

1.《近年來中國民族主義研究概述》，蕭守貿，《歷史教學》，2003年第3期。

2.《章太炎思想研究綜述》，于杰、李緒堂，《魯東大學學報》（哲學社會科學版），2007年第2期。

3.《連雅堂研究述要》，周立華，《福建論壇》（人文社會科學版），2007年第6期。

4.《保種與保教》，（臺灣）周志文，《臺大中文學報》，1994年第6期。

5.《「上天以國粹付余」——章太炎先生學術精神的文化詮解》，郭萬金，《山西大學學報》（哲學社會科學版），2006年第6期。

6.《日據前期臺灣的文化民族主義——以連雅堂、洪棄生、丘逢甲等為例》，朱雙一，《臺灣研究集刊》，2003年第3期。

7.《差異／交混、對話／對譯——日治時期臺灣傳統文人的身體經驗與新國民想像（1895-1937）》，（臺灣）黃美娥，《中國文哲研究集刊》，2006年3月，第28期。

8.《「國粹」與「種姓」：章太炎與連雅堂「語文」思想之比較》，蔣小波，《連橫研究論文集》，廈門大學出版社，2006年版。

9.《章太炎「國粹」教育思想的獨特性辨析》，郭軍、張如珍，《蘭州學刊》，2008年第9期。

10.《晚清國粹派民族思想解構》，萬玉華等，《福建省社會主義學院學報》，2001年第3期。

11.《「文化自覺」與章太炎重建「國學」政治正當性》，謝亮，《華中科技大學學報》（社會科學版），2009年第6期。

12.《進步論與多元論：章太炎的文化思想》，單世聯，《上海交通大學學報》（哲學社會科學版），2011年第2期。

13.《論章太炎的經史觀》，張昭軍，《史學史研究》，2004年第2期。

14.《從援今文義說古文經到鑄古文經學為史學——對章太炎早期經學思想發展軌跡的探討》,劉巍,《近代史研究》,2004 年第 3 期。

15.《論章太炎春秋左傳學的兩次轉變》,羅軍鳳,《求索》,2010 年第 3 期。

16.《試論章炳麟古文經學的革命情懷》,張昭君、胡維革,《史學集刊》,1998 年第 1 期。

17.《章太炎的〈春秋〉〈左傳〉研究》,張昭君,《史學史研究》,2000 年第 1 期。

18.《〈春秋穀梁傳〉華夷思想初探》,秦平,《齊魯學刊》,2010 年第 1 期。

19.《夷夏之辨發生問題的歷史考察》,姜建設,《史學月刊》,1998 年第 5 期。

20.《清初遺民春秋學中的民族意識——以王夫之、顧炎武為主的考察》,(臺灣)蕭敏之,《臺北大學中文學報》,2008 年第 5 期。

21.《試論儒家文化對原始復仇觀念的強化》,李曉一,《遼寧工程技術大學學報》(社會科學版),2009 年第 3 期。

22.《〈臺灣通史〉與儒家的春秋史學》,(臺灣)陳昭瑛,《海峽評論》,1998 年 5 月,第 89 期。

23.《連雅堂思想中的〈春秋〉義:以〈臺灣通史〉為中心的考察》,(臺灣)林義正,《臺灣東亞文明研究季刊》,2004 年 12 月,第 1 卷第 2 期。

24.《繼承傳統與走向近代:章太炎史學思想的時代意義》,瞿林東,《學術研究》,2003 年第 4 期。

25.《章太炎與近代史》,陳其泰,《中國社會科學院研究生院學報》,1999 年第 1 期。

26.《論章太炎史學思想的歷史貢獻》,熊巍昱,《宜賓學院學報》,2006 年第 5 期。

27.《章太炎歷史觀之「新」》,王繼嵐,《黑龍江史志》,2010年第1期。

28.《連橫〈臺灣通史〉中的國族想像》,(臺灣)倪仲俊,《通識研究集刊》,2003年第4期。

29.《連橫〈臺灣通史〉的著述旨趣》,(臺灣)吳福助,《中國文化月刊》,1999年,總第236期。

30.《試論章太炎語言學術活動的民族主義文化取向》,趙黎明,《湖北大學學報》(哲學社會科學版),2006年第2期。

31.《章太炎與清末民初漢語形象諸問題》,陳雪虎,《福建論壇》(人文社會科學版),2001年第6期。

32.《章太炎的說文講授筆記及其文化闡釋》,萬獻初,《中國典籍與文化》,2001年第1期。

33.《章太炎語言文字觀略說》,金理,《中國現代文學研究叢刊》,2006年第5期。

34.《章太炎在漢字理論上的貢獻》,萬獻初,《長江學術》,2006年第4期。

35.《論日治時期臺灣語言政策》,(臺灣)邱敏捷,《臺灣風物》,1998年9月,第48卷第3期。

36.《日治時期臺灣人「漢文教育」的時代意義》,(臺灣)王順隆,《臺灣風物》,1999年12月,總第49卷第4期,。

37.《連雅堂與臺語研究》,(臺灣)宋鼎宗,《高苑學報》,2006年第7期。

38.《中國近代「個性」價值的奠基者——析章太炎價值觀中的近代意蘊》,胡建,《浙江社會科學》,2004年第5期。

39.《章太炎「大獨」觀解析》,張春香,《江漢論壇》,2006年第4期。

40.《論「群學」之流變》,李冰,《雞西大學學報》,2010年第6期。

第七章 「用國粹激動種姓」——章太炎、連橫關於民族文化宣傳的一致思想

41.《儒家視野下的群己關係》,劉小妹,《博士後交流》,2009年第1期。

42.《清末群學辯證——以康有為、梁啟超、嚴復為中心》,姚純安,《歷史研究》,2003年第5期。

43.《評中國古代哲學家的群己關係觀》,趙明,《嘉興學院學報》,2004年第4期。

44.《傳統「群己之辨」的展開及其終結》,蔣孝軍,《哲學動態》,2011年第9期。

45.《「各得其宜」與「群居和一」——荀子「群己之辨」的價值意蘊》,丁成際,《安徽大學學報》(哲學社會科學版),2008年第4期。

46.《論荀子的「群」》,王孝春,《東北師大學報》(哲學社會科學版),2010年第1期。

47.《荀子「群」本位思想芻議》,馬寄,《太原師範學院學報》(社會科學版),2011年第4期。

48.《章太炎與浙江》,陳智為,《浙江檔案》,2000年第3期。

49.《浙江人文環境與章太炎的民族主義思想》,鄭雲山,《浙江大學學報》(人文社會科學版),1999年第3期。

50.《論梁啟超國家主義觀點及其轉變過程》,(韓)李春馥,《清史研究》,2004年第2期。

51.《「余,臺灣人也」——論連雅堂先生之鄉土認同》,(臺灣)林玉體,《師大學報》(人文與社會科學類),1997年,第42期(革新版)。

52.《章太炎與近代中國報業》,方漢奇,《社會科學戰線》,2010年第9期。

53.《論章太炎的新聞思想》,王麗娜、周列,《湖北廣播電視大學學報》,2007年第6期。

54.《章太炎的出版自由觀考察》,盧家銀,《華中科技大學學報》(社會科學版),2010年第2期。

55.《連橫在廈門的辦報活動及其思想立場》，許清茂、邵凡軒，《閩江學刊》，2010年第1期。

後記

　　章太炎、連橫不僅是繼承和弘揚華夏民族文化的優秀使者，也是海峽兩岸思想文化聯繫和交流的優秀使者。兩人生前打破海峽兩岸的重重阻隔，彼此之間道義相勖，奇文互賞，堪稱文壇佳話；兩人身後又重新相聚——章太炎紀念館、連橫紀念館分別位於西湖南北兩岸，章、連二氏都躋身為西湖歷史文化名人之列。章太炎的故居正廳名為「扶雅堂」，與連橫之號（雅堂）巧合；兩人不在同年同月出生，卻在同年同月去世……這些似乎昭示了一份神奇的人生緣分，似乎暗示了一種久遠的民間傳統，似乎喻示了一項深遠的文化寓意。

　　我專程去參謁章太炎紀念館和連橫紀念館，在章太炎先生的墓地和遺囑手跡前，在連雅堂先生半身雕塑和「青山青史各千年」的西湖題詩前，在章太炎給連橫《臺灣通史》題詞的手稿前……我遙想兩位文化先賢百年以前在北京的相逢恨晚，遙想他們在多年交往中的相視莫逆，遙想他們在華夏民族文化事業中的桴鼓相應，遙想遠在他們那個時代就已顯示出來的海峽兩岸命運的休戚相關——這些既使我感受到了濃厚歷史文化氣氛的浸染和強烈情感的衝擊，也激發了我創作的靈感和激情。雖然陽曆二月上旬的西湖還是草木蕭蕭、春寒料峭，但洋溢著章太炎和連橫豐富而鮮活的學術和生命氣息的西湖卻已讓我心中暖意融融、熱血澎湃。

　　我在這裡要感謝我的博士研究生導師南京師範大學的陳書錄教授。本書得以出版，離不開陳老師的精心栽培和悉心指導。陳老師博我以文，約我以禮，他溫和敦厚的人品和一絲不苟的學風，他在浮躁的風氣中維護學術尊嚴的執著精神，都深深影響了我。陳老師在對我的博士論文全程把關的前提下尊重我的寫作思路和方法，給予我信任和寬鬆的良好環境，這使論文選題能兼顧到我的知識結構、興趣愛好、工作環境等各方面的實際情況，也有助於我在論文寫作中揚長避短、積極發揮、有效激發我的熱情和潛能。

我要感謝南京大學的茅家琦教授。茅老是國際知名歷史學家,南京大學終生成就獎獲得者,曾任南京大學歷史系主任、臺灣研究所所長、全國臺灣研究會常務理事、國務院臺辦海峽兩岸關係研究中心特約研究員等職。茅老在其耄耋之年為本書撰寫序言,令本書增色生輝,我為此倍感榮幸!茅老在序言中給予的肯定性評價,是對我莫大的激勵和鞭策!茅老在序言中提出的改進性意見,則將成為指引我今後書稿修訂乃至學術追求的重要方向。茅老謙謙長者的風範,獎掖後學的胸襟,仁而下士的品德,令我感佩不已!

　　我要感謝我的家人。在我開始全面、集中撰寫本書的同名博士論文之際,我的兒子雲帆出生了。我的妻子和岳父岳母承擔起照看小雲帆的繁重事務,接連好幾個月為我撰寫論文騰出幾乎獨立的時間和空間,這是難能可貴的,他們的辛勤付出是我專心、安心於論文撰寫和順利完成學業的十分重要的保證。2009年我參謁章太炎紀念館和連橫紀念館時是妻子陪伴同行的,數年前早春的那次杭州之行給我倆留下的美好記憶直到今天還是那麼難忘⋯⋯當時遠在湖南新化老家的父母和眾多家人以及遠在北京的弟弟也都關注我的論文撰寫,在我疲憊、徬徨、焦慮之時給了我不少溫暖、安慰和鼓勵。父親一年前去世了,如果他還健在,我多想與他當面談談我出書的事;他若能看到我的書出版,將會感到多麼欣慰和自豪啊!想到這,愧疚之感、遺憾之意、緬懷之情不由得交織、縈繞於我胸中⋯⋯

　　本書是我潛心探索章太炎和連雅堂兩位先生道德、學問、文章以及努力走近他們心靈世界的階段性成果,然而牆高堂深,我難見宗廟之美、百官之富,書中不免有一隅之見,或一孔之見。我誠惶誠恐,期望專家、學者和各位讀者不吝賜教,批評斧正。

孫風華

國家圖書館出版品預行編目（CIP）資料

章太炎、連橫民族文化思想之比較 / 孫風華著 . -- 第一版 . --
臺北市：崧博出版：崧燁文化發行, 2019.02

 面； 公分
POD 版
ISBN 978-957-735-684-0(平裝)

1. 章炳麟 2. 連橫 3. 學術思想 4. 人文思想

128.3   108001907

書　　名：章太炎、連橫民族文化思想之比較
作　　者：孫風華 著
發 行 人：黃振庭
出 版 者：崧博出版事業有限公司
發 行 者：崧燁文化事業有限公司
E ‐ m a i l：sonbookservice@gmail.com
粉絲頁：   網址：
地　　址：台北市中正區重慶南路一段六十一號八樓 815 室
8F.-815, No.61, Sec. 1, Chongqing S. Rd., Zhongzheng
Dist., Taipei City 100, Taiwan (R.O.C.)
電　　話：(02)2370-3310 傳　真：(02) 2370-3210
總 經 銷：紅螞蟻圖書有限公司
地　　址：台北市內湖區舊宗路二段 121 巷 19 號
電　　話：02-2795-3656 傳真:02-2795-4100 網址：
印　　刷：京峯彩色印刷有限公司（京峰數位）

 本書版權為九州出版社所有授權崧博出版事業股份有限公司獨家發行電子書及繁體書繁體字版。若有其他相關權利及授權需求請與本公司聯繫。

定　　價：650 元
發行日期：2019 年 02 月第一版
◎ 本書以 POD 印製發行